基于标准的教师教育新教材

U0656436

中学数学课程研究

徐斌艳　斯海霞等◎著

华东师范大学出版社

前言   1

第一章 中学数学课程发展思潮   1
  第一节 中学数学课程概念   3
    一、课程涵义   3
    二、数学课程涵义   6
    三、中学数学课程的涵义   7
  第二节 "新数运动"的数学课程发展   8
    一、"新数运动"的兴起   9
    二、"新数运动"课程的特点   12
    三、"新数运动"课程的缺陷   14
    四、"新数运动"的反思与启示   15
  第三节 "回到基础"运动的数学课程发展   16
    一、"回到基础"运动的兴起   16
    二、"回到基础"课程的特点   19
    三、"回到基础"运动的反思与启示   20
  第四节 基于"数学问题解决"的数学课程发展   22
    一、"数学问题解决"课程的兴起   22
    二、"数学问题解决"课程的国际经验   24
    三、"数学问题解决"课程的反思   34
  第五节 聚焦核心能力的数学课程发展   34
    一、数学能力的界定   35
    二、多国数学课程标准中的数学能力   36
    三、数学课程聚焦数学能力的启示   38

第二章 中学数学课程标准   41
  第一节 中学数学课程标准的概念   43
    一、课程标准的涵义   43
    二、中学数学课程标准的概念   45
  第二节 义务教育阶段数学课程标准解读   46
    一、数学课程改革背景   47
    二、《课程标准(2011年版)》的基本理念   48
    三、《课程标准(2011年版)》中的课程目标   52
    四、《课程标准(2011年版)》中的课程内容
       与实施   55
  第三节 高中数学课程标准解读   58
    一、高中数学课程标准制定背景   58
    二、高中数学课程标准基本理念和目标   60

三、高中数学课程标准课程框架　　63

四、高中数学课程标准的实施情况　　67

第三章　中学数学教材内容解读　　69

第一节　代数内容的研究　　71

一、课程内容标准要求　　72

二、课程内容标准解读　　73

三、课程内容分析　　77

四、教学建议　　85

第二节　几何内容的研究　　89

一、课程内容标准　　89

二、课程内容分析　　92

三、教学建议　　95

第三节　统计内容的研究　　97

一、课程内容标准要求　　97

二、课程内容标准解读　　98

三、教学建议　　100

第四节　数学探究与数学建模的研究　　106

一、数学探究　　106

二、数学建模　　112

第四章　中学数学教材的国际比较　　117

第一节　中学数学教材研究设计　　119

一、教材研究的背景　　119

二、正在进行的研究课题　　120

第二节　教材中代数内容的比较　　123

一、研究意义　　123

二、已有研究的综述　　123

三、研究设计　　124

四、研究的初步结论　　126

第三节　教材中数学探究内容的比较　　132

一、研究意义　　132

二、研究现状评述　　132

三、分析指标体系的构建　　135

四、研究过程　　141

五、研究结论　　142

第四节　教材中综合内容难度的比较　　150

一、研究意义　　150

二、综合难度模型　150

三、研究过程与方法　151

四、研究结论　152

第五章　中学数学课堂教学透视　165

第一节　对数学课例的剖析　167

一、一节优质课　168

二、对优质课例的分析与思考　171

第二节　对中学数学课堂教学经验的反思　182

一、流行的几条"宝贵经验"　182

二、教师理解的数学教学经验　185

第六章　数学课堂教学案例　189

第一节　数学概念教学设计案例　191

案例1:"直线的倾斜角与斜率"教学设计　191

第二节　数学命题与命题教学设计案例　197

案例2:"余弦定理"教学设计　197

案例3:"数学归纳法"教学设计　203

第三节　数学问题解决教学设计案例　211

案例4:"圆锥曲线中的最值问题"教学设计　211

案例5:"元认知对问题解决策略的指导意义"

教学设计　216

第七章　数学课堂的教学交往　225

第一节　数学课堂教学交往的内涵　227

一、教学交往提出的意义　227

二、教学交往概念的内涵　229

第二节　数学课堂教学交往的现状分析　230

一、教学交往存在的问题　230

二、原因分析　233

第三节　数学课堂的有效教学交往路径　238

一、发挥学生学习的主动权　238

二、减少选拔性考核　241

三、利用校本教研活动　245

四、变革数学教学活动　246

五、拓宽师生交往渠道　250

第八章   数学课程中的问题解决   253

  第一节   数学问题解决及其性质   255

    一、数学问题解决提出的意义   255

    二、数学问题解决的内涵   256

  第二节   数学问题解决与数学教学设计   263

    一、教学中的数学问题解决   263

    二、数学问题解决的教学设计   264

    三、数学问题解决的教育意义   270

  第三节   数学问题解决与课堂对话   274

    一、数学教学中的课堂对话   275

    二、在课堂对话中表征数学问题   280

    三、数学问题解决过程的课堂对话   281

第九章   数学课程中的信息技术   289

  第一节   信息技术与数学课程与教学整合的概述   291

    一、整合的意义   292

    二、整合的原则   297

    三、整合的方式   298

    四、整合中的问题   300

  第二节   信息技术与数学课程与教学整合的理论基础 301

    一、教育中的建构主义   302

    二、信息技术与建构主义   307

  第三节   信息技术在数学教学中的功能   308

    一、数学教学中的教育软件   308

    二、教育软件在数学教学中的功能   310

    三、网络技术在数学教学中的功能   314

第十章   数学课程中的数学基本活动经验   317

  第一节   数学基本活动经验的概念   319

    一、概念提出的背景   320

    二、关于数学基本活动经验   323

  第二节   面向数学基本活动经验的教学设计   331

    一、教学设计的一般概念   331

    二、面向数学基本活动经验的教学设计要素 332

  第三节   面向数学基本活动经验的教学案例   334

    一、教学实践流程   334

    二、教学案例   335

　　我国《教师教育课程标准(试行)》的颁布,为教师教育课程与教学建设提供规范,有助于提升教师教育质量、促进教师专业发展。在标准引领下的课程教材建设激发了教育改革者的热情,大家在各自研究领域,精心策划着每一本教师教育教材的设计、编撰,《中学数学课程研究》正是在这样有意义的背景下诞生的。很荣幸作为主要撰写者策划关于中学数学课程的教师教育教材,我们没有简单地罗列中学数学课程的所有问题,这实际上也是不可能的,因为中学数学课程本身处于动态发展中。因此我们精心挑选中学数学课程的若干专题,既有关于数学课程的经典问题,例如数学课程的沿革、数学课程标准的解读、数学教学内容的分析、数学教材的研究;也有数学课程的发展性问题,如数学问题解决、数学教学交流、数学课堂中信息技术的使用,以及数学基本活动经验。

　　本书共有十章。第一章系统分析数学课程发展思潮,从"新数运动"到"回归基础",从"数学问题解决"到"数学核心能力",数学课程从关注现代数学思想,螺旋上升为关注学生数学核心能力。第二章和第三章主要围绕数学课程标准与数学教学内容,详尽地解读了21世纪以来数学课程改革目标、数学课程内容特点等。紧接着第四章以国际化的视野探讨数学教材的特点和结构。第五章和第六章则关注数学课堂教学,直击数学课堂教学案例,将数学概念教学、数学命题教学和数学问题解决教学的精彩案例与大家分享。第七章到第十章则围绕21世纪数学课程改革提出的一系列现代理念以及要求,其中第七章提供了有效进行数学教学交往的路径;第八章则聚焦数学问题解决,倡导在课堂对话中表征数学问题;第九章强调信息技术对数学课堂教学的支持;第十章在分析数学基本活动经验的基础上,提出了面向数学基本活动经验的教学设计,并以具体案例呈现具体教学流程。

　　本书的撰写汇集了三个有代表性的群体:一是长期从事数学教育研究的高校教师,他们以前沿和国际视野呈现中学数学课程的发展;二是在中学数学教学一线的优秀教师,他们与大家分享精彩的数学教学实践;三是起步进入数学教育研究的年轻学子,他们踏实而认真地梳理着中学数学课程问题。具体分工如下:第一章第一节和第二章第一节由王秀秀撰写,第一章第二、三节和第二章第二、三节由杨亚平撰写,第一章第四、五节和第二章第四节由斯海霞撰写,第三章第一、二、四节由童永健撰写,第三章第三节和第七章由马萍撰写,第四章第一、三节和第十章由徐斌艳撰写,第四章第二节由陈月兰撰写,第四章第四节由鲍建生撰写,第五章由曹新撰写,第六章由李柏青、李建明撰写,第八、九章由苏洪雨撰写。全书由徐斌艳、斯海霞统稿、定稿。

　　本书顺利完成的动力,来自华东师范大学课程与教学研究所同仁们的相互鼓励和督促,来自华东师范大学出版社吴海红的真切关心。感谢所有为本书付出努力的朋友,期待同行对本书的批评指正。

徐斌艳

2015 年新春之际

本章概要

中学数学课程不仅是内容的系统承载、目标的理想体现,而且是社会变革、经济发展的缩影,同时也是文化再创造的表现。因此中学数学课程的发展受到社会、政治、经济、科学与文化等诸多因素的影响。纵观世界各国数学课程的发展路径,可以将其归纳为若干思潮。20 世纪 50 年代初期,由于社会与科学技术的国际竞争,人们尤其重视中学数学课程中学科内容的现代性和结构性,期待通过数学课程培养有科学竞争力的人才,这一阶段的数学课程被称为"新数运动"数学课程。20 世纪 70 年代中期,人们认识到社会需要和谐发展,人的教育和培养是一个系统工程,学生需要拥有扎实的基础、基本的素养,人们称这一阶段的数学课程为"回到基础"的数学课程。20 世纪 80 年代中期,社会、政治、经济、科技等突飞猛进,为应对社会的这种巨大变革,人们不仅要拥有扎实、静态的知识基础,更要拥有"审视问题、发现问题、提出问题、解决问题"的能力,因此中学数学课程的重点聚焦在"数学问题解决"能力的培养上。进入 21 世纪,社会、政治、经济和科技等的发展更为丰富多样,学生只有拥有了社会需要的核心能力,才能立足于社会。中学数学课程的目标得到拓展,强调培养数学核心能力,例如数学交流能力、数学建模能力、数学问题的提出能力等。人们认识到通过数学课程进行知识传授、能力培养的外延和内涵非常丰富,因此需要有标准性框架规范评估数学课程的设计与发展。因此聚焦核心能力、重视课程标准成为数学课程发展的重要特点。

通过本章的学习你能够：

- 全面认识中学数学课程的宏观意义和内涵
- 明确数学课程发展的几大思潮的特点
- 初步了解数学课程与社会、政治、经济、文化等的关系

本章内容结构

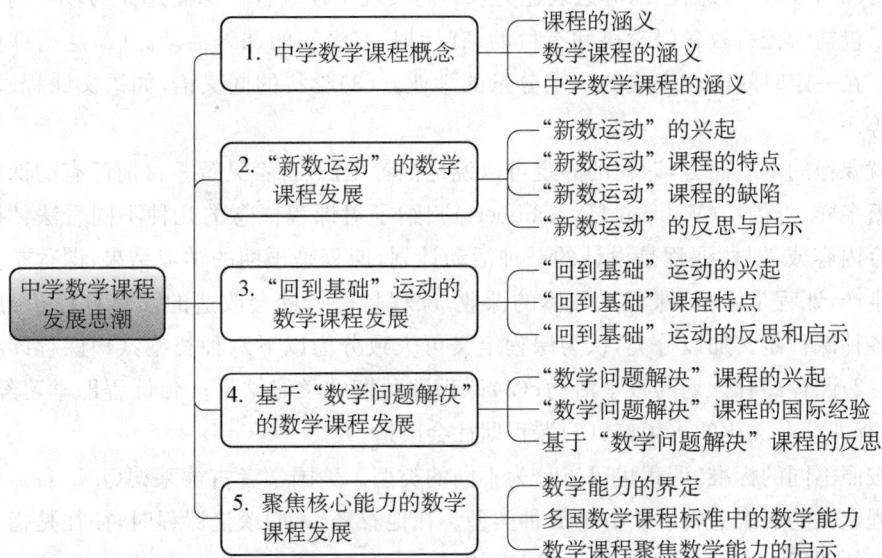

中学数学课程发展思潮

1. 中学数学课程概念
   - 课程的涵义
   - 数学课程的涵义
   - 中学数学课程的涵义

2. "新数运动"的数学课程发展
   - "新数运动"的兴起
   - "新数运动"课程的特点
   - "新数运动"课程的缺陷
   - "新数运动"的反思与启示

3. "回到基础"运动的数学课程发展
   - "回到基础"运动的兴起
   - "回到基础"课程特点
   - "回到基础"运动的反思和启示

4. 基于"数学问题解决"的数学课程发展
   - "数学问题解决"课程的兴起
   - "数学问题解决"课程的国际经验
   - 基于"数学问题解决"课程的反思

5. 聚焦核心能力的数学课程发展
   - 数学能力的界定
   - 多国数学课程标准中的数学能力
   - 数学课程聚焦数学能力的启示

第一节　中学数学课程的概念

面向 21 世纪的我国中学数学教育，数学课程将依然发挥重要作用。因此，在制定新的中学数学课程时，必须"与时俱进"地审视国内外数学科学以及数学教育的历史、现状、发展趋势，力图体现课程的时代性、基础性、选择性，对中学数学课程以明确的定位，并前瞻性地规划未来中学数学课程的发展图景。要想达到这样的目标，应首先了解中学数学课程的概念。

一、课程的涵义

理解数学课程的概念，首先要理解何为"课程"？

就"课程"的发展历史来看，"课程"一词在我国初见于唐宋时期。唐朝的孔颖达、宋代的朱熹都提及过课程，虽然没有明确地界定课程的含义，但"课程"指功课及其进程的意思与我们现在许多人理解的"课程"概念相似。就西方英语国家来说，课程（curriculum）一词最早

出现在英国教育家斯宾塞的《什么知识最有价值》一文中,它的原意为"轨道"(race-course),就这个词源,课程的最常见定义为"学习的进程",又称学程。随着课程原生要素"课业"的复杂化,自上而下地形成了"课→教材→教学大纲→教学计划"这种课程系统的初期状态。现代课程则把"课程"的重心从外在的规范转移到以"课业"为主体的现实的活动,相应地"课程"的概念逐渐从"轨道"转变为"在轨道上运作"。

就课程本身在相关词典中的定义来说,翻阅《中国大百科全书·教育卷》,其中对课程的解释是"课程即课业及其进程。现代学校兴起以来,课程有广义、狭义两种。广义指所有学科(科目)的综合或学生在教师指导下各种活动的总和。狭义指一门学科。"[①]《教育大辞典》对于"课程"的辞条表述为,(1)为实现学校教育目标而选择的教育内容的总和。包括学校所教各门学科和有目的、有计划、有组织的课外活动。(2)泛指课业的进程。在一定时间内应完成的一定分量的学业。(3)学科的同义语,如语文课程、数学课程等。[②]

就课程的本质而言,课程的界定可以说是仁者见仁、智者见智。目前已有的课程定义纷繁多样,舒伯特(William H. Schubert)归纳了对课程概念的几种不同看法:"课程即教育内容或教材,课程是设计的一种活动计划,课程是预期的学习结果,课程是文化的再生产,课程是经验,课程是具体的课业,课程是进行社会改造的议事日程。"[③]施良方把各种课程定义加以分类,认为课程定义可大致分为以下六种类型:(1)课程即教学科目;(2)课程即有计划的教学活动;(3)课程即预期的学习结果;(4)课程即学习经验;(5)课程即社会文化的再生产;(6)课程即社会改造。[④]

按照不同的标准,课程也可以分为不同的类型。美国学者古德莱德(J. I. Goodlad)从课程定义的层次上将课程分为五种类型。在他看来,人们谈论课程时,往往是指不同层次上的课程。他认为存在着五种层次的课程:理想的课程(ideological curriculum)、正式的课程(formal curriculum)、领悟的课程(perceived curriculum)、运作的课程(operational curriculum)、经验的课程(experienced curriculum)。根据课程内容的不同,课程可以分为学科课程与经验课程。根据课程影响学生的方式或者是否有明确的计划和目的为依据可将课程分为显性课程和隐性课程。根据课程的表现形态,可将课程分为分科课程与综合课程。从课程对某一专业的适应性和相关性的形式划分,可分为必修课程和选修课程。根据课程在整个课程体系中的不同地位,可将课程划分为核心课程和边缘课程。

实际上,之所以会出现以上关于课程的不同概念和分类,主要是由于学者们所处的学术背景不同,对社会、知识、教育、学校乃至对学生有不同的观点,因而对课程有不同的理解。对于这些已有的课程概念的不同,有学者已进行了研究思路的整理,如廖哲勋、田慧生认为存在两种不同的研究课程的思路,"一种思路是:只是从教学的角度理解

---

① 胡乔木.中国大百科全书·教育卷[Z].北京:中国大百科全书出版社,2009:270.
② 顾明远.教育大辞典(增订合卷本)[Z].上海:上海教育出版社,1998:43.
③ 转引自廖哲勋,田慧生主编.课程新论[M].北京:教育科学出版社,2003:31—34.
④ 施良方.课程理论——课程的基础、原理与问题[M].北京:教育科学出版社,2012:3—7.

课程的涵义,把课程看成学科或教学内容。另一种思路是:把课程看作经验。"[1]王建军认为,对课程的理解存在一个共同的特点,将课程视为"某物(学科、计划或目标)"或"某事(经验)"。[2]

另外一个绕不开的问题是,无论从何种角度理解课程,课程始终是处于教育系统之中,发挥一定的作用。课程设计和实施的复杂性已经单独构成了一个庞大的系统,也就是所谓的课程系统。田慧生、廖哲勋较为完备地论述了课程系统的概念及其运作过程(见图1-1)。他们认为,课程系统是学校教育活动系统中的一个子系统,它与学校教学系统、考试系统、教育管理系统等构成了纷繁复杂的学校教育系统。就课程系统而言,"课程系统包含不断运行着的课程计划、课程标准(或教学大纲)和各类教材以及它们所需要的空间、时间和物质条件,还包含着设计、操作、管理学校课程的多层次教育工作者与受教育者。"[3]　[4]

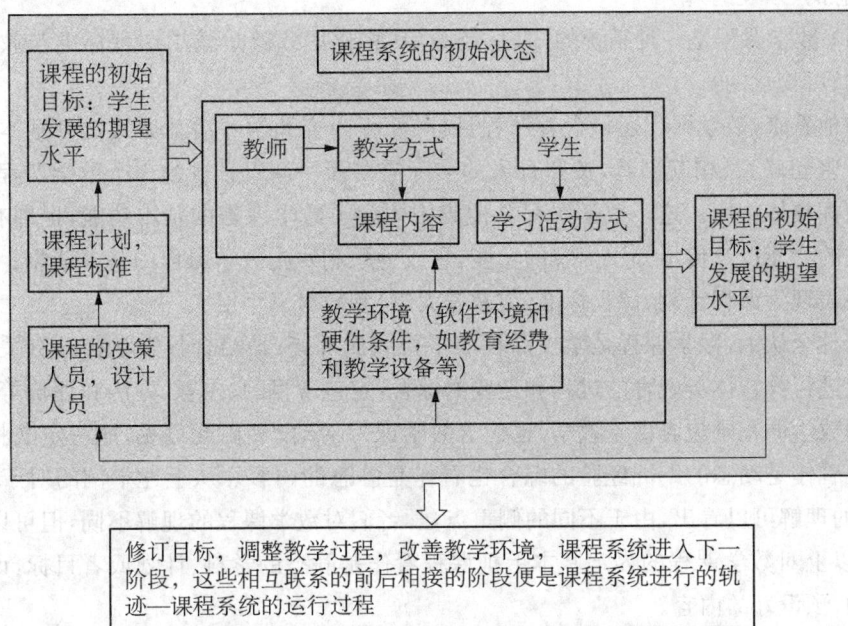

图 1-1

课程系统的运行状态与过程[4]

通过上文可以看出,理解课程离不开对以下问题的思考:(1)课程是静态的某物(学科、计划或目标)还是动态的经验过程?(2)课程是系统的知识、经验的一系列计划还是一种目标体系的计划?(3)课程是预设好的还是结论性的?(4)课程是客观存在还是主观理解的?对课程问题的不同思考和回答形成了对课程的不同理解。

实际上,不同的课程定义和理解都有一定的指向性,都是对特定历史条件下课程所

① 廖哲勋,田慧生主编.课程新论[M].北京:教育科学出版社,2003:31.
② 王建军.合作的课程变革中的教师专业发展[D].香港:香港中文大学,2002:12.
③ 廖哲勋,田慧生主编.课程新论[M].北京:教育科学出版社,2003:31.
④ 廖哲勋,田慧生主编.课程新论[M].北京:教育科学出版社,2003:348.

出现的问题的指向,所以都具有某种合理性但也具有某些局限性,正如施良方所指出的,每种课程定义都隐含着作者的一些哲学假设和机制取向。对于教育工作者来说,重要的不是选择这种或者那种课程定义,而是要意识到各种课程定义所要解决的问题以及伴而随之的新问题,以便根据课程实践的要求,作出明智的决策。[①]

二、数学课程的涵义

由于课程的定义不确定,也就使得不同的研究者对"数学课程"的理解和定义不同。基于对课程的理解,章建跃对"数学课程"的本质内涵作出如下界定[②]:

(1) 数学课程是一种用于指导学校数学教育的方案(育人计划)。

(2) 数学课程是人类对数学科学的已有认识成果,是数学科学的启蒙内容(静态的)。

(3) 数学课程的结构是精心设计的,内容是精心挑选的,是有意预设的育人信息载体(有意的、预设的)。

(4) 数学课程是一种系统的知识、经验,其物化形式就是数学课程标准与教材(有系统的、可物化的)。

在他看来,数学课程还包含着课程目标、课程内容和学习活动方式三种基本成分,这三者密切联系、相互制约,按照育人的实际需要而协调组合成为一个数学课程结构,用以发挥整体作用。这一数学课程结构集中体现了数学课程的基本功能,也即有计划地育人的功能以及传承知识内容的功能,它成为顺利实施数学课程的基本依据。另外,课程还表现为课程计划、课程标准(或教学大纲)和教材三个层次。[③]

王林全认为,数学课程是学校课程的重要组成部分,是结合数学学科的有关内容,对学生进行德智体美教育的过程和经验的综合,它包含目的、内容、方法和评价等内容。广义的数学课程既包含课堂教学,也包含数学课外活动。[④] 由此可见,这一定义将数学课程既看作是动态的不同经验的综合也看作是静态的内容。从上述举例的对于"数学课程"的理解可以看出,由于不同的侧重点,学者们对数学课程的理解不同,但可以看出的是,以上对数学课程的界定基本上把课程看作是静态的学科、计划或者目标,课程是有意的、预设好的内容。

宋乃庆等人强调"课程是学生在学校教育环境中所获得的一系列教育性经验",进而从以下几个方面来理解数学课程的涵义:[⑤]

(1) 数学课程的客观性。数学课程是一种外在于学习主体的客观存在,其主要内容是数学科学的概念、原理、思想、方法。

(2) 数学课程的目的性。数学课程是实现学生身心全面发展的一种手段,具有明确的目的指向。也正因为如此,从教育的角度而言,并非所有的数学科学内容都适合列

① 施良方.课程理论——课程的基础、原理与问题[M].北京:教育科学出版社,2012:10.
② 章建跃.中学数学课程论[M].北京:北京师范大学出版社,2011:7—8.
③ 廖哲勋,田慧生主编.课程新论[M].北京:教育科学出版社,2003:348.
④ 王林全.当代中小学数学课程发展[M].广州:广东教育出版社,2006:13.
⑤ 宋乃庆,徐斌艳,孔凡哲等.数学课程导论[M].北京:北京师范大学出版社,2010:25—26.

入数学课程,适合列入数学课程的内容,也必须适合学生的身心发展特点。

（3）数学课程的经验性。作为师生共同作用的对象,数学课程应该而且可以通过认识和实践而转化为个体经验,无论这种经验是知识性的还是活动性的。也就是说,数学课程是动态的,不仅仅包括数学课程的静态内容,还应该包括动态的过程和方法,使学生通过对课程的学习,经历过程与方法,掌握知识与技能,形成情感与态度,使现实的数学转化为学生的数学现实。

（4）数学课程的教育性。在基础教育阶段,数学课程必须把数学科学的学术形态转化为教育形态,以实现数学课程的目的。

（5）数学课程的系统性。数学是一门有关结构的科学。数学课程必须实现数学科学自身逻辑结构与学生身心发展的有机统一。忽视任何一方的做法都是错误的。

综上所述可见,宋乃庆等人对数学课程的理解较为全面地概括了数学课程的涵义,数学课程由于自身的客观性、目的性、经验性、教育性和系统性而具备了静态和动态的双重特点,在学生的数学学习中发挥着重要作用。

实际上,还需要指出的是,对数学课程的理解离不开"数学"学科本身的特点。提及数学课程,顾名思义,这里的课程和"数学"学科相关联,无论是课程的涵义抑或是课程的分类,再或者是具体的课程目标、内容、实施等的理解和定义都必须考虑"数学"学科（而不是语文、英语学科）的特点。我们知道,数学是一门研究数量关系和空间形式的科学,具有严密的符号体系,独特的公式结构和形象的图像语言,它具有高度抽象、逻辑严密和广泛应用的特点。在理解"数学课程"时,数学学科（而不是语文或者外语学科）的特点必须成为考虑的一个关键因素。

另外,就数学课程的要素而言,对数学课程的理解还可以从数学课程的目标、数学课程的内容、数学课程的体系、数学教材的编写、数学课程的实施以及数学课程的评价几个维度展开。而如果从课程形态来审视数学课程,数学课程更多地体现为显性课程、学科课程、分科课程、必修课程、核心课程。当然,数学课程也体现为隐性课程（日常和社会数学）、活动课程（数学课程的生活化、活动化、情境化）、综合课程（数与代数、空间与图形、统计与概率的混合编排,综合实践模块的设立）、选修课程（高中数学的选修模块）。①

三、中学数学课程的涵义

数学课程概念的不确定性使得中学数学课程的概念也不确定,但我们可以尝试从以下几个方面来理解中学数学课程。

首先,中学数学课程,很明显地,将数学课程的学段集中到"中学"而不是小学或者大学,自然地,中学阶段的数学课程与小学数学课程以及大学数学课程无论在课程的目标、内容,或者实施、评价方式等各个方面都有所不同。例如,与小学数学课程相比,在数学课程的目标方面,中学数学课程目标明显要高于小学课程目标,在对学生知识与技能、过程与方法、数学思考以及情感态度价值观方面的培养目标要符合中学阶段学生的

① 宋乃庆,徐斌艳,孔凡哲等.数学课程导论[M].北京:北京师范大学出版社,2010:17.

身心发展特点;在数学课程的内容方面,"数与代数"、"空间与图形"、"统计与概率"等方面的数学内容的难度明显增加。

其次,需要承认的是,在所有学段的数学课程中,普通中学数学课程作为其中的重要组成部分有着自身特殊的重要意义。这主要是由于它在数学课程中起着承上启下的作用。从学校系统和培养目标来看,对于有机会进入大学学习的学生来说,中学是介于小学与大学之间枢纽,它既是前者的延续,又是后者的准备;对于即将就业的学生来说,在中学所学习的数学课程知识可以是学生从学校走向社会的桥梁。从历史经验来看,历次学制、课程变革,变化大、频率高的是普通中学,在各级各类教育中,课程问题多、难处理的还是普通中学。因此,中学数学课程是中小学数学教育中很重要的方面。

再次,对中学数学课程的理解需要依赖于对数学课程的理解。如果把数学课程看作静态的学科、内容和目标,那么中学数学课程可以看成是"中学数学学习的内容、范围和进程,是经过组织的具有学科目的的教育内容。"如果将数学课程看作不仅是静态的,而且是动态的,那么中学数学课程应该而且可以通过认识和实践而转化为个体经验,无论这种经验是知识性的还是活动性的。也就是说,中学数学课程是动态的,不仅仅包括中学数学课程的静态内容,还包括有关的动态的过程和方法,使学生通过对课程的学习,经历过程与方法,掌握知识与技能,形成情感与态度,使现实的数学转化为学生的数学现实。

另外,理解课程标准规定的中学课程目标、内容、实施评价等有助于我们理解中学数学课程。以义务教育阶段和普通高中的课程目标为例,义务教育阶段数学课程的总体目标主要表现为以下3个方面:(1)学生能够获得适应社会生活和进一步发展所必须的数学的基础知识、基本技能、基本思想、基本活动经验;(2)学生能够体会数学知识之间、数学与其他学科之间、数学与生活之间的联系,运用数学的思维方式进行思考,增强发现问题和提出问题的能力、分析问题和解决问题的能力;(3)学生能够了解数学的价值,提高学习数学的兴趣,增强学好数学的信心,养成良好的学习习惯,具有初步的创新意识和实事求是的科学态度。普通高中的数学课程目标则为:使学生在九年义务教育数学课程的基础上,进一步提高作为未来公民所必要的数学素养,以满足个人发展与社会进步的需要。从目标上来看,中学数学课程面向的对象是中学生,需要根据中学生的身心发展特点来制定目标,以通过课程来更好地促进这一阶段的学生的数学课程的学习。

第二节　"新数运动"的数学课程发展

课堂中曾发生这样一幕情景:

老师提问:"为什么 $2+3=3+2$?"

学生毫不犹豫地回答:"因为它们都等于5。"

"错!"老师纠正道"正确的答案是:由加法交换律而得。"

这就是典型的"新数运动"的数学课堂,那么何为"新数运动"? 我们称20世纪50年代开始的数学教育现代化运动为"新数运动"。新数运动的核心是把中小学数学教学内容现代化,要求从中小学起就要用现代数学精确的数学语言去传授公理化的数学体系。

为何有"新数运动"的课程改革?所谓"新数运动"的数学课堂有怎样的特征?本节将做详细介绍和分析。

一、"新数运动"的兴起

(一)科技与数学的迅猛发展

20世纪科学技术爆炸式发展,前50年取得的研究成果比过去2000年的总和还多,航天技术、原子能技术、电子计算机技术的相继出现标志着新一轮技术革命的兴起和发展。二战中微波雷达导弹、原子弹等新式武器的巨大威力,使人们意识到科技与国力的密切关系,科技的变革对劳动者的数学素质提出了新的要求,人们开始重新审视数学教育,对数学教育提出现代化的要求。

19世纪末20世纪初,数学也发生了激烈的变革,在集合论的基础上产生出结构数学的庞大领域。随着集合论的出现,数学涌现出大量新学科、新分支、新理论。抽象代数学、代数拓扑学、代数群理论、泛函分析等新分支展现出强劲的生命力;数学也不再只是解决特殊问题、寻求特殊算法的学科,而是在结构的概念下有统一对象、方法、独立问题的独立学科;它不只研究数与形,而是主要研究各种结构,特别是代数结构、拓扑结构、序结构;数学内容日趋复杂、抽象,数学的应用也日趋广泛、重要,数学几乎涉猎所有自然科学、工程技术、社会科学、人文科学。数理逻辑、抽象代数、测度与积分论、拓扑学、泛函分析等五大学科的诞生标志着数学从以"算"为主过渡到以研究结构为主。20世纪50年代,布尔巴基学派以结构来统一数学的思想倍受数学界、教育界、心理学界的关注。

布尔巴基学派用结构化的方法来研究数学,即把数学按照结构的不同而加以分类,用公理化方法抽象出各个学科的各种结构,找出数学分支间的结构差异。这种观点认为:数学的发展,就是各种结构的建成和发展。最普遍、最基本的结构只有三类,即代数结构(algebraic structure)、序结构(order structure)、拓扑结构(topological structure)。

(1)代数结构:由离散型对象加运算构成的结构系统,如群、环、域、代数系统、范畴、线性空间等。

(2)序结构:如有序集、全序集、良序集等。

(3)拓扑结构:如拓扑空间、连续性、紧致集、列紧空间、连通集及完备性空间等。①

(二)认知理论的发展

在皮亚杰(Piaget)的认知结构理论的基础上,布鲁纳(Bruner)于20世纪60年代提出了认知发现理论。他认识到学校只教授现成的科学结论是远远不能适应社会发展的,学校教育中应以学科结构代替结论性的知识。所谓学科结构就是一门给定的学科

① 陈志云,程敬荣.布尔巴基派、结构主义及其对中学数学教育的影响[J].高等函授学报(自然科学版),2000,13(3):4—21.

中的基本概念、基本原理及其相互关系①。他说"不论选教什么学科，务必使学生理解该学科的基本结构"，因为这些基本结构反映了事物之间的联系，具有"普遍而有力的适用性"②。教学中应使学生理解学科的基本结构，即掌握基本概念和原理、掌握科学知识的内在联系、掌握学科的学习态度和学习方法③。面对20世纪60年代的知识剧增，布鲁纳提出的学习理论，目的是寻求一种"以不变应万变"的学习策略。

（三）美国基础教育课程改革

1. 美国数学教育存在的问题

长期以来，美国数学课程变动幅度较小，远远跟不上科技的发展。传统教材在小学阶段强调计算，学生直到七八年级才开始接触简单的代数和几何（例如常规图形的面积和体积公式），高一关注基础代数，高二学习演绎几何，高三进一步学习代数并学习三角学，高四则通常学习立体几何和高等代数。该传统课程遭到了诸多的批评。

批评的一个核心聚焦点是：传统数学课程尤其是代数部分过分强调机械化的解题步骤，学生大多靠死记硬背"法则"、模仿例题而不是理解来学习数学。例如分数的加法，学生在计算诸如 $\frac{5}{4}+\frac{2}{3}$，$\frac{3}{x+9}+\frac{2}{x-9}$ 时被要求严格按先通分后加减的步骤解题。优秀的课程和教师应该不遗余力地帮助学生去抓住这些步骤的基本原理，然而传统课程却没有太多关注。学生学习了大量的程序性知识（例如解一元方程、二元方程、多项式的加减乘除、根式的运算等），诚然这些程序的掌握能帮助学生进一步学习高等数学中的代数运算，但只注重"法则"的记忆使得学生无法灵活运用各种解题步骤。再者忽视数学的逻辑结构和系统性，人为地把数学课程分割成一些互不相通的部分④，无法传递出数学的意义和精髓，学生也不能领会所学知识的意义。

此外，传统数学课程的内容陈旧也是批评之一。传统数学课程的大部分内容都是18世纪以前的知识，有些中学里仍强调的内容在20世纪已不再那么重要，例如三角学中某些知识、多项式求值的 Horner 法等，这些内容更适合教给致力于研究数学某方向的学生。

同时传统数学课程中存在一些逻辑问题。例如，学生被告知 x^2-4 可因式分解为 $(x+2)(x-2)$，但 x^2+4 和 x^2-2 却不能被分解。然而，如果我们将"数系"扩展到复数和无理数，上述两个代数式均可分解为 $(x+2i)(x-2i)$ 和 $(x+\sqrt{2})(x-\sqrt{2})$。这些逻辑上的瑕疵会影响学生对数学的进一步认识和探索。

最后传统数学课程很难激发学生的学习动机。学生不知道他们为什么要学分数运算、解方程、因式分解等知识，也不清楚数学对他们的生活有何意义，体会不到数学的美。传统教学中数学被认为是思维训练的体操，数学课程更多是枯燥的练习；数值运算、代数、几何和三角学中的一些内容自1900年出版以来就几乎没变过；加之数学教材的编辑们认为科学的编写应该是抽象的、冷酷的、机械的等等，致使学生讨厌甚至害怕数学。

① 朱晓斌.从结构主义到后结构主义:学习理论的嬗变[J].外国教育研究,2000,27(4):1—5.
② 布鲁纳著,上海师范大学外国教育研究室译.教育过程[M].上海:上海人民出版社,1973:31.
③ 余文森.布鲁纳结构主义教学理论评析[J].外国教育研究,1992(3):13—16.
④ 鲍建生.对"新数"运动和"回到基础"运动的反思[J].数学教学,1990(6):5—7.

2. 美国首次数学课程改革

20世纪20年代末,为了满足社会化大生产的需要同时也稳定移民潮动荡的社会秩序,美国掀起第一次基础教育课程改革。此次改革以现代教育派为基础,主要是以杜威为代表的实用主义教育理论的课程为主,打破学科界限,以生活中遇到的问题为中心、按照儿童心理发展而非逻辑的顺序来组织课程,强调学生通过社会活动而非书本和教师讲授获得知识。此次课程改革过于注重实用性,忽视基础知识的学习,学生无法掌握系统的知识,致使中小学教育质量日趋低下,遭到了美国教育家、科学家的谴责[1]。

3. 美国连续的课程改革

20世纪50年代,美国开始了第二次课程改革,从1955年起,政府、基金会、大学一齐出动,又着手改革中小学理科课程。1957年苏联率先成功发射人造地球卫星,对美国冲击极大,美国为了经济、军事扩张,急需一批科学技术尖端人才,于是加大了科学技术教育改革力度。1958年,美国国会通过《国防教育法》,其中规定增拨科学教育经费,重点改进各级学校的数学、自然科学和现代外语(称"新三艺")的教学[2]。《国防教育法》明确提出"要选拔和教育许多富有才能的儿童,由于财政上的原因,使缺乏能力的学生不接受高等教育是必要的,同时要求大力更新学科的教学内容"[3]。

此次改革重点为中小学课程内容和教学,主要采用结构主义主张,史称"学科结构运动"。改革致力于学科知识结构、现代科学知识与旧内容的更替、学生主动学习及课程编制等问题;强调中小学课程的学术性、系统性;强调掌握各学科的基本概念、基本原理;强调发现学习。但由于此次改革中的一些教材更多反映的是学科发展及专家的要求,其内容过多过难,忽视了大多数学生的接受能力,加上20世纪60年代美国社会动荡不安的外因,致使改革未达到预期目标[4]。

(四)"新数运动"的兴起

20世纪50年代早期,美国的数学教育陷入困境,学生的数学成绩明显不如其他科目,学生讨厌数学甚至害怕数学的情绪不断加重,受过教育的成人几乎连最简单的分数运算都不会。

1952年,美国的马克思·本伯曼(Max Beberman)教授开始尝试开发新的数学课程,他们编写教材、训练老师、小范围做实验;1955年美国数学会介入,同年美国大学入学考试委员会(The College Entrance Examination Board)为解决高中数学课程中的问题开展了大学预备数学项目(Program for College Preparatory Mathematics)[5]。

1957年秋季,苏联发射第一颗人造卫星,西方各国受到了极大的震撼,政府和民众深刻意识到自己在数学和科学上的落后,并加大了数学课程改革的力度和资金支持。1958年,在美国数学会和全美数学教师联合会的支持下,由政府和基金会资助成立了"学校数学研究小组(SMSG)",其主要成员是一些大学的数学教授,他们筹集款项动员

① 李申申. 20世纪美国基础教育课程改革的得失与启示[J]. 课程·教材·教法,2002(5):72—74.
② 李爱萍,肖玉敏. 20世纪美国基础教育改革政策的演进与启示[J]. 外国教育研究,2005,32(4):42—46.
③ 夏之莲. 外国教育发展史料选粹(下)[M]. 北京:北京师范大学出版社,1999:176.
④ 吴颖民. 二战后美国基础教育课程改革的特点及启示[J]. 课程·教材·教法,2008,28(8):76—80.
⑤ Kline, M. *Why Johnny Can't Add*, *The Failure of the New Math* [M]. N.Y. :St. Martin's Pr. , 1973:15.

全国数学教育界人士和舆论,大力推进数学教育改革工作,并于1958—1959学年组织较大规模的实验(共100位教师在12个不同地方为7年级和8年级教授14个课题)、培训教师并出版教材。1959年9月,美国国家科学院在伍兹霍尔召开会议,研究中小学数理学科的课程改革问题①。

1960年学校数学研究小组(SMSG)将"新数"教材推向全美;全美数学教师协会(NCTM)组织了8场局部会议,为各地学校的新数学运动提供指导;美国数学会1961年的报告《学校数学改革》指出:"我们正处于飞速改进学校数学的关键期,一般模式已经清晰化,必备的教学材料已在手头。"②

由于当时人们将科技水平作为衡量社会进步的标准之一,数学对科技的作用使得"新数"很快席卷了全球,1959年,欧洲经济共同体(OECD)成立了"科技人才组织(OSTP)",编写出《中学数学教育现代化大纲》。1960年,日本数学教育会(JSME)召开全国数学教育研究大会,提出数学教育现代化问题。1961年,英国剑桥大学等一批学者和教师在南安普敦成立"学校数学设计组(SMP)",着手编写构思新颖、与传统数学教材风格迥异的SMP课本。比较稳重的苏联,也于1965年成立了以柯尔莫戈洛夫院士为首的委员会,负责制定新的4—10年级的数学教学大纲,然后根据新大纲编写的课程终于逐步全面取代了使用达半个世纪之久的吉西略夫课本。其他如非洲、拉丁美洲、东南亚地区也都成立了区域性的机构或召开区域性会议来推进"新数"。至20世纪60年代中期,"新数"确已汇成了一股洪流,它以汹涌澎湃之势冲击"旧数",对今后数学教育改革产生了不可估量的影响③。

二、"新数运动"课程的特点

尽管教学活动的结果是由诸多因素共同导致的,但"新数运动"(以下简称"新数")却致力于数学课程(更多为教材)的改革。改革者们相信如果数学教材得到改进,数学教学将会取得成功。"新数运动"的实质就是课程的现代化,由于受到了布尔巴基学派及布鲁纳的结构主义课程理论的影响,一些"新数运动"教材将"结构"奉为指导思想之一,将数学的基本任务定位成对该学科结构的根本原理作基本理解④。因此有以下特点:

(一) 强调演绎推理

针对传统数学课程中学生是通过记笔记、记忆解题步骤和证明来学习数学这一主要问题,"新数"认为逻辑演绎地教数学,将每一个步骤背后的推理都揭露出来能有效促进学生理解。逻辑法过去常被用于几何的教学,即从定义、公理、证明出发,演绎出新的定理。"新数"将其推广至数值运算、代数和三角学的教学。例如"新数"教材中负数的内容:首先让学生求方程 $17+x=21$ 的解,显然答案是 $x=4$;然后再让学生解方程

---

① 陈志云,程敬荣.布尔巴基学派、结构主义及其对中学数学教育的影响[J].高等函授学报(自然科学版),2000,13(3):4—21.

② Stone, M. The Revolution in Mathematics [J]. *American Mathematical Monthly*, 1961,68(8):715-734.

③ 张奠宙,李士锜,李俊.数学教育学导论[M].北京:高等教育出版社,2003:35.

④ 朱玉.布尔巴基学派与中学数学改革(续)[J].数学与研究,1983(5):43—45.

$21+x=17$ 以激发学生的学习负数的动机。为了解决该问题,教材给出一系列证明,

根据定义将 21 分拆为 $17+4$,则原方程改为:$(17+4)+x=17$。

由加法结合律得:$17+(4+x)=17$。

根据 0 的定义有:$17+0=17$。

所以由 0 的唯一性得:$4+x=0$。

引入负数概念,$4+(-4)=0$,

所以:$x=-4$。

自此,学生在做负数运算时将有据可循,如计算 $(-2)+(-5)$:

学生先根据负数的定义得:$(-2+2)+(-5+5)=0+0=0$。

再由加法交换律和结合律得 $(-2+2)+(-5+5)=2+5+[(-2)+(-5)]$,即 $0=7+[(-2)+(-5)]$,所以 $(-2)+(-5)=-7$。

(二) 注重严密性

"新数"中的数学课程不仅遵循演绎发展,而且追求严格的演绎发展。改革者认为对每一个结论都需要详细证明,给出其所涉及的假设、定义、定理等,哪怕是一些显然的既成事实,如两点间的距离是唯一的,一条直线将平面分成两部分,三角形有一个内部和一个外部等。否则学生会被这些未提及的假设、定理等所困扰,影响他们的理解。

(三) 力求语言精准

"新数"的改革者指出,传统数学教材中语言的不精确和宽松导致学生严重的理解障碍,例如传统教材中的应用题:"彼得有 4 个球,乔有 5 个球,他们共有多少个球?"几乎所有人都能将题意理解为"彼得和乔的球数总和是多少?"并给出答案 9 个。而改革者不认为这样,学生有可能给出的答案是 0,因为他们两人没有一个球是共有的。为了精确语言,改革者引入集合语言,对每一个概念都精确定义,并重新定义了某些概念。例如:将题"求满足方程 $x+3=5$ 的 x 的值"改为"求真伪未定的命题 $x+3=5$ 的真值集合";再如将传统教材中对变量的定义(变量是能被任何值替换的符号或字母)改为"变量是能被所给集合的任意元素替换的符号"。改革者在这个过程中引入了很多新术语,例如传统教材中函数被定义为变量的对应关系,而"新数"的教材在函数部分先引入"序偶集"概念,然后将函数定义为序偶的集合。考尼(T. J. Cooney)和威尔逊(M. R. Wilson)检查了 1958 年到 1986 年间出版的 16 种美国高中数学教材,发现它们都把函数定义为序偶的集合或两个集合元素之间的对应关系。[1]

(四)"自发性"的数学

"新数"将数学视为"自发性"的学科,即所有的数学知识可以不借助现实情景、自然科学等,仅由内部发展成完整体系。例如分数的引入,可以在学生知道自然数的情况下提问学生满足 $3x=7$ 的 x 值是多少?给学生制造认知冲突,从而引入分数的概念,同理可以通过求 $x+5=2$ 的解来引入负数概念。"新数"通过对学生的已有知识提出不同情景下的问题来引出新的知识,他们认为这能激发学生的学习动机并建构出整栋数学

① 任明俊,汪晓勤.中学生对函数概念的理解——历史相似性初探[J].数学教育学报,2007,16(4):84—87.

大厦。这导致"新数"课程忽视现实情景,缺乏应用性,更多是机械的练习。

(五) 加入"现代"数学

"新数"精简了部分传统数学内容,数值计算、代数、欧式几何、三角学和基础解析几何在"新数"中都有不同程度的压缩,同时"新数"引入了诸多"现代"数学的内容。主要有:

(1) 集合论:"新数"在集合基础上定义基本数学概念并且统一中学数学;

(2) 进制:"新数"要求学生学会不同进制之间的转换及四则运算,以期学生能进一步理解十进制及数值运算,并对计算机的学习有帮助;

(3) 同余:"新数"通过钟表上的计算引入该数论内容,要求学生理解同余概念并学会基本运算;

(4) 不等式:"新数"将该内容从大学提前至九年级代数;

(5) 矩阵代数:学校数学研究组(SMSG)将二次矩阵及其代数运算引入 12 年级;

(6) 简易逻辑、布尔代数:"新数"引入命题及命题关系以期学生学会逻辑推理;

(7) 群-环-域:学生不仅需要知道这些结构的概念而且要掌握其性质,一部分概念安排在小学阶段,大部分在高中四年级。

总之,"新数运动"在中学引进现代数学概念,使整个数学课程结构化、统一化、公理化、抽象化、现代化,同时精简了传统数学内容。

三、"新数运动"课程的缺陷

尽管"新数"的教材中涉及许多大学数学的内容,人们显然地认为参与"新数运动"的学生在大学数学的学习中占有一定优势,但从数学知识点的角度出发,对比大学数学和新数学中的相应部分发现,参与"新数运动"并不能对大学数学的学习带来好处,甚至可能产生负面影响。例如,马克思·本伯曼教授在 1960 年 11 月的演讲中就指出:把严密性引进几何是错误的。但遗憾的是,没有关于参与"新数运动"的学生进入大学以后学习情况的大范围调查。

作为 SMSG 的支持人,贝格勒(Begle)教授给了许多重要的看法。比如:课程设计忽略了教学法(1960);没有更长时间的计划和更大范围的实验(1966 年)[①];1966 年,SMSG 组织会议为新一轮的课程改革做出详细计划。但此后数年,计划执行情况不佳,并最终导致 SMSG 的解散。

1974 年,美国有关单位成立的数学教育全国咨询委员会发表的调查报告认为新教材有许多地方应该修改。社会上对于"新数运动"的批评是多数学生对于抽象的内容无法接受,基础薄弱,课程只适用一般水平以上的学生和培养少数有才能的尖子学生,忽视了面向全体学生等[②]。由此,美国开始倡导"回到基础"。

---

① Begle, E. G. Open Letter to the Mathematical Community [J]. *The Mathematics Teacher*, 1966(59):341, 393.

② 王立东,邹中丹.中学数学内容现代化初探——基于"新数学"运动的历史研究[J].数学通报,2008,47(11): 1—4.

四、"新数运动"的反思与启示

(一) 反思

20 世纪 70 年代,"新数运动"逐渐暴露出诸多不足和问题,人们开始重新审视改革,追寻失败的深层原因,明确改革新方向。

造成"新数运动"失败的原因是多方面的,1980 年在美国伯克莱举行的第四届国际数学教育大会(ICME‒4)将"新数"失败的主要原因总结为:(1)"新数"既没有系统研究传统数学的优缺点,又没有很好分析现代数学的背景和方法,仅将传统数学内容压缩、片面地引入现代数学概念,使得内容多而杂,跳跃严重,时间不足;(2)现代数学内容增加太多、太深、太抽象,脱离教师和学生实际。大部分实验只面向少数成绩优异的学生,实验的时间太短,内容不全面,然而实验结果的评估却宣称:学生有能力学习好新数学,并且在传统数学的技巧和知识方面表现良好。致使不少老师和学生不能适应;(3)"新数"是从大学到中学再到小学的自上而下改革,改革不能切合实际需求,不宜接受和实施[1]。

究其深层原因主要有两个,一是"太过强调数学家的领导"。数学课程改革离不开数学家的指导,但不是全权领导。因为一方面 20 世纪初数学发展进入新阶段,数学已从自然科学中抽离为一门独立学科,很多数学家不再关心数学的应用性,仅在数学内部做研究[2];近代数学的发展使得数学家的研究领域非常狭窄、专业;此外当时的数学家追求纯粹的抽象化、一般化、结构化、公理化及严谨性。另一方面,数学家不是教育家,他们易从学科视角来看教材,缺乏课改必备的教学知识和技能;多数不关注数学史和数学文化,更对学习心理学不感兴趣,他们更多注重数学本身的严谨性和逻辑性。因此本次课程改革致力于数学教材的改进,而数学家所写的教材缺乏情境性及应用性[3],加之单调、符号化的行文风格,抽象化、结构化的内容,致使数学更加难教、难学。

二是当时的社会问题。为何存在诸多问题的"新数"能迅速传播且被广泛接受呢?首先是课程组(SMSG)的积极推广和充裕的资金支持,他们在没有大范围实验的情况下积极推广"新数",发表演讲、文章,指责"传统"课程,为"新数"打上与时俱进、至关重要的烙印;其次是当时的中小学教师、教育家由于对数学本身的崇敬和不了解,为数学家马首是瞻,他们更多关注这场革命带来的发文机会;再次是绝大多数中小学校长没有审度"新数"的能力,盲目追随改革;最后是教材的编辑者和出版商将改革视为分割市场的机会,大力宣传新教材。

(二) 启示

尽管"新数"运动最终以"回到基础"而告终,但也为今后的课程改革提供了诸多启示:

1. 数学教育与数学现代化

数学是一门具有严密逻辑体系,反映量与空间的抽象结构的演绎科学,但数学教育是人文教育中的一部分,中小学的数学需要置身于更广阔的文化背景下,让学生理解数

---

① 曹锡华. 第四届国际数学教育会议情况简介[J]. 数学教学,1981(1):1—4.

② Stone, M. The Revolution in Mathematics [J]. *American Mathematical Monthly*,1961,68(8):715‒734.

③ Feynman, Richard, P. New Textbooks for the New Mathematics [J]. *Engineering and Science*,1965(28):9‒15.

学在社会文化中的角色,领会数学的价值并将数学与其他学科融会贯通。对此,中学的数学教育至少应该关注被"新数学"忽视的学生的学习动机、数学的情境性和应用性。再者,中学数学课程现代化是必要的,但同时也是一项需要循序渐进的系统工程,需要考虑其可行性,某学段的数学内容应符合根据学生特点制定的教育目标,教材编写和内容选取要照顾到不同层次的学生。

2. 课程改革不能只关注教材

1957 年以后,公众及舆论对"新数"的狂热促使数学教育的专家们又把兴趣从"如何教"转向"教什么",过分强调数学课程的内容与逻辑结构[①],而教育是一个有机体,课程改革不能只关注教材,教师质量便是一个重要的因素,苏联提出"终身教师"口号;1982 年科克罗夫特的报告中同样指出"提高数学教育质量必须解决的问题是:增加经过适当训练的数学教师,加强教师的就业前培训和在职培训"[②]。

3. 课程改革需协调各方力量

教育是一个社会现象,课程改革需要综合社会各界的力量,数学教育家、数学家及经验丰富的中小学数学教师都是直接参与者,而研究人员、心理学家、教育家等都能给予咨询意见,因此各力量间的协调非常重要。从"新数"运动看出,中小学教师才是改革的核心,数学家应作为参与者而非领导者,帮助一线教师扩张数学视野、提高数学素养、将前沿数学整合到课程中。

第三节 "回到基础"运动的数学课程发展

全球性的"新数运动"在美国、英国等不少国家受到挫折,各国在反思中获得启示,逐渐认识到数学课程改革与发展是一个系统工程,除了对课程内容的改革以外,同时需要重视数学教师专业能力的培养培训、学生数学学习的认知与情感发展,甚至考虑家长或社会的因素。在轰轰烈烈的"新数运动"之后,不少国家以重视儿童教育质量为核心,提倡"回到基础",重视每个儿童的发展。美国的"回到基础"运动在全球数学课程发展中有一定的代表性,本节以美国为例,介绍分析这一数学课程发展思潮。

一、"回到基础"运动的兴起

(一)人本主义课程改革的兴起

20 世纪 50 年代到 60 年代初期,美国的"学科结构运动"、"新数运动"的基础教育课程改革,使得课程内容过多且偏深偏难,只利于少数天才儿童的培养,忽视了普通儿童的接受能力;并且改革意在培养尖端科技人才,以期通过加强天才儿童教育来带动普通儿童的发展。这些改革不仅在具体实施中遇到了诸多困难,而且受到社会的质疑。

20 世纪 60 年代中期到 70 年代初,美国反越战运动与国际石油危机使国内社会动荡不安,种族隔离与贫困问题成为当时最严重的社会问题。美国人重视教育的传统促使人

---

① 鲍建生. 对"新数"运动和"回到基础"运动的反思[J]. 数学教学,1990(6):5—7.
② 吴伟."新数运动"的基本特征及结合教改的几点反思[J]. 吉林师范学院学报,1997,18(5):80—82.

们重新反思教育,开始指责压抑个性的学校系统、质疑学术至上的课程,教育政策的天平又向处境不利的少数民族儿童和贫困家庭儿童倾斜,主张通过对少数民族儿童采取反种族隔离或种族融合教育,以及给贫困家庭儿童提供补偿教育和特殊教育来提高他们的学业成绩,进而提高整个基础教育的总体水平。① 由此,人本主义课程改革兴起。

人本主义课程将人的学习定义为认知和情景的统一,需要以内部动机为基础,反对结构主义将重点放在学科知识和智力上。在人本主义课程改革中,美国中小学课程中的必修课比例下降,选修课比例上升;学术性课程减少,实用性和职业性课程增加;统一性要求的范围缩小,课程的选择范围扩大②。此次改革加强了中小学课程与社会生活实际的联系,较大程度地满足了学生多样性需求,降低了学生的压力和挫折感。但改革同时降低了课程的学术水准和质量要求,使中小学课程再度扩张和松散化,导致中小学教育水平和质量的下降③。

(二) 变革中社会问题的挑战

自第二次世界大战特别 20 世纪 60 年代以来,美国的社会结构和价值观已发生了根本的变化。有些美国人,特别是年轻人,已怀疑并抛弃了传统的公民和伦理价值观以及性道德,随着离婚率和单性家长家庭数量的增加,家庭结构正在变化。20 世纪 60 年代和 70 年代不仅是学校,而且是大众社会吸毒、暴力和故意破坏行为增长的时期。这些巨大的社会变化和问题引起了美国人的焦虑,有些人把这归于公共学校的罪过,要求它们恢复严格的纪律和教师中心的权威并传播明确界定的公民和道德标准,以拨正潮流、恢复传统的价值观。1976 年盖洛普(Gallup)关于民众对公立学校态度的调查显示:51％的受访者关注的是学校基础技能教育;50％的人表示学校应该执行严格的纪律。民众需要学校实行严格的纪律、提高学业标准来规范学生的行为④。

家长对学校事物的参与度日益增加,然而他们却无法理解学校现行的教育,非白人种群及西班牙语群体认为他们的孩子没有得到足够的基础技能教育。在盖洛普民意调查中,家长就学生分数下降原因发表看法时,22％的受访者认为核心原因是"对基础没有足够重视。"然而多年来,教师被督促着要加强学生的创造力、人文主义精神的培养和独立思维的发展,对学生是否掌握了必备的技能教师也并不清楚。这种混乱的教育目标孕育了人们对"基础"的拥护。因此"回到基础"运动的产生,也并不完全是由于"新数"课程造成计算技能方面的不足造成的,实际上是很多家长们弄不懂这些"新"的内容,不能辅导自己的孩子造成的⑤。

在"基础"的拥护者们看来,一方面,教育家将学校变成了一个实验的舞台,他们更多关注自己的利益而非学生的兴趣。"新报告"、"新数学"或"新教材"都没有改善教育质量,"教育家只是在为了改革而改革";另一方面,公立学校已经变成一个庞大的官僚机构,占据着家庭、教堂、社会机构等无微不至的服务,然而学校却在用所谓的"职业化"和一些隐

① 李爱萍,肖玉敏.20 世纪美国基础教育改革政策的演进与启示[J].外国教育研究,2005,32(4):42—46.
② 吴颖民.二战后美国基础教育课程改革的特点及启示[J].课程.教材.教法,2008,28(8):76—80.
③ 柯森.当代美国中小学课程概观[M].广州:中山大学出版社,2005:56.
④ S.M.E. Nostalgia's Child: Back to the Basics [J]. *The Phi Delta Kappan*, 1977,58(7): 521,552.
⑤ 鲍建生.对"新数"运动和"回到基础"运动的反思[J].数学教学,1990(6):5—7.

晦的术语来掩饰其拙劣的教学质量。因此他们常常抵制教育过分专业化的发展以及学校服务和活动的增加。

人们还认为美国学校应为20世纪70年代以来的美国经济问题负责任,商业界的批评家指责美国学校许多毕业生缺乏20世纪80年代工作部门所需要的基本技能。雇主长期抱怨高中毕业生不能担任高效率的生产工作,这些毕业生读不懂工作说明书还缺乏计算能力。正如福布斯杂志标榜的那样:"Johnny不能读写算,也不会工作!"同时,高等院校也在长时间的埋怨大部分高中毕业生都没有为大学深造打好基础,大学不得不降低他们的录取标准,并在英语、数学和科学方面开设补习课程。高校的官员呼吁中小学必须在基础教学上下苦工。全国学生考试成绩已经连续12年持续下降,美国学校没有培养出在高度竞争的世界经济中有创造力、有纪律感的劳动力,最终使其在外国竞争中失利。

(三)"回到基础"运动的进程

20世纪70年代中期,美国开始把基础教育改革政策的视线聚焦于人数众多的一般儿童身上,兴起了旨在提高普通儿童教育质量的基础教育改革运动——"回到基础"运动。

由于这场运动是在州教育行政机构的领导下进行,联邦政府没有颁布相关政策法令,具体教育改革政策与措施由各州立法机构、州教育委员会和州教育厅制定与颁布。1976年8月,国家教育统计中心(National Center for Educational Statistics)做的一个简略调查显示,22个州在开发基于表现的课程(performance-based curricula)或制定公立学校毕业标准上没有统一的规划或法律。全国学校董事会协会(National School Boards Association)1976年的一项调查显示,尽管超过40个全美学校董事会认同学校需要加强3Rs(阅读、写作、算术)教育,但几乎没有董事会愿意颁布"回到基础"的政策,因为"回到基础"意味着需要从哲学、教育目标、学科、学生升级、毕业要求、报告、咨询辅导、课外活动等等方面重构董事会政策。而在学校层面,一些校级董事会默许了"回到基础"的行为,例如费城区的17所初高中实施了"回到基础"运动,教师注重阅读和数学教学,每天布置家庭作业。改革得到了大多数家长特别是黑人和西班牙语系的家长全力的支持。

尽管早在1976年,亚利桑那州、路易斯安那州、田纳西州等就已经发布公告,警示"最低限度能力测试"或基于表现的课程立法的弊端。但这些州的教育部门仍继续回到基础改革。1976—1977之间,美国很多州都制定了目的和内容相似的"回到基础"计划,尽管各州教育法案的名称有所差异,但其教育改革政策的重点基本上都是从管理的角度对学校、教师和学生的教与学活动提出要求,以达到最基本的学业标准。在各州教育改革政策的指导下,教师责任制运动、学生最低限度能力测验运动在美国各地普遍兴起,实施严格纪律和注重传统教法的"基础学校"也应运而生。

基础教育委员会(The Council for Basic Education)报告称,截止至1977年秋季全美范围内,威斯康星州的麦迪逊;亚利桑那州的梅萨、菲尼克斯、斯科茨戴尔;新泽西州的蒙特莱克;马里兰的蒙哥马利县;圣迭戈都建立了"回到基础"或"传统"的学校。

"回到基础"运动在经历了六七年的努力后,在20世纪80年代初取得了一定的成绩。美国"全国教育成绩评估"组织 1983 年 6 月 7 日公布了一份"全国报告表",表中所列举的学生最近考试成绩表明,20 世纪 70 年代初在全国开始的"回到基础"教育运动已初见成效。1977—1978 年全国三分之二以上的州都制定了"最低限度能力"法,提出了高中毕业生应掌握的基本技能标准。此后,中小学生最基本的计算能力有所提高。

二、"回到基础"课程的特点

在经历了"新数运动"过于激进的现代化课程改革后,主要由家长、校董会和一些教育家拥护的"回到基础"运动有着典型的返璞归真特点,主要表现在学校对 3Rs(阅读、写作、算术)基础和行为标准的重建上。公立学校系统中建立的"基础"学校实施传统导向的教育(tradition-oriented education),他们强调算数运算、阅读中语音的训练、严格的家庭作业以及有序、安静、可控的学生行为规范[①]。

具体而言,"回到基础"运动的拥护者推崇:

(1) 小学阶段强调阅读、写作和算术这三项基础能力的掌握,学校大部分时间应致力于这些技能的培养;

(2) 中学阶段应加强英语、科学、数学和历史的学习,教材需要清晰易懂;

(3) 中小学阶段所有年级都应以教师为主导,因为学生导向的活动是没有意义的;

(4) 教学应该包含练习、背诵、日常作业及频繁的测试;

(5) 成绩单用传统的 A、B、C 等级或数值(100、80、75)记分,并经常公布;

(6) 加强学校纪律,允许体罚学生,规范学生着装;

(7) 提高升级和高中毕业的要求,学生必须熟练掌握必要的知识和技能才能升入下一年级或高中毕业;

(8) 减少不是基础类的课程和活动,比如把做木偶、吹长笛、性教育、关注种族歧视等活动放到学生的私人时间里;

(9) 减少选修课,增加必修课;

(10) 抵制"新课程",那些所谓的"新数学"、"新科学"、语言学、电子教学技术等用概念取代事实的课程都应该被禁止;

(11) 减少学校的"社会服务"(social services)活动,例如性教育、驾驶、禁毒教育、体育等,这些"社会服务"活动会占用大量基础课程的时间;

(12) 重拾爱国主义教育。学生应该爱护自己的国家并建立自己的信仰。

但可能令那些"基础"的坚决拥护者们吃惊的是,"基础"学校将上述要求简化成一种新的教育三位一体,即:最低能力要求(minimal competency)、能力测试(proficiency testing)、基于表现的课程(performance-based curriculum)。围绕上述"三位一体",教育工作者们强调学生的 3Rs 和生存技能的发展教育,即人成长及生活所必需的技能,例如成为一个合格的公民、商人、劳动者、纳税人甚至家人等等所需的技能。为了实现这两个目标,教育者所追求的"基础课程"不仅是教材的基础性,还有学业评价标准的基础

---

① Morgan, M. T., Robinson, N. The "Back to the Basics" Movement in Education [J]. *Canadian Journal of Education* / Revue canadienne de l'éducation, 1976,1(2):1—11.

性。为了确保基于表现的课程(the performance-based curriculum)的有效性,教育者注重熟练度的测试,学生必须通过测试并掌握基本的身体技能才能升学或高中毕业①。

三、"回到基础"运动的反思与启示
(一) 反思

"回到基础"运动在提高学生运算能力的同时,片面强调最低基本要求,将"最低标准"视为"最高要求",致使教学的整体持续下降。"全国报告表"指出学生抽象思维能力和对复杂题目的运算能力却有降低的迹象,17岁年龄组的初、高中学生的综合能力低下②。美国国家课程测试(NAEP)主席曾说:"一个时期以来公众特别强调基础,而评估数据都表现学生的数学能力下降了,解决问题、理解概念的能力下降得尤其多。"③尤斯金(Zalman Usiskin)也认为,"回到基础"所取得的一些成功是付出了较大代价的,通过对大量的数据分析发现25%的优秀生的数学成就水平下降,缺乏对概念的理解和"问题解决"的能力,就是一般学生的"基本技能"也并没有提高多少。因此,"回到基础"是一场可怕的"倒退"④。社会各界再次要求改善教育,希望初、高中的数学教学进一步向深度和广度发展,改变死板的教学方法,培养学生数学学习兴趣。1989年发表的全国性报告《人人来算——关于数学教育的未来》对"回到基础"提出异议,说它"若走向极端,将使孩子失去学习那些成人之后需要知道的数学的机会","当技术使各行各业都'数学化',且数学已渗透到社会每一角落时,自傲的美国却在容忍数学教育的低水平。所继承的数学课程只面向过去、忽视未来且束缚于低期望的传统之中","当日本学生数学成绩很好的时候,美国学生却做得很差,模仿日本不是解决问题的办法,必须找到适合自己传统的策略"⑤。

20世纪80年代,社会背景发生了变化。随着冷战局势的缓和,国际竞争由军事和意识形态竞争转向经济和综合国力竞争。一场以微电子技术为核心的新技术革命使美国社会由工业社会向信息社会发展,工业生产以劳动密集、资本密集为主逐渐向以知识密集为主转变。随之而来,劳动方式和生产管理方式也发生了重大变化。它对劳动者的科学文化技术水平提出了新的、更高的要求。同时,国际竞争更趋激烈。在这种以科技、经济为主的国家综合实力的竞争中,美国的绝对优势受到了挑战,如一度被美国人引以为骄傲的机床在世界市场上的份额被德国产品所取代。日本的汽车生产效率比美国高。⑥作为衡量综合国力和影响国家国际竞争能力的重要指标之一的教育再次受到美国重视,"回到基础"运动虽进行了不懈的努力,但美国基础教育质量并没有得到明显改善,这种状况引起了美国政府和公众的担忧,纷纷呼吁进行新的教育改革。80年代初来自官方和民间有关基础教育改革的研究报告多达350份,其中9份报告在全美引

① Brodinsky, B. Back to the Basics: The Movement and Its Meaning [J]. *The Phi Delta Kappan*, 1977,58(7): 522-527.
② 简报.美国"回到基础"运动初见成效[J].比较教育研究,1988(6):65.
③ 白改平,杨光伟.美国数学课程改革的特点及其启示[J].外国中小学教育,2008(7):43—46.
④ 鲍建生.对"新数"运动和"回到基础"运动的反思[J].数学教学,1990(6):5—7.
⑤ 张奠宙.美国数学教育改革的联想[J].数学教学,1991(1):4—5.
⑥ 孔锴.浅谈20世纪80年代以来的美国基础教育课程改革[J].外国教育研究,2006,33(2):46—51.

起广泛影响。美国教育质量委员会于 1983 年提交的《国家处在危险之中：教育改革势在必行》拉开了美国新一轮基础教育改革的帷幕。报告明确提出学校教育的基本目标为："学校教育要维护平等和保证质量这个双重目的，这对于我们的经济和社会来说，具有深远的实践意义；无论在理论上还是在实践上，我们都不能允许使一个目的屈从另一个目的。如果那样做，就是拒绝给予青年人按照自己的抱负和能力去学习和生活的机会。那样做还将导致我们的社会要么迁就普遍平庸的教育，要么造成不民主的英才主义。"①

（二）启示

1. "基础"应与时俱进

"回到基础"，其可取之处是对基本技能很重视，其所推崇的 3R 基础可以追溯到 1795 年威廉·柯蒂斯(William Curtis)先生的一次演讲。从现代教育素养而言，阅读和写作指能理解及运用文字表达思想，算术是指能读懂数字代表的意思。18 世纪末到 19 世纪初，制造业在国家经济中的地位导致学校重视学生 3Rs 的培养以满足就业需求，然而时过境迁，当时的"基础"并不能简单地等同于现在的"基础"，适用于一群人的基础也不一定适合另一群人。希尔顿(Peter Hilton)早在第三届国际数学教育大会的主题报告中指出"无论它的意图怎样，这运动从一开始就孕育着恶果，并会使人误入歧途，因为它所认为是基础的，不论是在数学中还是在我们周围世界的应用中却已不是基础的了，它不认为是基础的，却包含了如此之多的公民教育中本质的东西"②。到 20 世纪 70 年代，人们根据过去的 50 年里积累的关于儿童心理、学习、教学等方面的知识，已经将基础扩展到学校教育要教会学生思考、分析问题、做出明智的决定、建立自信等等，而"回到基础"只是将那个时代所面临的复杂问题极度简单化，如果它作为一个国家的政策，那么将使历史倒退 100 年。因此，对"基础"的设定应与时代背景、经济状况、科技发展水平、研究成果等综合起来考虑，以提高"基础"的可行性、适用性。在数学教育改革目标上，要跟上时代和数学的发展，要培养学生的数学能力，要注意数学的实用性，同时还要培养思维的创造性③。21 世纪以来，我国的义务教育阶段的数学课程改革目标拓展了对基础的认识，从重视"基础知识和基本技能"的"双基"拓展为重视"基础知识、基本技能、数学思想方法和基本数学活动经验"的"四基"要求，这应该是顺应时代发展的变革。

2. 以提高教育质量为核心

从"新数运动"到"回到基础"，从进步主义到要素主义、结构主义再到人本主义和存在主义都无一不体现了美国教育基础课程改革运动的"钟摆"轨迹。摆动基本上围绕两个目标："严格的学业标准"和"个人的完善发展"，但提高基础教育质量一直是美国当代教育改革的追求。从 70 年代中期的"回到基础"运动开始，追求教育优异，学业优异，提高学业标准，提高教育质量，提高民族素质和综合国力，已成为美国教育改革的目的。

① 美国教育质量委员会.国家处在危机之中：教育改革势在必行(1983)[A].国家教育发展研究中心.发达国家教育改革的动向与趋势(第一集)[C].人民教育出版社,1986:8.
② 鲍建生.对"新数"运动和"回到基础"运动的反思[J].数学教学,1990(6):5—7.
③ 张奠宙.美国数学教育改革的联想[J].数学教学,1991(1):4—5.

如上所述,《美国 2061 计划》和《美国 2000 年教育战略》都是以提高美国民众素质和基础教育质量为根本目标的。

我国当代所实行的素质教育,不能以降低学业标准、牺牲教育优异为代价来实现儿童全面和谐的发展。素质教育更需要处理好提高教育质量与个人完善发展的关系、严格的教育评价与学生生动活泼发展的关系。

3. 重视扎实的基础

我国的数学教育在儒家文化思想的长期浸润下,特别是在现行高考制度的强化下,积淀起"双基教学、变式训练"的优良传统。但一方面,新一轮的数学课程改革在"过度操练"、"双基异化"、"孰能生厌"等异象下减弱了对"双基"的强调;另一方面"基础扎实,但创新不够"基本上成为国际数学教育界对我们数学教学的一个整体评价。事实上,没有必备的基础求创新无疑是奢望,同样的,不求创新的一味打基础就是傻练。数学教学应该给学生的未来发展奠定必要基础,同时也应该在夯实基础的前提下进一步发展学生的创新能力①。

第四节　基于"数学问题解决"的数学课程发展

早在 19 世纪末,一些心理学家首先对问题解决进行了研究,并对"问题解决"作了诸多的阐释②。在数学教育界,波利亚(George Polya)首先对怎样解题作了详尽的探讨,其所著的小册子《怎样解题》对问题解决的过程展开了研究,并提出解决问题的四个步骤:理解问题、设计解题计划、执行计划、回顾。波利亚的研究是 80 年代以来数学问题解决研究的基础③。

"问题解决"形式的数学课程改革的兴起源自美国数学教育对"回到基础"运动的反思。20 世纪 70 年代,美国为纠正"新数运动"产生的偏差,开始倡导"回到基础",但由于其过分强调基础知识的反复讲授和大量机械练习,以致其没有从根本上阻止美国中小学数学教育质量下滑的状况,甚至就基础知识的掌握而言,也未能实现预期目标,强调"数学问题解决"的数学课程在此背景下应运而生。

一、"数学问题解决"课程的兴起

1980 年 4 月美国数学教师协会(National Council of Teachers of Mathematics,简称 NCTM)公布的纲领性文件《行动议程》(*An Agenda for Action-Recommendation for Mathematics of the 1980's*),提出美国在 20 世纪 80 年代进行数学教育改革"必须把问题解决作为 80 年代学校数学的核心"。1982 年,英国数学教育的权威性文件"考克罗夫特报告(Cockcroft Report)"响应了美国在《行动议程》提出的这一口号,明确提出"数学教育的核心是培养解决数学问题的能力,强调数学只有在应用于各种情况时才是有意

①　白改平,杨光伟.美国数学课程改革的特点及其启示[J].外国中小学教育,2008(7):43—46.
②　俞求是."问题解决"和中学数学课程[J].课程·教材·教法,1997(8):31—34.
③　鲍建生,周超.数学学习的心理基础与过程[M].上海:上海教育出版社,2009(10):179.

义的","应将问题解决作为课程论的重要组成部分"。20世纪90年代前后,各国相继推出新的数学课程标准,"问题解决"逐渐成为各国数学课程改革的热点①②。

(一) 概念的界定

NCTM在《行动议程》上对问题解决的概念作了如下阐释:"数学上的问题解决应发展和扩充到各方面数学应用的广泛策略、过程和描述模型。问题解决既包括把数学应用于现实世界,也包括解决数学学科本身的问题,它为现状和将来的理论和实践服务"。从数学教育的角度来看,问题解决中所指的问题来自两个方面:现实社会生活和生产实际,数学学科本身③④。虽然不同国家在其数学课程中对数学问题解决有不同的解释,但都围绕这两个方面的问题解决展开。如我国2011年颁布的《义务教育数学课程标准(2011年版)》(以下简称《课程标准(2011年版)》)中,"问题解决"是四个具体目标之一,其中的"问题",并不是数学习题那类专门为复习和训练设计的问题,也不是仅仅依靠记忆题型和套用程式去解决的问题,而是展开数学课程的"问题"和应用数学去解决的"问题"。这些问题是新颖的,有较高思维含量,并有一定的普遍性、典型性⑤。

(二) 理论基础

不同学派的学者从各自的理论出发对问题解决进行了解释,通过强调不同的问题解决要素,形成了不同的问题解决模式,使"问题解决"理论研究得到不断地完善。而这些理论研究影响了近几十年来数学课程改革的走向。对问题解决的不同理解,导致以问题解决为重点的数学课程改革具有多元化的特征⑥。

1. 信息加工的模式

问题解决是认知科学研究的重要领域,现代的认知心理学把解决问题看作是一种认知的活动。梅耶(Mayer)从图式的角度阐述了问题解决的过程,他认为认知科学涉及了发现一个现存的问题如何与解决问题者记忆中的概念和观念联系起来。因此,问题解决实际上是把问题与记忆中的图式联系起来的过程。戴维斯(Davis)认为问题解决包含了问题表征和表征的分析两个过程,这两个过程又可以分成具体的子过程。安德森(Anderson)强调"问题空间"的概念,他认为可以把问题解决看成是对问题空间的搜索,问题解决的任务在于找出一种能把初始状态转变为达到目标的目标状态的操作序列。

2. 元认知模式

解决问题的过程不仅是一个认知过程,也是一个元认知的过程,包括解决问题过程中的自我监控和自我调节。美国著名数学问题解决专家匈菲尔德(Schoenfeld)指出:数学问题解决的元认知过程涉及知识、执行过程和情感因素三个系统,而元认知在问题解决中主要是指自我调节。知识的系统指长期记忆中的相关知识是解决问题的基础;执

① 鲍建生,周超.数学学习的心理基础与过程[M].上海:上海教育出版社,2009:172.

② 章建跃.中学数学课程论[M].北京:北京师范大学出版社,2011(11):31—33.

③ 张维忠.国外数学课程中的问题解决及其思考[J].外国中小学教育,1997(10):34—36.

④ 俞求是."问题解决"和中学数学课程[J].课程·教材·教法,1997(8):31—34.

⑤ 教育部基础教育课程教材专家工作委员会组织编写.义务教育数学课程标准解读(2011年版)[M].北京:北京师范大学出版社,2012:129—130.

⑥ 孔企平.西方"问题解决"理论研究和数学课程改革走向[J].课程·教材·教法,1998(9):54—57.

行要素的系统指对于所从事的认知活动(包括计划、监控、评价和修正思维)的自我意识、自我分析和自我调整;情感因素的系统包括学生的信念、对问题的态度等情感因素,它影响学生解决问题的表现。

3. 社会应用模式

现实主义的数学教育学派从社会应用的角度考察问题解决,把数学的问题解决看作应用数学的一种经验的过程。问题解决的模式如下:

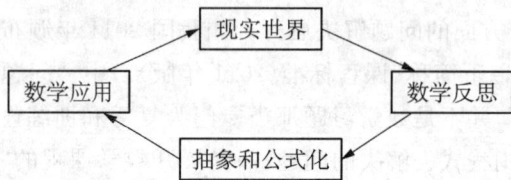

图 1-2

问题解决的
模式

其中,现实世界既是数学学习的起点,也是数学学习的终点。

4. 人文数学的模式

美国数学教育家怀特(White)于 1986 年发起了讨论人文数学,中心问题是数学和人文学科的关系,对学校数学忽略其人文特性进行挑战。人文数学的解决问题模式强调了以下几点:(1)注重学生生活的情境;(2)即使是解一个给定的问题,也必须理解这个问题(这个问题由何而来,是否值得进行思考等);(3)注重交流和合作的解决问题的方式,强调数学作为语言的功能并发展学生合作的技能;(4)以不同形式提出问题并使之与问题解决整合起来。这种整合有助于学生形成情感因素参与其中的氛围;(5)在解决问题的思维过程中,重视直觉思维等思维形式。

二、"数学问题解决"课程的国际经验

自 20 世纪 80 年代起,"问题解决"成为各国数学课程改革的热点,下面以美国、新加坡、中国的数学课程为例,介绍其基于"数学问题解决"数学课程的发展。

(一)美国的"数学问题解决"课程特点

80 年代以来,美国的数学课程发展经历了问题解决为中心的课程到问题解决与数学核心知识相结合的过程。

1. 问题解决为中心

《行动议程》发布以后,美国出现了一些以问题解决为中心的课程。这些课程的基本理念是学数学是一个重要的、发现的过程,课程编制强调问题解决是数学课程的中心,认为教科书须抛弃覆盖大量知识的通常实践。由此,美国 80 年代出现了一些以问题来组织的初等问题解决课程、高级问题解决分级课程等,其中影响比较大的是HiMAP Module Series,它是一套以问题来组织的美国高中数学课程。编者设计了大量思考性和开放性的问题,还设计了一种称为"调查"的活动以及课堂情境中的讨论[1]。

---

① 孔企平.西方"问题解决"理论研究和数学课程改革走向[J].课程·教材·教法,1998(9):54—57.

虽然"问题解决"形式的数学课程改革取得了一定的成效,但改革中也出现一些问题:第一,过分强调"问题解决"对学生学习数学的作用,使有些"问题解决"形式的数学课程只适合智力好的学生,不能面向全体;过分强调"问题解决"使数学基础无法落实,严重影响了教学质量;第二,过分强调数学应用,不但破坏了数学的系统性,且由于应用情境的复杂、混乱导致了学习困难;过分强调学生自主构建,造成了学习目标不明确,且与学生的学习能力产生矛盾。同时,强调合作学习,问题解决和数学应用削弱了个人责任和掌握基本计算技能的重要性;第三,学习评价的无据可循、主管权重过大导致随意性,评价的信度大大下降;第四,"问题解决"形式的数学课程,忽视对学生推理论证的训练,不利于学生逻辑思维能力适度发展,但这些问题毕竟不能代表"问题解决"形式数学课程改革的主流①②。

2. "问题解决"与数学核心知识相结合

为平衡基本技能、概念理解和问题解决,重新强调基础知识的重要性,强调读写算等基本技能的训练。自1989年起,全美数学教师理事会(NCTM)1989年制订和颁布了《学校数学课程与评价标准》(*Curriculum and Evaluation Standards for School Mathematics*),1991年又颁布了《数学教学专业标准》(*The Professional Standards for Teaching Mathematics*),在系统研究了数学课程的评价问题之后,NCTM于1995年又出台了《学校数学教育的评估标准》((*The Assessment Standards for School Mathematics*)。尽管这些文件的出台对促进美国的数学教育发挥了十分重要的作用,但同时也存在着多种不同的评价或看法。在总结各地数学教学的实际和各种反馈意见的基础上,全美数学教师理事会对以上一些文件进行更新,于2000年制订了新的《学校数学教育的原则和标准》(以下简称《原则和标准》)。

《原则和标准》与《学校数学课程与评价标准》(1989年)相比,在"问题解决"标准上,虽然都把《问题解决》作为过程标准之一提出,并坚持使学生能够通过解决问题掌握新的数学知识;解决在数学及其他情境中出现的问题;采用各种恰当的策略解决问题。但《原则和标准》进一步明确问题解决不仅是学习数学的一个目标,也是学习数学的一种主要方式;同时,增加了对问题解决过程的调控内容——使学生能够检验和反思数学问题解决的过程③。

《原则和标准》体现了"问题解决"与数学核心知识相结合的课程取向,它围绕10个部分展开,前5个部分关于数学内容标准,即"数与运算"、"模式、函数与代数"、"几何与空间感"、"度量"及"数据分析、统计与概率"。后5个部分关于数学能力标准,问题解决是其中一个数学能力,它贯穿于学前期至12年级的各个阶段,且各阶段、各部分内容衔接紧密,形成比较完整且合理的体系,并以丰富的案例辅助教师教学操作④⑤。以下是

① 綦明男,李红婷."问题解决教学"形式的数学课程研究[J].教育探索,2001(3):64—65.
② 章建跃.中学数学课程论[M].北京:北京师范大学出版社,2011:31—33.
③ 周小川.美国数学课程标准中"问题解决"的变化及启示[J].课程·教材·教法,2007(4):83—87.
④ 全美数学教师理事会著,蔡金法译.美国学校数学教育的原则和标准[M].北京:人民教育出版社,2004:223—225,302—306.
⑤ 殷堰工.基于"问题解决"理念的中学数学课程[J].上海教育科研,2010(6):93—94.

《原则和标准》中学阶段(6—12 年级)对"问题解决"的要求描述。　　①

表 1-1	年级	问题解决的要求
《原则和标准》中学阶段(6—12 年级)对"问题解决"的要求①	6—8	问题解决应促进学生的数学学习。通过对挑选出来的问题的解决,学生可以学习并加深对数学概念的理解。这些问题会提供将数学运用到其他领域里的机会教学应利用学生数学能力的扩展,来解决不同内容相互渗透的比较复杂的问题,如概率、统计、几何和有理数等。问题情境与解决方式应建立在学生已获得的对数的理解、运算技巧的掌握和语言的发展上 教师通过选取有趣的问题来使问题解决成为课堂教学不可分割的一部分。这些问题应与课程中的数学概念结合起来
	9—12	问题解决在高中课程中起着双重作用。一方面解决仔细斟酌过和安排好的问题,教师应抓住不期而至的机会,利用题目把重要的数学思想介绍给学生并由此培养他们对这些思想的深入理解。另一方面,高中数学的一个主要目的,是用知识和方法武装学生使他们能够提出、阐述以及着手解决超过其所学范围的问题。数学课程应包含那些学生知道是什么目标,但是还必须收集一些信息后才能着手的问题 教师的一个重要责任是设计好题目,给予学生在解题过程中学习重要知识和熟练解题技术的机会。数学教学本身是一个问题解决活动,善于教问题解决的教师本身必须是具有知识、有意愿的问题解决能手

3. 基于核心概念的数学问题解决

虽然人们期望数学课程标准的颁布,能改善美国的数学教育质量,但 2003 年 TIMSS 的调查结果显示,美国学生的学习成绩仍落后于亚洲学生,其表现与人们的期望相距甚远。根据总统的科学顾问机构的调查数据,四分之一的美国大学新生需要重新补修数学课程。于是围绕数学课程与教学法,进步主义者与保守主义者展开了激烈而持久的数学课程改革的争论,它代表了数学教育领域两种不同的观点。以数学家为代表的保守主义者认为进步主义者所制订的数学课程标准,过多的重点被放在提高学科的可接受性和趣味性上,不重视学生对基本算术运算的掌握和对基本的数的知识的记忆,对必不可少的重复性训练重视不够。《原则和标准》提倡开放的问题解答法,而不是勤练数学基本功。相应地,进步主义人士则强调数学教育的"教育方面",意在强调数学的大众性与可接受性,认为过去的中小学数学课程一直依赖于机械训练和记忆,不能有效地培养学生在不同情景中的问题解决能力。

数学课程改革近几年来呈现出对峙双方相融合的趋势。美国的几位数学家和数学教育家共同探讨了一些有争议的问题,试图澄清 K-12 数学教育的关键观点,讨论结论体现在 2005 年发表论文——《寻求 K-12:数学教育的共同基点》(*Reaching for common ground in K-12 mathematics education*)中。对于有关问题解决的情境教学,

---

① 全美数学教师理事会著,蔡金法译.美国学校数学教育的原则和标准[M].北京:人民教育出版社,2004:
223—225,302—306.

他们认为，与现实情境相联系的问题解决的教学，有助于激发和接受数学思想，然而这种教学方式不能上升为一个普遍的法则。如果所有的中小学数学都利用现实问题去讲授，那么一些重要的课题就得不到足够的重视。因而教师必须慎重地选择教学情境，并且在使用实际问题或数学应用时，需要尽量把学生的注意力集中在这些问题要培养的数学思想上[①]。

此外，NCTM 所制定的数学课程标准，虽然没有强制性，但却是很多州制定数学课程标准的重要指南。美国大多数州都有自己的数学课程标准，对每个年级的教学主题都做了具体要求。由于各州制定的要求不尽相同，有的甚至差别很大，而教材出版商为了照顾到各地的要求，把太多的概念收纳在了一本教材里，使教材成了各地不同标准的大杂烩，这对教师认识到底什么是真正重要的内容产生困扰，从而也就很难保证学生掌握其中最重要的数学技能。

在此背景下，美国各州州长和州教育专员一起致力于一项以州为主导的教育进程，制定 K-12 年级英语语言艺术和数学的共同核心州标准。2009 年 6 月，由全美州长协会（National Governors Association）与全美州首席教育官员理事会（Council of Chief State School Officers）发起倡议，联合美国 51 个州和特区，一起参与制定《美国州共同核心数学标准》（Common Core State Standards for Mathematics，以下简称 CCSSM）。2010 年 6 月，全美州长协会与全美州首席教育官员理事会一起颁布了数学实践与数学内容相结合的《美国州共同核心数学标准》[②]。其中，CCSSM 在教学实践标准中强调学生在解决问题时，首先应理解问题的含义，并寻求解决问题的切入口；通过分析问题的已知、限制条件，相互关系及所有的目标；对问题解决途径进行合理的猜测而非直接进行问题解决。与此同时，CCSSM 强调通过数学建模，让学生经历应用数学知识对生活、社会、工作等现实环境的问题提出合理的假设，并解决问题的过程。其中在初中阶段，要求学生能应用合理的推理，分析、解决社会中存在的问题；在高中阶段，要求学生能运用几何、方程等数学知识描述现实社会中的数量关系、解决现实问题[③]，这些是 NCTM 没有涉及的。

美国在数学问题解决课程的设计中，综合地吸收了各种学派的长处，特别是认知学派和人文学派的观点[④]，强调现存的问题如何与学生记忆中的概念和观念联系起来，且注重用数学知识解决现实生活中的问题，尤其是在《美国州共同核心数学标准》中提出通过数学建模活动，培养学生应用数学知识解决现实生活中存在的问题。

（二）新加坡的"数学问题解决"课程特点

新加坡数学教育近几十年来一直处在数学教育改革的前列。新加坡是一个多民族

---

① 李祎. 从"课程标准"到"课程焦点"——近 20 年美国数学课程发展及其启示[J]. 外国中小学教育，2007 (7)：20—24.

② 柳笛.《美国州共同核心数学标准》的简介——美国数学教育家基尔帕特里克的访谈[J]. 数学教学，2012 (9)：4—6.

③ Common Core State Standards Initiative（CCSSI）. Common Core State Standards for Mathematics. Washington, DC: National Governors Association Center for Best Practices and the Council of Chief State School Officers [EB/OL]. 2010. http://www.corestandards.org/the-standards.

④ 孔企平. 西方"问题解决"理论研究和数学课程改革走向[J]. 课程·教材·教法，1998(9)：54—57.

的城市国家,曾经存在英语、华语、马来语、淡米尔语四种语言作为教学语言的学校制度,1959 年新加坡首次颁发适用于新加坡所有学校的数学教学大纲。受到 20 世纪 60 年代新数学运动的影响,新加坡于 70 年代初期颁布了新的数学教学大纲,加入许多现代数学的内容,紧接着 1979 年新加坡实施新教育制度,四大语言的教学体系得到统一。1990 年,新加坡教育部对数学教学大纲进行修订,将数学问题解决能力列为数学课程的基本目标,并首次提出了以数学问题解决为核心的五边形数学课程框架。

1997 年,新加坡教育部提出了"思考的学校、学习的国家"的总目标,并于 2000 年颁布新的中学数学大纲,该大纲沿用并发展了 1990 年大纲中数学课程框架的五边形模型,虽然删除了一些教学内容,但数学问题解决的核心地位得到了巩固。为建立更加灵活和多样性的教育制度,新加坡于 2006 年发布最新的数学教育大纲,其教学目标之一便是发展学生的数学思维和问题解决能力,且运用这些技能明确表达并解决问题。大纲中的数学课程框架沿用并发展了 2000 年的五边形框架①。

根据新加坡 2006 年中学数学教学大纲,最新的新加坡数学教材(*New Mathematics Counts* 2th ed;以下简称《新数学》)于 2007 年出版。对于问题解决,新加坡不仅在教学大纲中有明确说明并给出具体的例题演示,在教材中更是有专门的篇幅对这些策略进行解说,如实际演示和作假设;使用图和模型重新表述问题;猜想、检验和简化问题;系统地枚举和分部分解题;寻找模式和联想相关问题;逆向作业和使用方程;使用前后概念法等。同时教材设计专门的习题提供学生机会实践这些策略②。

为了公民能更好地迎接 21 世纪的生活、挑战,新加坡教育部于 2013 年颁发了分别针对普通学术课程、普通工艺课程最新的中学数学教学大纲③④⑤,其相应课程将于 2013 年开始逐步实施。2013 年版数学教学大纲在 2006 年版教学大纲提出发展学生的数学思维和问题解决能力的基础上,更强调通过运用数学方法解决问题,发展学生的认知、元认知技能。且首次提出三个数学教学原则,三个数学学习过程。三个数学教学原则分别为:①为学而教,为理解而学,为推理、应用并最终解决问题而理解。即"教"的最终目的是培养学生的应用数学解决问题的能力。②教学应建立在对学生知识的了解,对学生兴趣和经验的认识的基础上,鼓励学生积极主动地投入学习中。③教学应该将学习联系到现实世界中,应用 ICT 工具,强调 21 世纪所应具备的能力。

同时,为达到有效的教学,教师除了遵循上述三个教学原则之外,还应调动学生经历下述三个学习过程(如下图 1-3):准备(readiness),参与(engagement),熟练(mastery)。

① 徐斌艳编著.数学课程改革与教学指导[M].上海:华东师范大学出版社,2008:186—194.
② 张维忠,李芳奇.新加坡与中国数学教材的特色比较[J].外国中小学教育,2009(2):32—36.
③ Ministry of Education Singapore. N(T)-Level Mathematics Teaching and Learning Syllabus [EB/OL]. http://www.moe.gov.sg/education/syllabuses/sciences/files/ordinary-and-normal-academic-level-maths-2013.pdf.
④ Ministry of Education Singapore. O- & N(A)-Level Mathematics Teaching and Learning Syllabus [EB/OL]. http://www.moe.gov.sg/education/syllabuses/sciences/files/ordinary-and-normal-academic-level-maths-2013.pdf.
⑤ Ministry of Education Singapore. Additional Mathematics(O- & N(A)-Level) Teaching and Learning Syllabus [EB/OL]. http://www.moe.gov.sg/education/syllabuses/sciences/files/normal-academic-level-additional-maths-2013.pdf.

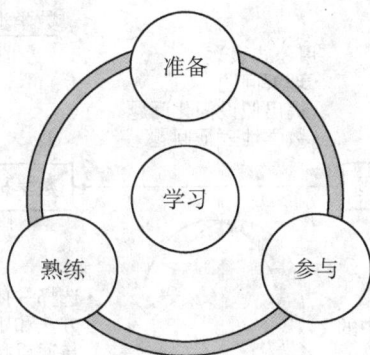

图 1-3

学习三阶段

其中"准备"指教师调动学生拾起相关的先前知识、营造能促进学习的情境及学习环境;"参与"指教师采用一定的教学手段引导学生参与到基于活动的学习、教师导向的探究及直接教学中;"熟练"指教师通过引导学生进行激励性的练习、反思、拓展学习,从而帮助学生巩固知识,深入学习。

此外,2013 年大纲中的数学课程框架依然沿用并发展 1990 年提出的以问题解决为核心的五边形模型。数学问题解决处于该框架的核心,也是数学学习的核心。数学问题解决旨在包括非常规的、开放的和现实的等各种问题情境下获得和运用数学概念和技能。数学问题解决能力的发展需要概念、技能、过程、态度和元认知这五个相对独立的要素支持,具体五个要素所包含的内容见下图:

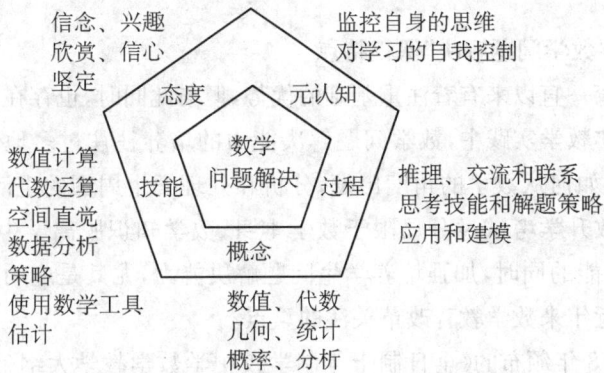

图 1-4

新加坡数学
课程框架之
五边形模型

特别地,在过程要素中,与 2006 年版中简单介绍数学建模不同的是,2013 年版数学教学大纲中突出了数学建模的过程。大纲指出数学建模是公式化,并更好地使用数学模型(如方程、几何图形等)表征并解决现实世界的问题的过程。通过组织学生经历数学建模过程,让学生学会处理一些模糊的、开放的、现实生活中的问题,能建立数学概念之间、技能之间的联系,选择并运用合适的数学概念、技能,能识别假设,并反思现实生活问题的解决途径,最终能基于已知的信息解决现实问题。大纲中的数学建模过程如下图:

图 1-5

数学建模过程

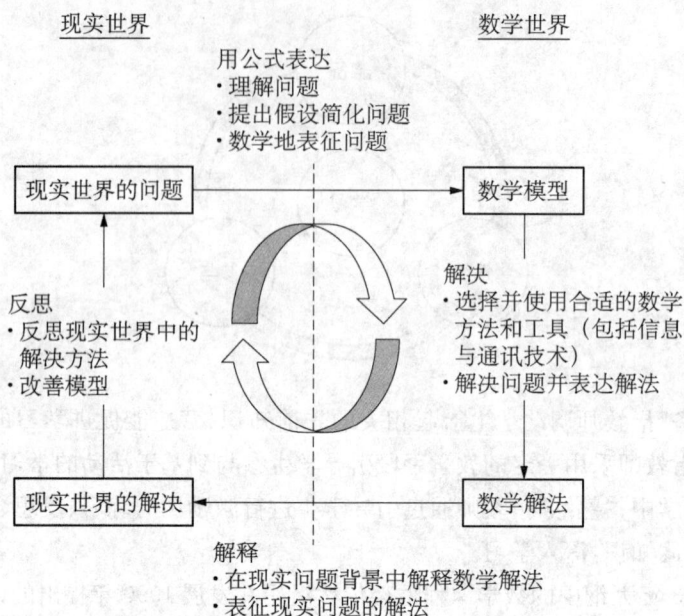

现实世界   数学世界

用公式表达
· 理解问题
· 提出假设简化问题
· 数学地表征问题

现实世界的问题 ——————→ 数学模型

反思   解决
· 反思现实世界中的   · 选择并使用合适的数学
  解决方法   方法和工具（包括信息
· 改善模型   与通讯技术）
                                          · 解决问题并表达解法

现实世界的解决   数学解法

解释
· 在现实问题背景中解释数学解法
· 表征现实问题的解法

图 1-5 数学建模过程

最新的新加坡中学数学教学大纲与美国 CCSSM 都开始强调数学建模对于培养学生数学问题解决能力的重要性,试图以此加强数学与现实的紧密性,让学生在经历数学建模的过程中培养其应用数学解决现实问题的能力。与此同时,新加坡中学数学教学大纲亦提出使用信息与通信技术(information communication technology,简称 ICT)帮助学生解决问题。

(三) 中国的"数学问题解决"课程特点

我国数学教育一直以来有着注重基础的优势,但与此同时,也存在轻视数学实际应用的现象。在具体教学实践中,数学问题解决能力的培养往往过多地着眼于运算能力和逻辑推理能力,如何从数学的角度出发,分析和处理学生周围的生活实际问题,则顾及较少。从而导致升学考试过分局限于数学本身,数学知识脱离学生实际[1]。如何在强调数学知识、技能的同时,加强培养学生问题解决能力,尤其是应用数学知识解决现实问题的能力是近年来数学教育改革关注的重点。

虽然早在 1978 年颁布的《全日制十年制学校中学数学教学大纲(试行草案)》中已经提出"培养学生分析问题解决问题的能力"。在 2003 年《普通高中数学课程标准(实验)》中,又明确提出"提高数学地提出、分析和解决问题的能力",并将其作为数学课程的目标之一。1982 年制定《全日制六年制重点中学数学教学大纲(征求意见)》明确地提出了"逐步形成运用数学来分析和解决实际问题的能力"。

我国 2003 年发布《普通高中数学课程标准(实验)》和《义务教育数学课程标准(2011 年版)》都在其课程目标中明确提出培养学生数学问题解决能力,特别地,两份标

---

① 董丽楠.问题解决与高中数学课程[J].太原师范专科学校学报,2002(2):10—11.

准都十分强调提出问题作为问题解决的首个环节对于培养学生问题解决能力、创新意识的重要性。与国外中学数学课程中强调数学建模类似,我国高中阶段的数学课程中也明确提出了组织学生开展数学建模活动,以培养学生解决实际问题的能力,《课程标准(2011 年版)》"问题情境——建立模型——求解验证"的数学活动过程体现了模型思想的基本要求。

1. 初中阶段数学课程中的问题解决

2001 年发行的《全日制义务教育数学课程标准(实验稿)》(以下简称《实验稿》)的课程目标分为 4 个方面:"知识与技能"、"数学思考"、"解决问题"及"情感与态度"①。在《课程标准(2011 年版)》中,义务教育阶段数学课程标准的具体目标,包括"知识技能"、"数学思考"、"问题解决"、"情感态度"这四个方面。"问题解决"不仅成为课程目标的重要组成部分之一,而且,"问题解决"与"知识与技能"、"数学思考"、"情感与态度"这四个方面的目标是一个有机联系的整体。这里值得注意的是,将《实验稿》中的"解决问题"现改为"问题解决"。对于问题解决,《课程标准(2011 年版)》提出的课程总目标包括四个方面:

① 初步学会从数学的角度发现问题和提出问题,综合运用数学知识解决简单的实际问题,增强应用意识,提高实践能力;

② 获得分析问题和解决问题的一些基本方法,体验解决问题方法的多样性,发展创新意识;

③ 学会与他人合作交流;

④ 初步形成评价与反思的意识。

特别地,对于初中阶段(7—9 年级)有关问题解决的分段目标为②:

① 初步学会从具体的情境中从数学的角度发现问题和提出问题,并综合运用数学知识和方法等解决简单的实际问题,增强应用意识,提高实践能力;

② 经历从不同角度寻求分析问题和解决问题的方法的过程,体验解决问题方法的多样性,掌握分析问题和解决问题的一些基本方法;

③ 在与他人合作和交流过程中,能较好地理解他人的思考方法和结论;

④ 能针对他人所提的问题进行反思,初步形成评价与反思意识。

这里值得注意的是几点:

第一,相较于"解决问题","问题解决"它不但是一种教学方式,是展开课程内容的一种有效形式,也是学生应掌握的学习形式和应该具备的能力。作为课程目标之一,它包括从数学角度发现、提出、分析和解决问题四个方面。"从数学的角度"要求有一种数学的眼光,因此,课程应该创设各种情境,让学生去观察、去思考,使他们面对各种现象时都有机会"从数学的角度发现问题和提出问题。"

第二,在有关问题解决的具体目标描述时,将《实验稿》中的"分析与解决问题"修改为"发现与提出问题,分析和解决问题"。从强调"分析与解决问题"到不仅强调"分析与解决问题",而且强调"发现与提出问题",这是数学课程目标的一个发展。学习数学必

① 中华人民共和国教育部.全日制义务教育数学课程标准(实验稿)[M].北京:北京师范大学出版社,2001:6—7.
② 中华人民共和国教育部.义务教育数学课程标准(2011 年版)[M].北京:北京师范大学出版社,2012:14.

须有问题,没有问题学不好数学,不仅要解决别人的问题,更重要的是自己要有问题。学习数学的定义、概念,总要问为什么需要它,它与前面所学的什么有联系,它与实际生活有什么联系。在学习数学的技能、方法、思想时,更需要深入发问,在回答中不断思考,不断理解,不断深入。

第三,这里提及的"问题",除了那些仅仅依靠记忆题型和套用公式去解决的问题,它更强调展开数学课程的"问题"和应用数学典型性和规律性。"问题"往往会与生活、生产实际相联系,所以这里还强调了"实践"和"应用",表达为"增强应用意识,提高实践能力"。

第四,解决问题的策略、方法和途径可以是多种多样。《课程标准(2011年版)》强调了这种多样性,并希望学生由此发展创新意识。学生独立思考,自己发现和提出问题,是对创新意识的培养。因此,课程应该鼓励学生思考和交流,形成自己对问题的理解。在课堂探究式时,如果对于同一问题出现不同的解决方法,教师不应轻易地否定某一种方法,而应该因势利导,让学生在讨论和对比中自己去认识不同方法的优劣,同时也体验了"解决问题方法的多样性"。解决问题的探究,找到一种解题方法就是对创新意识的一种培养;在别人已经找到一种解题方法时某位学生如果还能找到另一种方法,就更加有利于发展创新意识。但是,在没有出现多种解决问题的策略、方法时,课堂上也不必强求。在"问题解决"的过程中教师应该注意引导学生学会交流,学会合作,既包括学会倾听,也包括学会表达,还包括共同分析问题、解决问题。实现"问题解决"的课程目标,能够让学生学会思考,还能够让学生积累思维的经验,并能够培养学生的应用意识①。

此外,《课程标准(2011年版)》新增了一个核心概念"模型思想",让学生逐渐感悟从相对简单到相对复杂,从相对具体到相对抽象,逐步积累经验、掌握建模方法,逐步形成运用模型去进行数学思维的习惯。"问题情境——建立模型——求解验证"的数学活动过程体现了模型思想的基本要求。这一过程有利于学生去发现、提出、分析、解决问题,培养创新意识。

为了更好地让学生经历问题解决过程,尤其是解决现实世界中的问题,《课程标准(2011年版)》在各学段中,除了安排"数与代数"、"图形与几何"、"统计与概率"这三个课程内容,特别安排了"综合与实践"内容,以培养学生综合运用有关的知识和方法解决实际问题,培养学生的问题意识、应用意识和创新意识,积累学生的活动经验,提高学生解决现实问题的能力。"综合与实践"是一类以问题为载体、以学生自主参与为主的学习活动。在学习活动中,学生将综合运用"数与代数"、"图形与几何"、"统计与概率"等知识和方法解决问题。"综合与实践"的教学活动应当保证每学期至少一次,可以在课堂上完成,也可以课内外相结合。

特别地,对于第三年段(7—9年级)有关问题解决的分段目标为:

① 结合实际情境,经历设计解决具体问题的方案,并加以实施的过程,体验建立模型、解决问题的过程,并在此过程中,尝试发现和提出问题;

② 会反思参与活动的全过程,将研究的过程和结果形成报告或小论文,并能进行

① 教育部基础教育课程教材专家工作委员会组织编写. 义务教育数学课程标准解读(2011年版)[M]. 北京:北京师范大学出版社,2012:115.

交流,进一步获得数学活动经验;

③ 通过对有关问题的探讨,了解所学过知识(包括其他学科知识)之间的关联,进一步理解有关知识,发展应用意识和能力。

此外,《课程标准(2011 年版)》在实施建议中提出,教师在组织学生经历具体"综合与实践"问题的过程中,需引导学生体验如何发现问题,如何选择适合自己完成的问题,如何把实际问题变成数学问题,如何设计解决问题的方案,如何选择合作的伙伴,如何有效地呈现实践的成果。通过这样的教学活动,学生会逐步积累运用数学解决问题的经验①。

2. 高中阶段数学课程中的问题解决

2003 年颁布的《普通高中数学课程标准(实验)》的课程目标中明确提出:"提高数学地提出、分析和解决问题(包括简单的实际问题)的能力"。"提出问题"是我国数学教育中的一个薄弱环节,很多学生会做题,会做现成的题,但不会提问题,不善于提问题。在数学教育中让学生学会提出问题是对其创造性思维培养的一个十分重要的方面。

《普通高中数学课程标准(实验)》中将"数学探究、数学建模"作为贯穿整个高中数学课程的重要活动,渗透或安排在每个模块或专题中,高中阶段应至少各安排一次较为完整地数学探究、数学建模活动。它强调引导学生去发现问题、提出问题。无论是教材编写,还是在教学实际中,都需关注问题的提出,为学生发现问题、提出问题留出空间,并在此基础上培养学生应用数学知识解决数学学科本身或现实生活中的问题。

其中数学探究即数学探究性课题学习,指学生围绕某个数学问题,自主探究、学习的过程。这个过程包括:观察分析数学实施,提出有意义的数学问题,猜测、探究适当的数学结论或规律,给出解释或证明。它是高中数学课程中引入的一种新的学习方式,有助于学生初步了解数学概念和结论产生的过程,初步尝试数学研究的过程,培养学生发现、提出、解决数学问题的能力。

数学建模是运用数学思想、方法和知识解决实际问题的过程,数学建模可以通过以下框图呈现:

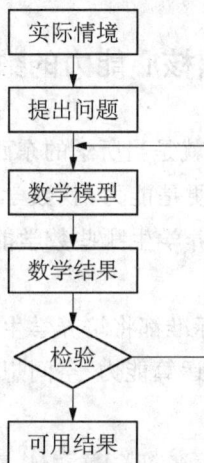

图 1-6

数学建模
流程框图

---

① 中华人民共和国教育部. 义务教育数学课程标准(2011 年版)[M].北京:北京师范大学出版社,2012:41,48.

数学建模是从现实问题中建立数学模型的过程,数学建模可以看成是问题解决的一部分,其对象更侧重于来自非数学领域,但需要数学工具来解决的问题。作为问题解决的一种模式,它更突出地表现了如下过程:对原始问题的分析、假设、抽象的数学加工过程,数学工具、方法、模型的选择和分析过程,模型的求解、验证、再分析、修改建设、再求解的迭代过程。数学建模为学生提供了自主学习的空间,有助于学生体验数学在解决实际问题中的价值和作用,体验数学与日常生活和其他学科的联系,体验综合运用知识和方法解决实际问题的过程,增强应用意识,有助于激发学生学习数学的兴趣,发展学生的创新意识和实践能力[①]。

三、"数学问题解决"课程的反思

中学数学课程已从当年对"数学问题解决"的热衷,走到如今能较为理性地看待、处理它。虽然各国中学数学课程在处理数学问题解决方式上存在差异,如新加坡数学课程以数学问题解决为核心的五边形模型,美国在强调数学知识的基础上培养学生问题解决能力,及我国中学数学课程将其融入数学知识、思维,情感态度之中作为课程实施目标。但整体上,中学数学课程中已不再过分强调"数学问题解决",而是强调在重视数学基础知识、基本技能的培养的基础上,培养学生应用数学解决数学学科、现实世界中存在的问题;开始使用数学建模的方式培养学生解决实际问题的能力,增加数学与现实世界的联系;重视问题解决过程的完整性,从问题的提出到最后结果的解释;突出数学建模对培养学生解决问题能力的重要性。

虽然我国中学数学课程中对"数学问题解决"在进行不断完善,但在实际教学中仍存在较难落实的问题。如《普通高中数学课程标准(实验)》中提出高中阶段应至少各安排一次较为完整地数学探究、数学建模活动,但实际教学中却很难落实,这一方面是由于没有相应的评价方式支持,另一方面,组织学生进行深入地数学探究、数学建模活动对于教师而言也是一种挑战。因此,要真正在中学数学课程中落实"数学问题解决"还需不断加强师资培养、完善评价方式等。

第五节　聚焦核心能力的数学课程发展

奥苏贝尔(Ausubel)曾说"教育就是当所学的东西全都忘记的时候,仍能保留下来的东西"。所谓"保留下来的东西"便是能力;就数学教育而言,所能保留的即为学生的数学能力[②]。数学教育究竟应培养学生哪些数学能力,是当今各国数学课程改革探究的热点。

建国以来,我国历次数学课程标准都将培养学生的数学能力作为重要的课程目标提出,从传统的三大数学能力(数学运算能力、空间想象能力、逻辑思维能力)到如今的

---

① 数学课程标准研制组.普通高中数学课程标准(实验)解读[M].南京:江苏教育出版社,2004:64—66,279—280.

② 喻平,连四清,武锡环.中国数学教育心理研究30年[M].北京:科学出版社,2011:234.

"数学思考"和"解决问题"两大概念。课程标准在逐渐拓展着数学能力的外延,同时也在各学段对数学能力的要求做出说明。然而,有关数学能力成分的表述却依旧比较抽象,不够细致。也正是由于缺少一套显性的、细化的、可检测的数学能力界定及评价体系,我国中小学数学课程标准整体上重在以知识为导向,在日常教学中强调双基,从教学目标到具体的实施过程都对某一些核心数学能力未给予足够的重视。并且,由于目前的数学教育测评多以知识、技能为主,其结果无法用以考察学生的数学能力及其水平。

明确所需培养的数学能力成分,并对其做出清晰的界定,不仅是数学能力研究的关键,也是促进教师改进教学、促进学生能力提升、检测学生数学能力的基础与前提。本章节将从数学能力的界定出发,通过剖析多国数学课程标准中对数学能力的阐释,探寻国内外中学数学课程中有关数学能力培养的课程特点。

一、数学能力的界定

数学能力研究源于心理学中的能力研究。根据使用范围的不同,能力可以分为一般能力和特殊能力两类:前者指大多数活动都共同需要的能力,包括一般认知能力和基本操作能力两方面;后者指从事某项专门活动所需的能力。数学能力即属于特殊能力范畴[1]。

虽然数学能力的研究源于有关能力的研究,但有关数学能力的界定却有其自身的特点。从不同时期、不同研究者对数学能力的界定来看,可大致划分为两类:

(一) 由心理学能力概念演绎而得

苏联心理学家克鲁切茨基(Kruteskil)关于中小学数学能力心理学研究对我国数学能力研究有着重大的影响。克鲁切茨基对数学能力进行了深入的研究,他认为"学校式"数学能力和"创造性"数学能力两者之间相互关联、相互依赖,并将数学能力定义为:符合中小学校数学活动需要的,并在其他一切条件都相同的情况下,影响着在创造性地掌握作为中小学校一门学科的数学上的成就的——特别是,能较为迅速、容易并透彻地掌握数学知识、技能和习惯的那些独特的心理特征(主要是心理活动特征)[2]。受其研究成果影响,我国数学教育研究者对数学能力的界定相对较为统一,研究者们从心理学研究的视角出发,将数学能力视为顺利而有效地完成数学活动的个性心理特征[3,4,5],它作为一种特殊的能力,只存在于数学活动之中,且在数学活动中形成和发展。因此,数学能力成分的确定,应结合数学学科的特点,以"特殊能力"作为问题研究的出发点[6]。

(二) 以数学活动的特点为出发点

近年来,国外有关数学能力的界定呈现出更为强调形成数学能力的数学活动本身

① 林崇德,杨治良,黄希庭主编.心理学大辞典[Z].上海:上海教育出版社,2003:868.
② 克鲁切茨基著,李伯黍,洪宝林等译.中小学生数学能力心理学[M].北京:教育科学出版社,1984:94.
③ 胡中锋.中小学生数学能力结构研究述评[J].课程・教材・教法,2001(6):46.
④ 徐有标,陶文中.试谈数学能力成分及其测试方法[J].课程・教材・教法,1990(2):16—17.
⑤ 喻平,连四清,武锡环.中国数学教育心理研究30年[M].北京:科学出版社,2011:237.
⑥ 同⑤.

特征的趋势。丹麦学者尼斯(Niss)[1]认为掌握数学意味着拥有数学能力(mathematical competence),其中数学能力是指能在不同的数学背景与情景内外理解、判断、使用数学,而能被清晰识别的主要的数学能力结构成分即为数学能力成分(mathematical competency)。拥有大量的数学知识与技能是形成数学能力的基础。如今,国外许多研究者[2]都引用尼斯的这一对数学能力的界定。包括经济合作与发展组织(OECD)成员国合作的国际学生评估项目(Programme for International Student Assessment,简称 PISA)"数学素养"测试中有关数学能力部分亦是以尼斯的数学能力研究为基础。PISA 分析框架中指出个体成功地进行数学化过程中除了有一定的数学知识基础外,还须拥有大量的数学能力成分(mathematical competencies),使其能在不同的数学背景与情景内外进行数学化。这些能力成分构成综合数学能力(mathematical competence)。这个界定强调形成数学能力的数学化过程,即个体在真实情景的问题转化成严格的数学形式,或解释或评价与原问题相关的数学结果或数学模型等数学活动过程。学生也正是在这些数学活动过程中逐渐形成数学能力。

相比之下,从心理学能力概念演绎得出的数学能力界定更多体现的是数学能力的宏观特征,而尼斯的界定则更为具体地诠释了如何进行顺利而有效的数学活动以形成数学能力,他的界定更有助于人们理解数学能力的本质特征,并有针对性地开展有关数学能力的教学和评价研究。

二、多国数学课程标准中的数学能力

为了适应多元社会的快速发展,当前多国都不约而同地在其数学课程标准中对数学能力的培养提出了新要求。

(一)中国及东亚国家数学课程中的数学能力

建国以来,我国历次数学课程标准都将培养学生的数学能力作为重要的课程目标提出,从传统的三大数学能力(数学运算能力、空间想象能力、逻辑思维能力)到如今《课程标准(2011 年版)》课程目标中提出的"数学思考"和"解决问题"两大概念。虽然课程标准在逐渐拓展着数学能力的外延,同时在各学段对数学能力的要求做出说明。且《课程标准 2011 年版》中提出的 10 个核心概念中也涉及了运算能力、推理能力等。但从整体上看,《课程标准(2011 年版)》中明确指出"数学能力"这个概念,更没有明确提出数学能力包括哪些数学能力成分,数学能力成分散落在课程标准的课程目标、核心概念中,其表述比较抽象,不够细致。2003 年版的《普通高中数学课程标准(实验)》虽然在课程目标中也明确提出提高学生空间想象、抽象概括、推理论证、运算求解、数据处理等基本能力;提高数学地提出、分析和解决问题(包括简单的实际问题)的能力,数学表达和交流能力,发展独立获取数学知识的能力,但没有对其进行进一步深入说明。

其他国家中学数学课程标准中有关数学能力的处理,或许能对我国数学课程发展

---

① Mogens Niss. Mathematical Competencies and the Learning of Mathematics: The Danish KOM Project [EB/OL]. http://w3.msi.vxu.se/users/hso/aaa_niss.pdf. 2011.

② Giovannina Albano. Knowledge, Skills, Competencies: A Model for Mathematics E-Learning [EB/OL]. http://www.springerlink.com/index/R55115M0377P03K5.pdf. 2011.

有所启示。与《课程标准(2011 年版)》中提出的"数学思考"类似,"数学思考"能力在很多东亚国家近年发布的数学课程标准中都有所提及。如发表于 2007 年的新加坡最新中小学数学教学大纲①②沿用了 2000 年大纲中以发展学生数学问题解决能力为中心的五边形框架,并在过程维度中提出了思考技能(或称思维技能)、数学推理、交流与联系等数学过程性技能。日本 2009 版的中学(包括初中③和高中④)《数学学习指导要领》明确提出增加教学内容和课时数,以确保学生切实掌握基础知识与基本技能,并强调在此基础上培养学生的三大能力,即思考能力、判断能力和表达能力。韩国⑤则于 2011 年发布了旨在培养学生创新及健全人格的数学课程标准,提出在数学学习、实践过程中培养适应复杂、专业化、多元化的未来社会所需的关键能力:数学推理、问题解决、数学交流。

　　值得注意的是,新、日、韩都在其数学课标中提出了培养学生的数学交流表达能力,我国数学课标虽在"数学思考"和"问题解决"概念表述中出现了"合作交流"及"表达"这两个关键词,但并没有给予进一步的阐释。事实上,在当代社会经济发展开放、快速、全球化的背景下,有效交流已成为信息传递的最重要途径之一,许多欧美国家(如德国和美国)也都在其数学课标中明确提出了培养学生的交流能力。

(二) 德国数学教育标准中的数学能力

　　随着 2003 年 PISA 测试结果的正式公布,德国对教育质量的讨论达到了高潮,并陆续颁布全联邦性的教育标准。2003 年以来,已颁布针对十年级毕业生的德语、数学及英语教育标准。其中数学教育标准是典型的能力导向标准。该标准借鉴 PISA 数学测试评价框架,建立了围绕数学过程、内容和水平要求展开的三维课标。其中过程维度描述了六种数学能力成分,即数学论证、数学地解决问题、数学建模、数学表征的应用、数学符号、公式以及技巧的熟练掌握和数学交流。教育标准又结合数学内容将上述数学能力具体化,数学内容涉及如下数学核心概念:数、测量、空间与形状、函数关系以及数据与随机现象。由于学生在处理不同数学内容时需要不同的数学活动,这些数学活动对认知活动又有不同的要求,根据不同的认知要求,标准分别将各数学能力成分划分为 3 个不同的能力水平:

　　水平 1:再现内容。它包括在规定的内容领域重复以及直接应用基本概念、定理以及方法;

　　水平 2:建立联系。它包括综合利用在各个不同的数学领域获得的知识、技能与技巧加工处理熟知的事实;

---

① Ministry of Education Singapore. Mathematics Syllabus Primary [EB/OL].
http://www.moe.gov.sg/education/syllabuses/sciences/files/maths-primary-2007.pdf.2011.
② Ministry of Education Singapore. Secondary Mathematics Syllabus [EB/OL].
http://www.moe.gov.sg/education/syllabuses/sciences/files/maths-secondary.pdf.2011.
③ 陈月兰.最新日本(2008 版)初中数学学习指导要领框架与内容分析[J].外国中小学教育,2010(3):40—49.
④ 陈月兰.日本 2009 版《高中数学学习指导要领》特点分析[J].数学教育学报,2010(2):85—88.
⑤ Kyungmee Park. How mathematics competency is implemented in mathematics curriculum [R].上海:东南亚国家中小学数学能力及评价研究论坛,2012.5.

水平 3：概括与反思。它包括加工处理复杂的事件，以便形成各自的问题表述，获得解决方案，论证、推理、解释或评价解决方案。

德国数学教育标准中提出的能力模型强调能力发展是一个可持续的过程，它并没有规定各个学段的数学内容，而是系统地提出所有十年级的毕业生应达到的数学能力水平。它要求教学能从学生现有能力出发，根据现有学习内容，设计符合学生发展并能促进发展的数学类问题，使学生的数学能力在整个数学学习阶段得到可持续发展[1]。

(三) 其他欧美国家数学课程中的数学能力

2000 年，全美数学教师理事会[2]（National Council of Teachers of Mathematics，NCTM）公布的《美国学校数学教育的原则和标准》（*Principles and Standards for School Mathematics*）中提出了数学内容与能力并重的 10 个标准，用以阐述数学理解和能力相互关联的整体，其中涉及到的数学能力成分有数学交流、问题解决、数学推理、联系、数学表征这五种。2010 年，全美州长协会（National Governors Association，NGA）和美国州首席教育官员理事会（The Council of Chief State School Officers，CCSSO）联合推出并公布的《美国共同核心州数学标准》（*Common Core State Standards for Mathematics*，CCSSM）[3]又将数学课程目标分成如下 8 个方面：理解并解决问题、推理、论证并评价他人的推理、数学建模、使用合适的工具、精确化、探求并利用数学结构以及探求规律。与此同时，美国教育部为了缩短存在于学校教育与社会生活及工作间的巨大差距，使学生能更好地应对社会生活及职业生涯的挑战，于 2002 年组建了"21 世纪技能联盟"（The Partnership for 21st Century Skills，P21）[4]，为美国 K - 12 的学生教育设计了 21 世纪所需的三大关键技能群（即学习与创新、信息媒体及科技、生活及职业），并结合包括数学在内的 9 个学科，解释各学科中这 11 种能力（如问题解决、交流合作、社会与跨文化技能等）的具体表现。

澳大利亚[5]课程标准中数学能力的提法不同于上述这些国家。它首先明确提出英语、数学、科学等学科共同培养的 7 大能力：读写能力、运算能力、使用信息与通信技术能力、批判性与创造性思维能力、个人与社会能力、道德行为能力及跨文化理解能力，而后再从数学学科的特点出发，阐述这 7 个能力在数学学科中的具体表现。

在上述份数学课程标准强调的数学能力成分中，问题解决、数学交流、数学推理出现的次数是最多，这与韩国数学课程标准中所强调的三大数学关键能力恰好吻合。

三、数学课程聚焦数学能力的启示

从上述对国内外数学课程标准分析可以看出，近年来中小学生数学能力成分研究

---

① 徐斌艳编著. 数学课程改革与教学指导[M]. 上海：华东师范大学出版社，2008：144—152.

② 全美数学教师理事会著. 美国学校数学教育的原则和标准[M]. 北京：人民教育出版社，2004：50—68.

③ Common Core State Standards Initiative. Common Core State Standards for Mathematics [EB/OL]. http://www. corestandards. org/assets/CCSSI_Math%20Standards. pdf. 2012.

④ Partnership for 21st Century Skills. P21 Framework Definitions [EB/OL].
http://www. p21. org/storage/documents/P21_Framework_Definitions. pdf. 2012.

⑤ The Australian Curriculum, Assessment and Reporting Authority (ACARA) The Australian Curriculum General Capabilities [EB/OL]. http://www. australiancurriculum. edu. au/Mathematics/General-capabilities. 2012.

呈现出如下特点：

(一) 数学能力培养突出"问题解决"和"数学交流"

从上述分析可以看出，多数国家的数学课程标准都将"问题解决"和"数学交流"视为不可或缺的数学能力成分。其次出现频率较多的数学能力成分依次为"数学思维"、"数学表征"、"工具使用"和"数学推理"等。

虽然"问题解决"与"数学交流"出现频率最高，但同一能力成分在不同的数学课程发展及研究中其表述存在差异。如"提出并解决数学问题"强调提问及问题类型的重要性，"设计问题解决策略"则着重于从一个任务或情境中选择或设计使用数学解决问题的计划或策略，并指导其实施的过程。我国数学课程对"问题解决"的分析相较于国外研究在表述上相对抽象。"数学交流"表述的差异主要在于交流的方向性，如新加坡教学大纲中的数学交流主要指表达数学思想，而尼斯的数学交流则强调数学信息的双向传达，表达形式包括书面、视觉及口语。在各种能力成分中，国内外研究者对"数学思维"的界定差异较为显著。邵光华认为数学思维能力包括数学概括、数学抽象、数学推理、数学化归及思维简缩这五个方面，而尼斯对数学思维的界定相对更具体，他认为数学思维是指能提出具有数学特点的问题，并能识别数学答案；能理解并应对给定概念的适用范围与限制；通过对数学对象的抽象化与类比，扩大数学概念范围；能识别不同的数学表述。

(二) 数学能力成分确定方式不同，存在能力成分隐藏现象

不同国家的数学课程标准中确定数学能力成分的方式存在着差异。大部分研究及数学课程标准从数学学科的特点出发，确定数学能力成分，澳大利亚课程标准与P21则先提出各学科共同培养的学生面对现在及今后社会生活所需要的能力成分，再分析数学学科对这些共同能力做出的贡献，最终提出学科与共同能力相结合的学科能力成分。因而在澳大利亚数学课程标准与P21中出现了与个人社会能力、道德文化、社会生活等相关的数学能力成分。由此也出现了能力成分被隐藏的现象，如P21"学习与创新"中已经包括了创新能力、批判性思维能力、问题解决能力、交流与合作能力。事实上，我国数学课标中能力成分的隐藏现象也比较突出，如"数学思考"的界定中包含了运算能力、数学思维能力、推理能力等，同时渗透着数学交流的思想，但并没有对其进行详细说明。

(三) 多维度建构数学能力结构

数学课程标准对学生各学段的学习内容、要求都有明确的说明，是制定教材、指导教学的重要参考。虽然在各国的数学课程标准中都会提到培养学生的数学能力，并对其进行说明，但是重视程度并不一致。如我国课程标准虽然一直在强调培养数学能力，也在各个学段对数学能力进行了说明，但是总体上仍以内容为主导。且我国学者对数学能力成分的研究大多也仍停留于单维度。此外，在阐述能力成分的界定时，由于其解析偏于抽象，也不适于从程度上或过程上进行划分。

德国借鉴了PISA中数学能力的做法，将数学能力、认知水平、数学内容三者相结合,使其能力实施更明晰。梅尔斯(Melis)[①]等人也在 PISA 数学能力成分分析的基础上,从知识、技能、抑或认知维度,分析数学能力。这使得数学能力成分研究不再局限于单一表述研究,而转向多维度、多层次的研究。这些维度建构数学能力结构框架的研究都为建构具有中国特色的数学能力结构框架提供了极好的借鉴意义。从多维度刻画数学能力结构可以帮助教育者和研究人员更好地了解学生的数学能力水平,所处的能力阶段,教师们可以为不同学习能力的学生提供适宜的教学,同时也有助于更准确地评价学生的数学能力水平。

数学能力研究是一个不断发展的过程,我国数学课程标准和大纲已从强调三大数学能力发展到重视对"数学思考"和"问题解决"能力的培养,但仍存在数学能力界定不清晰的情况。与此同时,国外的数学课程中对数学能力的描述已逐渐转向关注数学核心能力成分,并向能力成分界定具体化、研究维度多样化发展。借鉴数学能力相关研究成果,及其他国家数学课程对数学能力的呈现方式,完善、明确我国数学能力培养成分、评价标准是今后我国数学课程标准值得完善的地方。当然,数学能力理论研究如何发展,课程如何完善,课堂教学实践是检验其效果的最终场所。从理论到实践是一个长远的过程,只有在数学教育专家、研究人员、一线教师的不断努力并相互合作下,才能使理论与实践的结合不断改进与完善,数学课程实施真正促进学生数学能力的发展。

关键术语

数学课程;发展思潮

讨论与探索

1. 讨论:"新数运动"的数学课程为后续数学课程发展带来了什么?
2. 讨论:"回到基础"的数学课程为后续数学课程发展带来了什么?
3. 讨论:基于"数学问题解决"的数学课程为后续数学课程发展带来了什么?
4. 结合当下提出的"数学核心能力",说明在实施数学课程时如何培养这些核心能力?

---

① Melis, Faulhaber, E. A., Eichelmann, A., and Narciss, S. Interoperable competencies characterizing learning objects in mathematics [J]. *In Intelligent Tutoring Systems*, ITS 2008,5091: 416 - 425.

本章概要

  国家课程标准是教材编写、教学、评估和考试命题的依据,是国家管理和评价课程的基础,它体现了国家对不同阶段的学生在双基、能力、情感态度价值观等方面的基本要求,规定了各门课程的性质、目标、内容框架,提出了教学和评价的建议。从夏商周开始至今,我国数学课程标准发展经历了萌芽期、初步发展时期、转折时期、探索时期、迅速发展时期这五个阶段。

  当前,在社会科技、数学学科、教育学及心理学等方面不断发展的背景下,为使本国的数学课程更加适合学生发展与社会发展的要求,各国陆续开展新一轮的数学课程改革,并出台相应的数学课程标准。中学数学课程标准包括初中阶段及高中阶段的数学课程标准,我国目前实行的关于中学数学的课程标准主要为 2011 年颁布的《义务教育数学课程标准》和 2003 年颁布的《普通高中数学课程标准(实验)》。相较于以往的课程标准,新的中学数学课程标准从理念、目标、内容等方面都有较大的改动,反映了学科发展与时代的要求,但在具体实施中,仍存在一些值得改进的问题。

通过本章的学习你能够：

● 明确我国中学数学课程标准的发展历程
● 理解我国当前中学数学课程标准制定的背景、理念、目标及内容
● 认识我国当前中学数学课程标准实施中存在的问题及其原因

本章内容结构

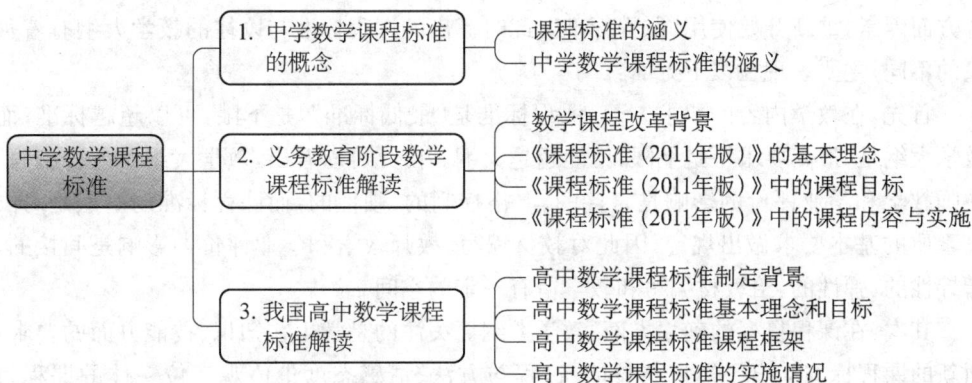

```
                        ┌─ 1. 中学数学课程标准   ┌─ 课程标准的涵义
                        │     的概念            └─ 中学数学课程标准的涵义
                        │
                        │                        ┌─ 数学课程改革背景
                        │     2. 义务教育阶段数学  ├─《课程标准（2011年版）》的基本理念
  中学数学课程 ──────────┤        课程标准解读    ├─《课程标准（2011年版）》中的课程目标
     标准                │                       └─《课程标准（2011年版）》中的课程内容与实施
                        │
                        │                        ┌─ 高中数学课程标准制定背景
                        │     3. 我国高中数学课程  ├─ 高中数学课程标准基本理念和目标
                        └─      标准解读          ├─ 高中数学课程标准课程框架
                                                 └─ 高中数学课程标准的实施情况
```

第一节　中学数学课程标准的概念

一、课程标准的涵义

（一）课程标准

我国清朝末年兴办近代教育之初，在各级学堂章程中的《功课教法》列有课程门目表和课程分年表，这是课程标准的雏形。1912 年 1 月，中华民国教育部公布了《普通教育暂行课程标准》，此后，"课程标准"一词沿用了约 40 年。建国初期，我国颁布了小学各科和中学个别科目的课程标准（草案），1952 年以后，由于学习苏联的教育模式，改用教学大纲，直到进入 21 世纪的新课程改革，才继续使用"课程标准"一词。

所谓课程标准（academic standards），是规定某一学科的课程性质、课程目标、目标内容、实施建议的教学指导性文件。实际上，课程标准也就是对学生在经过一段时间的学习后应该知道什么和能做什么的界定和表述，实际上反映了国家对学生学习结果的期望。课程标准通常包括了几种具有内在关联的标准，主要有内容标准（划定学习领域）和表现标准（规定学生在某领域应达到的水平）。

国家课程标准是教材编写、教学、评估和考试命题的依据，是国家管理和评价课程的基础。它体现了国家对不同阶段的学生在双基、能力等方面的基本要求，规定了各门课程的性质、目标、内容框架，提出了教学和评价的建议。从课程标准的结构上来说，一

般包括总纲和分科课程标准两部分。总纲规定学校教育的总目标、学科的设置、各年级各学科每周教学时数表和教学通则等。分科课程标准从各自学科的课程标准出发,规定了各科课程性质、课程目标、课程理念、教材纲要、教学要点和教学时间的分配、应有最低限度的教学设备以及教学方法和其他应注意的事项。课程标准的总纲部分,相当于中国现行的学校教学计划;它的分科课程标准,相当于曾经使用的分科教学大纲。

(二) 课程标准与教学大纲的区别

提到课程标准,就不得不提到另外一个概念——教学大纲,1952 年以前我国一直使用课程标准的叫法,1952 年以后,由于受苏联教育模式的影响,"教学大纲"一度被沿用,直到 21 世纪的新课改,考虑到当代科技发展、数学学科自身发展、教育观念更新等各方面因素,重新开始使用"课程标准",此时提出的课程标准与以往的教学大纲有着很大的不同,主要表现在以下方面:

首先,在教学内容的要求方面,课程标准是"最低标准",是下限,可以超越标准;而教学大纲是"最高要求",是上限,不能超越大纲。由此可以看出,教学大纲对教材编写、教师教学和学业评价的影响是直接的、严格控制的、硬性的,而课程标准的重点是对国民素质的基本要求做出规定,因此对教材编写、教师教学和学业评价的影响是间接的、指导性的、弹性的,给教材编写和教学留有一定的空间。

其次,在课程目标的确立方面,教学大纲更关注的是学生在知识、技能方面的要求,而新的课程标准提出了知识与技能、过程与方法、情感态度价值观三位一体的课程目标。由于教学大纲的重点是对教学工作做出规定,使教师更加关注知识点,关注学习的效果,忽视学习过程与方法,忽视情感、态度、价值观的培养。与教学大纲相比,课程标准最显著的变化是课程目标发生了根本改变。新课程标准不仅对学生的认知发展水平提出要求,同时,对学生学习过程和方法、情感、态度、价值观方面的发展提出目标要求,这是一个根本性的变化,对培养新时期具有良好素质和竞争力的新一代具有重要意义。

第三,在对教材编写的要求方面,课程标准精选学生终身发展必备的基础知识和基本技能,强调教科书与学生生活以及社会、科技发展的联系;而教学大纲过分强调学科自身的系统性、逻辑性。课程标准中的内容标准部分,按照学习领域或主题组织学习内容,突破学科中心,努力改变课程内容繁、难、偏、旧的现象,如数学课程标准增加了对日常生活和社会生活中图形与空间、统计与概率等现实问题的探究,降低对运算速度、证明技巧的训练。

第四,在对教学方式的要求方面,课程标准强调转变教学方式和学习方式,注重学生学习的过程与方法;而教学大纲关注的是教师的教和学生学习的结果,这样的关注忽略了学生是通过什么样的学习方式和策略来学习的,死记硬背、题海训练得到的高分,掩盖了学生在学习方式上存在的问题。鉴于此,课程标准着眼于学生的学,对每一个阶段学生发展应达到的目标都提出具体的要求,做出详尽的规定,从这一点也可以看出,课程标准与教学大纲有着本质上的差别。

第五,在教学评价方面,教学大纲关注的是学生对知识和技能的掌握程度,重视终结性评价和评价的筛选判断功能,而课程标准提倡评价主体的多元化、评价方式的多样化,强调过程评价和评价的教育功能发展,尤其是在过程评价和自我评价的方式方法上有许多新颖、活泼、可操作的创新之处。比如,成长记录、测验与考试、答辩、作业(长周期作业、短周期作业)、集体评议等。

二、中学数学课程标准的概念

根据课程标准的概念,不难理解什么是数学课程标准,我们可以认为,数学课程标准是指规定数学这一学科的课程性质、课程目标、目标内容、实施建议的数学教学指导性文件。由于有了具体的学科指向,数学课程标准将围绕数学课程的性质、数学课程理念与目标、数学课程内容、数学课程的实施与评价、教材纲要、教学要点和教学时间的分配、应有最低限度的教学设备以及教学方法和其他应注意的事项等问题来展开。

在我国,中学分为初级中学与高级中学,属于中等教育的范畴。初级中学一般是指九年义务教育的中学,高级中学是指高中非义务教育阶段的中学。我国目前实行的关于中学数学的课程标准主要为 2011 年颁布的《义务教育数学课程标准》和 2003 年颁布的《普通高中数学课程标准(实验)》。

为了更清楚地了解中学数学课程的具体含义,我们可以通过纵览我国数学课程标准的发展历程来获得一些启示。　①

表 2-1　我国数学课程标准发展历程表①

发展时期	主要文件	主要内容
萌芽期 (夏商周—1840 年前夕)	《乘除通变本末》中的"习算纲目"(中国历史上第一部"教学大纲")	这一时期数学教育的主要目的是"经世至用"、"习算纲目",其中已经有详细的教学目标、教学计划和方法
初步发展时期 (1840—20 世纪初)	《壬寅学制》(1902) 《癸卯学制》(1904)	数学课程开设,我国出现现代数学教育
转折时期 (1911—1949 年)	《壬子癸丑学制》(1913) 《中学新学制算学课程标准》(1923) 《算学暂行课程标准》(1929) 《正式课程标准》(1933) 《数学课程标准》(1941)	数学课程标准内容渐趋合理;数学教学目的内容和范围都在不断发展变化,经历了从"知识"到"知识与技能"再到"知识、技能与思维"以及"知识、技能与能力"的演变过程
探索时期 (1949—1978 年)	《普通中学数学课程标准》(1951) 《中学数学教学大纲》(1952—1956) 《全日制中学数学教学大纲(草案)》(1961—1963)	建国后数学课程标准的制定和实施受苏联教育模式的影响,1952 年后,不再使用"课程标准",而是使用"教学大纲"

① 刘兴详,徐志强,赵耀峰.中国数学课程标准发展史[J].延安大学学报(自然科学版),2006(2):21—25.

发展时期	主要文件	主要内容
续 表		
迅速发展时期 (1978—今)	《全日制十年制学校中学教学大纲（试行草案）》(1978) 《高中数学教学纲要》(1983) 《全日制中学数学教学大纲》(1986) 《全日制初级中学数学教学大纲》(1990) 《九年义务教育初级中学数学教学大纲》(1993) 《全日制普通高级中学数学教学大纲》(2000) 《全日制义务教育数学课程标准（实验稿）》(2001) 《普通高中数学课程标准（实验）》(2003) 《义务教育数学课程标准 2011 年版》(2011)	伴随着数学教育的进一步发展，人们对数学课程标准的认识进一步加深，改革开放尤其是进入 21 世纪以来，课程标准无论在理念还是具体内容等方面都发生了巨大改变，课程标准渐趋合理

从上表可以看出，我国数学课程标准的发展已经具有很长的发展历程，在某一特定的历史阶段，尽管"课程标准"的表述不同，但是其内在本质是不变的，它的出现都是为了对教师的数学教学进行一定的指导，反映了一定时期内国家对于学生学习结果的期待。尤其是 2011 年开始的新课程改革以后，《课程标准（2011 年版）》和《普通高中数学课程标准（实验）》为中学教师们开展数学教学提供了有力地指导，广大教师们掀起了学习新课程标准的理念、目标和内容等的热潮，试图在把握课程标准变化中用课程标准来指导和规范自身教学。

第二节 义务教育阶段数学课程标准解读

为响应第三次全国教育工作会议（1999 年）和全国基础教育工作会议（2001 年）提出的转变人才培养模式，建立新的基础教育课程体系的建设任务。教育部基础教育司开始课程改革，制订《全日制义务教育数学课程标准（实验稿）》（以下简称《实验稿》），于 2001 年 7 月颁布，并于同年秋季在全国 38 个县、区试行据此编写的教材，进行义务教育阶段课程改革国家级实验，分层推进，滚动发展。4 年后，为解决实验稿在实施过程中出现的问题，教育部于 2005 年 5 月成立"全日制义务教育数学课程标准修订组"，工作组在坚持《基础教育课程改革纲要》确定的基本理念大方向下，总结课改实施经验，力求课程标准更加准确、规范、明了、全面，更适合于教材编写、教师教学、学习评价，进一步处理好"过程与结果、学生自主学习与教师讲授、合理推理和演绎推理、生活情景和知识系统性"之间的关系。2011 年 12 月通过审查后的《课程标准（2011 版）》正式发行[1]。

① 史宁中，马云鹏，刘晓玫. 义务教育数学课程标准修订过程与主要内容[J]. 课程. 教材. 教法，2012(3)：50—56.

一、数学课程改革背景

(一) 各国数学教育改革

20 世纪 80 年代以来,面对 21 世纪时代竞争的新压力,各国积极进行了教育改革。美国、英国、荷兰、日本、俄罗斯等都相继进行了数学课程与教学改革,如俄罗斯 1998 年颁布的《俄罗斯学校教育标准》,美国 2000 年的《数学课程标准(2000)》,英国 1995 年的《数学课程标准》等。尽管不同国家和地区的数学教育改革各有特点,但概括起来有以下几个共同的特征:一是强调数学的大众化,即为所有人的数学,而不是为少数人的数学;二是强调培养学生的一般数学素养,即学生可以终身受益的数学能力,如解决问题的能力、数学交流的能力、数学推理的能力以及了解数学和现实的联系等,而不仅是基础知识和基本技能;三是强调学习最有价值的数学。信息时代最有价值的数学内容一方面是数学领域内最基础的东西,如基本的数的概念与运算、几何的初步知识、概率统计的初步知识、数学思考方法等,另一方面是那些与学生已有经验和知识有密切联系、能激发学生积极参与、对学生数学情感建立有利的内容。

总体而言,西方数学教育改革的趋势是:将数学视为人终身发展的一部分,从培养人的角度思考数学课程与教学问题。数学教育不只是向学生传授数学自身的内容和方法,而且是学生整体素质的一个重要组成部分。要从学生今后的成长和发展的角度、从学生的整体素质的提高来认识[1]。

(二) 国内中小学数学教育现状

自 1986 年第六届全国人民代表大会第四次会议通过《中华人民共和国义务教育法》,我国开始稳步推行九年制义务教育[2]。为了适应义务教育及素质教育的实施,中小学阶段的数学课程一方面在内容的深度和难度上有所降低,另一方面加强了学生数学素养及能力的培养。直到 20 世纪末,尽管中小学数学教育取得了一定的成绩,如学生双基扎实、勤奋刻苦,但仍存在一些不容忽视的问题,主要表现在:

(1) 课程目标比较单一,过多注重学生知识与技能的培养,很少关注学生的情感态度等方面的目标,很少关注学生创新精神和实践能力的培养;

(2) 课程内容偏难、偏窄。四则计算的内容偏多,要求偏高。而解决实际问题的能力、生活中的问题,空间观念方面的内容不多;

(3) 内容的组织与呈现方式脱离学生生活实际。过多地运用形式化的、人为编造的内容,与学生生活实际联系不够;

(4) 教材内容缺少趣味性,忽视学生情感、态度和自信心的培养;

(5) 教师过多地依赖课本和教学参考书,课程资源比较贫乏;

(6) 课堂教学模式单一、教学方法单调,忽视合作、交流等能力的培养;

(7) 评价方式单一,过多地注重纸笔试的评价,忽视对学生整体的、全面的评价,忽视评价的多种功能[3]。

---

① 马云鹏.义务教育阶段数学课程改革背景、理念与目标[J].现代中小学教育,2001(11):11—14.
② 张奠宙,赵小平.多多研究从"双基"到"四基"的发展[J].数学教学,2012(2):22.
③ 马云鹏.义务教育阶段数学课程改革背景、理念与目标[J].现代中小学教育,2001(11):11—14.

面对 21 世纪科技发展带来的新挑战,加之我国数学教育存在的上述种种问题,教育界在世纪之交开始思考数学教育的未来,着手于数学课程改革。在对各国课改和本国国情研究的基础上,本次课改在保持我国特色和优势的基础上借鉴了各国课改的经验,力求数学教育在时代要求、数学发展和学生接受能力三方面取得平衡。

二、《课程标准(2011 年版)》的基本理念

教育理念是教育行为的源头。长期以来,我国坚持"以知识为本"的教育理念,关注知识的传授、学生的接受程度,以扎实的基础知识和熟练的基本技能为教学目标,考核强调的是学生对规定内容的掌握情况。为此,我们长期信奉凯洛夫的"三中心"论,即以课堂、教材、教师为中心。进入 21 世纪以来,教育理念逐渐转向"以人为本、育人为本",关注学生的全面成长,按照素质教育的内涵培养合格的人,坚持"尊重的教育"理念,站在受教育者的立场思考有关的策略和方法①。

(一)《课程标准(2011 年版)》的数学观和数学课程观

有正确的数学观才可能有正确的数学教学观②。《实验稿》对数学的认识是:"数学是人们对客观世界定性把握和定量刻画、逐渐抽象概括、形成方法和理论,并进行广泛应用的过程。"③该描述从动态的数学哲学观出发,将数学视为过程,有助于教师对过程性目标的重视和落实,但也有可能造成重过程轻结果的后果,再者,数学在中小学作为一门学科设置,首先应该明确它的学科属性。为此《课程标准(2011 年版)》在前沿部分阐明:"数学是研究数量关系和空间形式的科学。"在此基础上,用简练的语言指明数学是科学的语言、工具,是人类文化的重要组成部分,数学素养是公民应具备的基本素养,数学对于培养人的思维能力、创新能力具有不可替代的作用④。

(二)《课程标准(2011 年版)》的课程基本理念

数学课程标准的基本理念是研制课程标准的指导思想,也是解读课程标准的基础⑤。《课程标准(2011 年版)》从课程的核心理念、课程内容、学与教的活动、学习评价以及信息技术五个方面来介绍课程标准的基本理念。

1. 课程的核心理念

数学课程目标的核心是促进学生的发展,义务教育阶段的数学教育要面向全体学生,体现基础性、普及性和发展性。《课程标准(2011 年版)》指出:"数学课程要使人人都能获得良好的数学教育,不同的人在数学上得到不同的发展。"而与之相应的,《实验稿》所提的是:"人人学有价值的数学,人人都能获得必需的数学。"不难看出,《实验稿》更加侧重于学习内容的价值,而《课程标准(2011 年版)》将其内涵拓展到学生接受的数学教育上,落脚点从数学变成了数学教育,意义更加丰富,并将数学课程超越了学科自

① 史宁中,孔凡哲. "数学教师的素养"对话录[J]. 人民教育,2008(21):43—49.
② 黄翔,童莉,沈林. 数学课程基本理念的丰富与发展——从义务教育数学课程标准的修订看数学课程理念的新变化[J]. 课程与教学,2012(8):47—50.
③ 中华人民共和国教育部. 全日制义务教育数学课程标准(实验稿)[M]北京:北京师范大学出版社,2001:1.
④ 中华人民共和国教育部. 义务教育数学课程标准(2011 年版)[M]. 北京:北京师范大学出版社,2012:1.
⑤ 王尚志,胡凤娟. 数学课程标准的基本理念——《义务教育数学课程标准(2011 年版)》解析之一[J]. 小学数学教育,2012(7):4—5.

身,体现出"数学与人"的价值判断和追求。

2. 课程内容

第二条理念阐述了课程内容确定的原则,一是数学课程内容要反映社会的需要、数学的特点并符合学生的认知规律;二是在处理数学课程内容的时候,要处理好"过程与结果、直观与抽象、直接经验和间接经验"之间的关系;三是强调了课程的层次性和多样性。

3. 学与教的活动

《实验稿》将"教"与"学"分而述之,这样能清晰地表达教学中教师和学生各自最为关注的问题是什么以及应该怎么做,但也形成了它们之间相互分离的弱点,对一线教师如何从整体上认识数学课堂教学缺乏指导。特别是从数学课堂教学的实践来看,"教"与"学"是不能分离的,处理好两者之间的关系往往成为上好数学课的重要条件。基于此,《课程标准(2011 年版)》将"教"与"学"作为一个整体进行了阐述①。

4. 学习评价

《课程标准(2011 年版)》倡导建立目标多元和方法多样的评价体系。评价主体既有教师评价,也有学生自评和互评。评价方式既有定性又有定量方式,其中低年级主要采用定性评价的方式,中高年级则将两种评价方式相结合。具体的评价方式也应是多样的,不只纸笔考试一种,课堂内评价、学生成长记录、课内外作业的评价、实践活动的评价等不同的方法并存②。

5. 信息技术发展

为突出信息技术对数学教育产生的影响,《课程标准(2011 年版)》指出"数学课程的设计与实施应根据实际情况合理地运用现代信息技术,要注意信息技术与课程内容的整合,注重实效。"因此,教师应熟知信息技术的各种功能和优缺点,并根据课程内容、目标和学生实际情况深入思考和研究信息技术的有效运用,不能"为了技术而技术"。例如计算机的有效使用帮助学生对某些概念的建立积累感性经验、能拓展学生的能力,如观察计算结果的规律,归纳新结论,以培养学生的探究能力等。

(三)《课程标准(2011 年版)》的十大核心概念

为了将具体的课程内容与课程总体目标之间建立起联系,特别是内容如何帮助学生获得数学思想、数学活动经验以及在数学思考、解决问题等目标中发挥作用,《课程标准(2011 年版)》提出了 10 个核心概念。这些概念本质上体现了数学的基本思想,反映了数学内容的本质特征以及数学思维方式。数学内容的 4 个方面都以这些概念中的一个或几个为统领,学生对核心概念的体验与把握,是对数学内容的真正理解和掌握的标志③。与《实验稿》中的 6 个核心概念相比,在这 10 个核心概念中,新增加了运算能力、模型思想、几何直观、创新意识;数感、符号意识、数据分析观念的名称或内涵发生了较

---

① 黄翔,童莉,沈林.数学课程基本理念的丰富与发展——从义务教育数学课程标准的修订看数学课程理念的新变化[J].中国教育学刊,2012(8):47—50.

② 马云鹏.义务教育阶段数学课程改革背景、理念与目标[J].现代中小学教育,2001(11):11—14.

③ 马云鹏.数学:"四基"明确数学素养——《义务教育数学课程标准(2011 年版)》热点问题访谈[J].人民教育,2012(6):40—44.

大变化;空间观念、推理能力、应用意识保持了原有名称,基本保持了原有内涵。

1. 数感、符号意识

数感、符号意识体现了数学的抽象特征。与《实验稿》相比,《课程标准(2011 年版)》将"数感"中与运算有关的内容独立为新的核心概念:运算能力,将"符号感"更名为"符号意识"。《课程标准(2011 年版)》将"数感"定义为一种感悟,既有感性又有理性的思维。感悟主要归为三方面:数与数量、数量关系、运算结果的估计。数与数量实际上就是建立起抽象的数和现实中的数量之间的关系;数量关系即包括数的大小关系及其所对应的数量之间的多少关系,也包括变化的量之间的函数关系等。发展学生的数感,需要创设情境建立起抽象的数和现实中的数量之间的关系、需要学生对于单位数量(比如 1 平方米)有比较准确的把握、需要能从多种角度来表示同一个数,比如,0.25 就是 $\frac{1}{4}$,还需要对数之间的大小关系有所感悟,比如 0.49 比 $\frac{1}{2}$ 小但很接近,1.3 介于 1 和 1.5 之间。

"符号意识主要是指能够理解并且运用符号表示数、数量关系和变化规律"体现了符号表示的作用;"知道使用符号可以进行运算和推理,得到的结论具有一般性"[1]强调了符号一般性的特征。它在数与代数领域里数概念的形成、字母表示数、代数式的理解和运用等内容的学习中起着导向的作用。

2. 运算能力

运算能力是《课程标准(2011 年版)》新增加的核心概念,《课程标准(2011 年版)》指出:"运算能力主要是指能够根据法则和运算律正确地进行运算的能力。培养运算能力有助于学生理解运算的道理,寻求合理简洁的运算途径解决问题"[2]。因此,运算能力首先是会算和算正确;而会算不是死记硬背,要理解运算的道理,还要寻求合理简洁的运算途径解决问题。

3. 空间观念、几何直观

《课程标准(2011 年版)》除了将《实验稿》中最后一条独立为另一个核心概念"几何直观"外,对于"空间观念"的阐述基本维持原样。空间观念倾向于即使脱离了背景也能想象出图形的形状、关系的能力,而几何直观更强调借助一定的直观背景条件而进行整体把握的能力[3]。几何直观主要是指"利用图形描述和分析问题。借助几何直观可以把复杂的数学问题变得简明、形象,有助于探索解决问题的思路,预测结果。几何直观可以帮助学生直观地理解数学,在整个数学学习过程中发挥着重要作用"。它既包括在已有的图形中,利用其蕴含的信息,发现问题、解决问题;也包括在没有图形的情况下,根据已有信息绘制图形解释和说明,并进一步解决问题,如"数形结合"中代数问题的解决[4]。

① 中华人民共和国教育部.义务教育数学课程标准(2011 年版)[M].北京:北京师范大学出版社,2012:6.
② 中华人民共和国教育部.义务教育数学课程标准(2011 年版)[M].北京:北京师范大学出版社,2012:6.
③ 孔凡哲,史宁中.关于几何直观的含义与表现形式——对《义务教育数学课程标准(2011 年版)》的一点认识[J].课程.教材.教法,2012,32(7):92—97.
④ 刘晓玫.对"几何直观"及其培养的认知与分析[J].中国数学教育,2012(1—2):23—25.

4. 数据分析观念

《课程标准(2011年版)》将"统计观念"更名为"数据分析观念",点明了统计的核心是数据分析。"数据分析观念"更加突出了统计与概率独特的思维方法:体会数据中蕴涵的信息、根据问题的背景选择合适的方法、通过数据分析体验随机性。它对学生理解和把握概率统计等内容有重要意义,在教学中,教师要让学生经历收集、整理、分析数据的过程,通过数据分析做出决策和推断,并体会数据中蕴含的信息,根据问题的背景选择合适的数据分析方法,通过数据分析体验随机性[①]。

5. 推理能力

《课程标准(2011年版)》和《实验稿》一样,强调了"获得数学猜想——证明猜想"的全过程,以及在这个过程中的合情推理和演绎推理。推理能力的发展应贯穿于整个数学学习的过程,在解决问题的过程中,两种推理功能不同,相辅相成:合情推理用于探索思路,发现结论;演绎推理用于证明结论。

6. 模型思想

《课程标准(2011年版)》首先说明了模型思想的价值,即建立了数学与外部世界的联系。小学阶段有两个典型的模型"路程=速度×时间"、"总价=单价×数量",有了这些模型,就可以建立方程等去阐述现实世界中的"故事",就可以帮助我们去解决问题。

7. 应用意识

《课程标准(2011年版)》和《实验稿》一样,都强调了用数学的眼光观察现实世界,主动地运用数学解释现象和解决实际问题的心理倾向。要发展学生的应用意识,教师需要展示数学知识的来龙去脉;鼓励学生主动地运用数学解决问题、主动寻求数学知识的实际背景;利用"综合与实践"发展学生应用意识;向学生介绍或提供丰富的阅读材料,拓展学生的视野,展示数学的应用价值[②]。

8. 创新意识

《课程标准(2011年版)》指出:"学生自己发现和提出问题是创新的基础;独立思考、学会思考是创新的核心;归纳概括得到猜想和规律,并加以验证,是创新的重要方法。"从基础、核心、方法3个方面指明了创新意识的要素,即围绕这3个要素,教师应紧紧抓住"数学问题"、"学会思考"、"猜想、验证"这几个点,做足教学中的"文章",创新意识培养的目标就有可能得到落实。

上述核心概念总体上是对所有数学课程内容而言的。但各内容领域在体现核心概念上有所侧重。比如,"数与代数"这部分内容与数感、符号意识、运算能力、推理能力和模型思想等核心概念直接关联。"图形与几何"这部分内容与空间观念、几何直观、推理能力和模型思想等核心概念直接相关。"统计与概率"这部分内容与数据分析观念、推理能力、模型思想等有密切关系。而应用意识和创新意识在4个内容领域的教学中都应当有所体现。因此,在进行相应内容的教学时,要更多关注与哪些核心概念关系更为

---

① 王尚志,胡凤娟.理解把握数学课程中的核心概念(一)——《义务教育数学课程标准(2011年版)》解析之三[J].小学数学教育,2012(7):8—11.
② 张丹,白永潇.新课标的核心概念及其变化——《义务教育数学课程标准(2011年版)》解读(三)[J].小学教学,2012(6):4—8.

密切,教学中应予以更多的关注①。

三、《课程标准(2011 年版)》中的课程目标

课程目标代表了设计者对于"通过学习,学生将获得什么"这一基本问题的回答。在本次修订中,从"双基"到"四基"、从"两能"到"四能",是《课程标准(2011 年版)》关于课程目标的重大进展不少人将其视做这次修订的标志之一②。《课程标准(2011 年版)》列了 3 条总目标,然后从知识技能、数学思考、问题解决、情感态度 4 个方面对总目标进一步阐述,并将其细化到 3 个学段上。其 3 条总目标概述为:

(一) 从"双基"到"四基"

《课程标准(2011 年版)》的总目标第一条明确提出:"获得适应社会生活和进一步发展所必需的数学基础知识、基本技能、基本思想、基本活动经验"③。虽然《实验稿》已经开始关注数学思想和数学活动经验,提出了"获得适应社会生活和进一步发展所必需的重要数学知识(包括数学事实、数学活动经验)以及基本的数学思想方法和必要的应用技能"④,但仅将数学知识和数学思想方法加以并列,并未明确将基本思想、基本活动经验,与基础知识、基本技能并列成为"四基"。将"双基"拓展为"四基"体现了对数学课程价值的全面认识,同时反映出以学生为本的基本理念。

自教育部 1963 年颁布的数学教学大纲首次明确提出加强数学基础知识和基本技能(即"双基")的教学起,注重"双基"的学习成为了我国数学教育目标的重要组成部分,"双基"教学也成为我国数学教育的特色。诚然,"双基"使我国学生以扎实的基础闻名于世,此次课改也继承了这一传统,那为何还要拓展到"四基"呢?从历史发展来看,对"双基"的理解和认识需要与时俱进,适当增删内容和要求,以防止"双基异化";从数学自身来看,"双基"更多的是对数学原理、定理、概念、公式等结论性知识的反映,学习它们固然重要,但其背后的思想才是数学的本质、是学生知识遗忘后留下的东西,弥足珍贵;从时代要求来看,创新精神和实践能力的培养是数学课程必须加强的目标要求,而创新意识和创新能力的形成,不仅仅需要必要的知识和技能的积累,更需要思想方法、活动经验的积累,因此仅靠"双基"难以支撑这一要求的落实;从学生的数学学习和数学素养发展来看,它并非单纯地通过接受数学事实来实现,更多地需要通过对数学思想方法的领悟、对数学活动经验的条理化以及对数学知识的自我组织等活动来实现⑤。因此,更为科学合理、适应时代要求的"四基"应运而生。那么如何认识数学基本思想和基本活动经验呢?

数学基本思想是那些数学的产生与发展必须依赖的思想,是学习过数学与没有学习数学的思维差异。《课程标准(2011 年版)》依据两个判断原则:一是对数学的产生和

① 马云鹏.数学:"四基"明确数学素养——《义务教育数学课程标准(2011 年版)》热点问题访谈[J].人民教育,2012(6):40—44.
② 张丹.数学课程目标:从"双基"到"四基"从"两能"到"四能"[J].中小学管理,2012(4):10—12.
③ 中华人民共和国教育部.义务教育数学课程标准(2011 年版)[M].北京:北京师范大学出版社,2012:8.
④ 中华人民共和国教育部.全日制义务教育数学课程标准(实验稿)[M].北京:北京师范大学出版社,2001:7.
⑤ 黄翔,童莉,沈林.义务教育数学课程目标的新变化[J].课程.教材.教法,2013,33(1):29—33.

发展起决定作用;二是对学数学和不学数学的人的成长和发展来说要有明显的差异。提出了三个基本数学思想:抽象、推理和模型[①]。从数学的角度而言,人们通过抽象,从客观世界中得到数学的概念和法则,建立了数学学科,从现实世界到数学内部,体现了数学的一般性;从假设前提出发,通过推理进一步得到数学结果,促进数学内部合理发展,表明数学具有逻辑性;通过建模,人们能解决现实世界中与数量和图形有关的问题,用数学语言更简洁清晰地描述现实世界,沟通了数学与外部世界的桥梁,体现了数学所具有的应用性[②]。例如,由数量抽象到数,由数量关系抽象到方程、函数(如正反比例)等;通过推理计算可以求解方程;有了方程等模型,就可以把数学应用到客观世界中。

抽象、推理和模型是数学思想的最高层次,诸如数形结合思想、化归思想、分类思想、方程思想、函数思想等仅是处于下一层次的与内容紧密结合的具体思想。数学思想更不是配方法、换元法、消元法、待定系数法、化归、转换、分类等一系列具体方法,因此,数学教学的责任是教学生会抽象、会推理、会应用。

对于基本数学经验,目前还未有一个明确的结论,《课程标准(2011年版)》也未给出详细的描述。数学其实不完全是从现实生活情景中直接产生的,人们基于日常生活经验,还必须通过一些感性或理性的特有数学活动,才能把握数学的本质,理解数学的意义。史宁中曾指出"基本活动经验是指学生亲自或间接经历了活动过程而获得的经验。[③]"张奠宙认为基本数学经验是"在数学目标的指引下,通过对具体事物进行实际操作、考察和思考,从感性向理性飞跃时所形成的认识。并将其分为直接数学活动经验(直接联系日常生活经验的数学活动所获得的经验)、间接数学活动经验(创设实际情景构建数学模型所获得的数学经验)、专门设计的数学活动经验(由纯粹的数学活动所获得的经验)、意境联结性数学活动经验(通过实际情景意境的沟通,借助想象体验数学概念和数学思想的本质)[④]。徐斌艳将基本数学活动经验进一步细化为基本的数学操作经验(几何操作、数学表征工具的直接操作、数学公式和符号的直接操作)、基本的数学思维活动经验(归纳的经验,数据分析、统计推断的经验,几何推理的经验等)以及发现问题、提出问题、分析问题、解决问题的经验[⑤]。在学校教育教学活动中,基本活动经验是学生经历相关学科活动之后所积淀的内容,它既有学生针对有关这种学科活动而获得的那些直接经验,也有学生经过不同程度的自我反省而提炼出来的个体知识。针对某一门具体的学科学习而言,相对丰富的基本活动经验,经过不断积淀和升华,可以形成有关这个学科的直观能力[⑥]。

尽管对基本活动经验还未形成一个共识,但有几点是相通的:基本活动经验是建立在生活基础上、在特定数学活动中积累的、以学生思考为核心的经验,它将最终帮助学

① 王尚志,胡凤娟.全面理解数学课程目标——《义务教育数学课程标准(2011版)》解析之二[J].小学数学教育,2012(Z2):5—7.
② 张丹,白永潇.新课标的课程目标及其变化——《义务教育数学课程标准(2011年版)》解读(二)[J].小学教学,2012(5):4—7.
③ 史宁中.《数学课程标准》的若干思考[J].数学通报,2007(5):1—5.
④ 张奠宙,竺仕芬,林永伟."基本数学经验"的界定与分类[J].数学通报,2008,(5):4—7.
⑤ 徐斌艳.面向基本数学活动经验的教学设计[J].中学数学月刊,2011(2):1—4.
⑥ 孔凡哲,张胜利.基本活动经验的类别与作用[J].教育理论与实践,2009(6):42—45.

生建立自己的数学现实和数学学习的直觉,学会运用数学的思维方式进行思考。

(二) 从"两能"到"四能"

《课程标准(2011 年版)》在总目标第二条新增了体会数学的"三联系",即数学知识之间、数学与其他学科之间、数学与生活之间的联系。并在《实验稿》分析和解决问题的能力(即"两能")中新增了发现和提出问题的能力。发现问题要求学生逐步学会用数学的眼光看周围世界,从表面上看似与数学无关的一些现象中寻找其在数量或者空间方面的某些联系或矛盾,或在现实与数学的具体情境中获得一些新的数学信息,通过一定的梳理、概括、提炼,并以数学的方式作出"是什么、能怎么、为什么、怎么样"等方面的思考。而提出问题是在已经发现问题的基础上采用恰当的数学语言、符号对问题做进一步的数学抽象,并在特定的逻辑线索和数学关系空间中,将问题数学地表征出来。发现、提出问题的过程是学生运用数学知识、技能、思想方法乃至于经验进行数学抽象(数学化)的过程,也是学生进行数学交流、数学表达的过程①。

为何要将"两能"扩为"四能"呢? 一是为了适应义务教育阶段总目标的要求,培养适应现代社会的公民。面对充满信息和变化的社会,学生需要理解实际问题中潜在的数学特征,具有一定的发现和提出问题的能力,借助数学知识对实际问题作出有条理地分析,并设法解决②。二是在数学课程中渗透对学生创新精神的培养,创新往往始于问题,问题是数学的心脏。数学问题不是天生就有的,需要大家去发现、去提出,而我国在数学的发展上往往是解决别人未能解决的问题,分析和解决问题的能力非常强,但是自己很少能够发现和提出有方向性的问题③。三是从实践来看,结合课程内容的实际要求和学生的年龄特点,适时、适度地引导学生从日常生活中、具体情境中发现、提出一些数学问题完全是可行的,也有利于数学学习水平的提高。因此,数学课程必须将培养学生发现和提出问题、运用数学知识分析和解决实际问题的能力放在重要的地位。

(三) 发展情感态度价值观

《课程标准(2011 年版)》总目标第三条:"了解数学的价值,提高学习数学的兴趣,增强学好数学的信心,养成良好的学习习惯,具有初步的创新意识和科学态度。"与《实验稿》相比,《课程标准(2011 年版)》明确提出了对学习习惯的要求,强调了创新意识和科学态度。

学习习惯是指在长期的学习中逐渐养成的、较为稳固的学习行为、倾向和习性④。在"情感态度"目标栏目中对其的描述为:"养成认真勤奋、独立思考、合作交流、反思质疑等学习习惯。"义务教育阶段是数学学习的启蒙和奠基阶段,学生在学习过程中会客观的形成学习习惯,而良好的学习习惯有利于学生掌握合理恰当的学习方式、提高学习效率、实现由"学会"到"会学"的转变、在适应终身学习上受益。因此,从小注重学生数学习惯的矫正和培养是非常必要的。教师需要在日常教学中对学生刻意诱导、潜移默

---

① 黄翔,童莉,沈林. 义务教育数学课程目标的新变化[J]. 课程. 教材. 教法,2013,33(1):29—33.
② 张丹. 数学课程目标:从"双基"到"四基"从"两能"到"四能"[J]. 中小学管理,2012(4):10—12.
③ 王尚志,胡凤娟. 全面理解数学课程目标——《义务教育数学课程标准(2011 版)》解析之二[J]. 小学数学教育,2012(Z2):5—7.
④ 黄翔,童莉,沈林. 义务教育数学课程目标的新变化[J]. 课程. 教材. 教法,2013,33(1):29—33.

化、点滴积累,如要求学生认真听讲、积极思考、预习复习、作业认真、注重学习效率等,通过长时间的磨练帮助学生养成良好的学习习惯。

国家的发展需要创新人才,这是众所皆知的事实。事实上创新意识、甚至创新能力都是在基础教育阶段培养的,一个在 18 岁之前没认真思考过一个问题的孩子不可能成为创新型人才,所以在基础教育阶段应该培养学生的创新意识和创新能力。创新最起码依赖于三个条件,创新意识、创新能力和创新机遇。创新能力依赖于三方面:知识的掌握、思维的训练、经验的积累,三方面同等重要①。要培养一个人的创新能力,必须注重过程、启发思考、总结经验、教会反思。老师在教学中要注重学生探究、思考、抽象、预测、推理、反思等的"过程性教育",特别是在经历讨论过程后及时帮助孩子反思总结,积累经验。

四、《课程标准(2011 年版)》中的课程内容与实施

《课程标准(2011 年版)》中关于"课程内容"的阐述与《实验稿》相比有很大的一致性,特别是两者都采取了"条目并列式"这种表述方式,即将义务教育阶段的全部教学内容归结为"数与代数"、"图形与几何"、"统计与概率"、"综合与实践"四个领域,尽管在此也有一定的变化,即以"图形与几何"代替了原来的"空间与图形","综合与实践"代替了原来的"实践与综合应用"②。《课程标准(2011 年版)》中数与代数、图形与几何方面向"宽而深"设计模式演变,统计与概率方面向"窄而浅"模式演变,课程内容的总体向"宽而深"的设计模式演变。此次调整,主要是增强了"掌握"方面的内容,特别是图形与几何部分,"理解"和"掌握"的内容明显加强,数与代数部分的"掌握"部分也得到了明显加强③。

(一) 数学与代数

掌握数与代数的基础知识与基本技能,建立良好的数感,形成初步的代数思想,是进一步学习其他数学内容的重要前提④。数与代数的内容贯穿小学数学学习的始终,根据每个学段学生的特点,其内容安排如下:第一学段,学生思维处于具体运算时期,他们有一定的生活经验,比较关注自己身边有趣的事物,因此主要以数的认识、数的运算、常见的量为主要内容,结合实际问题认识常见的量,帮助学生在数学活动中初步建立"数感";到第二学段,学生的思维由具体形象向抽象逻辑思维过渡,这一学段扩大了数的认识和运算范围,并初步认识代数知识和渗透函数思想;第三学段的学生已经具备一定的抽象逻辑思维,因此将数的认识和运算扩大到实数范围,并进一步学习代数式和函数。数与代数内容的教学应抓住数概念的建立、运算的理解与掌握、代数初步、问题解决与数量关系等几条重要的主线。

(二) 图形与几何

考虑到第一学段的学生空间想象能力较弱,画过于复杂的图容易使学生产生"数学

① 史宁中.《数学课程标准》的若干思考[J].数学通报,2007(5):1—5.
② 郑毓信.《义务教育数学课程标准(2011 年版)》之审思[J].小学教学,2012(7):43—47.
③ 刘海涛.义务教育数学课程标准内容的比较研究[J].数学通报,2012,51(12):7—10.
④ 马云鹏.数与代数内容的理解与把握——《义务教育数学课程标准(2011 年版)》解析之五[J].小学数学教育,2012(7):15—17.

很难"的印象,不利于今后的作图学习;加之此时学生美术功底较弱,缺乏作图需要的基础,《课程标准(2011 年版)》在第一学段显著降低了对画图的要求,而将大部分画图内容放在了第二学段[①]。

(三)统计与概率

统计与概率的内容主要有数据分析过程、数据分析方法、数据的随机性和简单随机现象及其发生的可能性四条主线。与《实验稿》相比,《课程标准(2011 年版)》对统计部分做了较大调整,在保持总的精神与要求的基础上,将第一学段的"统计图"、"平均数"移到第二学段,将第二学段的"中位数"、"众数"移到第三学段,同时为了突出统计和数据分析观念的重要性,降低了概率(随机现象发生的可能性)的要求,使得内容在三个学段上的要求有明显区分,难度也有一定梯度。在教学中要始终抓住"数据分析观念"这个核心词,培养学生的数据意识,引导学生通过数据分析来提取信息,使学生产生对数据的亲切感,愿意去分析数据提取信息,遇到问题时愿意去收集数据来帮助解决问题[②]。

(四)《课程标准(2011 年版)》的实施

《课程标准(2011 年版)》将三个学段整合到一起提出了七条"教学建议",第一条(数学教学活动要注重课程目标的整体实现)和第二条(重视学生在学习活动中的主体地位)是两个最基本的目标,而三、四、五条分别与"四基"、情感态度相对应,六将课程内容中的"综合与实践"单独列出,体现了对三者的高度重视,最后的第七条点明了教学中应当注意的几个在实施中发现和归纳出来的关系,以期引起关注[③]。

教师在教学中,首先要把知识技能、数学思考、问题解决、情感态度四个方面目标有机结合,全面制定教学目标,将整体目标落实到每一节课,并在日常教学过程中重视过程,讲清知识的来龙去脉,给予学生充分的思考和探究过程,经过日积月累,尤其是过程性目标在课程内容中的逐渐渗透,实现总目标;其次要真正关注、了解学生,在课堂上给予学生足够的空间,激发学生积极思考并提供必要的帮助、强化和激励,使学生的主体地位得以体现;再次,教学中应处理好面向全体学生与关注学生个体差异、"预设"与"生成"、合情推理与演绎推理、使用现代信息技术与教学手段多样化的关系;最后,注重"四基"和"四能"的把握。

1. 教学中把握"四基"

"四基"是在我国传统的数学教学"双基"的基础上的重要发展,应当体现在数学教学全过程之中。

《课程标准(2011 年版)》对于教师如何在实际教学过程中帮助学生获得"四基"也给出了一些明确且具有建设性的建议。"数学知识的教学,应注重学生对所学知识的理解,体会数学知识之间的关联。"[④]学生只有了解了这些知识的背景及来龙去脉,才能理

① 朱晨菲,马复.小学课程内容发生了那些变化——关于新旧《数学课程标准》的比较[J].小学教学,2012(7—8):19—22.
② 宋燕晖,贾福录,张丹.统计与概率内容分析——《义务教育数学课程标准(2011 年版)》解析之十[J].小学数学教育,2012(7—8):36—38.
③ 白永潇,张丹.整体实现课程目标,重视学生主体地位——《义务教育数学课程标准(2011 年版)》"教学建议"解读[J].小学教学,2012(7):23—26.
④ 中华人民共和国教育部.义务教育数学课程标准(2011 年版)[M].北京:北京师范大学出版社,2012:45.

解其必要性和重要性,从而能够迁移地运用到新问题解决中;"在基本技能的教学中,不仅要使学生掌握基本技能操作的程序和步骤,还要使学生理解程序和步骤的道理。"①重点应在理解算理和正确操作上,不能一味地追求速度,更不能让大多数学生都在速度上下功夫。

数学基本思想的重点是让学生在具体内容的教学过程中感悟"数学思想蕴涵在数学知识形成、发展和应用的过程中",在义务教育阶段应结合具体内容体现抽象、分类、转化、演绎、归纳、模型等基本数学思想。数学思想的形成需要在过程中实现,只有经历问题解决的过程,才能体会到数学思想的作用,才能理解数学思想的精髓,才能进行知识的有效迁移。因此关键是让学生经历和体验数学知识的获取过程,让学生"读——理解"、"疑——提问"、"做——解决问题"、"说——表达交流",并在其中获得对数学思想方法的感悟②。

数学活动经验的获得应当是个体在经历认识事物,分析问题、解决问题的活动过程中,逐渐提炼而成的③。在"做"的过程中积累,设计与具体内容相结合的有效数学活动是积累数学活动经验的重要途径,"综合与实践"是积累的重要载体。对于教师而言,需要积累好的案例、认真研究学生的思考过程,探索学生经验形成的途径,以此指导教学设计。一般而言,有效的教学设计模型包括如下环节:

(1)教师围绕相关的数学概念或目标提出学生可操作、可探索的活动建议。注意分析教学目标、学生已有的数学经验等;

(2)学生分组根据各自的兴趣和能力选择学习活动,或者提出自己想探索的活动。注意明晰具体的学习活动,能体现要落实的具体教学目标;

(3)师生共同商谈从事学习活动可能涉及的数学知识。同时与学生商定可能的活动方式以及预期提交的学习活动成果。如果需要可以与学生签订学习合同;

(4)学生分组进行学习活动。教师提供学习支架,让学生有足够的空间进行数学操作、数学思维活动,经历数学问题的提出、分析、解决等过程;

(5)学生展示多元的学习成果,包括所用到的各种数学知识或技能,让他们认识到数学活动可以源于日常生活,但是高于日常生活④。

2. 教学中体现"四能"

在"四能"中,分析问题和解决问题的能力要求与原来基本一致,教师也积累了很多经验,那么如何培养新增的发现问题和提出问题的能力呢?对中小学生而言,发现问题更多针对的是认知问题,即学生个人不能解决但应该能发现的问题。而对于那些鲜有人能解决的客观问题,可以用数学建模、综合实践活动等形式鼓励学生尝试。提出问题的关键是能够认清问题、概括问题。问题的提出必须进行深入思考和自我组织,因而可

① 中华人民共和国教育部.义务教育数学课程标准:2011年版[M].北京:北京师范大学出版社,2012:46.
② 马云鹏.教学中如何把握"四基"——《义务教育数学课程标准(2011年版)》解析之十二[J].小学数学教育,2012(7):41—42.
③ 马复.关于促进学生数学活动经验的教学认识[J].中国数学教育,2011(10):2—5.
④ 徐斌艳.面向基本数学活动经验的教学设计[J].中学数学月刊,2011(2):1—4.

以激发学生的智慧,调动学生的身心进入活动状态[①]。

在数学学习中,我们会遇到概念、定理、技能的学习,针对它们学习的不同特点,在学习过程中要注意的问题也不同。比如我们在学习数学概念时,要注意从以下角度考虑问题:为什么要有这个概念;概念的形成是怎样的;概念的核心是什么;这个概念与其它概念的联系;怎么深刻的理解概念,支撑概念的例子;概念的作用有哪些等。这是思考问题的大方向,从这些方面发现和提出问题是有价值的[②]。

总而言之,实现有效教学、有效学习,不仅要关注教师如何教、更要关注学生如何学,不仅重视教学方法、更要重视教学内容的本质。在内容上,不仅要有数学的结果,也要有结果形成的缘由;不仅有间接经验的数学知识,也要有直接经验的数学知识;不仅有抽象的概念和法则,也要有直观的说明和启迪。在教学上,要注重启发式教学,运用各种教学手段激发学生的学习兴趣,创造足够的时间和空间,启发学生独立思考,并且鼓励学生与他人交流,在独立思考以及与他人交流的过程中学会思考,引导学生自己得出结论。需要注意的是,启发学生思考最好的办法是教师与学生一起思考、一起发现和提出问题、一起分析和解决问题。教师尤其要能暴露自己的思考路径,如:为什么要提出这些问题,遇到某种情境可以从哪些方面提出问题,遇到这些问题后应该从哪些角度来分析,解决了这个问题又可以提出哪些新的问题等[③]。

第三节 高中数学课程标准解读

跨入 21 世纪,为了数学教育能适应时代需要,我国从 2000 年 6 月开始组织人员在《基础教育课程改革指导纲要》等文件精神指导下,启动了国家高中数学课程标准的研制。早于 1996 年,教育部颁布了《全日制普通高级中学数学教学大纲(供试验用)》作为过渡,经过一轮实验,于 2000 年颁布了《全日制普通高级中学数学教学大纲(试用修订版)》,2002 年又颁布了《全日制普通高级中学数学教学大纲》(以下简称新《大纲》),对修订版进行了提升。2003 年 4 月,教育部正式公布《高中数学课程标准(实验稿)》(以下简称《课标》),并于 2004 年开始在山东、广东、海南、宁夏四个省份投入使用,2005 年江苏加入了用新课标编写的教材,2006 年进入辽宁、天津、安徽、福建,2007 年"新课标"进入北京、陕西、湖南、黑龙江、吉林;2008 年河南、江西、新疆、山西投入使用;2009 年进入河北、湖北、云南、内蒙古;2010 年广西、贵州、青海、甘肃、西藏实施新课标,至此,我国全面进入新课标的实施阶段。

一、高中数学课程标准制定背景
(一)现代数学进展

20 世纪,数学得到了空前发展,一方面,数学各学科、数学和其他学科之间的相互

---

① 史宁中,柳海民.素质教育的根本目的与实施路径[J].教育研究,2007(8):10—14.
② 王尚志,胡凤娟.全面理解数学课程目标——《义务教育数学课程标准(2011 版)》解析之二[J].小学数学教育,2012(Z2):5—7.
③ 张丹.数学课程目标:从"双基"到"四基"从"两能"到"四能"[J].中小学管理,2012(4):10—12.

渗透空前加强;另一方面,二次世界大战以来,针对技术、管理、工业、农业、经济等部门的实际问题,数学形成了一大批新的应用学科(如运筹科学、计算科学、信息科学、控制科学、金融数学等)。近年来随着计算机的飞速发展、数学与计算机技术的结合,形成所谓的"数学技术"。它们对高技术的发展起着关键的作用,以至有人说:"高技术本质上是数学技术"[1],"21 世纪是信息的时代",数学在其中处于关键的地位。信息的储存,编码,传输和接收都用到数学,例如信息压缩,编码(包括密码),消除干扰(信号检测),模式识别,网络设计,控制等等。数学极大地提高了人们对信息的处理能力,可以说数学将成为 21 世纪的每一位合格的社会成员必备的素养、知识和技能的一个重要组成部分,因此数学教育必须进行改革[2]。我国正处在以经济建设为中心,建立社会主义市场经济体制的历史时期,世界经济将从工业经济过渡到知识经济,人类开始进入信息时代,数学及其应用对社会发展所起的作用跟以往有本质的不同,同时空前加强。市场经济要求我们的工作人员或企业家能够分析不断变化的情况,作出准确恰当的决策。数学及其应用的新发展需要在他们的工作中让数学发挥作用,这些就要求我们通过数学教育使学生既掌握必要的数学知识和技能,又获得与数学有关的良好素质[3]。

数学几乎渗透到了现代社会生产、生活的各个方面,数学思想方法、数学文化也处处影响着人们的生产和生活;社会的发展要求人们不断提高理性思维能力。人们越来越清楚地认识到,好的数学素养对于形成理性思维和对人的发展具有重要的作用;高等教育多元化发展和高中教育规模化的趋势,将使高中毕业生不再只是各种高层次人才的预备队伍,他们还将成为各产业大军的主题,他们的未来将面临各种需求和自我发展的机会,因此,高中阶段的教育应当为他们提供多元化的发展机会。

(二)各国数学课程改革

面对 21 世纪对公民数学素养的新要求,各国都积极展开了数学教育改革。例如,俄罗斯教育部于 1998 年发表了《俄罗斯学校教育标准》,要求保留统一性的同时提高高中生的数学水准,制定了基础知识和要求;美国也于 2000 年颁布了《数学课程标准(2000)》,强调数学教育应使学生认识数学的价值、对自己的数学能力有信心、具有数学地解决问题的能力、学会数学地交流、推理[4];日本在 2000 年的时候也推出了日本数学会主席藤田宏教授主编的高中《数学》A、B、C 教材。总体而言,各国的课程改革几乎围绕以下几点展开:(1)重视数学基础,注意各部分的衔接和联系;(2)注重选择性,在数学水平和课程内容上都提供了丰富的选择;(3)渗透现代数学思想和数学教育应为面向21 世纪而努力,内容如概率统计、微积分基础及算法;(4)在重视知识技能训练的同时,更重视学生素质的发展;(5)重视数学的应用性;(6)加强信息技术与数学课程的整合;(7)重视实验操作,鼓励探索数学的规律;(8)改造传统的几何内容结构,打破欧氏体系,

① 严士健.让数学成为每个人生活的组成部分——对数学教育的一些看法[J].中学数学教学参考,1999(11):1—3.
② 严士健.数学教育应为面向 21 世纪而努力[J].数学通报,1994(11):1—7.
③ 严士健.数学思维与数学意识、创新意识、应用意识[J].教学与教材研究,1999(6):16—20.
④ 郑毓信.美国《数学课程标准(2000)》简介[J].中学数学教学参考,1999(7):1—4.

并强调几何与其他数学内容的融合及几何直观的作用①。

(三) 国内高中数学课程现状

在我国的基础教育中,数学处于重要的地位,课程内容系统,中学生的数学基础比较扎实,解题能力较强,这些优点在各种国际测试中都有充分的反映。但仍有诸多问题和不足,在数学教学大纲、教材以及教学中都有值得改进的地方,有的甚至需要做大的改革。

世纪之交,我国高中数学课程主要存在以下问题:(1)课程缺乏选择性,设置单一,所有高中生几乎学习同样的内容,落后生学不懂、厌学,资优生学不够,不利于人才的培养和成长;(2)课程的目标没有得到充分体现,高考的体制和社会的压力导致中学数学教育围绕高考转,似乎中学生学习数学就是为了升学,不愿意升学的就不愿意学数学。这样一来,不论升学与否,学生的数学素质都不能得到真正的培养。中学毕业后就业的学生除了自己并不能意识到的一点逻辑素养以外,很少有学生想到在工作中用一点数学②;(3)课程内容与学生实践脱节,学生缺乏应用意识;(4)部分课程内容繁、难、偏,忽视对数学本质的认识和理解,过分形式化;(5)忽视学生独立思考能力和创新精神的培养,学生被动接受和死记硬背现象突出;(6)评价方式单一,以笔试为主,忽视对学生自身发展的全面考察。

二、高中数学课程标准基本理念和目标

国家数学课程体现了国家对公民数学素质的要求,对学校的数学教学和数学教师的工作具有约束力,从这个意义上说"国家数学课程标准"的确是数学教育的核心③。

(一) 新课标的数学观

《课标》开篇第一句便阐明了对数学的认识,"数学是研究空间形式和数量关系的科学,是刻画自然规律和社会规律的科学语言和有效工具"。与之相比,《大纲》仅指出了"数学是研究空间形式和数量关系的科学",可以看出,标准对于数学本质有了新的认识,这种新认识体现了一种动态的模式论的现代数学观,因为数学即是通过建构模式来刻画自然规律和社会规律的。这一动态的数学观进一步改变了过去简单地把数学等同于数学知识汇集的传统观点而主要的把数学看成人类的一种创造性活动④。

(二) 基本理念

面对 21 世纪社会和科技发展对数学教育的要求,《课标》在对国内外数学和数学教育研究的基础上,提出了与时俱进的 10 项基本理念,理念体现了课程的基础性、多样性和选择性,对高中数学课程予以明确定位,并前瞻性地规划了未来高中数学课程的蓝图。

理念 1(构建共同基础,提供发展平台)和理念 2(提供多样课程,适应个性选择)体

① 数学课程标准研制组编. 普通高中数学课程标准(实验)解读[M]. 南京:江苏教育出版社,2004:23—31.
② 严士健. 面向 21 世纪的中国数学教育改革[J]. 数学教育学报,1996(2):1—4.
③ 张奠宙、李士锜、李俊等编著. 数学教育学导论[M]. 北京:高等教育出版社,2003:74.
④ 孙名符、谢海燕. 新高中数学课程标准与原教学大纲的比较研究[J]. 数学教育学报,2004,13(1):63—66.

现了课程的基础性、多样性和选择性。高中数学课程要"为学生适应现代生活和未来发展提供更高水平的数学基础,使他们获得更高的数学素养"以及"学生进一步学习提供必要的数学准备",同时还应该以学生的发展为本,尊重其个性发展,提供给学生依据对自身未来人生规划进行的多层次、多种类的选择。课程的选择性主要体现在课程结构、教学顺序、教材内容处理方式和"一标多本"上。

理念3(倡导积极主动、勇于探索的学习方式)、理念4(注重提高学生的数学思维能力)和理念5(发展学生的数学应用意识)体现了《课标》在教与学侧重点上的转变。《课标》提倡学生通过观察、实验操作、归纳类比、猜想探究等手段发现问题、提出问题,从而解决问题,用这种方式来发展学生的思维能力。而教给学生重视应用,不仅是教给学生一种技能,而且有助于培养学生正确认识数学乃至科学的发展道路[1]。

理念6(与时俱进地认识"双基")延续了我国数学教学注重基础知识和基本技能的传统,但在现代信息技术飞速发展的今天,"双基"的内涵也赋予了新意义。一是加入新的内容,例如算法、向量、导数、数学建模等知识,数据收集、处理、分析能力以及用现代教育技术学习、探索、解决问题的能力等;二是为克服"双基异化"倾向对某些繁琐的计算、技巧化的难题、过分强调细枝末节的内容等进行了删减;三是从单纯的强调演绎,到强调归纳演绎并重;四是从强调知识点到强调整体把握课程、挖掘贯穿数学课程始终的主线[2]。

理念7(强调本质,注意适度形式化)形式化是数学的特征之一,在高中数学课程中,适度形式化是必要的。但过分强调形式化一方面会忽视了数学的背景和本质,另一方面高中学生认知水平的限制使其无法深入理解。因此,需要将数学的学术形态转化为学生易于接受的教育形态。例如,把函数发展的历史与函数结合,把向量运算的发展与向量结合;把20世纪数学的发展和数学在日常生活中的应用与数学建模结合等,能增加学生对数学的理解。

在数学的发展过程中,数学已经融入人类的文化发展进程,渗透到人类思维、生产和生活的各个方面,成为人类文化的重要组成部分。理念8(体现数学的文化价值)把对数学的认识延伸到科技文化、哲学、美学和人类精神的广阔领域以帮助学生形成一个正确的数学观和世界观[3]。

理念9(注重信息技术与数学课程的整合)体现了《课标》对信息技术的新认识,信息技术在数学教育中的运用带来的好处不仅有数学软件解决问题、展示解答过程,还为数学的学习提供了丰富的资源,广阔的交流平台,新兴的评价方式。

理念10(建立合理、科学的评价体系)《课标》提倡评价既要关注学生数学学习的结果,也要关注他们数学学习的过程;既要关注学生数学学习的水平,也要关注他们在数学活动中所表现出来的情感态度的变化。除了给学生打分的"终结性"评价之外,更多地提倡过程性评价,通过评价,帮助学生建立好的学习习惯。

① 严士健.数学教育应为面向21世纪而努力[J].数学通报,1994(11):1—7.
② 王尚志,张饴慈,吕世虎,马芳华.整体把握与实践高中数学新课程——与高中数学教师对话[M].北京:高等教育出版社,2007:15.
③ 孙名符,谢海燕.新高中数学课程标准与原教学大纲的比较研究[J].数学教育学报,2004,13(1):63—66.

(三) 课程目标

《课标》将高中数学课程的总目标设定为:使学生在九年义务教育数学课程的基础上,进一步提高作为未来公民所必要的数学素养,以满足个人发展与社会进步的需要。围绕该总目标,《课标》分化出 6 个子目标,而原来的三维目标(知识与技能、过程与方法、情感态度价值观)被很好地融入了这 6 个子目标中,并且三维目标相互渗透,而非以往孤立的设立。6 个子目标为:

(1) 获得必要的数学基础知识和基本技能,理解基本的数学概念、数学结论的本质,了解概念、结论等产生的背景、应用,体会其中所蕴含的数学思想和方法,以及它们在后续学习中的作用。通过不同形式的自主学习、探究活动,体验数学发现和创造的历程。

(2) 提高空间想象、抽象概括、推理论证、运算求解、数据处理等基本能力。

(3) 提高数学提出、分析和解决问题(包括简单的实际问题)的能力,数学表达和交流的能力,发展独立获取数学知识的能力。

(4) 发展数学应用意识和创新意识,力求对现实世界中蕴含的一些数学模式进行思考和做出判断。

(5) 提高学习数学的兴趣,树立学好数学的信心,形成锲而不舍的钻研精神和科学态度。

(6) 具有一定的数学视野,逐步认识数学的科学价值、应用价值和文化价值,形成批判性的思维习惯,崇尚数学的理性精神,体会数学的美学意义,从而进一步树立辩证唯物主义和历史唯物主义世界观[①]。

与以往相比,《课标》有四个重要的变化,第一、《课标》充分强调了以人为本的思想,切实将学生放在主体地位上。例如子目标 5 中提高学习数学的兴趣,树立学好数学的信心,形成锲而不舍的钻研精神和科学态度。兴趣是最好的老师,一堂吸引学生、对学生有帮助、学生愿意学的课才是好课,学生才能在数学上有所建树。第二、《课标》把"过程与方法"列为目标,体现出数学活动经验对学生思维塑造、自身发展的重要性,例如子目标 1 中要求"了解概念、结论等产生的背景、应用,体会其中所蕴涵的数学思想和方法,以及它们在后续学习中的作用。通过不同形式的自主学习、探究活动,体验数学发现和创造的历程。"第三、《课标》不仅提出要注重学生创新意识的培养,并且对如何培养给了些建议,一方面,在基本能力中提出"抽象概括"能力培养,体现了对"归纳思维"的重视,可以说归纳思维是创新思维的基础;另一方面,强调数学建模和数学探究,给学生提供发挥自身潜能的机会和平台。第四、《课标》将三大能力(运算能力、逻辑思维能力、空间想象能力)扩充为五个,多加了"抽象概括能力"和"数据处理能力"。

(四) 实施过程中提出的问题

1. 课程定位

"基础性、时代性、选择性"是《课标》的基本原则。多样性、选择性是《课标》的一个全新变革,它以学生发展为出发点,以期为每个学生提供更好的发展基础和条件,使不

---

① 中华人民共和国教育部.普通高中数学课程标准(实验)[M].北京:人民教育出版社,2003:11.

同学生在数学上有不同的目标定位。这样的课程定位得到了多数人的赞同,但高中数学课程的选择性在实施中遇到巨大的挑战,主要是理念和管理上的挑战。常常选修变成所有人的选修,即成了必修;不考就不重视等。此外在三者间的侧重上存在一定的分歧,其中,数学家比较强调基础性,认为只有打好基础才谈得上选择与发展;而教育专家比较强调选择性;教师则很少考虑此问题。

2. 基本理念可落实性和可操作性

由于高考与《课标》之间的不一致、教师培训不到位以及学校人员和设施条件限制等主要原因,使得10大理念的落实较为困难。而《课标》中目标的操作性需要改进,落实有一定的难度,就三维目标而言,过程与方法目标不好把握,情感、态度与价值观目标很难落实,有人建议设立分层目标。

3. 课程弹性

课程标准弹性化是应对国家发展不平衡、地区差异较大的一种有效途径。由于课程标准体现的是国家对国民在各方面或各领域的基本素质要求,是绝大多数国民能够达到的[1]。但在实际实施中,地方差异和国家发展的不平衡使得发达地区和办学条件较好的学校完全有条件在这个基本要求基础上,对学生提出更高的要求。于是课程弹性作为对部分内容的一种灵活选择性,就发挥了巨大的作用。

但目前《课标》的模块化设置方式将内容定得太死,教材编写者难以发挥,更束缚住了教师的手脚。

4. 对数学能力的界定

《课标》的具体目标中提出5大数学基本能力:空间想象、抽象概括、推理论证、运算求解、数据处理能力。但对数学能力的层次划分不是很清楚,对直观与抽象能力、模型与应用能力、演绎与归纳推理能力等需要作进一步思考[2]。此外,教师对高中阶段是否还应该提"运算能力"有异议,对"推理论证能力"的落实表示担忧。

三、高中数学课程标准课程框架

(一) 课程框架介绍

高中数学课程分必修课程和选修课程,为了方便学生选择课程内容、制定学习计划,将各系列划分为模块或专题。必修课程由5个模块组成;选修课程系列1、系列2分别由2个、3个模块组成,每个模块2学分(36学时);系列3、系列4分别由6个、10个专题组成,每个专题1学分(18学时),每2个专题可组成1个模块。每个学生可以在开学时根据自己的基础和发展方向,选择不同的模块,制定各自的学习计划,还可以在学习一个阶段后,根据学习情况调整、变更学习计划。这样就为不同学生的发展打好不同的基础,提高了充分的选择性[3]。其结构图如下所示:

---

① 任长松.关于课程标准的研究[J].山东教育科研,2001(5):33—36.
② 王尚志,吕世虎.高中数学课程的主要变化和改进建议[J].基础教育课程,2013(Z1):45—49.
③ 数学课程标准研制组编.普通高中数学课程标准(实验)解读[M].南京:江苏教育出版社,2004:74.

图 2-1

高中数学课程
框架结构图

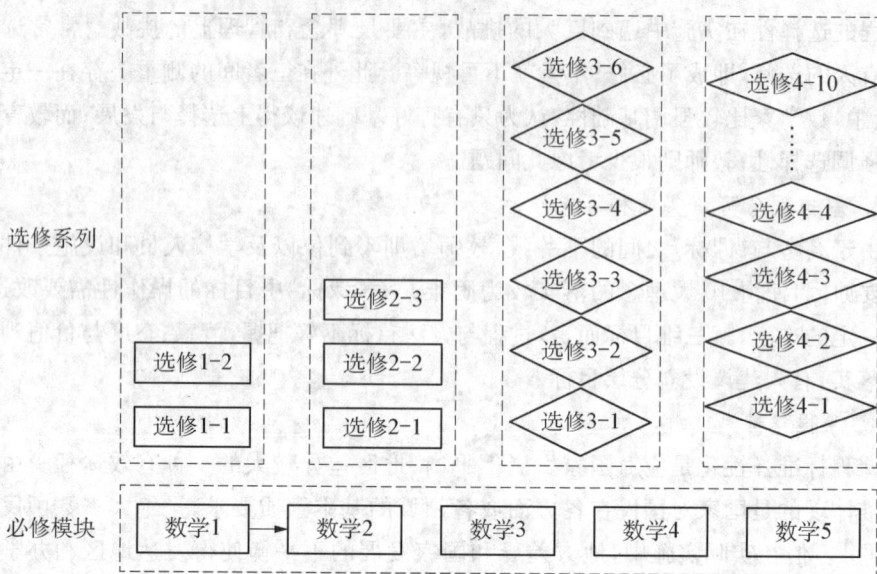

选修系列

必修模块

注:上图中 ▢ 代表模块; ◇ 代表专题

必修课程是为了满足未来公民的基本数学需求,为学生进一步的学习提供必要的数学准备。选修课程是为了满足学生的兴趣和对未来发展的需求,为学生进一步学习、获得较高数学修养奠定基础。选修课程中,系列 1,系列 2 内容是基础性内容。系列 1 是为那些希望在人文、社会科学等方面发展的学生而设置的,系列 2 则是为那些希望在理工、经济等方面发展的学生而设置的。系列 3 和系列 4 是为对数学有兴趣和希望进一步提高数学素养的学生而设置的,所涉及的内容反映了某些重要的数学思想,有助于学生进一步打好数学基础,提高应用意识,有利于学生终身的发展,有利于扩展学生的数学视野,有利于提高学生对数学的科学价值、应用价值、文化价值的认识①。

(二) 基本内容

高中数学课程的内容主要包括三部分:数学主干内容、数学应用内容和表达数学的语言和工具的内容。主干内容包括函数、代数、几何、统计与概率,它们是高中数学课程内容的主线,前接义务教育课程,后连大学数学课程。表达数学的语言和工具的内容重要包括集合、常用逻辑用语、算法与框图、推理与证明等②。与《大纲》内容相比,《课标》新增了一些内容,如算法初步、推理与证明、框图、选修系列 3、4 中的大部分内容;同时删除了极限,并对部分内容进行了位置、知识点、教学要求和课时的调整。

必修课程包括五个模块,数学 1:集合、函数概念与基本初等函数 I(指数函数、对数函数、幂函数);数学 2:立体几何初步、平面解析几何初步;数学 3:算法初步、统计、概

---

① 中华人民共和国教育部.普通高中数学课程标准(实验)[M].北京:人民教育出版社,2003:6—9.
② 王尚志,吕世虎.高中数学课程的主要变化和改进建议[J].基础教育课程.2013(ZI):45—49.

率;数学 4:基本初等函数Ⅱ(三角函数)、平面上的向量、三角恒等变换;数学 5:解三角形、数列、不等式。

选修课程分为 4 个系列,系列 1 由两个模块组成(选修 1-1:常用逻辑用语、圆锥曲线与方程、导数及其应用;选修 1-2:统计案例、推理与证明、数系的扩充与复数的引入、框图)。系列 2 由三个模块组成(选修 2-1:常用逻辑用语、圆锥曲线与方程、空间中的向量与立体几何;选修 2-2:导数及其应用、推理与证明、数系的扩充与复数的引入;选修 2-3:计数原理、统计案例、概率)。

系列 3 由 6 个专题组成:数学史选讲,球面上的几何,对称与群,欧拉公式闭曲面分类,信息安全与密码,三等分角与数域扩充。

系列 4 的 10 个专题可以分为三类:密切联系初中数学内容的知识(几何证明选讲,不等式选讲,坐标系与参数方程);拓展中小学数学课程的内容(矩阵与变换,数列与差分,初等数论初步);体现数学应用性的专题(风险决策,优选法与实验设计,统筹法与图论初步,开关电路与布尔代数)。

(三) 实施过程中提出的问题

1. 模块化与系统性

我国以往的数学课程借鉴了苏联的传统,强调中学数学知识的系统性,这也是数学家重视的地方。而《课标》为了增加学生的选择性采用了模块化的设计,而在实施中,教师普遍感到知识体系割裂现象明显。例如不等式、三角函数等都是数学学习的基本工具,以前的大纲及其配套教材是将解一元二次不等式放在初中,或放在高一起始阶段学习的,但是《课标》却将解一元二次不等式与简单的线性规划、均值不等式集中在一起,安排在必修数学 5 中,这既不便于函数、集合知识的教学,也使得重点与难点(必修数学 5 中的数列、不等式等内容)过于集中。因为必修数学 1"集合、函数概念和基本初等函数Ⅰ"教学时,需要应用不等式的有关知识,所以不少教师不得不在必修数学 1 教学时提前进行解一元二次不等式内容的教学①。因此,模块化设计是否适合数学的逻辑体系,如何设计安排是一个亟待解决的问题。

2. 必修+选修+任修与传统的分科模式

现行课程框架的出发点是体现课程标准的基础性、选择性和发展性,然而在实际教学中,教师还是更倾向于传统的分科模式,由于受到各种原因的限制,一方面选修成为集体的选修,即为必修;另一方面,按照《课标》规定,学生修完 10 个学分(必修的 5 个模块)即可高中毕业,那么不升学的学生就难以学到后续相关知识,对其在今后的工作、学习、生活和进一步发展不利。例如解析几何的内容在必修数学 2 中只涉及到圆与方程,而双曲线、椭圆与抛物线的定义、标准方程等内容却在选修 1、2 中。因此如何协调理念和现实之间的矛盾是课程修订必须处理的问题。

3. 螺旋式上升

《大纲》中数学内容的安排是"直线型"的。但在数学中有一些内容可以一步到位,

① 张永超.关于《普通高中数学课程标准(实验)》适用性和科学性的几点思考[J].数学教育学报,2008,17 (2):61—64.

也有一些内容不能一步到位。一般而言，重要的东西很难一步到位。例如，对函数概念的理解，对函数单调性的认识等。对这些重要的数学概念、定理等的理解仅靠讲清楚定义是不够的，它需要过程。因此，诸如美国、日本等都采用螺旋上升的形式来安排数学内容，例如，日本 2000 年的中学几何内容，将平面几何和立体几何分散安排在中学的六个年级中，逐步提高。初一学习空间中的线线、线面、面面的位置关系，平面图形的旋转，立体图形的截面，投影图与展开图，初三学习立体图形的有关计算问题，高二学习空间直角坐标系、空间向量、向量的分解、向量的内积、空间中的球面方程、平面方程①。

螺旋上升的总体设想很好，但怎样安排值得做深入研究，否则有些统一的主体或联系紧密的数学内容分散在不同系列或模块中，貌似"螺旋上升"，实际造成割裂和遗忘，也增加了教学所需的时间。目前实践中，虽然《课标》明确提出不同学校可以根据自己的实际情况来确定必修课的开设顺序，在大多数学校对必修模块按"1-4-5-2-3"的顺序教学，反映了教师对数学内在逻辑回归的呼唤。

4. 内容的适切性

与《大纲》相比，《课标》内容的主要表现在：增加了一些新的内容，对一些原有的内容作了新的处理。例如算法、框图、推理与证明、系列 3、系列 4 里的大部分专题等，粗略统计达 17 个之多②③。此外，据统计，新课程文、理两类的基础型的总课时（分别为 288、360 课时）都分别超过原课程文、理科的总课时，不仅如此，新课标设定的课时还要比原课程课时的容量大。在新课程必修模块的 180 课时中，有 163 课时是原课程中的内容，而这些内容在原课程中约占 203 课时④。因此，在强调学科基础的原则下，除了函数、几何、向量以外，高中阶段的必修内容的选择应该慎重，尤其考虑到文科生学习必修模块时负担较重，而经济类等文理兼招的专业文科生基础又太薄弱。另外，开多少选修课合适，开这些选修课的依据是什么，如何考虑不同学生的需要，都是迫切需要研究和解决的问题。

5. 内容的难易程度

较为流行的观点认为：新课程内容是增加了，但难度也相应地降低了，因此总体上不会增加学生的负担。诚然，《课标》中没有出现繁、难、偏的内容，然而绝大多数教师认为，新课程的实施使师生课业负担普遍加重，一是由于高考与《课标》间存在较大差距；二是教师对教学的广度和深度把握不准，担心高考失利，必须多讲；三是新课程教学目标很难把握，只能凭着感觉多讲，宁滥毋缺；四是学生的基础很差，需要补很多内容；五是《课标》强调数学的探究和应用，故应用题、探究题大量增加，使得练习题难度较大⑤。

6. 内容的衔接性

《课标》在内容上出现了脱节现象。一是初高中内容有断层，比如一些高中老师认

① 数学课程标准研制组编.普通高中数学课程标准(实验)解读[M].南京:江苏教育出版社,2004:31.
② 王尚志,吕世虎.高中数学课程的主要变化和改进建议[J],基础教育课程,2013(Z1):45—49.
③ 江西省高中数学课程标准研究组.高中数学新课标有哪些重要变化——高中数学新课标学习札记[J].学通报,2004(1):4—7.
④ 彭玉忠.关于高中数学新课标的几点意见[J].数学通报,2007,46(4):23—24.
⑤ 张志明.关于新课程实施情况的研究与思考[J].中小学教师培训,2008(4):51—52.

为有的内容实际上在初中课改中被删除了,而一些内容的深度也有所变化,具体表现在乘法公式、十字相乘、韦达定理、因式分解、不等式、函数等内容上,仅就知识来说,2011年修订的义务教育数学课程标准,已经弥补了一些不足,增加了一些内容,如求解三元一次方程组等,但仍存在的衔接问题,需要循序渐进地解决①。二是与大学理工科数学基础要求相比,现行中学数学课程总体内容减少、难度降低,以人教 A 版和同济版《高等数学》比较为例,像"利用极坐标计算二重积分"等内容高中没有,大学未补充就直接用;对于微积分中的极限、导数等内容虽然部分重复,但高中讲述粗糙,有时反而给大学教学造成干扰;而对诸如函数定义、正整数集合的记号等相同内容,高中和大学的表述、名称或符号等不一致②。三是数学与其他学科之间协调性不够,数学有时没有为物理、地理、生物、化学等有关学科及时提供所需的数学概念和知识,如向量、三角函数等。因此,在设计和安排数学内容时,要考虑各部分间的衔接,全面、准确、动态地把握高中学生知识的掌握情况,做到有的放矢。

四、高中数学课程标准的实施情况

《课标》从 2004 年正式实施至今已 10 个年头,人们普遍认可《课标》提出的理念,但由于诸多原因落实情况不是很理想。选修系列 3 几乎无人问津,虽然教育人员认可其中一些模块(如数学史)的教育价值,但由于高考、教材、师资等原因,要在当前的教育环境上开设这些课程困难很大,有些人认为一些模块过于专业化,在基础教育阶段开设意义不大。而对于选修系列 4,几乎所有省份的选择都集中在"几何证明选讲"、"坐标系与参数方程"和"不等式选讲"3 个模块上,在许多教师看来这 3 个模块很有意义而且可行,可以上升为必修课的内容。例如:2006 年对山东、广东、海南、宁夏的 16 所高中就选修系列开课情况调查显示:除广东省深圳外国语学校为学生配发了《数学史选讲》教材;海南省三亚市二中开设过《数学史选讲》、《欧拉公式与闭曲面分类》中的欧拉公式相关内容的课程外,其余 14 所高中未曾开设系列 3 的任何一个专题课程。而选修 4 中除 12所高中开设了坐标系与参数方程、不等式选讲,7 所高中开设了几何证明选讲外,各校均未开设数列与差分、优选法与试验设计初步、统筹法与图论初步、风险与决策、开关电路与布尔代数③。

师资方面,各省高中数学教师的知识储备和教学水平普遍不适应新课程教学的要求。教师知识结构不合理,缺乏深度和广度,对《课标》中新增的知识储备不足。例如2006 年对浙江 211 所普通高级中学的 3 489 名高中数学教师就《课标》所要求的教师知识储备情况的调查显示,在选修系列 3 中,教师对数学史选讲、信息安全与密码、球面上的几何、对称与群、欧拉公式与闭曲面分类、三等分角与数域扩充这些内容都比较陌生。而对于选修 4,优选法与试验设计初步、统筹法与图论初步、风险与决策、开关电路与布尔代数 4 个专题大多高中数学教师都掌握不多,除不等式选讲、坐标系与参数方程、几

① 王尚志,吕世虎.高中数学课程的主要变化和改进建议[J].基础教育课程,2013(Z1):45—49.
② 潘建辉.大学数学和新课标下高中数学的脱节问题与衔接研究[J].数学教育学报,2008,17(2):67—69.
③ 舒昌勇.高中数学新课程选修系列 3、4 的开课现状与思考[J].数学通报,2007,46(10):11—12.

何证明选讲外都只是稍微熟悉①。

这其中的诸多原因主要有：(1)以"高考"为核心的评价体系致使有的学校不考就不教，提前结束课程教学，大量时间用在高考的高强度练习上，学生负担没有减轻，教改理念难以落实；(2)《课标》中的理念和评价体系不易操作，而《考纲》的可操作性、执行力行强于《课标》，造成教师参照《考纲》的情况大大多于参照《课标》；(3)高中数学教材大同小异，没有体现地区差异，有些教材处理比较零乱随意，致使学校开发校本教材有困难；(4)教师培训力度不够，特别是选修系列课程的培训。

关键术语

中学数学；课程标准

讨论与探究

1. 讨论：我国《义务教育阶段数学课程标准(2011年版)》对初中数学课堂教学实施的影响如何？

2. 讨论：我国《普通高中数学课程标准(实验)》对高中数学课堂教学实施的影响如何？

① 张金良. 当前高中数学教师知识储备的调查与建议[J]. 教学月刊(中学版)，2006(13)：3—5.

本章概要

　　新中国成立以来,我国中学数学教材进行了多次改革,期间经历了从编译、改编苏联教材到独立编写统编教材再到教材多样化的过程。在长期的教材改革实践中,逐步形成了如下内容选择的标准:在代数、几何、统计与概率中最基本的知识;在现代社会生活、生产和科技中有广泛应用;为进一步学习所必需的;学生能接受的。

　　虽然 2000 年以后,教育部加大了教材编写权的开放力度,出版社只要通过教材编写的资质审核,就可以编写教材,但数学课程标准仍然是全国统一的,它是数学教材内容编写的基本依据,数学课程标准中的内容要求往往就是数学教材内容的体系结构。2011 年颁布的《义务教育数学课程标准》和 2003 年颁布的《普通高中数学课程标准(实验)》中呈现的中学数学课程内容要求集中体现了当前中学数学教材内容体系及特点。与以往中学数学教材内容相比,其中最具代表性的是平面几何与函数的变革。

通过本章的学习你能够：

- 知道当前中学数学教材内容的结构
- 明确当前中学数学教材内容的课程要求、主要变革
- 理解当前中学教学教材的教学建议

本章内容结构

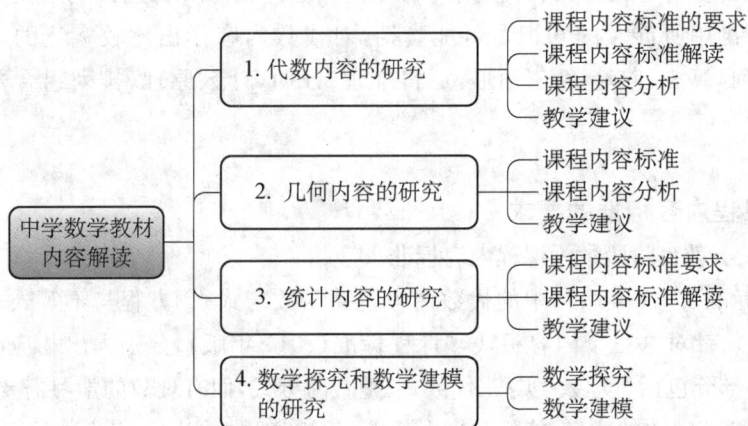

第一节　代数内容的研究

代数和几何，作为从初中，甚至小学起就被贴在数学课本上的两个标签，它们似乎代表了小时候的我们眼中所看到的数学。在我们的脑海中，学好代数似乎就学好了一半的中学数学，它阐释了什么是数，什么是数学，它是如此的重要。Kaput(1999)曾说："在社会生活中，代数的重要性是很清楚的，多种形式的代数推理，图像、数表、电子表和公式等代数表征都是发展人类文明有力的智力工具。没有符号代数，也就不可能有高等数学和定量科学，因此也就不可能有应用科学和现代生活。"①

代数部分的学习贯穿整个中学阶段，主要为符号代数的内容。涉及基本概念，基本运算，数学概念的性质，数学概念的运用，实际问题的解决等，从数的定义和数系的建立，到函数的讨论。代数部分的学习，不仅是知识结构的形成过程，更是思想方法，数学思维的培养过程，其内容丰富多样，变化万千，成为中学数学教学中的中流砥柱。计算是基本的生存技能，分析能力是适应社会的条件。我们引入代数素养这个概念，首先，代数素养是数学素养的一部分，是其概念的衍生；其次，在社会生活中存在各种各样的

---

① 桂德怀.中学生代数素养内涵与评价研究[D].上海：华东师范大学,2011:6.

数量关系需要人们去探索,运用代数的知识去解决生活的问题是社会的公民所应具备的基本素养,区别在于不同的人所具备的代数素养不同;最后,代数素养的评价在 TIMSS, PISA 等大型国际评价活动中都有所体现。可见代数素养作为一个专门界定的概念,其进一步体现了代数在中学数学教育中的重要性[①]。

我国《课程标准(2011 年版)》和《课标》都对代数部分的学习有一定的要求,同时课程标准也提出了中学代数所应包含的内容,从数与式出发,建立方程,函数,数列等概念,并在解析几何中综合应用代数知识,最后还涉及一些中学数学中出现的与代数相关的内容,其中部分内容与几何,统计相结合,另有部分内容涉及逻辑推理,数学证明,数学探究以及部分高等代数,具有较强的难度和综合性。需要特别说明的是,本节内容为将课程标准中所涉及的知识尽可能囊括,对代数内容作出比较宽泛的划分,将集合,解析几何,算法,向量,解三角形,逻辑推理,证明,计数原理(排列组合)均包含进代数。

一、课程内容标准的要求[②]

(一) 义务教育阶段数学课程内容标准

《课程标准(2011 年版)》中的代数内容包括①数与式;②方程与不等式;③函数三个内容板块。针对这三个内容板块,《课程标准(2011 年版)》分别提出相应的要求,例如"数与式"部分包括有理数、实数、代数式、整式与分式,而有理数的学习需要达到:

(1) 理解有理数的意义,能用数轴上的点表示有理数,能比较有理数的大小。

(2) 借助数轴理解相反数和绝对值的意义,掌握求有理数的相反数与绝对值的方法,知道 $|a|$ 的含义(这里 a 表示有理数)。

(3) 理解乘方的意义,掌握有理数的加、减、乘、除、乘方及简单的混合运算(以三步之内为主)。

(4) 理解有理数的运算律,能运用运算律简化运算。

(5) 能运用有理数的运算解决简单的问题。

在义务教育阶段代数式的学习需要达到:

(1) 借助现实情境了解代数式,进一步理解用字母表示数的意义。

(2) 能分析简单问题中的数量关系,并用代数式表示。

(3) 会求代数式的值;能根据特定的问题查阅资料,找到所需要的公式,并会代入具体的值进行计算。

义务教育阶段,学生学习的"方程与不等式"包括方程与方程组、不等式与不等式组,学习"不等式与不等式组"需要达到以下要求:

(1) 结合具体问题,了解不等式的意义,探索不等式的基本性质。

(2) 能解数字系数的一元一次不等式,并能在数轴上表示出解集;会用数轴确定由两个一元一次不等式组成的不等式组的解集。

① 桂德怀.中学生代数素养内涵与评价研究[D].上海:华东师范大学,2011:8—15.
② 中华人民共和国教育部.义务教育数学课程标准(2011 年版)[M],北京:北京师范大学出版社,2012.

（3）能根据具体问题中的数量关系，列出一元一次不等式，解决简单的问题。

义务教育阶段，学生学习的"函数"包括一次函数、反比例函数、二次函数。这个内容标注对每个内容的学习提出要求，其中学习"函数"需要达到以下要求：

（1）探索简单实例中的数量关系和变化规律，了解常量、变量的意义。

（2）结合实例，了解函数的概念和三种表示法，能举出函数的实例。

（3）能结合图像对简单实际问题中的函数关系进行分析。

（4）能确定简单实际问题中函数自变量的取值范围，并会求出函数值。

（5）能用适当的函数表示法刻画简单实际问题中变量之间的关系。

（6）结合对函数关系的分析，能对变量的变化情况进行初步讨论。

（二）普通高中数学课程内容标准

《课标》分 5 个必修模块和 4 个选修系列，每个模块和系列或多或少均涉及代数的内容，例如必修 1 涉及集合、函数概念与基本初等函数；必修 2 包括平面解析几何初步；必修 3 包括算法初步和概率；必修 4 包括三角函数和平面向量；必修 5 包括解三角形、数列和不等式等内容。这里以必修 1 的集合为例，其内容标准规定学生达到以下要求：

（1）通过实例，了解集合的含义，体会元素与集合的"属于"关系。

（2）能选择自然语言、图形语言、集合语言（列举法或描述法）描述不同的具体问题，感受集合语言的意义和作用。

再如，必修 4 的"三角函数"学习需要达到如下要求：

（1）了解任意角的概念和弧度制，能进行弧度与角度的互化。

（2）借助单位圆理解任意角三角函数（正弦、余弦、正切）的定义。

（3）借助单位圆中的三角函数线推导出诱导公式（$\frac{\pi}{2} \pm \alpha$，$\pi \pm \alpha$ 的正弦、余弦、正切），能画出 $y = \sin x, y = \cos x, y = \tan x$ 的图像，了解三角函数的周期性等。

必修 5 的"解三角形"的内容标准为：

（1）通过对任意三角形边长和角度关系的探索，掌握正弦定理、余弦定理，并能解决一些简单的三角形度量问题。

（2）能够运用正弦定理、余弦定理等知识和方法解决一些与测量和几何计算有关的实际问题。

二、课程内容标准解读

数学课程标准从知识与技能，数学思考，问题解决和情感态度 4 个方面来提出总目标。代数在初中阶段被称为"数与代数"，而在高中阶段的课程标准未对代数有明确的界定，但"代数"这一词汇贯穿整个教学内容。

（一）义务教育阶段代数内容标准解读

义务教育阶段数学课程标准于 2011 年修订，其中提出了很多新的概念，新的要求，强调处理好过程与结果的关系；学生自主学习与教师讲授的关系；合情推理与演绎推理的关系;生活情境与知识系统的关系①。这些在代数部分的内容中都能有所体现。

1. 知识技能

基础知识、基本技能是什么?

新的课程标准将原有的"双基",即基础知识和基本技能拓展成为"四基",即基础知识,基本技能,基本思想方法和基本活动经验。其中基础知识和基本技能仍被看重,在数与代数的学习中,学生需"体验从具体情境中抽象出数学符号的过程,理解有理数、实数、代数式、方程、不等式、函数;掌握必要的运算(包括估算)技能;探索具体问题中的数量关系和变化规律,掌握用代数式、方程、不等式、函数进行表述的方法。"初中阶段的知识与技能基础而又明确,侧重于数、数系、算式和计算,体现了概念结构的搭建以及运算能力的培养,同时体现了义务教育全民化,基础化的特点,是人人都应掌握的知识和技能。

值得一提的是,义务教育阶段是学生运算能力培养的重要时期,《课程标准(2011年版)》中指出:"运算能力主要是指能够根据法则和运算律正确地进行运算的能力。培养运算能力有助于学生理解运算的算理,寻求合理简洁的运算途径解决问题。"从课程标准中解读,运算能力不仅指运算法则,运算律的正确使用,还涉及化简和简便运算的能力,从长远的眼光看,这种能力对寻求问题解决的思路,正确方法的选择,以及解决问题的高效性上都是有影响的。基础性的知识和技能在长期有针对性的锻炼后能够转化为对数的无形感觉,一种"方向感",对更复杂问题的解决提供帮助,这条路是否行得通,这种方法是否正确适用,很大程度上取决于解题者的判断,这便是数学能力的差别了。可见基础的掌握是理应受到足够重视的。

2. 数学思考

基本思想方法是什么?

《课程标准(2011年版)》要求:通过用代数式、方程、不等式、函数等表述数量关系的过程,体会模型的思想,建立符号意识,同时体会通过合情推理探索数学结论,运用演绎推理加以证明的过程,在多种形式的数学活动中,发展合情推理与演绎推理的能力;能独立思考,体会数学的基本思想和思维方式。不难发现,数学思考和数学思想方法是有密切联系的,中学阶段涉及代数的思想方法大致有:符号化思想,模型思想,函数思想,类比思想,化归思想,极限思想,分类讨论思想,归纳猜想的思想,数形结合思想等。"四基"中的基本思想方法侧重能反应数学本质的大的思想②,马云鹏指出"数学基本思想主要指抽象的思想、数学推理的思想和数学模型的思想。"同时他还指出,数学思想方法应该在具体内容的理解和掌握过程中体现③。课程标准还指出,数学思想方法的教学要体现螺旋上升的原则,具有阶段性要求,对于不同年龄段的学生,所应学习的内容不同。

代数的学习过程几乎涵盖了中学阶段所有的思想方法,部分内容,如函数,其本身

① 史宁中.注重"过程"中的教育——《义务教育数学课程标准》修订的若干思考[J].人民教育,2012(7):32—37.

② 朱黎生.《义务教育数学课程标准(2011年版)》修订了什么[J].数学教育学报,2012,21(3):7—10.

③ 马云鹏,余慧娟.数学:"四基"明确数学素养——《义务教育数学课程标准(2011年版)》热点问题访谈[J].人民教育,2012(6):40—44.

就是一种思想方法的基础,体现了代数以及数学,作为一种工具的基础性和重要性。

3. 问题解决

"四能"是什么?

对于问题解决的要求,新版课程标准将原先的"两能",即分析问题,解决问题的能力,提升为"四能",即发现问题,提出问题,分析问题,解决问题①。特别注重了发现和提出问题的过程。课程标准要求:学生初步学会在具体的情境中从数学的角度发现问题和提出问题,并综合运用数学知识和方法等解决简单的实际问题,增强应用意识,提高实践能力;经历从不同角度寻求分析问题和解决问题的方法的过程,体验解决问题方法的多样性,掌握分析问题和解决问题的一些基本方法;在与他人合作和交流过程中,能较好地理解他人的思考方法和结论;能针对他人所提的问题进行反思,初步形成评价与反思的意识。

问题解决相比传统的解题练习,其情境或更为真实,所运用的数学知识,技能和思想方法或更为综合,对于个人的发展抑或更有价值。我国学生的问题提出和问题解决能力是极度缺乏的,如何在基础数学教育中培养学生相关能力是研究者一直津津乐道的话题。义务教育阶段的代数内容知识性较强,涉及概念基础而又广泛,但是,其中不乏联系到生活中的数学,反过来,许多生活中的问题运用基础教育阶段的数学知识便可解决,这就给问题提供了萌生的条件,培养学生自主解决类似问题往往是十分重要又十分必要的。同时,问题的解决与数学思想方法的运用是有密切联系的,代数部分涵盖了许多数学思想方法,其不仅是问题解决的工具,也是问题解决的评估工具,思想方法的灵活运用,能够使得整个过程融会贯通,问题解决的能力也能在无形中体现和提升。

4. 情感态度

学生的情感态度涵盖面广,并且其培养是隐形难以评价的,课程标准在情感态度上的要求包括积极参与数学活动,对数学有好奇心和求知欲;感受成功的快乐,体验独自克服困难、解决数学问题的过程,有克服困难的勇气,具备学好数学的信心;在运用数学表述和解决问题的过程中,认识数学具有抽象、严谨和应用广泛的特点,体会数学的价值;敢于发表自己的想法、勇于质疑,养成认真勤奋、独立思考、合作交流等学习习惯,形成实事求是的科学态度。同时,课程标准中提到了一系列"如何",是具有启示性的。这里谈一点负面的情感,代数相比几何,由于缺乏直观性,以及符号,概念的抽象性,往往对某些学生造成不小的麻烦,从而产生厌恶,焦虑的情绪或是对自己缺乏信心,有的人也会产生在数学中"偏科"的现象。而更多的学生对代数,几何,统计等内容的喜好程度也会有所估量。不得不说,作为与"数"最直接的对话,代数的教学,如何帮助学生突破上述困难,如何引导学生喜欢代数从而喜欢数学,是教师值得探究的一个话题。另外,在隐性课程中,教师的行为、偏好,甚至无意的小习惯都会对学生造成意想不到的影响,学生情感态度的培养,有一部分因素取决于隐性的课程,这同样是值得注意和深究的。

5. 关于基本活动经验

什么是基本活动经验?

基本活动经验是在学生参与数学学习的活动中积累起来的,具有隐性的特征。这是一个较为宽泛的概念,体现过程性,《课程标准(2011 年版)》规定,"经历数与代数的抽象、运算与建模等过程,掌握数与代数的基础知识和基本技能……参与综合实践活动,积累综合运用数学知识、技能和方法等解决问题的数学活动经验。"[1]强调经历,在这里,数学的学习是数学活动,探索和问题解决同样是数学活动。学生通过活动的经历,形成经验,在这一点上,教师对于数学活动的设计,包括教学过程,探究活动,都起到重要的作用。代数的知识是可以设计很多存在现实意义的活动的,其能够很好地与问题解决相结合。这样看来,基本活动经验的形成,不仅是数学活动的经历,更是能够体现在学生数学素养培养上的价值。

6. 关于 10 个核心概念

课程标准中提到了 10 个应当注重发展的核心概念,包括数感、符号意识、空间观念、几何直观、数据分析观念、运算能力、推理能力、模型思想、应用意识和创新意识。但是《课程标准(2011 年版)》并未对这些概念作统一的表达,它们并不是客观存在的,很难清晰表达其内涵,之所以用这些词,是希望表达认识一类数学概念的思维模式[2]。

在这些概念中,数感、符号意识、运算能力、推理能力、模型思想、应用意识和创新意识会涉及代数的内容。义务教育阶段的代数基础性强,强调概念的形成和基础运算方法的习得,在数感,运算能力的培养上起关键作用。同时初步接触符号化,抽象化的数学,是符号意识的初步而又重要的培养。

(二) 普通高中数学代数内容标准解读

《普通高中数学课程标准(实验版)》(《课标》)颁布于 2003 年。其中对代数部分没有明确的界定。

1. 从课程理念出发

《课标》谈到 10 条课程基本理念,其中"倡导积极主动、用于探索的学习方式,注重提高学生的数学思维能力,发展学生的数学应用意识,与时俱进认识'双基'"这些理念恰好与基础教育课程标准中所提到的相关概念对应。课程标准中的理念是站在宏观的角度上说明的。其中数学思维能力提到了直观感知、观察发现、归纳类比、空间想象、抽象概括、符号表示、运算求解、数据处理、演绎证明、反思与建构等思维过程。高中的代数相比义务教育阶段,更多聚焦于概念上一层的层次,其注重归纳类比、抽象概括、演绎推理等过程,对符号化的程度也有更进一步的要求。另一方面,可以看到,由于修订年份较早,课程标准中仍采用的是"双基"这个概念,但数学思想方法和数学活动经验依旧能在其他的地方得以体现,并且课程标准已注重到了数学应用和数学建模,培养学生自主探索,解决问题的能力。从代数的角度看,这与数本身的应用性,以及数学作为工具的特质是分不开的。

除了以上几条,课程标准在学习内容的多样性,选择性和层次性上也有所突出,同

---

① 马云鹏,余慧娟.数学:"四基"明确数学素养——《义务教育数学课程标准(2011 年版)》热点问题访谈[J].人民教育,2012(6):40—44.

② 史宁中,马云鹏,刘晓玫.义务教育数学课程标准修订过程与主要内容[J].课程.教材.教法,2012,32(3):50—56.

时强调数学的本质,注重逻辑和推理,加入数学文化,整合现代信息技术。这些都使得数学的学习更容易也更应该被学生接受。

2. 结构与课程设计思路

《课标》分 5 个必修模块和 4 个选修系列,每个模块和系列或多或少均涉及代数的内容。必修模块中涉及集合,函数,解析几何和数列等内容,作为基础和重点知识,选修系列 1 和 2 则对解析几何进行深入探讨,介绍了圆锥曲线,同时引入导数和复数的概念。选修系列 3 和 4 由专题构成,其中也包括了如:对称与群,三角等分与数域扩充,矩阵与变换,初等数论等内容,但更多以知识性介绍的身份出现在课堂中。《课程标准(2011 年版)》中指出:"必修课程内容确定的原则是:满足未来公民的基本数学需求,为学生进一步的学习提供必要的数学准备。选修课程内容确定的原则是:满足学生的兴趣和对未来发展的需求,为学生进一步学习、获得较高数学素养奠定基础。"可见《课程标准(2011 年版)》希望的课程设计面向不同层次,不同需求的群体有不同的思考,同时尊重个性化的选择,在选修系列中提供多个可供选择的课题,尊重学生兴趣和意愿。

3. 行为动词的分析

《课程标准(2011 年版)》从知识与技能,过程与方法,情感、态度与价值观三个维度出发提出一系列行为动词以反映学生各阶段的学习水平,其中知识与技能涉及知道、了解、模仿;理解、独立操作;掌握、应用、迁移三个层次,过程与方法涉及经历、模仿;发现、探索两个层次,而情感、态度与价值观涉及反应、认同;领悟、内化两个层次。每个层次中涉及一系列行为动词,对于用词的准确把握上提出了一定的要求,同时也对学生在各阶段的能力要求有一个系统的界定。值得指出的是,2011 版的义务教育阶段课程标准对行为每种行为动词有详细阐释和分类。

三、课程内容分析

本部分内容试图通过相关内容的分析和教学建议,从更微观、具体的视角诠释中学数学中的代数内容。

(一) 数域与代数式

《课程标准(2011 年版)》中要求,关于数域的完善过程包括有理数,实数,复数,而代数式包括整式,分式和二次根式等内容,该版块内容大多集中在初中阶段,课程标准提出如下要求:

(1) 有理数部分的教学,从生活中出发,引入负数,正数和零的概念,培养学生将数进行分类的意识,从而引出有理数的概念,并借助数轴这一实用的工具认识什么是相反数,什么是绝对值。第二部分可通过设置现实问题情境,引入有理数的计算,并试着让学生自己总结运算法则,培养其探索,归纳总结的能力,同时使重要的结论更容易被记忆。最后回归现实的应用,在实践中对相关概念加深印象,培养学生应用数学的能力。

通过有理数的学习,学生应能够认识有理数,表示有理数,将有理数分类,对有理数进行正确运算,能运用有理数的相关概念处理现实问题,并掌握数轴,相反数,绝对值,运算法则等相关工具和引申概念。

(2) 实数部分的教学,从无理数的概念引入,可通过单位边长正方形对角线的长,并结合古希腊时期第一次数学史的故事综合讲述。也可引导学生自行探索,感受无理数所弥补的数系中欠缺的部分。在无理数概念引出后,辅以估算,近似值计算等应用,加深对无理数的理解。本节内容仍可参照有理数部分的教学方法,多于现实生活相结合,并运用数轴等数学工具,也可运用有理数的相关概念进行类比。

通过实数的学习,学生应掌握实数的四则运算;开根号的相关运算,并能在实数范围内计算近似值。

(3)复数这部分内容在高中数学中相对独立,与其他知识点联系不多,于是造成学生掌握的知识结构相对零散,印象不够深刻的结果①。高中生对数系相比初中生更能结构化理解,首先复数域作为实数域的扩充,在引入时同样需结合实际,教师需注意较为抽象化事物的理解过程,如−1的平方根。其次,复数所延伸出的运算的几何意义,是提升习题难度的突破口,同样是学生解题的有效工具,是学生运用数形结合解决问题的良好锻炼机会。最后,除了课程标准的要求外,部分地区的教材还加入了模的相关概念和复数几何表示延伸的内容,在实际教学中也可用来作为参考。

通过复数的学习,学生应能够建立数系扩充的意识,了解数系扩充的过程,并能将复数域中的数进行准确的分类。在复数的认识方面,学生应能辨别实数和虚数,并能用代数形式来表示复数域中的数。最后应能熟练掌握复数的四则运算。

(4)整式部分的教学主要要求学生掌握整式间的运算。学生在掌握整式运算规则的时候容易出现理解性的错误,造成看似很简单的运算却始终无法掌握的结果。教师需要找寻有效的教学方法使学生更正确地理解相关概念。在运算时可把握"所有的式子都表示数,所有的变形都是化简"②的理念,逐步培养学生抽象化,符号化的思维水平。

通过整式的学习,学生应能完成合并同类项以及多项式的四则运算等基本计算,能够熟练应用平方差公式和完全平方公式进行简便计算,并能使用公式的逆运算,提取公因式和多项式乘法的逆运算进行因式分解。

(5)分式的内容看似较少却对学生综合计算能力以及整式知识的掌握提出较高要求。在约分和通分的介绍中可类比数的相关计算。之后分式间的计算会进一步复杂,同时还可辅以部分应用题和现实问题的讨论,是对整式内容的复习巩固和进一步深入运用。

通过分式的学习,学生应能熟练进行约分和通分的操作,并掌握分式的四则运算。

(6)二次根式部分的内容强调概念的学习,教师在教学过程中的正确引导和重点的强调对学生概念的正确形成有一定影响。一方面教师可引导学生自己经历概念的形成和探索概念的实质③,另一方面对于易错的部分和不可或缺的条件,教师应特别指出强调。最后教师可通过整理和复习重新纵览"数与式"的内容以及相关概念的联系,这样的过程即锻炼学生自主探索的能力又能让其体会数学的严密,逻辑性和环环相扣。

通过二次根式的学习,学生应对二次根式根号下数的条件以及先开方后平方和先

① 江春莲,刘芸.《数系的扩充和复数的概念》教学设计[J].中学数学,2011(4):18—19.
② 肖国红.简单的是最有力的——整式运算的整体教学设计例谈[J].湖南科技学院学报,2008,8(8):18—19.
③ 黄学燕.从二次根式的教学谈如何加强初中数学概念教学[J].学苑教育,2013(2):42—43.

平方后开方所得到的答案有明确辨别,并能掌握二次根式的四则运算。

(二) 方程与不等式

方程与不等式的版块包括解方程和方程组,不等式和不等式组的内容,课程标准具体要求如下:

(1) 方程的引入往往和现实问题存在着联系,求解方程内容是数学建模的起步。与现实问题的联系是教师设置情境的良好载体,在教学过程中不仅仅是教会学生如何列方程、解方程,更应从初中低年级就开始着手培养学生分析问题,建立现实模型,寻找内在联系,建立数学模型并解决问题的过程。应用题的处理通常被一部分学生所排斥,这并不是因为题目的难度,而是学生未养成良好的解题习惯,导致理解上的困难和偏差,足见从小培养相关技能和认识水平的重要性。最后,在解完方程后,学生往往忽略对所求解的检验,部分教师也未对此引起重视,所求结果在数学上和现实中的合理性都应被纳入思考的范畴。

在一元一次方程的学习完成后,学生应该逐步养成列方程解决实际问题的意识,并能列一元一次方程解决简单问题,最后应能够解一元一次方程和分式方程。在学习二元一次方程组后,学生能够列二元一次方程组,并掌握解二元一次方程组的方法,从而解决实际问题。

(2) 一元二次方程的学习内容更注重方程本身,在列方程和解方程的基础上,强调对解的讨论。在解一元二次方程的过程中,配方法是难点,而配方作为求根公式和根与系数关系的导出方法,以及之后学习中的应用,应引起足够重视。在教学过程中可运用具体算例导出符号化的过程[1],包括求根公式和根与系数的关系,都应强调导出的过程,这对学生的理解掌握有正面作用。

通过一元二次方程的学习,学生应能列一元二次方程解实际问题,掌握解一元二次方程的方法。并能判断方程根的情况,估计方程的根,并判断根的合理性,舍去多余的解。能运用根与系数关系在不解出一元二次方程根的情况下进行关于方程根的一系列处理和运算。与方程一样,不等式的教学同样以现实问题为平台,注重数学在现实中的应用性。

(3) 不等式部分的内容,将性质和解法相结合,让学生意识到不等式的解法是建立在不等式性质上的,解不等式时应时刻注意符号的改变。另外,可将一元一次不等式与一元一次方程类比,探索不等式中特定的条件限制,对学生理解量与量之间关系也有帮助。

通过一元一次不等式内容的学习,学生应理解不等式和不等式的基本性质。明确解集的概念并能找到解集所包含的范围。最后能列一元一次不等式和一元一次不等式组并求解实际问题。

(4) 一元二次不等式与一元二次方程和二次函数有密切联系,在教学过程中可对相关知识进行比较,并合理利用二次函数的图像进行讨论,并特别注意不等式无解的情况[2]。面对一元二次不等式有关的实际问题,对高中生来说不仅是问题更为复杂,还对

[1] 李彦伍. 浅谈"一元二次方程"的教学[J]. 新课程,2011(7):134—135.
[2] 张宗余,冯斌. 新课程理念下一元二次不等式及其解法的教学设计[J]. 数学通报,2012(2):27—29.

处理量的关系,以及解的合理性考虑提出更高的要求。作为求解函数定义域的过程之一,学生应熟练掌握一元二次不等式的求解并评估解的情况。

通过一元二次不等式的学习,学生应能根据实际问题列一元二次不等式并进行求解。明确一元二次不等式和二次函数之间的联系。

(5) 二元一次不等式组这部分的相关内容,对学生数形结合的要求较高。线性规划的问题从实际问题中出发,介绍了特定的方法,有较强实用性,对学生在解决问题过程中量与量相互之间关系的整理,数学模型的建立和求解都有一定要求。

在所有教学活动完成后,学生应能将现实问题抽象成二元一次不等式组,并运用数形结合的思想解二元一次不等式组,最后能够解决简单的线性规划问题。

(6) 基本不等式的内容注重应用。在教学过程中仍应注重推导的过程,通过"弦图"作为引导是可行的手段①,在引导过程中加入几何的思想,不仅使推导过程更易于理解,还能突出需要注意的限制条件。基本不等式的变化和应用较为多样灵活,对学生提出较高的思维能力的挑战,在教学过程中多角度理解,包括证明的思想,情境问题的应用,以及数形结合的思想都应得到重视。

通过基本不等式的学习后,学生应了解基本不等式的证明过程,并能熟练运用基本不等式证明,以及解决最值问题。

(三) 函数

函数作为初中和高中阶段的知识,要求学生培养函数的意识,内容对抽象的和具体的函数都有所涉及,包括正、反比例函数,一次函数,二次函数,集合,抽象的函数,基本初等函数和三角函数。课程标准做出如下要求:

(1) 一次函数涉及面广,与一次方程,一次方程组,一次不等式等有密切联系。在引入时仍可借助现实情境,培养学生建模思想。在介绍正比例函数和一次函数时均应与图像保持密切联系,数形结合。并且将正比例函数和一次函数作类比,让学生自主探索其中的相似性和特殊性。在教学中应特别注重函数的应用性,不仅要与现实情境结合更应通过函数相关性质揭示现实中事物发展的规律②。

通过一次函数的学习,学生应明确正比例函数和一次函数的意义,能求解正比例函数和一次函数的解析式,画函数图像,了解函数性质。能够掌握函数与方程,不等式之间的联系,通过相互转化解决问题,最后能运用函数的思想解决实际问题。

(2) 反比例函数的教学结构与正比例函数和一次函数的部分相似。教师在教学过程中可采用对照式教学,比较反比例函数与正比例函数的区别,引导反比例函数中特殊的内容。另外,反比例函数与现实中的联系仍是值得挖掘的内容。

通过反比例函数的学习,学生应能明确反比例函数的意义,能求解反比例函数,绘制函数图像,并能根据函数图像理解函数的性质,能与正比例函数作比较,能运用反比例函数解决实际问题。

(3) 课程标准中对二次函数的部分提出了较多的要求。在教学中同样能借鉴很多

---

① 丁益民.《基本不等式》教学中几何环节的思考[J].数学通讯,2011(6):18—20.
② 吴良聪.一次函数教学方法浅析[J].中学数学参考,2011(4):76.

一次函数的教学方法。对于二次函数特有的方面,如不同表现形式的解析式,以及学生曾经未曾接触过的曲线的一些性质,教师要设计行之有效的教学手段帮助理解和解决困难问题,特别是运用好数形结合的工具。在二次函数与方程不等式的联系中,会涉及许多曾经接触过的相关概念,题目涉及面广,需要学生灵活的思维和对已经学过知识的充分掌握。

通过二次函数的学习,学生应能明确二次函数的意义,能够通过描点法绘制二次函数的图像,并了解函数的性质,能够求解二次函数的解析式,掌握二次函数的几种不同的解析式形式,通过解析式理清二次函数和一元二次方程,不等式之间的联系,能将二次函数运用到实践中,解决实际问题,求解一元二次方程的近似值。

(4) 集合是高中数学的第一部分内容,作为数学语言是基础知识,高中数学中强调集合相关概念的规范表述和集合关系的理清。对刚进入高中的学生来说,集合是一个从未接触的数学概念,教师在教学过程中应注意消除学生的陌生感和不适应性,引导学生逐步培养一些数学思想和良好习惯,消除高中数学难度大不易掌握的畏惧观念,从而提升学生信心,如在几何的教学中可加强图形的使用(韦恩图),引入数形结合的思想并使相关概念直观易理解[①]。

通过集合的学习,学生应掌握集合的概念,能够认识集合并描述集合,理清集合之间的关系和运算。该部分内容的学习,培养学生抽象思维,引入数形结合的思想。

(5) 函数的概念是高中阶段的重要学习部分,学习目标是力求学生掌握并应用函数的思想。而由于其抽象性以及概念众多又灵活多变,函数同样是中学阶段学习的难点之一。教师在教学过程中应始终耐心引导,为学生理清思路,一步一个脚印前进。如何将抽象的概念具体化是一大挑战,教师应依托图像及学生已经学过具体的函数,经历具体到抽象的过程,以帮助理解。函数的概念涉及众多相关知识,教师不可能把握到每个点提醒学生,所以选取典型的例子和解题思路的阐述显得尤为重要,使得学生在学习中领悟,从而自然而然地能够联系到曾经所学的内容。另外,在教学过程中所涉及的思想方法,特别是数学建模的理念同样值得重视研究[②]。

通过学习,学生应掌握函数及其相关概念的抽象性内涵,能够根据具体情况选择并应用合适的函数表达形式,并在它们之间相互转化,理解内在联系。重视函数的图像,掌握函数的性质,并运用性质分析一个函数,能够将函数的性质运用到实际问题的解决中。体会函数与方程之间的联系,解决相关的零点问题,并掌握一些近似计算和零点估计的技巧。能够运用函数模型解决实际问题。该部分内容的学习,注重概念的形成以及知识的综合应用,培养学生的抽象思维,归纳总结,数形结合,数学建模等能力,对学生自主探索和思维的锻炼有一定帮助。

(6) 基本初等函数部分的教学,是对函数概念部分教学的加强巩固和深入应用,教师应把握好函数的整体性质和每种函数所特有的性质,对学生函数的理解和函数思想的形成提供帮助。在该部分内容中,也介绍了指数幂和对数等新的知识作为运算工具,

① 韩永奇.浅谈高中集合的教学——以高中数学人教 A 版为例[J].新课程,2009(12):142.
② 章建跃,陶维林.注重学生思维参与和感悟的函数概念教学[J].数学通报,2009(6):19—24.

其中具有一定技巧性，需要学生在熟练掌握其性质的基础上勤加思考，灵活运用。

通过基本初等函数的学习，学生应掌握指数幂和对数的含义及运算，了解指数函数，对数函数和幂函数的意义，图像及性质。能够运用函数解决实际问题。

(7) 涉及三角函数的内容众多，跨越初中和高中阶段，初中阶段的三角函数主要是概念的引入以及解直角三角形。高中阶段涉及的面就广了许多。三角比的概念源于三角形，借助几何图形的直观理解并不抽象难懂，但三角函数部分的公式众多，变化多端，学生靠机械的记忆很难有效地掌握，教师需通过丰富的手段挖掘记忆的捷径，使学生在领悟中自然而然地灵活运用公式，其中推导的过程，特别是所需掌握的基本公式的推导过程应得到足够的重视，这样的过程有助于帮助学生理解公式间的相互联系以及一些数学思想，对公式记忆和使用都有正面作用。教学三角比的历史背景和三角函数的现实意义，教师需通过引导学生的探索，发掘三角比和函数之间的内在联系，以及以三角函数为代表的周期函数的各种性质，并运用到实际操作中去，如解三角形的过程就是对学生各方面掌握知识的综合程度的锻炼[1]。

在三角函数的学习后，初中阶段的学生需掌握三角比的概念，知道特殊角三角比的值，能运用计算器求锐角三角比的值，并能够解直角三角形。高中阶段的学生需对三角比的概念有进一步理解，明确角度制和弧度制以及任意角的三角比的概念，掌握三角比的相关公式和变化，理解三角函数，能够绘制三角函数的图像，知道三角函数的性质并能够处理相关应用，最后能熟练运用正弦余弦定理解三角形。

(8) 思维导图：

图 3-1

函数思维导图

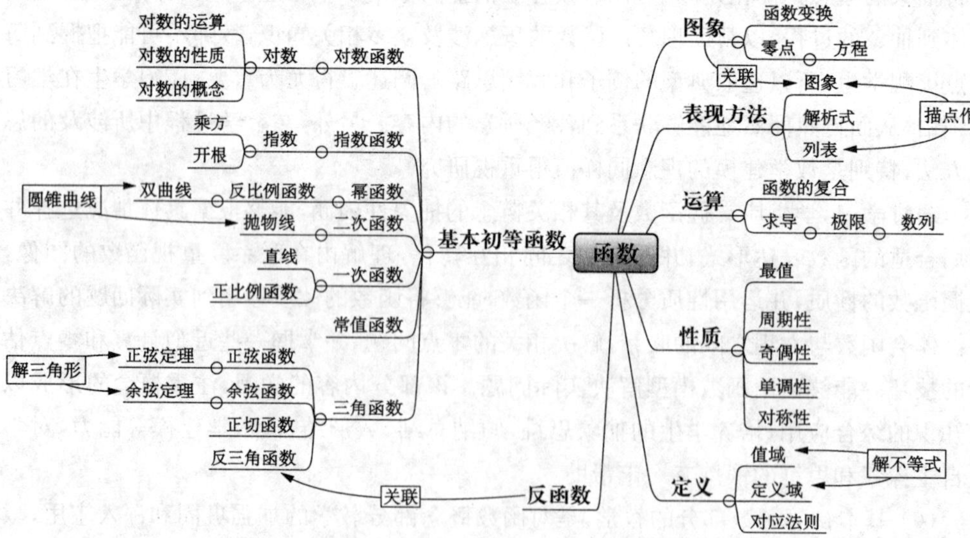

作为引申和被引申的对象，函数与许多代数的内容都有关联。中学数学中函数更多地被作为特定的实例研究，如一次函数，二次函数，三角函数等，都被作为专题独立成章。

---

① 刘丽花. 三角函数概念教学的调查研究[D]. 石家庄：河北师范大学，2012：1—28.

在进入高中后,函数的抽象研究被重视,函数的性质研究作为重点内容,要求学生以基本初等函数为实例,从基本初等函数出发,理解并灵活运用函数性质及其代表的函数抽象的概念。其中二次函数所涉及的对称性,单调性,最值,零点等问题以及三角函数所涉及的周期性,对称性,单调性,奇偶性,最值等问题都是以实例出发体现函数性质的典型案例。

(四) 数列

数列的概念与函数有着密切的联系,函数的相关知识在数列的教学中也能得到相应的体现,如函数与数列单调性的研究,函数与数列图像的研究等。在等差数列与等比数列的相关内容中,公式的掌握和灵活运用仍然是教学中所应突破的重点,学生应掌握逆序相乘,错位相减等数学思想方法,在此基础上灵活变换以解决一般数列的各种问题。在面对一般数列问题时,由于题目涉及的知识点多,综合性强,会给学生造成一定困难,教师在平时教学中应积极培养学生归纳概括,发现规律以致培养数感等方面的能力,在蛛丝马迹中寻找突破口,从而把握数列的解题技巧。

通过数列的学习,学生应掌握数列,等差数列和等比数列的概念和性质,掌握通项公式和求和公式,并能在实际问题的解决中运用数列的知识。

(五) 解析几何

课程标准中所涉及的解析几何内容包括坐标系的认识,直线、圆和圆锥曲线方程,具体要求如下:

(1) 平面直角坐标系是将数与形相结合的中间工具,作为概念性内容的学习,本部分内容难度较低,出现在初中低年级的教学中,教师应借助平面直角坐标系,让学生逐步接触代数与几何之间的联系,架起二者间的桥梁,形成数形结合的意识。并能利用平面直角坐标系解释部分几何知识的原理。在高中阶段,直角坐标系的研究分散于各个部分,在函数和解析几何部分更关注图形的变换以及所带来方程或解析式的变换,其中虽有部分总结性的规律但其过程仍具有一定抽象性。

在认识平面直角坐标系的学习后,学生应认识直角坐标系,能在平面直角坐标系上确定点和图形的位置并用坐标表示点,掌握平面直角坐标系中图形的变换情况。

(2) 解析几何的教学不仅仅是方程的记忆和应用,而是强调代数问题几何解决,几何问题代数解决的思想。在直线方程的部分,学生所需掌握的不只是各种公式的形式,而需要了解其背后的基础概念和原理,包括公式方程的获得过程,内在联系和应用中可能的变换,强调在领悟中记忆。学生应理清直线方程与一次函数的区别和联系,包括各直线方程所应具备的条件,进一步的是解析几何图像与函数图像的联系,方程与函数解析式的联系,这对函数部分的理解以及数形结合的思想的形成有进一步的帮助。

通过直线方程的学习,学生应掌握倾斜角和斜率的概念,能用斜率的概念判定直线的位置关系,了解直线方程的各种形式,并掌握直线方程的应用。

(3) 圆的方程作为二次方程,其计算上的难度相比直线方程有所增加,在教学过程中也对学生的运算能力提出了更高的要求。教师在解析几何部分的教学中应注重学生运算能力的培养,在学习过程中多做训练,关注特别的方式方法,引导学生总结经验以寻找捷径,加快运算速度和精确度。圆是特殊的几何图形,基于其本身的性质也可产生一些内容,如内切,外切,圆心距,公共弦等概念。这些都应特别注意。

　　通过圆方程的学习,学生应掌握圆方程的两种形式,圆相关位置关系的判断,以及圆方程的其他应用。

　　(4)圆锥曲线的教学,首先是曲线,椭圆,双曲线,抛物线等作为几何概念的认识,其定义、相关几何性质等都是重要的知识点。作为代数的运算和技巧同样对学生有较高的要求,学生经常被要求通过代数的计算来判断和观察图形几何上的情况,可以说是数形结合最好的体现,其中同样蕴含丰富的技巧以及值得总结的公式和经验。在教学过程中,教师宜从代数和几何两部分同时入手,寻找合适的契合点,灵活运用类比,对比,数形结合等思想,充分利用多媒体手段呈现变化过程①。

　　通过圆锥曲线的学习,学生应掌握部分抽象的曲线方程的求解,了解椭圆、双曲线、抛物线的相关概念和性质,能够用代数的方法处理各图形间相互联系的问题,并能运用圆锥曲线于实际问题解决。

　　(5)思维导图:

图 3 - 2

解析几何
思维导图

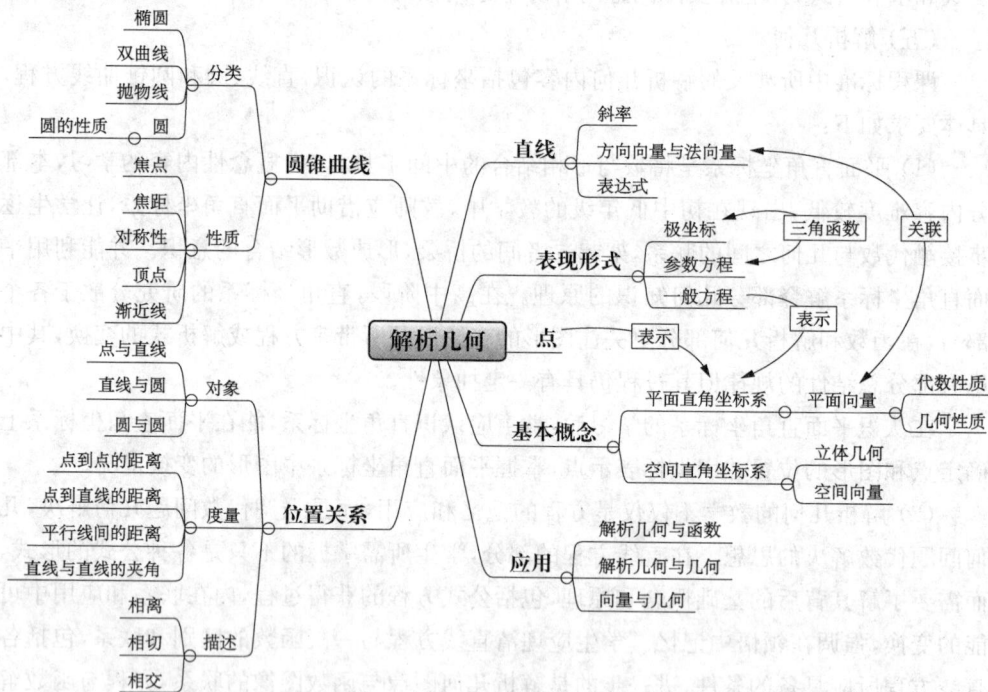

　　解析几何是代数与几何的桥梁,内容中处处体现了用代数方法解决几何问题的思想。解析几何的内容由点、直线和圆锥曲线作为基础元素构成,介绍相关的概念和定义是教材中呈现的一大部分内容,另外还研究了位置关系,图形性质等更偏向几何的内容。

(六) 其他

　　代数部分的内容还包括极限与导数,另外把向量和逻辑,证明与框图也添加在内,

课程标准的要求如下：

（1）向量：向量在中学教学中的引入，最直接的是作为运用代数的方法处理几何问题的工具，是数形结合思想的又一体现。教材中强调了向量在实际中的背景，其在物理中的运用不仅对概念的引入有所帮助，更是向量作为数学模型所具有的现实价值的体现。在教学过程中应始终强调向量的几何意义，了解几何的过程对相关概念，特别是如向量运算的深入理解有促进作用①。最后，空间向量作为供学生选择的方法之一，是利用代数方法解决立体几何问题的有效手段。

通过向量的学习，学生应了解向量的现实和物理背景，了解向量的定义，几何意义及相关概念，能够进行向量的运算，并理解其几何意义，能用坐标的形式表示向量，并进行计算，最后，能把向量作为工具，在实际问题中运用向量的模型。

（2）逻辑、证明与框图：逻辑思维和证明是重要的数学过程，该部分内容的学习是对学生思维锻炼的良好机会，一方面将思维过程详尽介绍给学生，另一方面在介绍的过程中融入思维的锻炼。介绍的数学思想方法和证明方法都是广泛使用的，对学生各个阶段的学习都有重要的影响，需积极掌握。

通过该部分内容的学习，学生应能说出各种命题之间的关系，明白逻辑词汇的意义，并能够使用它们，知道推理和证明的方法，能在实际中使用这些方法。会读和画流程图和结构图，明白其中的结构关系。

（3）极限与微积分：高中的微积分教学与大学不同，强调概念和简单的应用性，由于学生年龄层和所学知识的限制，高中的导数和积分注重由现实问题的引入，并将从有限到无限的思想初步展现给学生，接着学生需着眼于导数和积分的应用，并能对一些函数进行简单的分析。从微积分的角度看并无过多深入。对于学生来说，重要的是理解无穷、变化、极限等概念以及导数和积分作为数学工具的应用。

通过学习，学生应了解导数的现实背景，知道导数的概念，并能求部分函数的导数，进行导数的基本运算，能够将导数运用于实际问题的解决。初步了解定积分和牛顿-莱布尼茨公式的含义。

四、教学建议

（一）从教解方程到培养方程思想

史宁中指出，方程思想具有很丰富的含义，其核心体现在：①建模思想；②化归思想②。前者指列方程解决问题的能力，而后者是解方程的能力。可以看到，课程标准中对两种能力均是有所要求的，而前者，即列方程的能力，又可与建模的思想相结合，方程既作为一种数学表达的形式出现，又是数学模型的简单形式。另一方面，史教授特别指出，化归思想在方程学习中的体现，即三元一次方程化归为二元一次方程，二元一次方程化归为一元一次方程，这是解方程清晰思路，也是基本思路的体现。在教学过程中，

---

① 吕世虎.高中数学新课程中的向量及其教学[J].课程.教材.教法,2006,26(1):47—50.

② 史宁中,孙凡哲.方程思想及其课程教学设计——数学教育热点问题系列访谈录之一[J].课程.教材.教法,2004,24(9):27—31.

教师的任务不单单是教授如何去解一个方程,更重要,也是更值得反复推敲的是如何融入并培养学生的方程思想,即如何培养其列方程解决问题的能力,同时如何培养他们快速形成解方程的技能技巧。

在方程的教学过程中,教师往往会配以应用题,史宁中指出,以往的教学设计思想把思路搞反了,方程的教学本应该"先是进行生活中的提炼,然后到数学表达,到形式化的过程,再到最终解决方程问题",而不是"先给出形式化的方程定义,然后解形式化的方程,最后再进行方程的应用"[1]。这同样印证了培养方程思想的观点,突破口在于如何让学生正确理解方程的含义,由于内容面向的多为初中低年级的学生,其重要性和影响性是十分巨大的。

例题:

(1) 若 $2a^m b^{2m+3n}$ 与 $a^{2n-3} b^8$ 的和仍是一个单项式,则 m 与 n 的值分别是(　　)[2]。

A. 1,2　　　　　　　B. 2,1　　　　　　　C. 1,1　　　　　　　D. 1,3

【解析】这道题是方程思想的典型,在思维过程中,学生会想到同一个单项式代表了什么,然后建立指数相同的概念,从而列出二元一次方程组。找等量的关系便是列方程思想最为直接的渗透。

(2) 如图,O 是线段 AB 的中点,P 是 AO 上一点,已知 BP 比 AP 长 8 厘米,求 OP 的长[3]。

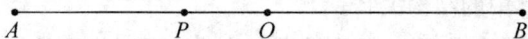

【解析】这题同样考察了学生列方程的能力,整理清其中的关系是解题的关键。这样的题目很常见,但会被部分教师忽视,如能充分挖掘其中价值,发现其对方程概念形成的帮助将会有很积极的作用。

(3) 解分式方程组 $\begin{cases} \dfrac{2}{x} + \dfrac{3}{y} = 8, \\ \dfrac{5}{x} - \dfrac{7}{y} = 4. \end{cases}$

【解析】化归的总体思路就是将问题转化,使其能够被解决,其通过的手段十分多样。在解方程中,化归不仅是一种基本的思想和方程解法的基本来源,同样也体现了简化部分题目的特点,其基本思路是化未知的方程为已知的方程,化繁为简。在本题中,学生应能将分式方程化为整式方程,并逐渐培养相关意识和能力,这会对之后解决更复杂的问题产生帮助。

(二) 函数的理解是函数思想的培养

函数的内容在中学的代数学习中占了半壁江山,中学阶段的函数学习经历了特殊到一般再到特殊的过程,学生在学习基本初等函数的同时也对函数的各种性质做了深入的研究。学生对于函数的理解是学习函数的第一步,也是始终困扰他们的极为重要

① 史宁中,孙凡哲.方程思想及其课程教学设计——数学教育热点问题系列访谈录之一[J].课程.教材.教法,2004,24(9):27—31.

② 高德霞.如何应用方程思想解题[J].数学学习与研究,2011(17):64.

③ 张娟.初中学生对方程思想的理解[D].上海:华东师范大学,2007:16.

的一步,在一开始接触函数的时候便对函数是什么这个问题有所提及,但仅着眼于这点或仅让学生知道一些基本初等函数的性质是远远不够的,更重要的是函数思想的培养。函数思想是指运用事物之间的一种特殊对应关系来解决问题的思想方法。同样可以分两方面来解读,首先,在函数概念的理解上,其作为一种对应关系的描述,分别从变量与变量的依赖关系,也就是初中阶段提到的变量说;连接两类对象的桥梁,即高中阶段提到的映射说;"图形"的表现,即关系说,来刻画。这三个维度内容丰富,且抽象难以理解,在教学过程中教师应始终注意把握,并通过具体函数的模型帮助理解。函数思想的对应关系在数学学习中有广泛的涉及,其不仅仅存在于函数的内容中,教师应利用函数与其他内容,如方程、不等式、算法等的内在联系,帮助学生函数思想的形成[①,②]。

另一方面,函数作为一种数学模型,函数思想也可以看作是一种建模的思想。函数思想的体现,很重要的一点是运用其解决问题。课程标准的教学说明与建议指出:"教学要从实际背景和定义两个方面帮助学生理解函数的本质。函数概念的引入一般有两种方法,一种方法是先学习映射,再学习函数;另一种方法是通过具体实例,体会数集之间的一种特殊对应关系,即函数。"这里通过具体实例指的是具体的函数以及具体问题中对应关系的呈现。从两个方面入手,前者与上一段所提到的观点类似,而后者则更突出现实中问题的解决,在教学设计中同样可以引入诸如自由落体运动,细菌繁殖速度等问题来帮助理解函数,形成函数思想。

例题:

(1) 解方程:$\sin x - x^2 = 2x + 3$

【解析】该题虽是解方程的题目,但学生并未学过类似形式方程的解法,这时,函数思想在方程中的应用就变得有效而容易被接受。该题考察了学生对函数值域以及方程的概念是否清晰,通过值相同这一中介,即某一 x 下的取值相同对应到 $y = \sin x$ 和 $y = x^2 + 2x + 3$ 的函数值相同来解决。同时突破口是函数值域的比较,可以发现 $[-1,1]$ 和 $[2, +\infty]$ 的交集是空集,所以该方程是无实数根的。

(2) 函数 $f(x) = \ln x - \dfrac{2}{x}$ 的零点所在的大致区间是(　　　　)[③]。

A. $(1,2)$　　　　　B. $(2,3)$　　　　　C. $(1,e)$和$(3,4)$　　　　D. $(e,+)$

【解析】该题是一道估值题,但其背后仍有对应关系的渗透,如果分为减号前后两个函数看的话,首先是自变量 x 与函数值的对应,其次是两个量之间的关系使得其相减等于 0。在解决这道问题时需把握好 $y = \ln x$ 与 $y = \dfrac{2}{x}$ 这两个函数在不同 x 的取值下,函数值的大致范围。

(三) 笛卡尔数学思想下的解析几何教学[④,⑤]

李铁安在其研究中提出笛卡尔思想的视角进行解析几何教学,笛卡尔数学思想使

① 刘静.函数的学习困难与课程设计[J].课程.教材.教法,2006,26(4):45—48.

② 吕世虎,王尚志.高中数学新课程中函数设计思路及其教学[J].课程.教材.教法,2008,28(2):49—52.

③ 常岽.高中函数教学研究与实践[D].昆明:云南师范大学,2009:70.

④ 李铁安.基于笛卡尔数学思想的高中解析几何教学策略研究[D].重庆:西南大学,2007:124—128.

⑤ 李铁安,宋乃庆.高中解析几何教学策略——数学史的视角[J].数学教育学报,2007,16(2):90—94.

一个整体文化系统,其中数学结构是系统的核心。笛卡尔解析几何思想的数学结构由核心概念,即曲线和方程的概念;基本方法,即数形结合的思想方法;数学原理,即映射原理或化归原理这三个层次构成。同时,作为整体的数学文化系统,笛卡尔数学思想的内涵还包括历史渊源、科学价值、哲学表现、认识模式和个性品质这几方面。

研究者提出了基于笛卡尔数学思想视角的解析几何教学策略,首先是在解析几何教学之始以笛卡尔数学思想的文化内涵驱动教学,这样的观点注重数学文化的学习,至少让学生明白所学的内容有理有据,追根溯源,并对学生在之后对解析几何内容的认知和发展提供帮助。其次要注重核心概念的统领,其注重曲线和方程概念形成的过程,解析几何映射的基本原理,以及数形结合的思想方法。在这样的模式下,学生对于所学知识能够有整体的把握,获得普遍的认知迁移,使记忆更加牢靠。再者是着重数形结合思想的解读,可以拆分为几何问题代数化和代数问题几何化的独立要素,比如在椭圆概念的教学中,通过几何问题代数化对椭圆方程进行推导,得到椭圆的第一定义,同时,通过中间代数结果的变形,将代数结果几何化,得到椭圆的第二定义。这样的方法有助于学生形成完整、清晰、稳定、持久、良序的认知结构和认知层次。最后是双向模式的转化,即思想结构拆分的具体操作,其不同在于,该种方法对一些特定的代数问题,或几何问题,用相对应的方法进行处理,从而强化代数直观和几何直观的目的。

以上教学方法的设计,从学生认知的角度出发,注重概念和思想方法的掌握,使得解析几何的教学呈现系统性,整体性。值得一提的是,向量作为兼具数与形的概念,在解析几何教学以及解题中能够提供更广泛,便捷的思路,值得在教学过程中作为参考引入。

例题:

(1) 解方程 $||3x-4|-|3x-8||=2, x \in \mathbf{R}$

【解析】本题是一道典型的代数问题,用分类讨论的方法可以解决,但其过程繁琐。从几何的视角看,绝对值的几何意义是数轴上的点到某定点的距离,对方程稍作改变,得到 $\left||x-\dfrac{4}{3}|-|x-\dfrac{8}{3}|\right|=\dfrac{2}{3}$,便能用双曲线方程的定义解决,即点 $(x,0)$ 到 $\left(\dfrac{4}{3},0\right)$ 和 $\left(\dfrac{8}{3},0\right)$ 距离的差为定值的点的轨迹(该双曲线非标准双曲线)。

(2) 如图,在平面直角坐标系中,抛物线 C 的顶点在原点,经过点 $A(2,2)$,其焦点 F 在 x 轴上,设过点 $M(m,0)$ $(m>0)$ 的直线交抛物线 C 于 D、E 两点,$ME=2DM$,记 D 和 E 两点间的距离为 $f(m)$,求 $f(m)$ 关于 m 的表达式①。

【解析】本题采用向量的方法可回避复杂的计算,用 $\overrightarrow{ME}=2\overrightarrow{MD}$ 建立等量关系,通过抛物线方程设出 D 和 E 的坐标,并建立两个方程,用 m 表示出所设的未知数即可用 m 表示 ED 的长度。

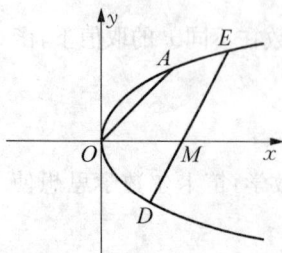

---

① 纪宏伟.向量法在解析几何问题中的应用[J].数学教学通讯,2012(3):46—47.

第二节   几何内容的研究

几何学研究具有悠久的历史,在原始社会人们就开始对图形进行研究,几何是人类生产和生活的基础要素。作为工具,它在实际问题的解决中同样有着举足轻重的地位,作为思想,它是公理化思想和逻辑推理的载体[①]。与代数相似,中学生通过数学学习也应具备一定的几何素养。苏洪雨在其研究中对几何素养做出如下解释:"几何素养是指学生在几何方面的数学能力,学生在解决具有一定背景的问题过程中,面对不同形式的几何对象,使用适当的知识和技能进行探究时,表现出的几何思维水平和几何应用能力。这里的思维水平主要通过几何技能和能力来表现出来。"其中关于几何思维主要涉及范·希尔夫妇(Pierre van Hiele & Dina van Hiele)的几何思维水平和皮亚杰与英海尔德(B. Inhelder)对儿童空间概念的研究,但苏洪雨同时指出,只关注几何思维水平并不能完全反应学生的几何素养水平。几何素养更关注学生综合能力的表现,除包括学生对几何知识的理解,掌握的基本技能和能力之外,还包括学生对于情境和背景的理解,对几何学习的态度和几何文化的理解,以及学生应用几何解决问题的能力[②]。

作为中学数学的学习内容,几何部分的学习能够培养学生的空间想象和分析能力,图形概念的构成是基本科学观念的形成,是认识世界的必要步骤。几何的内容可分为平面几何和立体几何两个部分,主要研究图形本身的性质和图形间的位置关系。同时,课程内容的设计也从点、线、面、角等笼统概念以及具体几何图形,几何体两个角度出发,阐释学生所应学习的内容。

一、课程内容标准

从义务教育阶段数学课程标准将几何部分的内容命名为"图形与几何",可以看到,初中阶段的几何学习强调图形的性质和图形的变换,多在平面图形的层面上研究。普通高中数学课程标准中对几何内容学习的要求主要集中在立体几何和平面解析几何上,解析几何的内容已在代数部分阐述,而通过立体几何可以看出,进入高中阶段,在平面几何学习的基础上,对学生空间观念训练和培养提出了进一步的要求。

(一)义务教育阶段几何内容标准

课程标准指出,"图形和几何"的内容主要包括空间和平面基本图形的认识,图形的性质、分类和度量;图形的平移、旋转、轴对称、相似和投影;平面图形基本性质的证明;运用坐标描述图形的位置和运动。

1. "空间观念"与"几何直观"

从《义务教育数学课程标准(实验稿)》到《义务教育数学课程标准(2011年版)》对部分内容的描述作出了修改,其中就包括"空间与图形"到"图形与几何"的改变,"几何"一词又重新回到我们的视线中。改变主要体现在两个方面,一是对"空间观念"进行了更精确的描述,二是强调了"几何直观"的概念。

---

① 苏洪雨.学生几何素养评价的指标和模型设计[J].数学教育学报,2013,22(6):85—89.
② 苏洪雨.学生几何素养的内涵与评价研究[D].上海:华东师范大学,2009:19—25.

在课程标准提出的 10 大核心概念中,空间观念、几何直观、推理能力和模型思想等于"图形与几何"的版块有直接的相关①。其中,"空间观念"指的是"根据物体特征抽象出几何图形,根据几何图形想象出所描述的实际物体;想象出物体的方位和相互之间的位置关系;描述图形的运动和变化;依据语言的描述画出图形等。"而"几何直观"指的是"利用图形描述和分析问题。借助几何直观可以把复杂的数学问题变得简明、形象,有助于探索解决问题的思路,预测结果。几何直观可以帮助学生直观地理解数学,在整个数学学习过程中发挥着重要作用。"这是两个不同但容易被混淆的概念,前者侧重对于图形的形状,位置,关系的想象能力,同时也强调图形的运动和变化的过程。而后者则侧重运用几何的视角解决数学问题。空间观念具有思维的连贯性,几何直观具有思维的跳跃性,二者在几何活动中共同发挥作用。

"空间"这个概念在小学的几何学习中就开始接触,初中阶段涉及了一维和二维的空间,其中很重要的一点是要求学生掌握各图形的性质,可以概括为根据物体特征抽象出几何图形,以及从几何图形想象出实际物体。与此同时,对图形运动的学习,包括了图形位置的判断,图形变换的描述也是重要的一方面。课程标准希望学生能从"运动"的过程中体会图形的各种性质,通过抽象,推理等能力的培养和融合,形成基本的空间观念,即空间想象能力。

几何直观从字面上应理解"直观"二字的意义,直观指的是直接看到的东西,利用几何直接看到的东西,言下之意即要求培养借助见到的几何图形,对数学的研究对象进行直接感知和整体把握。另一方面,也是很重要的一点,有些对象又不是能够直接看到的,这就提出了"想象"的要求,对几何的想象同样包括在几何直观中。可见,几何直观同样是一种空间思维能力,而最直接的体现即是运用图形帮助解决其他领域的问题,这与可以用数形结合的例子帮助理解②③。

2. 推理能力

课程标准指出"推理能力的发展应贯穿在整个数学学习过程中。推理是数学的基本思维方式,也是人们学习和生活中经常使用的思维方式。"同时,对提出的"合情推理"和"演绎推理"给出了解释:"推理一般包括合情推理和演绎推理,合情推理是从已有的事实出发,凭借经验和直觉,通过归纳和类比等推断某些结果;演绎推理是从已有的事实(包括定义、公理、定理等)和确定的规则(包括运算的定义、法则、顺序等)出发,按照逻辑推理的法则证明和计算。在解决问题的过程中,合情推理用于探索思路,发现结论;演绎推理用于证明结论。"

推理能力不仅仅体现在几何的学习中,其他部分的内容同样能够有所涉及,这里从几何的视角出发看这两种推理,重要的是两种推理需相辅相成,同时受到重视。《课程

---

① 余慧娟,马云鹏.数学:"四基"明确数学素养——《义务教育数学课程标准(2011年版)》热点问题访谈[J].人民教育,2012(6):40—44.

② 孔凡哲,史宁中.关于几何直观的含义与表现形式——对《义务教育数学课程标准(2011年版)》的一点认识[J].课程.教材.教法,2012,32(7):92—97.

③ 王尚志,胡凤娟.理解把握数学课程中的核心概念(一)——《义务教育数学课程标准(2011年版)》解析之三[J].小学数学教育,2012(Z2):8—11.

标准(2011年版)》强调了学生思考的条理性,而弱化推理的形式,并提出教师在设计教学活动时,应多注重让学生探索,猜测结论的过程,发展合情推理的能力。并培养学生通过合情推理猜测,通过演绎推理证明的意识。

在初中的学段中,证明是在几何学习中被强调的技能。而在证明中,又强调了证明需符合逻辑,思路清晰,同时指出,除了三段式的证明外,还可采用其他符合学生思维过程的表达形式,这也体现了强调逻辑性。为了加强证明的训练,课程标准还添加了部分定理的证明作为要求。推理能力的培养,对之后的学习也会产生很大的影响。

3. 目标的阐述

课程标准的总目标和学段目标(第三学段)从 4 个方面进行阐述,其中"知识技能"对几何内容提出的要求是"经历图形的抽象、分类、性质探讨、运动、位置确定等过程,掌握图形与几何的基础知识和基本技能。"要求掌握基本图形的基本性质与判定,掌握基本的证明方法和作图技能,同时理解图形的基本变换,理解平面直角坐标系,能确定位置。"数学思考"要求"建立空间观念,初步形成几何直观,发展形象思维和抽象思维。"强调合情推理和演绎推理的能力。而几何部分的内容同样贯穿于问题解决和情感态度的目标和要求中。

(二) 普通高中数学几何内容标准

高中阶段的几何以立体几何和解析几何为主,立体几何内容较少,主要集中在必修模块 2 中。与运用代数方法解决几何问题一样,高中的内容还介绍了运用向量的方法解决几何问题,这些方法都将代数和几何融合,体现了代数直观和几何直观的要求。

1. 解读课程总目标

针对几何的内容,课程总目标提出,在掌握基础知识和基本技能的前提下,需提高空间想象、抽象概括、推理论证的基本能力,这是对义务教育课程标准要求的呼应和提升。从目标不难看出,课程标准仍对空间观念,几何直观和推理能力有相同意思的要求,仍然强调位置关系的描述,图形(几何体)关系的辨别,合情推理和演绎推理的平衡等,但相比新版的义务教育课程标准,旧版的高中课程标准似乎并未强调几何图形(体)的运动过程,这从相关内容中也能看出。

2. 解读立体几何的要求

立体几何的学习,将空间的维度提升到三维,对学生的理解和空间想象能力提出了更高的要求。课程标准指出,"认识空间图形,培养和发展学生的空间想象能力、推理论证能力、运用图形语言进行交流的能力以及几何直观能力,是高中阶段数学必修系列课程的基本要求。"同时,学生从整体观察出发,通过空间位置关系的学习,了解并掌握数学语言的表达,并将空间的位置关系运用到几何体中,要求的内容不仅是推理论证,还包括了一定量的运算。在空间图形位置关系的学习中,定义、公理和定理被要求掌握并能够应用,这部分内容是立体几何学习的关键,对学生空间思维能力有较高要求,同时还包括了推理证明,思辨性强,对推理能力也提出了一定的要求。总的来说,无论是对老师还是学生,这部分内容都是一个不小的挑战①。

运用空间向量解决立体几何的问题是一套行之有效的方法,它充分体现了代数方

① 韩龙淑.高中"课标"与"大纲"中立体几何内容比较研究及启示[J].数学教育学报,2006,15(2):71—73.

法解决几何问题的好处,也为学生深入理解数形结合,代数直观提供了锻炼的机会。

二、课程内容分析

(一) 平面几何

(1) 点、线、面是几何教学中的基本概念,在基本概念的教学中,学生首先应把握的是相关概念的定义和形成,知道一些基本的事实,并能作为证明的条件加以应用。直线的位置关系作为直线概念的引申应用,其本身不仅含有垂直,平行等作为基础的概念,更是复杂图形形成的必要过程,其中概念,语言的准确描述都是值得强调并让学生养成的。另外,课程标准注重作图的过程,从最基础的几何概念开始就明确图形的画法,这一方面是对学生动手能力的培养,另一方面对其相关定义,定理,性质的掌握和应用也是重要的操练过程。

通过该部分内容的学习,学生应能理解点、线、面的组成,知道距离的意义和与线相关的两条基本事实,理解直线的位置关系,并能规范作图,知道平行线的性质,能够判定两条直线相互平行。

(2) 角的概念同样作为几何的基础出现,同样强调作图,学生在作图中使用到圆规,量角器等新的工具。同时角的概念与直线有结合性,补角、余角、对顶角等概念都是由直线相交而得。该部分内容更多地作为知识性概念形成的身份出现。

在所有教学活动完成后,学生应知道角的形成、度量、单位和作法,知道直线形成的各种角及其内在联系,能够绘制角。知道角平分线的概念和性质。

(3) 平移、翻折、旋转是图形变换的基本过程,图形的变化虽是人们常识中潜在理解的概念,但如何用规范的数学语言描述仍是教学中应关注的重点,其中包括相关概念的正确应用以及作图过程的准确描述,另外,图形的变化拓展到高维空间就变得复杂不易想象,投影和三视图的绘制过程正是三维空间内的转变,对学生抽象思维和空间能力的形成又有所帮助。

通过图形变换的学习,学生应了解平移、轴对称、中心对称和投影的概念,能进行简单的平移、对称和三视图及简单几何体的绘制,掌握基本图形的对称性,并能在现实中运用图形变换的知识。

(4) 三角形的有关概念多,时间跨度大,在初中三年的教学中都有所涉及。在三角形的基本概念认识阶段,教师应重点把握相关概念的介绍,三角形三边及内角外角的关系是重点,教师在教学过程中应多呈现实例,将各种合理不合理的情况都展现给学生,并注重推演和归纳的过程,让学生在例证中自行观察挖掘归纳结论。三角形全等和相似是初中数学中的重点和难点,其判定条件复杂,应用面广,综合性强。同时也增加了教学难度,在教学过程中,全等和相似的判定条件是学生及其容易出错的部分,教师可充分应用反例直观展示给学生,[①]并试图让学生自己举出反例,如全等三角形判定中"SSA"和"AAA"的错误方法。在相似三角形的教学中,教师可充分运用已学的全等三角形作类比,[②]从全等的相关概念推导出相似的概念。勾股定理的教学中,学生往往不

---

① 汪土根.一个反例胜过无数个"注意"——谈全等三角形的教学[J].中小学数学(中学版),2010(Z1):3—5.

② 曾庆丰.变式　探究　创新——《相似三角形》教学片段实录[J].中学数学,2004(1):18—20.

会重点关注定理的证明过程,作为数学文化的推广,以及蕴含许多巧妙的证法,勾股定理的证明可以很好地向学生展现数学之美,是开拓学生思路,激发创造力的良好材料。

　　通过三角形的学习,学生应理解三角形的相关概念,认识各种类型的三角形,了解并能应用勾股定理,能够判定三角形的全等和相似,知道全等和相似的性质,并能应用到实际问题的解决中去。

　　(5) 思维导图:

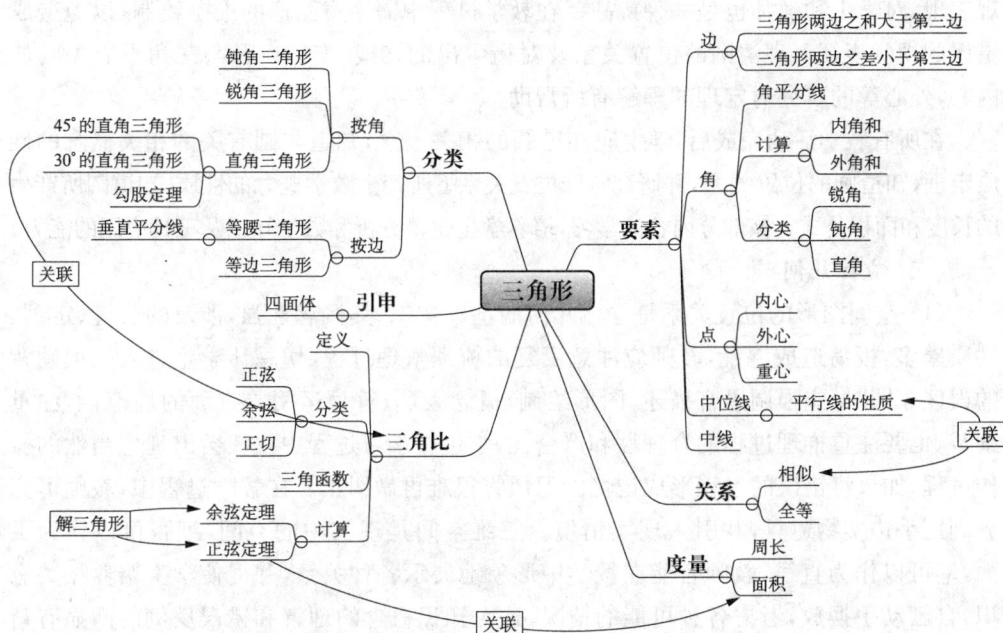

图 3-3

三角形
思维导图

　　三角形是最简单的封闭几何图形,同样很多概念能从三角形出发得到。研究三角形的过程漫长又复杂,但特殊的三角形特征鲜明,与许多概念都有关联。

　　(6) 平行四边形及特殊平行四边形的相关判定定理是学生不易完全掌握的知识,在实践过程中往往会产生错误使用或记忆不全的情况。为了让学生不遗漏,正确地掌握相关知识,教师在教学过程中同样可以使用举反例的方法,将错误的情况呈现在学生面前[①]。人在知识形成过程中的记忆往往较为深刻,在应用中也倾向于使用最初形成的概念,所以在最初的教学过程中需引入最为普遍,简便的方法。当然,对于一题多解的情况,教师也应选择合适的时机,尽量将所有情况展现给学生。在实际操作中,即使学生使用了较繁琐的方法,走了弯路,也不应受到否定,要强调的是证明过程中逻辑性的培养,应挖掘方法中思维过程的闪光点,区分哪些弯路是不必走的,哪些弯路属于新的思路,走了也无妨,甚至是独特的可推荐给其他人。四边形的知识与三角形联系性强,这导致了该部分内容具有一定的综合性,这是平面几何证明难点所在,学生往往困惑于何时该用何种方法,思想是如何而来。解决困难的第一步就是知识点的全面梳理

---

① 邹振兴.新课程下"平行四边形的识别"教学新思路[J].中国数学教育,2011(3):2—3.

和概念框架的建立,教师应帮助学生在脑中形成清晰的概念结构,知道某概念体系下对应的定义定理,这也是本节内容所应特别强调的。

通过四边形的学习,学生应了解多边形的相关概念,知道并能应用平行四边形、矩形、菱形、正方形和梯形的判定和性质定理。

(7) 圆的知识涉及面广,初中阶段主要涉及圆的相关概念及几何证明,高中阶段与解析几何联系,对相关圆的位置关系有进一步的讨论。圆的几何证明变化多端,综合性强,是对学生先前所学习平面几何证明情况的检验,其作图难度大,图形的性质难以直观表现,对学生和教师也是一种挑战。在教学过程中需注意图像的准确绘制,以免造成错误的视觉表征。理清圆的位置关系及对衍生出的切线,交线以及与三角形有关的如内心,外心等的研究对定理的理解有所帮助。

在所有教学活动完成后,学生应知道圆的相关概念,知道与圆有关的相关概念的性质定理,知道圆的位置关系,并研究特殊位置关系下所产生数学概念的性质,知道圆所产生的长度和面积公式。该部分内容的学习,培养学生逻辑分析和数学知识及工具应用的能力。

(二) 立体几何

(1) 空间图形的位置关系是立体几何的基础知识,其概念性强,涉及的公理、定理、性质繁多,极易造成混乱,教师应注意反复的梳理整理过程,切忌让学生进入死记硬背的误区。同时,应强调语言描述、图形绘制、概念表达、符号运用等方面的规范性,注重细节,也要注重推理过程的合理性和严密性,学生在学习过程中往往会出现想当然的操作过程,如果将错误的过程形成记忆的习惯将很难再做纠正。在教学过程中,教师可充分利用手边实物道具,并引入现实情境。三维空间是现实中的空间,纸张可以作为平面,笔可以作为直线,教师若能在教学中形象地展示各种关系,并促使学生培养相关意识,自己动手摆放,考虑各种可能的情况,这对知识概念的理解和错误反例的凸显有帮助作用①。最后,运用空间向量的方法可以解决空间立体几何的相关问题,但有的学生因此忽略了空间图形位置关系这一部分内容的学习,特别是公理和定理的掌握,这种情况是不可取的,教师若能利用好空间向量,寻找空间向量与立体几何的契合点,甚至是寻找向量和立体几何概念的内在联系,利用向量来帮助理解,将会对教学有很大的帮助。

在空间图形的位置关系的学习后,学生应掌握空间内点、直线和平面之间的位置关系,知道四条公理,从四条公理出发进行一系列证明,能够判定特殊的位置关系如平行、垂直,能够阐述并应用特殊位置关系下的性质。

(2) 空间几何体的学习是立体几何的应用,与现实生活息息相关。其中包括了各种几何体的认识以及作图方法。在课程标准中虽然安排在空间图形的位置关系之后,但几何体中富含立体几何的相关知识,教师若能将空间几何体作为空间图形位置关系理解和练习的工具,将会对两部分内容的掌握同时具有促进作用,是很好的现实材料。同时,该部分内容中介绍的作图方法同样具有直观的实用性,对学生作图能力以及空间思维的培养也有帮助。

在该部分内容的学习后,学生应认识各种多面体和旋转体,以及相关的概念和结构

---

① 路长庆.浅谈新课标下高中立体几何教学[J].课程教育研究,2013(5):129—130.

特征,能够绘制常见的几何体,知道它们表面积和体积的计算公式,掌握三视图和直观图的绘制方法。

三、教学建议

(一) 让课堂中的几何教学"动"起来①

通过运动的几何教学,是培养学生空间观念和几何直观的良好方法,学生通过对运动过程的体会,不仅能帮助理解几何图形,几何体是怎么来的,而且能对不同几何图形,几何体之间位置,变化的关系有更全面的感受。

在运动的视角下,动手操作和观察占有重要的地位,其包括学生操作,教师操作,从演示到学生自行尝试,都是运动过程的体现,也是基本活动经验的体现,比如半圆旋转一周可成为球体,直线两端无限延伸等。史宁中指出,通过操作和观察活动,学生首先认识到维数的概念;然后认识不同几何图形;再次是立体图形的平面表示,如三视图,同时,还要涉及折叠、展开等实际操作。通过这些活动,学生对现实中图形的形状、大小、方位有所感知,了解常见平面几何图形,进而理解三维空间。

同时,运动的过程使数学过程更直观,更能够被"看"出来,这里强调了过程的呈现,动态过程帮助学生理解几何过程,进而理解几何结果,这是几何直观的体现。

几何的教学,不应忽视作图能力的培养。作图能力也是学生动手操作的能力之一,良好的作图能力是学生对于几何图形和知识概念系统性理解的体现,标准化和严格的作图要求体现了数学的严谨。学生在作图的过程中,逐渐形成对基本数学工具,如直尺,圆规等,的掌握,同时融入了长度,角度等度量概念,对几何图形之间的关系也能有更深入的理解。

例题:

(1) 若两个全等三角形都是锐角三角形,则一般有如图所示的六个四边形,请问这几种情况中,哪几个图形可以看作是由一个三角形旋转变换而成的②。

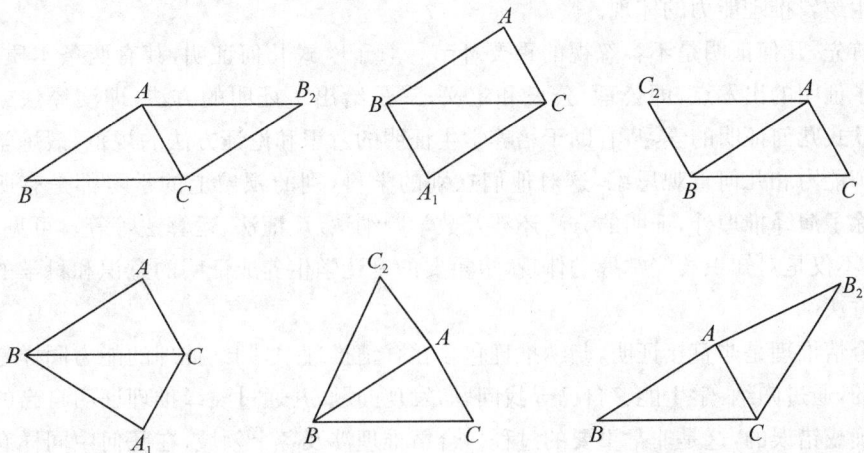

---

① 孔凡哲,史宁中.关于几何直观的含义与表现形式——对《义务教育数学课程标准(2011年版)》的一点认识[J].课程.教材.教法,2012,32(7):92—97.
② 陈晓安.让数学课堂"动"起来——"平行四边形"课例研究报告[J].基础教育论坛,2012(5):36—38.

【解析】该题是教学过程的一部分,作者设计这部分内容为了引出平行四边形的概念,这个过程充分体现了让图形"动"起来的思路,通过三角形旋转得到的平行四边形,具有两个全等三角形所应具备的性质,这样也能够得到平行四边形的性质,教师以这样的方式推得对边平行的概念,相比直接给出定义,显得直观而有思考性。

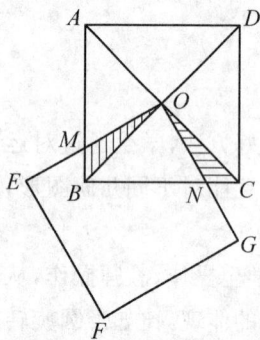

(2) 如图,正方形 ABCD 与 EFGO,边长为 a,O 是 AC 于 BD 交点,求证:$S_{BMON} = \dfrac{a^2}{4}$.①

【解析】运动的过程使得结论显得直观清晰,大多数学生能够直接判断结论,其依据就是图中的阴影部分是由正方形 OEFG 绕 O 点顺时针旋转一定角度形成的。当然,在证明过程中,仍不能忽略对阴影部分两个三角形全等的证明。

(3) 如图,已知正方体 $ABCD\text{-}A'B'C'D'$,点 P 和 Q 位于平面 $BB'C'C$ 上(PQ 与 BC 不平行),点 R 位于棱 AB 上。画出由点 P、Q、R 确定的平面 β 截正方形所得的截面②。

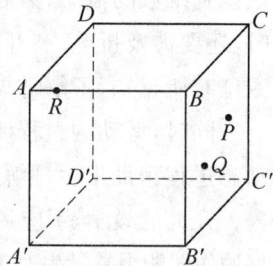

【解析】作正方体的截面虽并非高考要求,但可作为作图题的代表。可以看到,该题并非随便作图就能解决,每一步作图都应有相关立体几何原理的支持。而对于学生来说,这种类型的题目提出了一个不小的挑战,能充分考察其空间观念以及知识掌握是否牢靠,能很好地体现作图题作为动手操作型题目在几何教学中的价值。

(二) 注重推理与证明

在中学数学中,演绎推理可以看作是证明的一部分,前文已经提到,几何的教学注重培养学生的推理能力,注重合情推理和演绎推理相互的融合与平衡。而几何证明又是学生逻辑推理能力的体现。

首先,几何证明是不容忽视的重要环节。对于欧式几何证明,其有两条本质:一是给出了证明的出发点,即公理、公设和定义;二是给出了证明的方法,即演绎法或三段论。欧式几何证明的学习,有助于培养学生证明的意识和论证方法的规范,锻炼学生逻辑推理能力和几何直观思维,这对他们在别的学科,别的领域上的学习都是有所帮助的。除了演绎推理外,证明的方法还涉及数学归纳法、反证法、运算法等等。可见,注重证明,不仅是对知识技能掌握的体现,更重要的是让学生养成证明的意识和科学的问题研究方法③。

合情推理是非直接证明,归纳推理包含在合情推理中,归纳推理的能力同样是要求培养的,通过归纳,学生能够自己寻找问题,发现问题,并通过演绎推理证明自己的猜想是正确或错误的,这是非常重要的过程。合情推理涉及各个领域,在几何中同样有所体

① 俞育延. 平面几何教学的有效方法——动手操作,动脑猜想[J]. 数学教学,1999(3):10—11.
② 上海高中数学课本,高中三年级[M].上海:上海教育出版社,2008:29.
③ 史宁中,郭民.中学数学证明的教育价值[J].课程.教材.教法,2007,27(7):23—27.

现，比如多边形内角和公式的获得，从平面图形到几何体过程中各要素的变化等等。

例题：

(1) 已知，AD，$A'D'$ 是 $\angle BAC$ 和 $\angle B'A'C'$ 的角平分线，问 AD 和 $A'D'$ 的长度是否相等？

【解析】通过全等三角形的性质，学生能很快推理出 AD 和 $A'D'$ 的长度是相等的，这个过程即合情推理的过程，下一步是要去证明这个结论正确，考验了演绎推理的过程，因为两个三角形全等，所以有 $AB = A'B'$，$\angle B = \angle B'$，$\angle BAC = \angle B'A'C'$，又因为 AD，$A'D'$ 是 $\angle BAC$ 和 $\angle B'A'C'$ 的角平分线，所以 $\angle BAD = \angle B'A'D'$，所以 $\triangle ABD \cong \triangle A'B'D'$，所以 $AD = A'D'$。

第三节　统计内容的研究

经济全球化和信息社会的飞速发展，人们随时都会受到来自广播、电视、报纸、杂志、网络等媒体的大量信息和数据的冲击，比如新闻中常常出现的国内生产总值(GDP)、居民消费价格指数(CPI)的涨幅、全国城镇单位在职职工的平均工资数、春节晚会最喜爱的节目调查等等，这些信息迫使人们去分析、处理这些数据和信息，并做出相应的判断。收集、整理与分析数据，并对信息进行甄别的能力成为信息时代每个公民的基本素养。

2001 年义务教育阶段课程标准的颁布，以及 2003 年高中数学课程标准的出台，把统计这一部分内容作为数与代数、空间与图形并重的内容，突出其重要地位。高中的必修 3、选修 1 - 3，2 - 3 及选修系列 4 - 7《优选法与试验设计初步》都有相关的统计内容。课程标准对统计的重视程度可见一斑。在这样的形势下，我国高中教学顺应经济社会发展的潮流，加强学生的统计教育，是信息社会不断发展和社会经济不断进步的需求。

"统计"是一门用科学方法收集、整理、汇总、描述和分析数据资料，在此基础上进行推断和决策的学科。[1]《高中数学课程标准(实验)》明确提出："高中数学课程的总目标是：使学生在九年义务教育数学课程的基础上，进一步提高作为未来公民所必要的数学素养，以满足个人发展与社会进步的需要。"[2]"数学素养"的培养成为了高中数学课程的总目标。值得思考的一个问题是：对应于统计教学，要培养学生哪些基本的数学素养？教师应采取哪些措施，提高学生的统计素养？因此，对统计素养的相关研究也是深化新课程改革的客观要求。

一、课程内容标准要求

以高中统计内容为例，《高中数学课程标准(实验)》(2003 版)规定的统计内容包括随机抽样、用样本估计总体、变量的相关性等若干主题，具体的要求如下：

(1) 随机抽样

① 能从现实生活或其他学科中提出具有一定价值的统计问题。

① M. R. 斯皮格尔，L. J. 斯蒂芬斯著，杨纪龙等译. 统计学[M]. 北京：科学出版社，2000：1.
② 中华人民共和国教育部. 普通高中数学课程标准(实验稿)[M]. 北京：人民教育出版社，2003：11.

②结合具体的实际问题情境,理解随机抽样的必要性和重要性。

③在参与解决统计问题的过程中,学会用简单随机抽样方法从总体中抽取样本;通过对实例的分析,了解分层抽样和系统抽样方法。

④能通过试验、查阅资料、设计调查问卷等方法收集数据。

(2)用样本估计总体

①通过实例体会分布的意义和作用,在表示样本数据的过程中,学会列频率分布表、画频率分布直方图、频率折线图、茎叶图,体会它们各自的特点。

②通过实例理解样本数据标准差的意义和作用,学会计算数据标准差。

③能根据实际问题的需求合理地选取样本,从样本数据中提取基本的数字特征(如平均数、标准差),并作出合理的解释。

④在解决统计问题的过程中,进一步体会用样本估计总体的思想,会用样本的频率分布估计总体分布,会用样本的基本数字特征估计总体的基本数字特征;初步体会样本频率分布和数字特征的随机性。

⑤会用随机抽样的基本方法和样本估计总体的思想,解决一些简单的实际问题;能通过对数据的分析为合理的决策提供一些依据,认识统计的作用,体会统计思维与确定性思维的差异。

⑥形成对数据处理过程进行初步评价的意识。

(3)变量的相关性

①通过收集现实问题中两个有关联变量的数据作出散点图,并利用散点图直观认识变量间的相关关系。

②经历用不同估算方法描述两个变量线性相关的过程。知道最小二乘法的思想,能根据给出的线性回归方程系数公式建立线性回归方程。

二、课程内容标准解读

"统计"的教育价值主要体现在:

1. 有助于培养学生归纳思维的能力

处理统计问题的思维方式和传统的数学思维方式有所不同,它是一种归纳的思维方式,传统的数学思维更强调演绎。在统计教学中,通过收集数据、利用图表整理和分析数据、求出数据的数字特征、进行统计推断,这个过程是通过对数据的处理,归纳出数据特征的过程。统计这部分内容,是培养学生归纳思维能力的较好的载体。

2. 有助于进一步培养学生的随机思想

在自然科学和社会科学以及当前市场经济中,人们碰到了越来越多的随机现象。对随机现象有一个较清楚的认识,成为每一个公民文化素质的基本要求。随机现象有两个最基本的特点,粗略地说是:结果的随机性和频率的稳定性。"随机性"是指:重复同样的试验时,所得的结果并不相同,以至于在试验之前无法预料结果;"稳定性"是指:在大量重复试验中,每个试验结果发生的频率"稳定"在一个常数附近。出现频率偏离概率较大的情形是可能的,这是随机现象的特性。

任何一种研究,总是把未知的、不认识的事物逐渐变成已知的、可以认识的事物。

于是,有人错误地以为对随机现象的研究将使事先无法预料的结果最终变为可以预料的结果,甚至期望摸彩票能中奖,赌博能赢钱。殊不知,随机现象的特点就在于事前无法预料其结果,无论你如何研究都不会改变这一特点(除非你发现它不再是随机现象,从而不再是概率论研究的对象)。换句话说,掌握了随机现象的规律并不意味着改变了"结果的随机性"。

统计的教学,应注意培养学生的随机思想,例如,解决统计问题的第一个步骤是收集数据,我们有不同的方法来收集数据,无论是随机抽样,还是分层抽样等,都渗透着随机的思想。随机思想是概率的重要概念,是认识随机现象和统计规律的重要思想,随机思想渗透在统计的过程中,这两部分内容联系非常紧密,在中小学阶段,统计的分量要更大一些。在高中阶段,随机思想和统计思想的介绍分为两部分,在必修中,设计了概率初步和统计初步的内容;在选修1-2和选修2-2中,设计了统计案例;在选修2-3中,设计了对于概率的进一步理解,理解随机变量和一些离散的随机变量模型。目的是通过高中阶段的学习,进一步发展学生的随机观念。

3. 培养学生统计论断的批判性思维能力的重要载体

统计学科的特点决定了是否能够对统计结论进行合理的解释,成为是否具备"统计素养"的重要表现。由于媒体呈现的统计信息通常会受到其宣传目的的影响,而采用了特定的数据收集和呈现方式,以使得到的统计结果能说明自己的观点。因此,对相关的统计论断进行批判性思维是统计素养的一个重要组成部分。引导学生对其统计结论进行反思:调查结果和预想的结论一致吗?你能对统计结论进行解释吗?不一致的原因是什么?是研究设计的问题?还是统计方法的问题?还是数据处理的问题?通过这种方式,让学生认识到:统计思维不同于其他数学思维,统计调查是一个逐渐改进和完善的过程,是逐渐靠近真理的过程。在这个过程中,逐步培养学生对统计论断进行批判性思维的能力。

4. "统计"教学的核心——全面提高学生的统计素养

统计素养是指能够利用所学的统计知识,对实际生活中与统计有关的现象进行解释;能够对其统计论断进行批判性思维,并将其作为决策的依据。统计知识是知识因素,统计活动是过程性的因素,能否对统计论断进行批判性思维是衡量是否具有统计素养的重要表现;统计的情境背景会对统计素养产生直接影响。这四个因素是密不可分、互相影响的。

统计知识是统计素养的基础。如果不具备相应的统计知识,谈不上具备统计素养。值得思考的一个问题是:什么是构成统计素养最基本的统计知识?数据收集的过程和方法(抽样方法、便利抽样的不足,抽样过程,样本的大小,样本的组成对统计结果的影响等);基本的统计概念和表达数据信息的方法(百分数、中位数、平均数、标准差、极差等);基本的统计图和统计表格制作的方法和基本思想(各种不同的统计图表的适用范围和代表的意义);处理数据的基本方法(样本估计总体的思想等)。

数据本质上是有一定情境的数字,因此,对统计论断的思考,离不开统计问题的情境背景。学生对统计问题情境的理解程度,会影响其对统计结果的理解和解释。

而学生是否能够在实际情境中,结合其中的统计数据,对结论进行判断和解释,并进行批判性思维,是学生是否掌握统计学科规律的重要判断标准。高一学生对统计结论的批判性思维水平如何?其影响因素有哪些?学生亲自参与一个统计活动过程,对批判性思维的发展有什么影响?在高中统计教学中应如何培养学生的批判性思维能力?这些都值得我们老师们去思考,去研究。

三、教学建议

(一)理解从普查到抽样

虽然统计中一些概念,像数据的平均数、方差等,在初中都已学过。但老师应该明确:在初中我们讨论的问题大都是"普查"的数据。例如,全班同学的身高等。那时,得到的全体数据,形成的是"总体"。算出的分布、平均数、方差。是"总体"的分布、"总体"的平均数、"总体"的方差。而到抽样时,尽管我们还是希望得到这些信息。但我们却得不到。我们得到的只是样本的分布、样本的平均数和样本方差。二者是有本质区别的。后者是随机的。而常见的三种随机抽样是简单随机抽样、系统抽样和分层抽样。

随机抽样的样本能很好地反映总体的状况。在抽样的过程中,样本的随机性很关键,这是建立随机思想的重要载体。不同的抽样方法得到的是不同的数学模型(样本的分布不同)。常用的假定是:样本是独立同分布的(粗略地说,独立是指每次抽样和前面的抽取无关,不能因为这次抽到一个男孩身高较高,下次就故意去找一个身材较矮的等等),即假定抽样是有放回的,这是实际问题的一个近似,我们要确保在实际问题中的样本是否真正是随机的。例如,一些心理学实验是由志愿人员完成的,可能缺乏代表性。一些数据只来自某个学校或某个医院,并非随机抽样等等,由此得到的结论就会产生偏差。

典型例题:

(1)为了解某地区的中小学生的视力情况,拟从该地区的中小学生中抽取部分学生进行调查,事先已了解到该地区小学、初中、高中三个学段学生的视力情况有较大差异,而男女生视力情况差异不大。在下面的抽样方法中,最合理的抽样方法是(C)。

A. 简单随机抽样　　B. 按性别分层抽样　C. 按学段分层抽样　D. 系统抽样

【解析】因为总体中所要调查的因素受学段影响较大,而受性别影响不大,故按学段分层抽样。

(2)(2013安徽卷)某班级有50名学生,其中有30名男生和20名女生,随机询问了该班五名男生和五名女生在某次数学测验中的成绩,五名男生的成绩分别为86,94,88,92,90,五名女生的成绩分别为88,93,93,88,93。下列说法一定正确的是(C)。

A. 这种抽样方法是一种分层抽样

B. 这种抽样方法是一种系统抽样

C. 这五名男生成绩的方差大于这五名女生成绩的方差

D. 该班男生成绩的平均数小于该班女生成绩的平均数

【解析】分层抽样是按照比例的抽样,由于男女生人数不同,抽取的人数相同;系统抽样是按照一定规则的分段抽样,故题中抽样方法即不是分层抽样也不是系统抽样。又五名男生的成绩的平均数为90,方差为8,五名女生成绩的平均数是91,方差为6,但该班所有男生成绩的平均数未必小于该班所有女生成绩的平均数.故选项 C 中的结论正确,选项 D 中的结论不正确。

(二)注重读图能力及将给定数据转化成统计图表能力的培养

统计图表的读图、识图和画图能力的培养是高中统计教学的重点。在"统计"教学中不应该单纯地讲授图表的制作,数字特征的计算,机械地套用公式。而应该从提取信息的角度比较各种方法的优劣,了解它们的适用范围。让学生体会用统计方法处理问题的全过程(抽样、整理数据、提取数字特征、给出统计结论、对结论的讨论)。教师在讲授时不应只让学生掌握方法(方法都不困难,但有的教师把这部分内容讲成了如何画图表),而应侧重于说明:如此整理数据后(或某一统计图表),能告诉我们哪些信息。还要让学生理解不同的整理方法,不同的图表的特点。例如,把学生的学习成绩从小到大排列,并把相同分数的归为一类,这样可列成一个表或画出一个散点图。从该表(图)我们很容易得到如下信息:学生的最高分,最低分是多少,不及格的有几个人,得到任一分数,例如 85 分的学生人数等。但是,当我们处理的数据是连续变量,例如某种产品的重量,这种方法就不方便了。当数据很多时该方法也不方便。这时人们常用直方图或只给出某一范围内的数据个数。例如,得分在 80 分到 89 分之间的学生人数,等等。这是更常用的方法。但它是以丢失一部分信息为代价的,即由直方图人们无法恢复原来的数据。当然丢失的数据可能对我们要处理的问题没有用处。在这部分教学中应从得到信息的角度出发,分析各种方法和图表的优劣,并鼓励学生自己给出新的方法。

识图、读图的能力是概率统计教学中的核心问题,能够读懂统计图表中数据的意义,并抽取有效信息是解决概率统计问题的基础。很多同学解决概率统计问题的困难就在于不能读懂给定图表中数据的意义,不能将数据进行有针对性的提取与应用。高中阶段要求学生能够读懂的统计图表有:饼状图、直方图、茎叶图、散点图、折线图等。

典型例题:

(1) 某中学举行了一次田径运动会,其中有 50 名学生参加了一次百米比赛,他们的成绩和频率如下图(左)所示。若将成绩小于 15 秒作为奖励的条件,则在这次百米比赛中获奖的人数共有___11___人。

(2) 在如下图(右)所示的茎叶图中,乙组数据的中位数是___84___;若从甲、乙两组数据中分别去掉一个最大数和一个最小数后,两组数据的平均数中较大的一组是___乙___组。

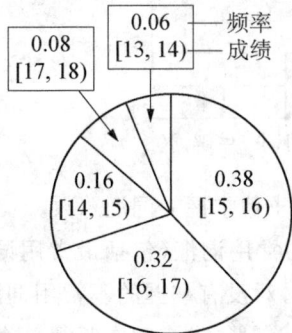

甲组		乙组
9	0	9
x　2	1	5　y　8
7　4	2	4

(3) 左边茎叶图记录了甲、乙两组各五名学生在一次英语听力测试中的成绩(单位:分)。

已知甲组数据的中位数为 15,乙组数据的平均数为 16.8,则 x,y 的值分别为(　C　)。

A. 2,5　　　　　B. 5,5　　　　　C. 5,8　　　　　D. 8,8

【解析】因为甲组数据的中位数为 15,由茎叶图可得 $x=5$。因乙组数据的平均数为 16.8,则 $\dfrac{9+15+(10+y)+18+24}{5}=16.8$,解得 $y=8$,故选 C。

(4) 某校从高一年级学生中随机抽取部分学生,将他们的模块测试成绩分成 6 组:$[40,50)$,$[50,60)$,$[60,70)$,$[70,80)$,$[80,90)$,$[90,100]$ 加以统计,得到如下图所示的频率分布直方图。已知高一年级共有学生 600 名,据此估计,该模块测试成绩不少于 60 分的学生人数为(　B　)。

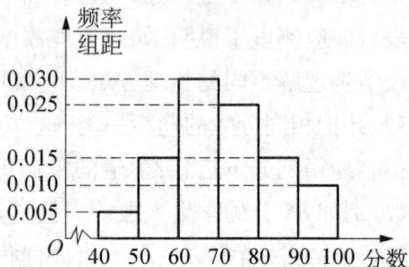

A. 588　　　　　B. 480　　　　　C. 450　　　　　D. 120

【解析】成绩在 $[40,60)$ 的频率 $P_1=(0.005+0.015)\times 10=0.2$,成绩不少于 60 分的频率 $P_2=1-0.2=0.8$,所以成绩不少于 60 分的学生人数约为 $600\times 0.8=480$ 人,故选 B。

(5) 2013 年在中央电视台综合频道(CCTV - 1)热播的《中国汉字听写大会》引发各个学校汉字听写热潮。汉字听写大会根据《汉语大词典》、《现代汉语词典》、《辞海》等词源共计 8 万余词中选取 6 万词,每轮听写的词组都是从这 6 万个词中随机选取,小明代表学校参加北京市举办的汉字听写大会预选赛,小明同学不同常用词频的词汇(其中 1—10 000 为最常用词,10 001—20 000 为常用词,20 001—30 000 为次常用词,30 001—40 000 为不常用词,40 001—60 000 为生僻词)掌握率如下:

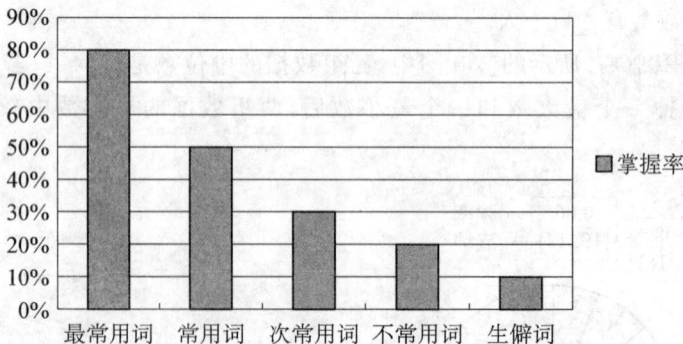

① 根据小明对不同词汇的词汇掌握率直方图,求他掌握的词汇总数。

② 在听写大会过程中,小明可以对没有掌握的常用词汇(包括最常用词,常用词,次常用词)根据题意语境写出词组的概率为 16.5%,对没有掌握的不常用词汇(包括不常用词和生僻词)根据题意语境写出词组的概率为 6.5%,求小明在听写一个词组时书

写正确的概率。

　　③ 每轮书写正确可以进入下一轮,书写错误则被淘汰,总共 3 轮,全部书写正确者颁发书写金牌,设小明可以过的轮数为 ξ,求 ξ 的分布列和期望。你认为小明得到奖牌的可能性大吗? 为什么? 小明为了能够顺利过关,想集中进行针对性复习,你有什么建议? 依据是什么?

　　【解析】① 小明掌握的词汇总数为:

$10\,000 \times 80\% + 10\,000 \times 50\% + 10\,000 \times 30\% + 10\,000 \times 20\% + 20\,000 \times 10\% = 20\,000$ 小明掌握的词汇总数为 2 万个。

　　② 设小明在听写一个词组时能够书写正确为事件 A,则事件 A 包含两种情况,一种是如果听写词组是小明掌握的词汇,小明书写正确,这种概率是 $P(A_1) = \dfrac{1}{3}$;另外一种情况是听写词组不是小明掌握的词汇,小明书写正确,则这种情况的概率为:

	最常用词 (1 万)	常用词 (1 万)	次常用词 (1 万)	不常用词 (1 万)	生僻词 (2 万)
掌握的词汇	8 千	5 千	3 千	2 千	2 千
未掌握	2 千	5 千	7 千	8 千	1 万 8 千

$$P(A_2) = \frac{(2\,000 + 5\,000 + 7\,000) \times 16.5\% + (8\,000 + 18\,000) \times 6.5\%}{60\,000}$$

$$= \frac{2\,310 + 1\,690}{60\,000} = \frac{4\,000}{60\,000} = \frac{1}{15}$$

$$P(A) = P(A_1) + P(A_2) = \frac{2}{5}$$

　　③ 设小明可以过的轮数为 ξ,则 ξ 的取值可以为 $0,1,2,3$,对应的概率为

ξ	0	1	2	3
P	$1 - \dfrac{2}{5} = \dfrac{3}{5}$	$\left(1 - \dfrac{2}{5}\right) \times \dfrac{2}{5} = \dfrac{6}{25}$	$\left(1 - \dfrac{2}{5}\right) \times \left(\dfrac{2}{5}\right)^2 = \dfrac{12}{125}$	$\left(\dfrac{2}{5}\right)^3 = \dfrac{8}{125}$

$$E(\xi) = 0 \times \frac{3}{5} + 1 \times \frac{6}{25} + 2 \times \frac{12}{125} + 3 \times \frac{8}{125} = \frac{78}{125} = 0.624$$

　　小明能够通过的轮数的期望是 0.624,因此小明能够获得金牌的可能性很小。针对性训练应集中对生僻字进行,因为生僻字总量大,而小明掌握的情况又比较差,短期的训练效果明显。

　　很多同学在做这个题目时,读不懂给定题目中二联表数据的意义,不能将数据进行正确的分析处理,从而导致不能得分。

（三）深化对样本的数字特征的理解，用样本估计总体

除了对数据进行整理外，人们还用这些数据生成一些新的数，用它们来反映这组数据的特性，给出我们需要的信息。比如平均数，中位数，极差，标准差等。有的老师把这部分内容讲成了数据的加减乘除和它们的简便算法，这是不合适的。应该清楚的是，这些数字特征的作用和意义。比如平均数，它反映了"中心"位置这一重要信息。在许多情形下，人们关心平均数胜于关心所有的数据。对农作物常常只关心平均亩产量，而不太关心具体的某一亩的产量。不关心某一具体男孩的身高，而关心 18 岁男孩的平均身高，等等。应该注意的是，平均数尽管比具体的某一数据重要，但它显然不能和数据整体来相比。平均数是由全体数据确定的；反过来，仅仅知道平均数是无法决定这组数据的。教师应该让学生认识到这些数字特征反映信息时的优劣，即它们的不同适用范围。

比如学习标准差，对学生的要求是：会算出给定一组数据的标准差，但是对标准差的统计意义是什么？标准差可以用来刻画一组数据的什么特征？在进行数据分析时，选择标准差来表述数据的原因是什么？在教学时要注重分析统计量在刻画数据中的作用及意义，从而使得学生在解决实际问题时，能够利用所学知识理解和解释实际现象。例如：调查某学校高中学生的身高情况，会合理选取样本，能从所抽取的样本中提取数据信息，能够分析样本的基本数字特征（如平均数、标准差），再对这些数字特征作出合理的解释。

典型例题：

（1）在发生某公共卫生事件期间，有专业机构认为该事件在一段时间没有发生大规模群体感染的标志为"连续 10 天，每天新增疑似病例不超过 7 人"。根据过去 10 天甲、乙、丙、丁四地新增疑似病例数据，一定符合该标志的是（　D　）。

A．甲地：总体均值为 3，中位数为 4　　　　B．乙地：总体均值为 1，总体方差大于 0

C．丙地：中位数为 2，众数为 3　　　　　　D．丁地：总体均值为 2，总体方差为 3

（2）为了考察某校各班参加课外书法小组的人数，从全校随机抽取 5 个班级，把每个班级参加该小组的人数作为样本数据。已知样本平均数为 7，样本方差为 4，且样本数据互不相同，则样本数据中的最大值为　　10　　。

【解析】 由已知可设 5 个班级参加的人数分别为 x_1, x_2, x_3, x_4, x_5，则 $\bar{x}=7$，

$$\frac{(x_1-7)^2+(x_2-7)^2+(x_3-7)^2+(x_4-7)^2+(x_5-7)^2}{5}=4$$

故 $(x_1-7)^2+(x_2-7)^2+(x_3-7)^2+(x_4-7)^2+(x_5-7)^2=20$

即五个完全平方数之和为 20，要使其中一个达到最大，这五个数必须是关于 0 对称分布的，而 $9+1+0+1+9=20$，也就是 $(-3)^2+(-1)^2+0^2+1^2+3^2=20$，所以五个班级参加的人数分别为 4，6，7，8，10，最大数字为 10。

能根据实际问题的需求合理地选取样本，从样本数据中提取基本的数字特征（如平均数、标准差），并作出合理的解释。会用样本的频率分布估计总体分布，会用样本的基本数字特征估计总体的基本数字特征；初步体会样本频率分布和数字特征的随机性。

会用随机抽样的基本方法和样本估计总体的思想,解决一些简单的实际问题;能通过对数据的分析为合理的决策提供一些依据,认识统计的作用,体会统计思维与确定性思维的差异。

(3)某车间共有 12 名工人,随机抽取 6 名,他们某日加工零件个数的茎叶图如下图右所示,其中茎为十位数,叶为个位数。

① 根据茎叶图计算样本均值。

② 日加工零件个数大于样本均值的工人为优秀工人,根据茎叶图推断该车间 12 名工人中有几名优秀工人?

③ 从该车间 12 名工人中,任取 2 人,求恰有 1 名优秀工人的概率。

1	79
2	015
3	0

【解析】① 由题意可知,样本均值 $\bar{x} = \dfrac{17+19+20+21+25+30}{6} = 22$。

② 因为样本 6 名个人中日加工零件个数大于样本均值的工人共有 2 名,

所以可以推断该车间 12 名工人中优秀工人的人数为:$12 \times \dfrac{2}{6} = 4$。

③ 因为从该车间 12 名工人中,任取 2 人有 $C_{12}^2 = 66$ 种方法,

而恰有 1 名优秀工人有 $C_{10}^1 C_2^1 = 20$。

所以所求的概率为:$P = \dfrac{C_{10}^1 C_2^1}{C_{12}^2} = \dfrac{20}{66} = \dfrac{10}{33}$。

(四)经历统计调查的完整过程

要发展和培养学生的统计素养,在统计学习的过程中让学生经历一个完整的统计调查活动是十分有必要的。学生通过统计调查活动,就能逐渐理解问卷的设计、样本的选取、分析方法的运用都会对统计结果产生影响,无论是怎样的统计调查,只有了解其调查研究的方法才能对统计论断是否可信进行判断。从而明确对统计结果保持批判性态度的必要性和重要性。

另一方面,学生进行一个统计调查,能对所学的统计知识和统计方法有更加深入的认识。正是在解决实际问题的过程中,才能逐渐把知识转化为能力,而拥有扎实牢靠的统计知识基础是学生能对统计论断进行批判性思维的前提。

此外,在统计教学中开展统计调查活动也是改变学生学习方式的一种方法和手段。研究者在组织学生进行统计调查活动过程中,在分析数据的环节,如何利用 Excel 对数据进行分析课本上并没有相关论述。可以鼓励学生充分利用网络资源,进行自学。学生通过上网查资料,很快就掌握了相关方法,完成了相应的数学分析工作。而且统计图表类型多样,运用的也十分到位。而且不同组之间互相帮助,参与统计调查活动的 17 个小组均很好地完成了数据分析的任务。因此,统计调查活动为学生的发展提供了平台,对学生数学素养的培养是十分有益的。

在统计教学中培养学生的批判性思维,要注重批判性技能和方法的传授。可以从哪些方面提出相关的批判性问题,见表 3-1:

表 3-1	提出与统计信息相关的批判性问题
统计教学中 如何提出 批判性问题	1. 这些数据是从哪里来的(相关论述的基础是什么)？这属于哪种类型的研究？在这个情境中,这种类型的研究合乎情理吗？ 2. 有没有用到样本？样本是如何抽取的？有多少人参加了抽样？样本足够大吗？样本包括了有代表性的人群吗？在某些方面样本是否不全面？总之,由这个样本得出有关目标人群的相关结论合理吗？ 3. 得出报告的数据采用的工具和措施(测试、问卷调查、访谈)可靠性和精确度如何？ 4. 原始数据(或者作为统计推理基础的数据)是什么分布？对这个数据而言,分布的形状重要吗？ 5. 报告采用的统计方法对这种类型的数据是否适用？比如用平均数来总结序数相关的结论,是一个合理的模型吗？采用的数据分析方法得出的结论会不会曲解了数据本来代表的意义？ 6. 统计图画的恰当吗？有没有正确描述数据的变化趋势？ 7. 其中的概率陈述是怎么来的？有没有充分可靠的数据验证这个似然估计？ 8. 总体上看,所得的结论是基于数据而得出的合理结论吗？比如,数据和结论的相关性大吗？数据可能没有很大差别,得到的结论却很夸张。 9. 有没有其他的信息和方法帮我理解和评价所给结论的正确性？什么信息被漏掉了吗？比如作者是不是"习惯性的忘记"了所报告的百分数变化的数据来源或者忘记说样本的大小？ 10. 对于统计结果及产生原因有没有其他解释方法？比如是不是有什么干预或者助长效应的干涉变量影响了结果？有没有其他附加的和不同的意义这里并没有提到？

这 10 个问题,目的是培养学生批判性思维的能力。这 10 个问题的层层推进,引导学生怎样从统计知识的角度,从数据的来源到统计结论的得出进行相关的思考,客观真实地看待所得到的结论和数据。通过这 10 个问题的思考,能形成对于统计结论比较客观的认识。对在教学中应如何培养学生的批判性技能很有借鉴意义。

第四节　数学探究和数学建模的研究

《普通高中数学课程标准(实验)》指出:"数学探究、数学建模、数学文化是贯穿于整个高中数学课程的重要内容,这些内容不单独设置,渗透在每个模块或专题中。高中阶段各至少应安排一次较为完整的数学探究、数学建模活动。"[1]而义务教育阶段数学课程标准虽没明确指出数学探究等相关概念,但仍有通过数学活动的设计和实现提高学生数学素养的相关要求。在注重学生数学素养培养的大环境下,数学探究,数学建模和数学文化等相关内容应在教学实践中应得到足够的重视。

一、数学探究
(一) 数学探究内容分析指标的构建

《普通高中数学课程标准(实验)》指出:"数学探究即数学探究性课题学习,是指学生围绕某个数学问题,自主探究、学习的过程。这个过程包括:观察分析数学事实,提出

① 中华人民共和国教育部.普通高中数学课程标准(实验)[M].北京:北京师范大学出版社,2003:98.

有意义的数学问题,猜测、探求适当的数学结论或规律,给出解释或证明。"在数学探究活动的进行中,学生作为活动开展的主体,通过小组合作,自主探索,成果交流等形式对内容进行学习。教师应作为数学探究课题的创造者,组织者,指导者以及合作者,给予学生指导和帮助,并对探究活动的开展进行组织。在教材的适当位置应出现数学探究的相关专题,供学生和教师参考,选择和使用。

　　根据徐斌艳的研究,①将数学探究内容分为 5 个要素:情境表述、问题表述、活动组织形式、活动类型和教材上下文的关系,下图展示了分析指标的具体结构。

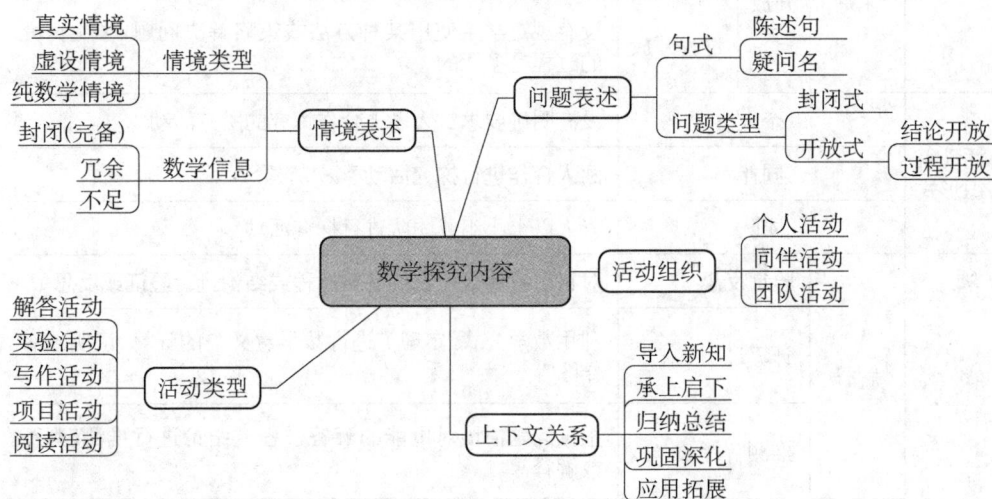

图 3-4

数学探究内容
分析指标
结构图

　　各指标的含义描述如下表所示:

指标	详细划分		说　明
情境表述	情境类型	真实情境	来自日常生活、外部现实世界(自然、艺术、体育、人文等),或文学作品、科幻作品等的故事情节
		虚设情境	有一定现实依据的构造情境
		纯数学情境	纯数学问题表述
	教学信息	封闭(完备)	所含全部数学条件刚好用于解决数学探究问题
		冗余	含有多余的数学信息(条件)
		不足	所提供的数学信息(条件)不足以解决问题,需要补充条件

表 3-2

数学探究内容
分析指标
分析表

---

① 徐斌艳.高中数学教材探究内容的分析指标体系及比较研究[J].课程.教材.教法,2012,32(10):35—40.

续 表	指标	详细划分			说 明
	问题 表述	句式	陈述句		直接陈述一个数学事实、任务或活动要求,句末一般用句号表示
			疑问句		用询问或者反问等方式表示数学任务或活动要求,句末一般用问号表示
		问题 类型	封闭式		答案和解答方法都唯一
			开放 式	结论开放	没有预设的结论,学生探究的结论是多元的
				过程开放	没有规定学生使用某种方法或策略解决问题,学生探究的过程是多元的
	活动组 织形式	个人			没有明确要求二人以上合作探究的所有活动
		同伴			两人合作进行探究活动
		团队			三人以上小组或团队进行探究活动
	活动 类型	解答	验证反思		对自己或他人已有的解答过程或结论进行验证或反思
			计算证明		利用数学公式、定理等进行数学意义上的计算、证明或者作图等
			推测解释		根据问题情境对可能的解答过程或结论进行推测、判断或解释
		实验	信息技术类		借助信息技术(如图形计算器、几何画板等)试验性地探索问题,经历数学化过程等
			科学类		设计或参与小型的物理、化学、生物等实验,观察分析实验中的数学
			日常生活类		通过日常的活动(游戏、体育等),体验发现活动中的数学规律
		写作	对概念的写作		以文字报告或展板等形式表达数学概念
			对结论的写作		以文字报告或展板等形式呈现探究结论
			对过程的写作		以文字报告或展板等形式呈现探究问题的过程与方法
		项目	文本作品		围绕某主题活动,并以文本类作品作为活动成果
			实验作品		围绕某主题活动,并以实物类作品作为活动成果
			电子作品		围绕某主题活动,并以电子或计算机类作品作为活动成果
		阅读	有问题		阅读文本,并回答所提问题
			无问题		仅阅读文本,不需回答问题

续　表

指标	详细划分	说　　明
上下文本关系	导入新知	探究内容仅与其后面单元或知识点有联系
	承上启下	探究内容与其前后的单元或知识点有联系
	归纳总结	探究内容仅与其前面单元或知识点有联系
	巩固深化	探究内容旨在训练或加深上面的内容
	应用拓展	探究内容被应用于其他数学内容或其他学科内容中,或被扩充

(二) 教材中的数学探究内容

人民教育出版社出版的义务教育课程标准实验教科书(数学)和普通高中课程标准实验教科书(数学)中设置"阅读与思考""实验与探究(探究与发现)""观察与猜想""信息技术应用"等版块,均属于数学探究的范畴。初中教材在部分章节包括专题的课题学习,以及在每一章节最后设有"数学活动"的版块,高中教材在部分章节最后设置"实习作业"的版块,也一并纳入数学探究的部分中。经过仔细观察不难发现,教材中所涉及的数学探究内容多,覆盖面广,几乎渗透在每个知识点体系中。以下选取部分内容进行举例说明:

(1) 教材中呈现了许多阅读材料,如八年级上册教材第 186 页"阅读与思考"中介绍了杨辉三角,作为整式章节完全平方公式的概念推广应用,其基于杨辉三角的故事背景,首先简单介绍了杨辉三角的形式,以及三角中数的规律特点,展示了杨辉三角中的数作为二项式展开系数的规律,并要求学生根据规律自行推断高次二项式展开的系数。作为一个简单的推断探索实例,其中蕴含了归纳推理等数学思想,并向学生展现了数学文化上以及一些必要的历史性知识。"阅读与思考"版块多会以故事或事实描述的形式出现,其中规律性的内容大都已为学生概括好并直接呈现在学生面前,其探索性相对较弱,但作为知识的补充和深化,其中仍然有知识性的内容供学生补充掌握,并且部分内容还与其他学科有所联系,若学生能对这种形式的相关概念进行数学上的探究也能体现其作为辅助工具对主要知识点掌握,对学生综合素养提高的促进作用。

(2) 高中数学 A 版选修 2-1 教材中第 75 页在圆锥曲线的光学性质及其应用中,通过对现实情境中现象的介绍,体现出圆锥曲线的应用性,并介绍了圆锥曲线的性质:从焦点出发的光线经过圆锥曲线反射后呈现各具特点的光路形态。材料只是描述了性质和现实生活中的应用,并没提出更多思考性的内容,但很容易就能让人想到"光路为什么会呈现这种规律"类似的问题,其作为数学和物理课程的结合有进一步思考的空间,也可视为数学探究内容。

(3) 教材中"实验与探究(探究与发现)"部分的内容则更接近与数学探究的范畴,它需要学生动手实践更具备探究性。如九年级上册教材第 126 页的设计跑道,要求学生设计一个 400 米的环形跑道,它注重跑道在现实中所具有的要素以及合理性,教材为学生提供了部分指向性的帮助,如提示学生思考跑道长度对确定起点的作用,跑道中圆的半径的作用,并要求学生自行查阅相关资料。这是一个常规的数学探究问题,具有一定现实意义的问题背景以及较为固定的探究结论和过程,学生在探究过程中需进行信息的查阅,相关数据的计算以及合理性的推断,该部分内容在圆的这一章出现,是对圆这一几何图形的具体应用。当然,若是考虑更多的现实问题,并要求学生生成探究结果的报告即可形成一套完整的数学探究学习。

(4)高中教材中的"探究与发现"的内容更偏向纯数学的思考,高中数学 A 版必修 4 中三角函数的章节第 41 页中要求利用单位圆中的三角函数线研究正弦函数和余弦函数的性质。这是纯数学情境下的数学探究,要求学生利用单位圆中的三角函数线(与坐标轴垂直的线段)研究三角函数的性质。材料中提供了研究原理,方法和部分的研究结果,并提出让学生验证诱导公式等其他性质的问题,这些过程中均要求学生对探究的内容进行思考,类比,总结归纳和应用。

(5)高中数学 A 版必修 1 第 76 页"探索与发现"要求学生探索互为相反数的两个函数图像之间的性质。材料的内容很简单,即提出上述问题,并提供 5 个疑问供学生思考,诸如首先让学生画出的图像,在图像上寻找部分点并找出它们关于的对称点等。其图像关于对称的结论虽然简单,但材料中提供了数学探索的一般思路和过程,作为简单的探索同样具有其自己的价值。

(6)七年级下册教材第 11 页"观察与猜想"版块,介绍看图时的错觉,材料列举呈现了部分易产生视觉误差的图形,要求学生通过观察对图形进行比较,并运用工具测量验证自己的结论。该部分内容普遍通过视觉的表征要求学生进行观察并对所观察到的现象予以思考,具有一定的趣味性。

(7)课程标准中特别要求注重信息技术与数学课程的整合,教材中也出现了很多与信息技术有关的内容供学生进行探究式学习,"信息技术应用"版块即是对此的呈现。如九年级上册第 76 页,运用画图软件探索旋转的性质,材料介绍了绘制图形并将图形进行旋转变换的操作步骤,要求学生按步骤操作并进行观察和思考。又如高中数学 A 版选修 1-1 第 99 页,图形技术与函数性质,主要介绍图形计算器和数学软件对函数图像的绘制以及从而得到的各种函数性质的呈现。该板块的内容往往是信息技术类的实验和电子作品类的项目,部分学校开设信息技术相关的课程如 TI 计算器,几何画板的教学,是对课本教材内容的深入,同样是信息科技类数学探究活动的进一步实践。

(8)初中数学教材在部分章节中设置"课题学习"作为一小节出现,是必修的教学内容要求在教学活动中开展。如七年级上册第 166 页,第三章第四节,调查"你怎样处理废电池"。要求学生以小组为单位,自行设计问卷,进行调查,处理数据,交流汇报。作为统计部分"数据的收集与整理"这一章的实践性活动,该课题学习是典型的数学探究活动,教材给出了活动的过程和要求,整个过程在现实中实践,要求有完整的问卷,结果和报告,并进行交流,是对这一章节学习内容的巩固深化。"课题学习"的内容多要求学生进行完整的数学探究学习,是教材对于课程标准关于数学探究要求的直接体现。

(9)高中教材中则相应设置"实习作业"的小节,如高中数学 A 版必修 5 第 26 页,

第一章第三节实习作业,要求学生根据该章节所学知识(解三角形),自行选取问题,进行测量,获得并分析数据,并完成报告,相互交流。内容自由度较大,相应的学生可在其中发挥的空间大,是调查研究的体验教学,同样是典型的数学探究活动内容。又如高中A版选修2-2第61页,走进微积分,要求学生以小组为单位,收集,阅读并交流微积分相关的历史资料,并形成报告,该部分内容要求学生自行对微积分的内容进行深入探索,从而巩固所学知识。

(10) 初中的教材在每一章最后还设有"数学活动"的版块,该部分内容与所在章节联系密切,多为具有现实背景的数学问题,是生活中的数学,有一部分能够并要求学生在现实中实验,部分基于现实情境但实验难度较大,该板块内容具有一定的探究性,但普遍难度仍属于较易。九年级下册第68页活动1要求学生通过相似三角形的原理探索测量旗杆高度的方法,活动2要求学生探索艺术字的立体成像原理。材料均来源于现实生活,基于所学的数学原理,是数学应用的体现。

(11) 高中课程标准中的选修系列3和系列4属于专题拓展学习,课程标准虽要求学生选择修满其中的部分学分,但由于其内容较多,选择面广,对数学知识也有一定程度的深入,部分与大学数学的联系更为紧密,所以将其一并列入数学探究的内容研究。其中也包括了对必修课程以及选修1,2内容的深入,如选修4-3的数列与差分,选修4-4坐标系与参数方程等,另外选修3-1特别涉及数学文化和数学史的选讲,如选修4-9的风险决策则与数学建模有着密切的联系。选修系列3和系列4的设置,作为深入学习的材料,由于难度的加大,会比必修和选修1,2的内容更具探索性,是学生数学素养培养和知识面拓展的一个不错的选择。

(三) 数学探究活动开展的情况

数学探究学习所涉及的面非常广,任何源于课程标准并深入于课程标准的内容均可纳入其中,如问题解决,课题学习,调查研究,数学实验,信息化数学学习等。随着课程标准中对数学探究相关要求的提出,探究式学习与教学在我国也逐渐受到关注。但在现实开展中仍会遇到各种问题,具体的开展情况是否达到预期,数学探究活动给予学生的收益到底有多大,类似的问题还得打上一个问号。

首先,数学探究问题的界定是十分不明晰的,这导致了"为探究而探究"情况的出现,许多教师为了完成数学探究的任务专门设计数学探究的活动,这显得刻意而又突兀。数学探究应融入日常数学的教学中,特别是课堂环境下的数学教学,正如前文所提到的,数学问题的解决特别是数学概念的诠释及对数学本质的深入挖掘,数学实践活动的融入均可在发生在日常教学活动中。即使是简单的概念梳理和总结同样可以作为数学探究的形式出现,重要的是数学探究需注重学生自主的参与过程。所以,在开展过程中大可利用手边可得的内容和资源,不必刻意安排设计。

当然,探究性课题作为对学生探索能力培养的手段仍然可以作为数学探究活动的主要部分。但在现实教学过程中,由于评价上的困难和缺失,操作的繁琐,以及管理和时间上的不足,数学课程中开展的探究性学习的具体实践情况仍不容乐观,很少有学生能在初中或高中阶段完成一次完整的,经历课题选取,过程设计,资料查询,深入研究,开展实施,汇总分析,形成报告,交流总结等过程的课题研究。更多的是被教师和学生当成任务完成,这与数学探究的设置目的存在偏差。另一方面,作为一套完整的过程,在具体实践中,似乎中间环节更被重视,而两端的环节被弱化,这样的过程既不利于学生相关探究素养的正确培养,也会造成重视程度理解上的偏差。

最后,数学探究活动中数学软件、图形计算器等工具的使用,对学校教学资源的投入,教师相关技能的掌握提出了更高的要求。

数学探究活动作为向学生展现数学实用性和趣味性,激发学生数学学习兴趣以及自主探索能力的良好渠道,应得到更多的关注和研究。

二、数学建模

(一)数学建模

数学建模应是数学探索的一部分,当然,其作为数学的一个分支有其自身的特点和价值,课程标准中提出:"数学建模是数学学习的一种新的方式,它为学生提供了自主学习的空间,有助于学生体验数学在解决实际问题中的价值和作用,体验数学与日常生活和其他学科的联系,体验综合运用知识和方法解决实际问题的过程,增强应用意识;有助于激发学生学习数学的兴趣,发展学生的创新意识和实践能力。"2003 年《普通高中数学课程标准》同时给出了数学建模过程的框图:

图 3-5

数学建模
过程框图

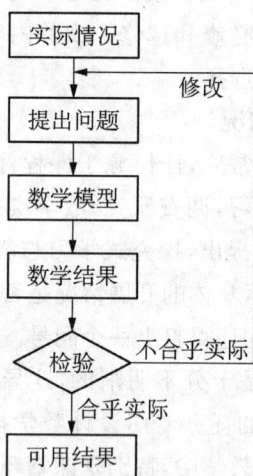

数学建模并非仅关注于建模过程,而是整个数学建模活动的过程,即解决现实所面临问题的过程都应得到关注,在此,我们引入布鲁姆(Blum)的建模循环(modelling cycling)①,如图 3-6,该图详细描述了数学建模作为问题解决过程的循环过程。

① Blum,W. *Can modelling be taught and learnt? Some answers from empirical research* [M]. //Kaiser G, Blum W, Borromeo Ferri R, Stillman G (eds) Trends in teaching and learning of mathematical modelling. Springer, New York: 15 - 30.

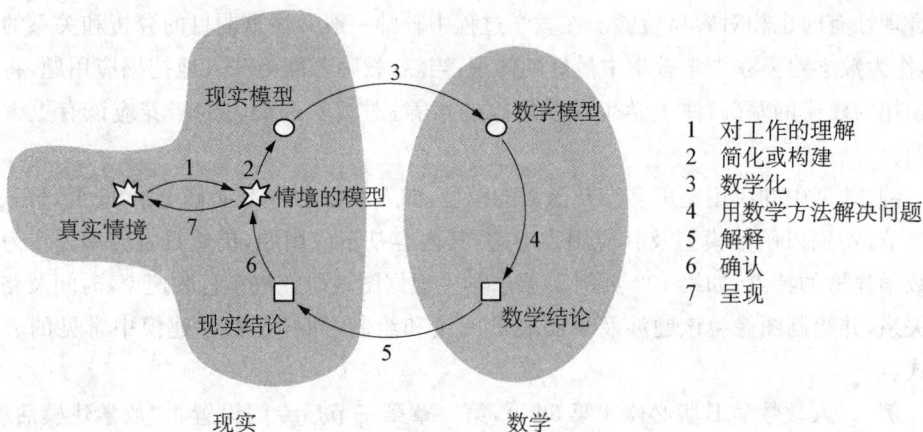

图 3-6

建模循环图

1　对工作的理解
2　简化或构建
3　数学化
4　用数学方法解决问题
5　解释
6　确认
7　呈现

这样的循环联结现实情境和数学过程,其中各个环节的转化过程至关重要,从真实的情境到现实模型的建立是分析问题的关键步骤,是我国学生所欠缺的,其要求分析者对情境的状况,趋势,各个指标等有系统的分析和预估,并建立起合适的模型。所谓模型即能找到合适的工具去描述所分析的内容,这往往并不容易,却被我们所忽视而缺乏训练。需要指出的是从现实结论回归到现实情境的相关步骤,既是检验呈现的步骤又是不断完善的步骤。

(二) 教材中数学建模内容的研究

教材中对于数学建模并未特别设置相关专题或章节,但部分知识,例题,习题,活动等,均有类似数学建模思想的呈现。人教版教材中数学建模的内容主要分为以下几点:

1. 应用题的呈现

应用题是基础教育中数学建模所呈现的最直接,最广泛,也是最简单的形式。学生从小学起就接触应用题,数学应用题往往会设置现实背景,无论是取自实际还是虚构出的情境,都会以文字以及数据描述,学生需要通过阅读理解,理清量与量之间的联系,列出算式,方程或函数进行解答,最后,规范的要求还需要学生写答句或结论。这是一个简单的数学建模过程,但由于其过于浅显,以完整的数学建模过程评价似乎还欠缺某些部分,如现实模型的建立,模型与结论的解释等。其实,应用题的求解过程并非不包含所有过程,只是在教学中列式和求解的部分被过分强调,以至于其他部分的呈现并不明显,比如应用题直接将现实模型到数学模型的过程合并成了列式的过程,这些将在之后的部分中有所讨论。基于以上分析,将应用题作为数学建模的一部分体现是合理的。如下例分析:

例1. 人教版七年级上册第 84 页,第二章第三节,从"买布问题"说起——一元一次方程的讨论。该节由买布问题引入,买布问题是一道简单的应用题,其描述为顾客用 540 卢布买了两种布料共 138 俄尺,其中蓝布料每俄尺 3 卢布,黑布料每俄尺 5 卢布。问两种布料各买了多少?应用题作为数学建模问题,提供给学生的信息一般无过多冗余,更注重对所涉及部分的相关概念的呈现,学生可采用题中所给数据直接进行建模,在这个问题中寻找价格与长度之间的关系,并建立数学模型,即方程,当然解方程和写答句的过程是呈现结果的过程。应用题可以有不同的数学模型,但有相对固定的结论,其合理性有时也相对容易检验。在教学过程中教师一般会注重题目的分析和关系的整理,作为数学建模在中学教学中最好的体现,当然,教师若能更深入地挖掘应用题,将应用题作为建模的基础,注重学生建模思想的培养,对教学和能力的培养应该有更大的帮助。

例2. 高中的应用题更多涉及函数的模型,如人教数学A版必修1第95页,第三章第二节,特别以函数模型及其应用为专题,其内容基于应用题,仍然具备应用题作为简单数学建模的特点,如第102页例3,要求学生根据图表研究汽车行驶速率,时间及路程等关系,并绘制图像。该题涉及了图表的阅读和绘制,同样是数学建模中常见的表征形式。

例3. 人教数学B版必修4第69页,第一章第三节后专门设置了"数学建模活动"的专题,其中对该章节内容在数学建模的视角下进行了阐述,并向学生介绍了课程标准中数学建模的过程,列举了一个建模问题要求学生进行探索,问题中列举了关于潮汐的时间和水深。这个问题仍然偏向应用题,因为题设中所示数据很少,问题中也明确指出用三角函数作为模型,之后相关的问题围绕所建立的模型的深入应用展开,提示性较强,属于高中函数应用问题的典型套路。

2. 实践性探究和课题学习中的数学建模

数学探究中的建模相比应用题往往更具开放性和探究性,其呈现模式也更接近于数学建模,但有时对学生的要求并非进行完整的建模过程,特别是求解和获得结论的过程并未呈现。有教师会专门设计并实施研究性课题,若涉及数学模型的呈现,即是较为成熟的数学建模过程。

例4. 人教数学A版选修1-2第19页,第一章"实习作业",要求学生进行调查统计学生的身高体重,并提出以下问题:学生的身高和体重之间的关系可以用什么模型刻画?中学生喜欢文科还是理科,是否喜欢足球,是否喜欢音乐与性别有关?并给与相关提示。当然,数据的调查和收集并非数学建模的内容,但寻找其关系则必须经历数学建模的过程。学生需寻找一个较合适的模型来体现相关数据的关系。学生需对数据进行初步分析,寻找可能的联系,这是现实模型的建立,再根据自己的判断寻找合适的数学模型套用或是将现实模型以某种形式数学化。

3. 数学建模问题的专题学习

课程标准的专题3和专题4中存在部分专题即是数学建模的学习,以人教数学A版选修4-9为例。

例5. 选修4-9介绍风险与决策,介绍了风险与决策的相关概念,怎样评估风险,怎样进行决策,介绍决策树方法和马尔可夫链等,并对风险与决策进行敏感性分析。该问题从现实问题出发,需思考过程中的一系列要素和关系,选择并建立合适的数学模型,求解模型并进行相关分析,最后得出结论,是标准的数学建模过程,且由于教材需要介绍风险与决策的内容,更偏向数学模型的介绍,这也是数学建模教学的另一个侧重点。

(三) 数学建模的教学

由于中学生数学知识储备的局限,数学建模仅能解决一小部分简单的或较理想化的问题,中学数学中数学建模内容的选择和编制是实际开展过程中遇到的比较大的挑战。另外,由于课程标准中并未特别明确地提出数学建模活动的具体开展流程和方法,在教材中也无相关明确的表述,这对实际教学带来了麻烦和不确定性,教师会疑惑于如何开展教学,以及教学材料的选择,从而导致教学活动的偏离和在某种程度上的忽略。

关于应用题教学,教师虽注重过程的分析,但实际效果和学生的反馈仍然不佳,部分学生从小便惧怕应用题,逐渐形成心理阴影;还有些学生文字阅读能力和信息筛选能力低下,导致无法形成正确的关系;另外,对所学知识及所应运用知识掌握的不到位也是造成困难的原因之一。应用题的优质教学在低年级中极其重要,教师应引导低年级学生做好应用题解决中的每一步,包括题目的阅读,量的寻找,关系的确立,列式和解答,[①]每步都应受到足够的重视。应用题作为数学建模入门的材料,如何帮助学生形成数学建模素养和意识是关键。

此外,其他建模问题的选择也是教师所应关注的。应用题难度太易不具一般性,而与特殊数学模型有关的问题太过深入,不具普适性。教师在教学中仍应将学生素养和意识的培养作为关键,它使富有创造性思维的想法成为可能,比如路灯为何以这样的距离设置? 在特定温度下使室温保持多少最为舒适又环保? 甚至"某种树木的树叶为什么呈某形状"类似的问题都能挖掘其背后的数学原理,其关键在于学生的探索及模型构建的过程。

数学模型的介绍也是数学建模教育的重点,它包括了求解模型的过程和方法。教师可向学生介绍常见的问题,如最易遇到的最优化问题,趋势预测等问题。并把目光放在现实模型的构建过程中,以及如何将其数学化,转化为数学模型。[②]

最后,应关注数学建模论文的写作。作为数学建模过程的环节之一,论文的写作并非简单的结论的呈现,而是对整个建模过程的详尽回顾,检验和再整理。数学建模论文的写作应贯穿于整个数学建模的过程中,而非所有工作都完成后再开始提笔。当然,要求中学生形成完整的论文未必现实,以竞赛的标准要求平时的建模活动也未必合适,但无论写的水平如何,关键是写作过程的存在,以文字的形式思考整个建模过程,有助于培养学生的问题意识,应用意识,树立建模思想和观念,[③]同时,对学生研究规范性的初步培养也有帮助。

关键术语

中学数学　　教材内容　　课程标准

讨论与探索

1. 讨论:结合某一具体中学数学教材中的某一代数内容,分析和处理教材,指出教材编写的意图以及该内容在教材中的地位和作用。

---

① 黄思銮.中学数学应用题教学三部曲[J].中国教育学刊,2005(10):57—59.
② 封平华,李明振.高中数学建模教学策略研究[J].教学与管理,2013(24):127—129.
③ 唐安华.开展中学数学建模论文写作活动的认识和实践[J].数学教育学报,2001,10(4):63—66.

2. 讨论：结合某一具体中学数学教材中的某一几何内容，分析和处理教材，指出教材编写的意图以及该内容在教材中的地位和作用。

3. 讨论：结合某一具体中学数学教材中的某一统计内容，分析和处理教材，指出教材编写的意图以及该内容在教材中的地位和作用。

4. 结合当前教学实际，谈谈在高中教学中如何组织学生开展数学探究和数学建模活动？

本章概要

　　课程设计与教材编写是影响"学习机会"的重要因素,而其中数学内容的定位、选择与编排是数学课程和教材研究的重点。一方面,20世纪以来,数学学科的发展异常迅速,一些新的数学内容已成为公民的必要素养,一些传统的内容在现代数学观点下也有了新的理解和处理;另一方面,中学阶段已无法给数学课程留下过去那样多的学习时间。因此,数学课程必须聚焦一些核心的数学内容和思想方法。

　　经过20世纪90年代的酝酿和论证,许多国家都在20世纪之初修订了数学课程和教材,经过十余年的实验和修订,这些课程和教材已趋稳定。与国外研究相比,我国的数学课程研究比较多集中在对大纲或者课程标准的研究上,对数学教材的研究较少。目前我国还缺乏成规模的、有理论框架和分析工具的研究。本章从国际比较角度出发,考察当前高中数学核心内容的定位、选择与编排,希望为我国高中数学课程标准及其教材的修订提供参考。

通过本章的学习你能够：

- 理解当前中学数学教材国际比较研究的背景、意义、目标及内容
- 了解数学教材比较研究的具体内容、方法和结论

本章内容结构

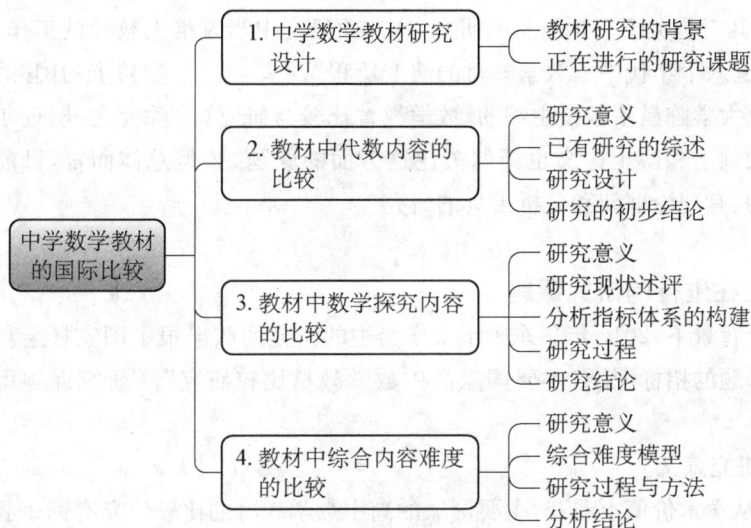

第一节　中学数学教材研究设计

一、教材研究的背景

几次重大的数学教育国际比较研究（如 IAEP，TIMSS，PISA 等）都表明，一个国家的课程和教材对学生的学习和成就有重大的影响，为此，在国际比较领域提出了"学习机会"的概念。研究显示，"学习机会"是影响学生数学成就的一个主要因素，而课程的设计与教材的编写又是影响学生"学习机会"的一个重要因素。例如，美国著名的数学课程专家施密特（Schmidt）指出："高水平的成就不仅与社会阶层和个体能力有关，而且与课程学习机会有很大的联系。美国学生之所以表现不佳的一个重要原因是没有统一的核心课程。美国八年级学生主要学习的是算术，而其他国家的八年级学生都已经在学习代数和几何"。[①] 也正因为如此，一些学者呼吁："教材事关重大"。经过 20 世纪 90

---

① Schmidt，W. H.，McKnight，C. C.，Valverde，G. A.，Houang，R. T. & Wiley，D. E. *Many Visions*，*Many Aims*：*A Cross- National Investigation of Curricular Intentions in School Mathematics* [M]. Norwell，MA：Kluwer Academic Press，1997：154.

年代的酝酿和论证,世界各国都在 21 世纪之初对本国的数学课程和教材进行了修订。经过十年的实验和修订,许多国家的数学课程和教材到今天已经趋于稳定。

而我国自 21 世纪初数学课程改革以来,遵循着"一纲多本"原则,若干套高中实验教材陆续在各地使用,师生在使用贯穿着较新理念的教材的过程中遇到不少困惑。但是与国外研究相比,我国的数学课程研究比较多集中在对大纲或者课程标准的研究上,对数学教材的研究较少。我国在数学课程包括教材方面的研究起步相对较晚,主要包括以下几个方面的工作:其一是介绍和引进国外的一些数学课程理论研究,如豪森的《数学课程发展》;①其二是我们自己的数学课程理论研究,如丁尔升主编的《数学现代课程论》;②其三是关于数学教材的研究,这方面研究中当首推人教社的工作,如陈宏伯的"建国后五六十年代中学数学教材的演变历程";③其四是一些初步的国际比较研究,如华东师范大学陈昌平教授主编的《数学教育比较与研究》;④除此之外,近年来有许多数学教育的硕士和博士论文也开始关注这方面的课题。⑤但总体而言,目前我国还缺乏成规模的、有理论框架和分析工具的研究。

二、正在进行的研究课题

在这个背景下,2010 年华东师范大学为主的研究团队申报了国家社会科学基金教育学重大课题的招标课题"主要国家高中数学教材比较研究",⑥研究课题得以立项并开展。

(一) 研究意义

首先,从学术价值上看,对主要国家的高中数学教材的比较研究有助于我国的课程理论建设。在数学课程研究领域,一般划分为以下几种课程:

图 4-1

潜在实施
课程

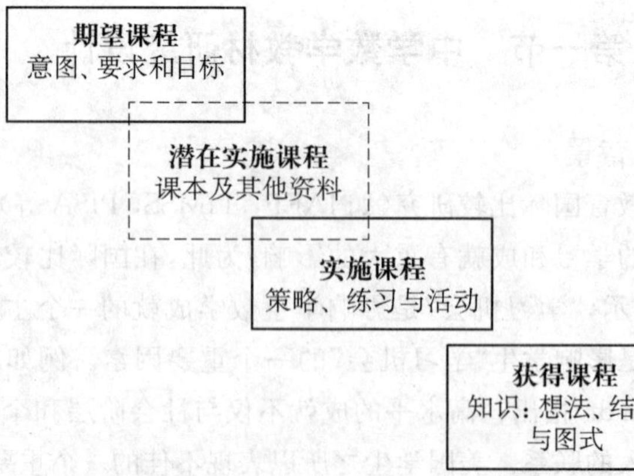

期望课程
意图、要求和目标

潜在实施课程
课本及其他资料

实施课程
策略、练习与活动

获得课程
知识:想法、结构
与图式

① G. 豪森等著,周克希、赵斌译. 数学课程发展[M]. 上海:上海教育出版社,1992.
② 丁尔升. 现代数学课程论[M]. 南京:江苏教育出版社,1997.
③ 陈宏伯.建国后五六十年代中学数学教材的演变历程[J].数学通报,2007(5):17—22.
④ 陈昌平.数学教育比较与研究[M].上海:华东师范大学出版社,2000.
⑤ 鲍建生.中英初中课程综合难度的比较研究[M].南宁:广西教育出版社,2009.
⑥ 王建磐.主要国家高中数学教材的比较研究[J].课程·教材·教法,2011(7):105—106.

其中,起关键作用的是"潜在实施课程"(包括教材和其他教学辅助资料)。以往我国的数学课程研究,比较多的集中在期望课程(大纲、标准)上,对数学教材的研究较少。从目前国外的研究来看,对课程和教材的理论研究也是一个热点问题。在2010年3月7日—13日举行的APEC数学教育会议(泰国,苏梅岛)上,亚太经济圈的各国教材的比较是其中的一个重要推广项目之一。此外,教材往往是一个国家的教育理念、甚至是文化传统的集中反映,因此,对教材的深入比较研究,也有助于理解其他国家的教育情况。

其次,从应用价值上看,对主要国家的数学教材的比较研究有助于我们理解国际数学课程的发展趋势和我们自己的教材建设。从一些已有的研究可以初步看到,我国的数学教材无论在内容的深广度、编写风格、组织结构,还是综合难度、例习题的数量等方面与一些国家都有差异。虽然这种差异不能简单地说孰是孰非,但通过深入的比较,可以更好地看清我们自己的问题,使我们的教材建设更加科学、规范与实用。

(二) 基本内容

课题"主要国家高中数学教材比较研究"的主要目的在于了解主要国家高中数学教科书编写的主要特点及发展趋势,在此基础上与我国各教科书进行全面的比较,认识其共同之处,了解其差异之处;对于我国教科书与发达国家和地区教科书的差异作出恰当的价值判断,以便深入思考我国教科书改革、改进与发展的方向。这里选取的主要国家包括美国、德国、英国、俄罗斯、法国、日本、新加坡和中国。研究内容包括四个方面。

1. 数学教材核心内容的组织与呈现方式

从世界各国的数学高中教材的内容设置来看,高中数学的核心内容主要包括:代数、几何、概率统计、微积分、数学探究与建模活动。其中,前四块大多按照知识的结构体系展开,而第五块内容既渗透在前四块内容之中,也包含一些系列的穿插在各块内容之间的综合活动。对核心内容的比较研究主要包括三个问题:(1)对主要国家高中核心内容的体系、结构、篇幅、异同点进行统计比较;(2)比较这些内容的组织和呈现方式、栏目和版面设计以及活动设计等特点;(3)比较这些内容纵向和横向的关联性。[1][2]

2. 对数学教学基本任务的教材设计

数学教学有三个基本任务:概念理解、技能习得与问题解决。虽然国际数学教育界都一致认为要实现这三个基本任务之间的平衡,但各国的具体处理仍有较大的差。例如,研究表明,在数学概念的设计方面大体上有两种形式:陈述的(stated)和探究的(developed)。陈述的是指,由教师或者学生简单地提出,不作解释和推导。例如,教师在黑板上解决问题时,提醒学生要用到勾股定理,这里的重点是信息本身,而不是信息的推导。探究的则是指教师,或者教师和学生一起去解释和推导概念,目的是增加学生对概念的理解。推导的形式可以是证明,实验或者两者结合。TIMSS的研究表明,美国与德国和日本的教材相比,概念更多的是陈述的,不需要学生自己探究和形成。课题研究一方面将考察数学核心概念和技能在各国高中数学课程中的发展过程;另一方面则

① 陈月兰.主要国家高中代数教学内容的组织与呈现方式的比较研究[J].中学数学月刊,2011(1):38—39.
② 叶立军.主要国家高中几何教学内容的组织和呈现方式的比较研究[J].中学数学月刊,2011(1):39—40.

聚焦例题和习题的设置,侧重于考察各国高中数学课程在问题解决方面的编制途径。①

3. 对数学教材特征的比较研究

数学教材一般有许多方面的特征,这一课题将重点考察两个方面:其一是数学教材的难度特征,在大多数国家的学生眼里,数学是学校课程中最难学的科目之一,不同国家的数学课程在难度上也有着很大的差异。这种差异表现在许多方面,如数学问题的深度、复杂度,对数学外的知识的需求,解题的技巧性,数学推理的起点,数学问题的综合程度等等。②

除了难度特征以外,数学教材的另一个重要特征是文化特征。一方面,从 20 世纪 80 年代以后,"民族数学"的概念对许多国家的数学课程产生了重要的影响。数学教材中的数学史和数学文化方面的元素也就成为学生传承传统文化的基本途径;另一方面,数学除了知识技能及应用以外,更重要的是她本身就是一种文化。从文化的高度来建设数学课程,有利于提高学生的数学素养。

4. 现代信息技术在数学教材中的运用

随着计算机和网络的普及,数学教材与信息技术的整合已成为许多国家数学教材,特别是高中数学教材的普遍趋势。在许多国家的数学教材中,信息技术已经不单单是一种呈现的手段,也不仅仅是为了直观方便和激发兴趣,而已经成为数学探究(特别是数学建模)的重要内容、工具和途径。从目前我国的几套高中数学新课程的情况看,信息技术与教材的整合程度有较大的差异,在研究界也有许多相关的争论。因此,通过这方面的国际比较,可以为我国的教材建设提供相关的借鉴。③

(三) 预期目标

这一研究课题希望达到三个方面的预期目标:

1. 构建数学教材比较研究的理论模型和分析工具

在以往的数学教育国际比较研究(如 TIMSS)中,虽然也提出了一些可用于数学教材比较研究的理论框架和分析工具,但总体而言,不够系统,许多指标也不适合我国的特殊情况。因此,我们希望通过课程与教材比较的理论研究,构建一批符合我国数学教材实际情况的分析框架和研究工具(包括编码体系)。

2. 对主要国家的高中数学教材进行系统的梳理与分析

在理论研究的基础,我们将对上述八个主要国家有代表性的高中数学教材进行系统的梳理与分析。这里,一方面要围绕上述四个方面的内容形成研究指标,并对相关的教材元素和数据进行定性和定量的分析;另一方面还将对各国的教育背景(包括教育理念,课程目标,文化传统,社会特征,教育体制等)进行比较深入的剖析,这方面的工作将有助于对国际差异的理解与解释,也有助于我们对其它国家的教材经验的合理取舍。

3. 对我国与其它主要国家的高中数学课程的多角度比较

依据研究课题,从多个角度对我国与其它主要国家的高中数学教材进行比较研究,

① 邵光华.主要国家高中数学教材例习题设置比较研究[J].中学数学月刊,2011(4):33—34.
② 鲍建生.主要国家高中数学教材的综合难度及其难度特征的比较研究[J].中学数学月刊,2011(4):35.
③ 徐嫁红.主要国家高中数学教材中的技术运用的比较研究[J].中学数学月刊,2011(5):27.

为我国的高中数学教材改革和课程理论建设提供参考。

下面选取若干研究内容，介绍关于数学教材比较研究的具体内容、方法和结论。

第二节　教材中代数内容的比较

一、研究意义

代数是数学的基本和重要内容，数、式、方程和函数构成了我国学生学习代数的主要进程，是一条"基于方程"的体系，而美国则不然，他们走的是"基于函数"的代数体系路线，采用的是螺旋式编排方式。随着社会、科学和新技术的发展，代数内容也相应地发生着变化，比如日本在 20 年前就已删除了繁、难、偏方程，引入了算法、向量等新内容，函数内容的教学更偏向函数思想的培养，函数概念的建立帮助学生如何建立模型，选择模型等。[①] 本节将对主要国家（中国、美国、英国、法国、德国、日本、新加坡、澳大利亚）数学教材中代数内容进行系统比较研究。

二、已有研究的综述

随着 TIMSS、PISA 的发展，越来越多的研究者对各国教材进行研究分析，近几年来，国内也有许多研究者开始与国际接轨着手研究外国的教材以为我国教育提出意见。

分析现有数学教材比较的丰富文献，既有宏观研究，微观研究，又有相关背景研究与混合型研究。有代表性的，比如，史蒂文森（Stevenson）和巴奇（Bartsch）比较了日本和美国中小学数学教材中的主要内容，结果发现，日本教材对于知识的引入相对超前，而美国教材具有冗长、重复的特点。[②]

蔡金法等研究者专门建立了一个三维框架，从具体目标，内容范围和过程范围这三个层面分析了中国、韩国、新加坡、俄罗斯与美国小学教材是如何引入代数概念的。[③] 研究者发现，五个国家的教材都旨在加深学生对量的关系的理解，但在侧重点与方式上存在较大的差异。基于该框架，Nie 等研究者比较了标准教材（CMP）和传统教材（Glencoe Mathematics）对变量这个概念的处理方式上的差异。[④] 结果表明，CMP 将变量看作是变化的数量，并应用变量来表征关系。而 Glencoe Mathematics 主要将变量看成是占位符或未知数，并用变量来表示方程中的未知数。

李业平运用三维框架，从数学特征、背景特征、行为要求这三个维度对美国的五套

---

① 陈月兰. 日本高中新数学课程・教材・高考[J]. 数学教学，2006(1)：13—16.

② Stevenson, H. W. & Bartsch, K. An Analysis of Japanese and American Textbooks in Mathematics. In R. Leetsma & H. Walberg (Eds.), *Japanese Educational Productivity* [M]. Ann Arbor: Center for Japanese Studies, University of Michigan, 1992：103 - 133.

③ Cai, J., Lew, H.C., Morris, A., Moyer, C.J., Ng, F.S. & Schmittua J. The Development of Students' Algebraic Thinking in Earlier Grades: A cross-cultural Comparative Perspective [J]. *ZDM-The International Journal on Mathematics Education*, 2005.37(1):5 - 15.

④ Nie, B., Cai, J. & Moyer, J.C. How a Standards-based Mathematics Curriculum Differs from a Traditional Curriculum: with a Focus on Intended Treatments of The ideas of Variables [J]. *ZDM-The International Journal on Mathematics Education*, 2009(41):777 - 792.

教材及中国的四套教材中整数加减法部分的问题进行了比较分析。① 结果表明,中美数学教材在问题上的差异主要集中在"行为要求"上,较中国教材而言,美国教材中问题的行为要求更多样化。借鉴李业平的研究成果,宋(Son)从内容的组织呈现和问题的设置类型这两个角度出发,分析比较了韩美两国数学教材中分数乘除法的内容。② 研究发现,虽然两国课程都试图促进学生对分数乘除法的概念性理解,但在两国教材中,纯数学问题仍占主导地位,这说明课程期望与教材所呈现的内容之间存在差距。

卡勒蓝宝丝(Charalambous)等研究者建立了一个"横向+纵向"的二维框架,以分数的加减法为例,对塞浦路斯、爱尔兰和我国台湾地区的数学教材进行比较分析。③ 研究者从主要内容及其顺序、分数概念的建构、范例、任务的认知要求及作答类型等方面重点考察教材内容的呈现方式和相关任务对学生的期望。结果发现,相对于另外两种教材,我国台湾地区的教材能够给予学生更多的学习机会。

李业平对香港、中国大陆、新加坡和美国的八年级教材的研究表明美国代数教材中代数章节所占比例最高,最为强调代数,相反美国的其他四本教材是最不强调代数内容的。研究也表明,与这一致的是虽然教材覆盖的代数主题并不相同,但美国代数教材在代数主题覆盖上也是最为广泛的。④

综上所述,一方面不少研究者针对教材比较展开了一系列研究,教材研究的角度也呈多样化,如教材的整体结构,内容的呈现方式,问题的设置等。但目前的研究主要集中于义务阶段的教学内容,针对高中数学的教材研究分析还是比较少的,虽然国内有部分研究开始关注高中教材,但大多是将不同版本的教材作比较,但跨国、多国研究则相对较少。另一方面,对于框架研究者并没有形成共识,如何整合并完善研究框架,还值得进一步深入探究。

三、研究设计

(一) 研究问题

研究首先是宏观整体比较,主要以各国、各地区的教育体制、课程标准为主,了解主要情况及要求;其次是微观分析,从 3 个具体研究问题入手,即

(1) 各国在代数知识点上表现了哪些异同点(直线型,概念图)?

(2) 各国代数内容的呈现的特征是什么? 异同点在哪里(定义原理,概念,原理建立与理解,范例)?

① Li, Y. A Comparison of Problems that Follow Selected Content Presentations in American and Chinese Mathematics Textbooks [J]. *Journal for Research in Mathematics Education*, 2000(31):234 - 241.

② Son, J. A Comparison of How Textbooks Teach Multiplication of Fractions and Division of Fractions in Korea and in the U.S. In Chick, H. L. & Vincent, J. L. (Eds.) [R]. Proceedings of the 29th Conference of the International Group for the Psychology of Mathematics Education, 2005(4):201 - 208. Melbourne: PME.

③ Charalambous, C. Y., Delaney, S., Hsu, H.-Y. & Mesa, V. A Comparative Analysis of the Addition and Subtraction of Fractions in Textbooks from Three Countries [J]. *Mathematical Thinking and Learning*, 2010. 12, 117 - 151.

④ Li, Y. *A Analysis of Algebra Content, Content Organization and Presentation, and To-be-solved Problems in Eight-grade Mathematics Textbooks from Hong Kong, Mainland China, Singapore, and the United States* [D]. Unpublished doctoral dissertation, University of Pittsburgh, Pittsburgh, PA. 1999:1.

（3）各国教材对学生的要求上（问题联系，小结）有哪些特征？又表现出了哪些异同点？

以各套教材内容为主，对不同的处理方式进行定量和定性的比较。主要从宏观与微观两大视角分析，其中微观分析又分为横向与纵向两个方向，横向主要作数学内容的整体比较，有利于整体上把握数学内容；纵向比较为数学内容的细节比较，从具体指标入手对教材进行解剖处理，帮助整理了解各套教材的编写意图及编排特点。通过本研究框架的建立和完善为教材研究提供了一条可行的道路，丰富教材理论研究。

（二）研究对象

本研究考察的是中国、日本、美国、英国、法国、德国和新加坡7国高中数学教材，对应地分别选取中国人民教育出版社教材（以下简称人教版，用 RTB 表示），日本数研出版株式会社教材（以下简称日本教材，用 JTB 表示），英国选用剑桥大学出版社出版的 Core 1 - 4 for AQA 教材（以下简称英国教材，用 BTB 表示），美国选用 Pearson Education 出版社出版的 *PRENTICE HALL MATHEMATICS ALGEBRA 2*（以下简称美国教材，用 ATB 表示），法国选用的高中三个年级的教材出版社和出版时间均不尽相同，指对数内容在 Hachette Llivre 出版社的 *Déclic maths Terminale S* 教材（称为结业数学）中，三角函数分布在 Editions belin 出版社出版的数学 1（2010）和数学 2（2005）教材中（以下将这三本法国高中教材简称为"法国教材"，用 FTB 表示）；德国 Himmer AG 出版的教材（以下简称德国教材，用 GTB 表示），新加坡 Panpac Education 出版社出版的教材（以下简称新加坡教材，用 STB）。

（三）研究框架与方法

由于教材的上位纲领性文献是课程标准，即期望课程，它是教材编写的基本准则，因此也需要从整体上把握各国在教材编写时的理念、内容的选择、编排顺序、知识点和要求。具体研究方法包括：（1）文献分析。对有关国内外教材比较的文献进行了收集、梳理、分析、评价，特别是对具有研究框架的教材比较文献进行了重点研究分析。（2）框架设计。通过对各国课程标准、教材、相关论文的综合研究，再结合代数内容的特征设计了初步的代数研究框架。（3）框架的可行性检验。首先选取了中、美两国教材，以代数中的核心内容"对数"为载体进行预研究。根据预研究结论，对分析框架中指标等进行调整、补充。（4）完善指标体系。经过分析、讨论、尝试、修正最后研发了研究框架——跨国代数内容比较分析框架，详见图 4 - 2。

这里主要分析代数部分的概念、原理、范例、问题和小结。

概念是指教材中出现的定义（主要指醒目提示或加粗的部分），包括主概念与次概念。比如复数的代数形式为主概念，实部与虚部就是这个主概念下的次概念。对主要概念的分析分为概念建立和概念理解两部分，其分析指标为引入方式、理解手段、辅助图表、信息技术、相关范例问题等。而概念理解手段又分为语言说明理解和举例说明理解两种。

原理是指教材中出现的公理、定理、法则、公式（指重要的、醒目提示或加粗的部分）。对原理的分析分为原理建立、原理理解和原理掌握三部分，分析指标包括引入方式、证明方式、证明完整性、辅助图表、信息技术等。其中证明方式分为教材证明、学生

图 4 - 2

跨国代数
内容比较
综合框架

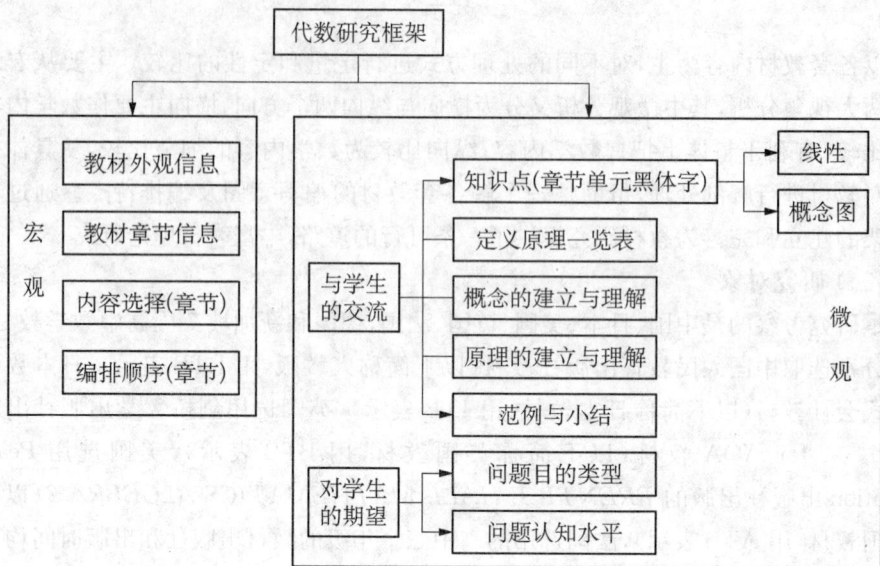

代数研究框架

宏观
- 教材外观信息
- 教材章节信息
- 内容选择(章节)
- 编排顺序(章节)

微观
- 与学生的交流
  - 知识点(章节单元黑体字)
    - 线性
    - 概念图
  - 定义原理一览表
  - 概念的建立与理解
  - 原理的建立与理解
  - 范例与小结
- 对学生的期望
  - 问题目的类型
  - 问题认知水平

证明、解释、归纳、举例、无证明 6 种。

这里主要通过概念和原理的比较来对各国的教学特点、内容呈现、内容要求有一个具体的认识,并帮助理解复数内容在各套教材中所处的地位。

范例则是指教材中演示某个特定步骤或技能的部分,但不局限于给出完整步骤与最终结果的例子,一般在前面会标有"例"、"例题"字样。小结则是指教材每章末总结本章内容的部分。

问题指教材中所有需要解答的疑问,包含例题、习题、旁白、阅读材料等部分中的所有已给出解答的及未给出解答的问题。问题类型包含问题类型及问题作答类型两部分。这里主要改进了李业平的研究提出的问题作答类型分类,[①]分为仅要求答案、实际操作、答案和数学陈述、解释和推理论证五种,以适应不同位置不同目的的问题。

总之,运用比较法,对 7 国教材进行编排结构、覆盖内容、教材内容呈现、范例、小结、问题类型等方面进行比较,以获得各国各教材间的一致性、差异性和优劣性,从而帮助反思我国两套教材的内容选取及编排设置。

另外,在对知识的广度、深度进行刻画时采用概念图工具,对所涉及的各知识点建立逻辑关系。对概念图中的宽度、长度和 HSS 进行统计,从而定量地对知识的广度、深度、复杂性等进行比较,试图通过概念图的比较对复数内容知识结构有一个宏观的、直观的认识。

四、研究的初步结论

(一) 宏观层面

宏观层面的研究主要分析内容整体安排、内容选择、编排体系等指标。从各国代数

① Li, Y. A Comparison of Problems that Follow Selected Content Presentations in American and Chinese Mathematics Textbooks [J]. *Journal for Research in Mathematics Education*, 2000(31):234 - 241.

内容选择来看,除日本外,中国不比其他国家少,但就具体某一个代数内容来说还是有些不足,比如函数部分,我们虽然有函数、幂函数、指数函数、对数函数、三角函数和反三角函数,看上去还是比较全的,但三角函数与幂函数这两部分可以增删一些内容。其他国家没有单独列出幂函数内容,像日本以分数函数、无理函数出现,安排在数学Ⅲ,而且三角函数安排在指对数函数之前,美国以根式函数出现,法国等以多项式函数出现。

　　对各个教材代数章节的编排、体例分析,得到如下概念导图。

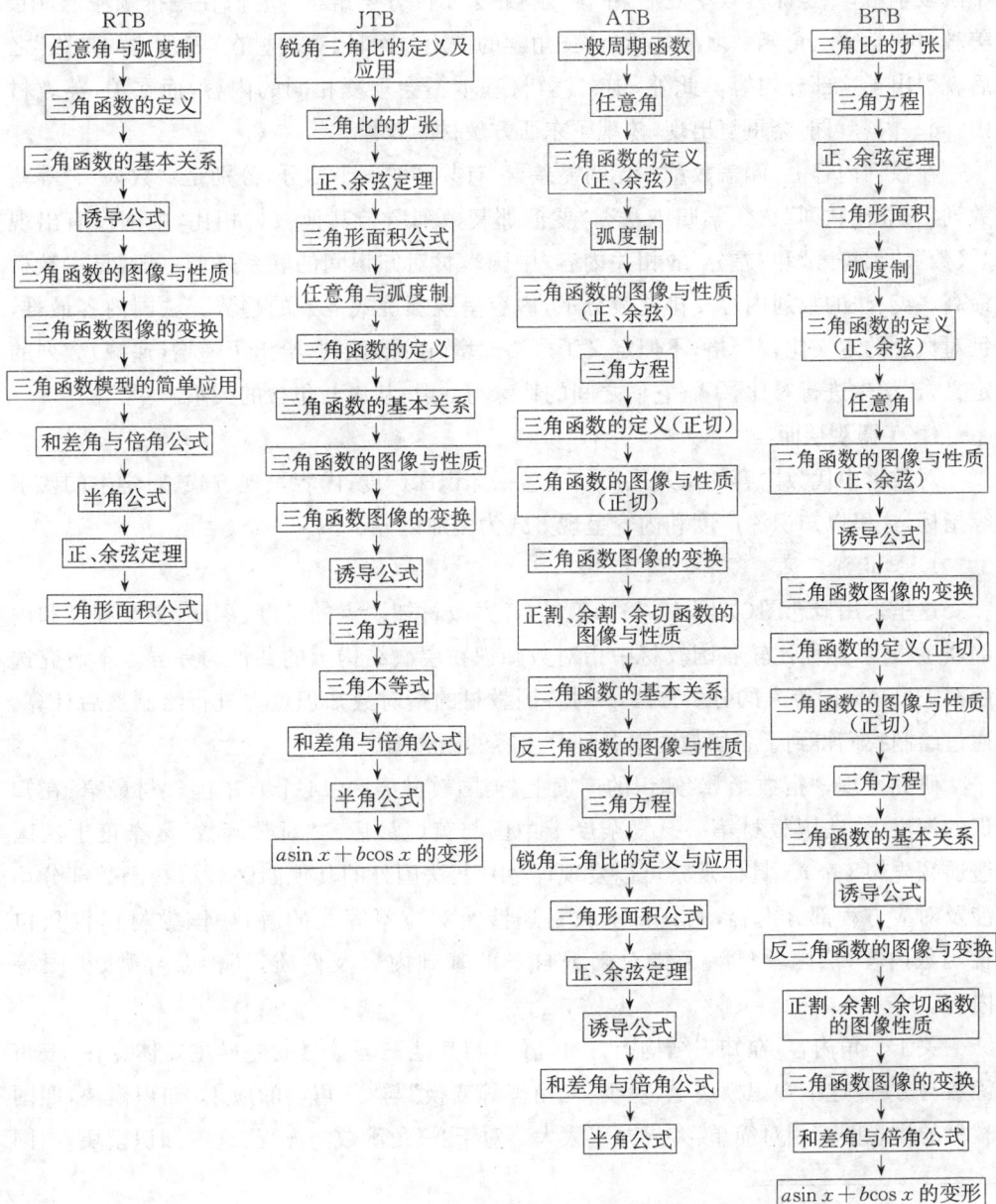

图 4 - 3

各国教材代数章节的编排与体例

RTB
任意角与弧度制 → 三角函数的定义 → 三角函数的基本关系 → 诱导公式 → 三角函数的图像与性质 → 三角函数图像的变换 → 三角函数模型的简单应用 → 和差角与倍角公式 → 半角公式 → 正、余弦定理 → 三角形面积公式

JTB
锐角三角比的定义及应用 → 三角比的扩张 → 正、余弦定理 → 三角形面积公式 → 任意角与弧度制 → 三角函数的定义 → 三角函数的基本关系 → 三角函数的图像与性质 → 三角函数图像的变换 → 诱导公式 → 三角方程 → 三角不等式 → 和差角与倍角公式 → 半角公式 → $a\sin x + b\cos x$ 的变形

ATB
一般周期函数 → 任意角 → 三角函数的定义(正、余弦) → 弧度制 → 三角函数的图像与性质(正、余弦) → 三角方程 → 三角函数的定义(正切) → 三角函数的图像与性质(正切) → 三角函数图像的变换 → 正割、余割、余切函数的图像与性质 → 三角函数的基本关系 → 反三角函数的图像与性质 → 三角方程 → 锐角三角比的定义与应用 → 三角形面积公式 → 正、余弦定理 → 诱导公式 → 和差角与倍角公式 → 半角公式

BTB
三角比的扩张 → 三角方程 → 正、余弦定理 → 三角形面积 → 弧度制 → 三角函数的定义(正、余弦) → 任意角 → 三角函数的图像与性质(正、余弦) → 诱导公式 → 三角函数图像的变换 → 三角函数的定义(正切) → 三角函数的图像与性质(正切) → 三角方程 → 三角函数的基本关系 → 诱导公式 → 反三角函数的图像与变换 → 正割、余割、余切函数的图像性质 → 三角函数图像的变换 → 和差角与倍角公式 → $a\sin x + b\cos x$ 的变形

在幂指对函数内容上,美国教材的内容最多,其次是德国,法国也是如此。从知识点结构安排上来看,中国和日本教材都在较少单元内涵盖所有知识点,每单元内知识点集中且分布较为平均;而其他教材都是在较多的单元内设置有限的知识点,这就导致这些教材中知识点在单元间分布零散且不均衡,但这从另一个层面来看则反映了这些教材中每个单元中的内容主题更为集中。

在三角内容上,虽然各国教材都重视三角学的学习,但中国教材的三角学内容要少,主要原因有两方面:一是中国教材将一部分三角学知识(如,锐角三角函数)放在初中阶段学习;二是课程改革之后,中国教材删去了部分三角学内容。在编排顺序上,中、美教材在学完三角函数之后才给出"三角学的应用",而日、英教材在"三角比的扩张"之后就引出了这部分内容。此外,中、日教材基本不会重复相同的内容,而在美、英教材中,同一内容可能会重复出现,体现了东西方教材的差异。

在数列内容上,涵盖数量并无明显差异,有共同的五个部分,分别是:"数列"、"等差数列"、"等比数列"、"数学归纳法"、"斐波那契数列";与其他教材相比,中国没有出现"级数"、"$\sum$符号"和"差分"的相关内容;中国教材对知识间的联系强调一般,日本教材最高。英、法的数列内容安排比较分散,内容呈现螺旋式上升的趋势。法国内容最难,且对概念的定义比较严格,不但定义了严格递增(递减)数列,给出了递增(递减)数列的定义,让学生进行对比,了解它们之间的特殊与一般,从属与包含的关系。

(二) 微观层面

对教材中代数内容的微观层面研究包括知识深广度、内容呈现方式、对学生的要求等指标,这里以知识深广度和内容呈现方式为例加以分析。

1. 知识深广度

这里采用概念图(如图 4 - 4)为工具,考察教材知识点的广度、深度、复杂程度和内部联系程度,从而比较各国教材中指对数知识在层次结构上的共性与差异。本研究选用霍夫(Hough)等人的分析方法,[①]对各国教材的指对数知识点先进行绘制然后计算。通过绘制我们得到了各国教材对各部分内容的概念图。

研究发现,"指数函数"知识的广度上,美国教材第一(14 个),中国教材最窄;在知识的深度上,法国教材第一。复杂度上中国与英国最后。"对数函数"复杂度上法国遥遥领先(18 个)。具体观察可以发现,除中国、法国外的其他四国教材在函数部分均涉及对应方程部分内容,尤其日本教材还涉及对应不等式的解;中国教材仅仅只包含函数内容;法国教材除了指对函数自身的基础内容及性质,还涉及导数、极限等内容。

关于三角内容,在知识结构上,中国教材与其他三国教材的差异主要体现在"三角函数与方程"这个知识模块上,对于"三角恒等变换"与"三角学的应用"知识模块,四国教材的概念图都相对简单,差异并不太大。对于"三角函数与方程"这一知识模块,中国

---

① Hough, S., O'Rode, N., Terman, N. & Weissglass, J. Using Concept Maps to Assess Change in Teachers' Understanding of Algebra: a Respectful Approach[J]. *Journal of Mathematics Teacher Education*, 2007(10): 23 - 41.

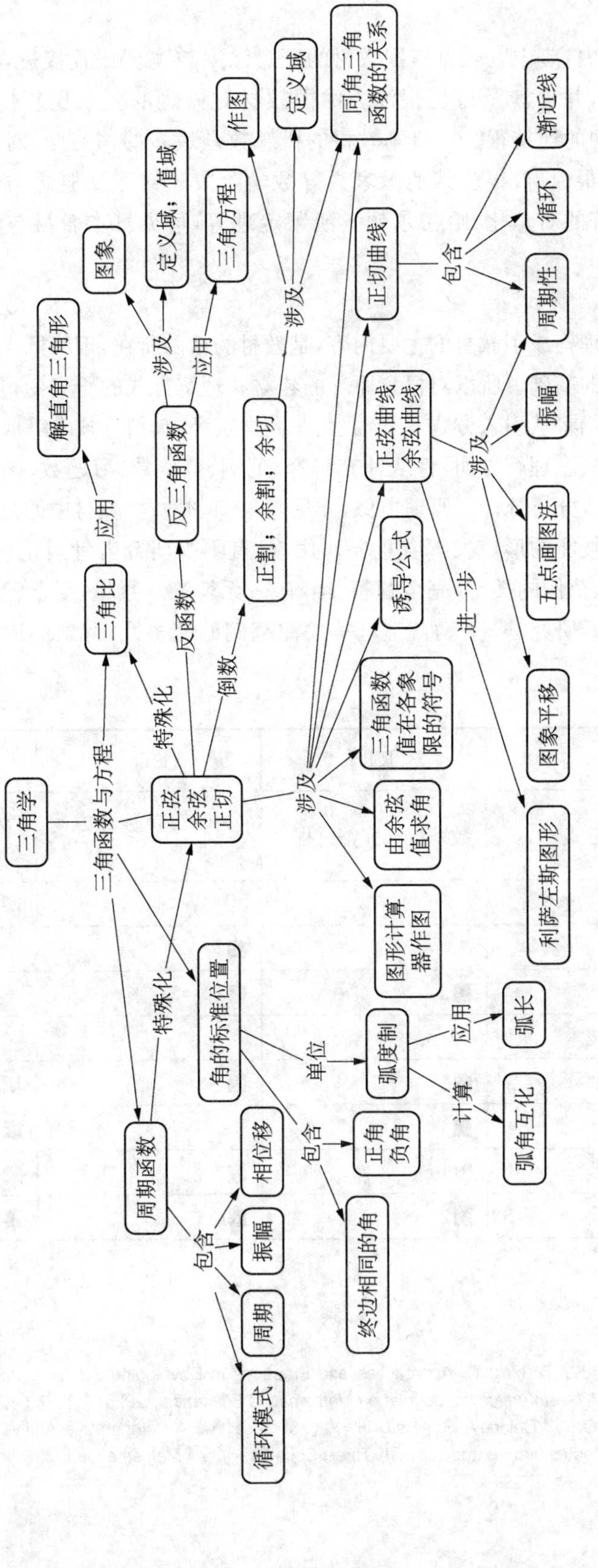

图 4 - 4

三角函数的概念图

教材对知识的挖掘程度更深,内部的联系也更加紧密,而日、美、英教材的知识广度更宽些。

关于矩阵内容,中、美、日三国教材的概念深度与宽度比较接近,而新加坡教材的概念数比较少,并且涉及得也很浅。中国教材对概念的要求比较低,多数是直接给出,且概念之间的连接很少。日本教材的概念数是最多的,并且它对矩阵运算相关概念的探究令人很惊讶,很多其他国家高等数学阶段才接触到概念出现在日本的高中教材中,如矩阵的对角化、哈密尔顿·凯莱定理等,可见日本教材与大学课程接轨较明显。

2. 内容呈现方式

概念和原理构成了教材的主要内容,是教材的精髓所在,理解概念和原理是学生学习数学最重要的基础。所以对概念原理的建立和理解方式的研究变得十分有必要。在概念建立中我们将从引入方式、图(数学、非数学)、旁白、信息技术等四个指标进行详细分析统计。在概念理解方面,将从补充解释、范例、范例数、习题数、图、旁白、信息技术等 7 个指标进行分析统计。原理类似,详见表 4-1、4-2。教材中的范例对于学生的知识获得和认知技能的形成发挥着重要作用,已有不少研究者针对范例进行比较分析。例如,李业平从范例的类型(完全解答;半解答;无解答),数量,复杂程度(一步或多步)这三个方面展开研究。[1] 卡勒蓝宝丝等关注范例的完整性、背景的运用、图片装饰、方法个数等方面。[2]

表 4-1 概念的建立与理解样例表

			RTB	STB	JTB
概念建立	引入方式		数系扩充完整过程	"为解决负数开方问题"	"为使 $x^2 = k$(不论 k 正负)都有解"
	图	数学			■1
		非数学		■1	
	旁白		■2	■1	
	信息技术				
概念理解	补充解释		■		■
	举例		■4		■3
	范例数		■1	■2	■1
	习题数		■2	■4	■1

① Li, Y., Zhang, J., & Ma, T. Approaches and Practices in Developing School Mathematics Textbooks in China [J]. *ZDM-The International Journal on Mathematics Education*, 2009(41):733-748.

② Charalambous, C.Y., Delaney, S., Hsu, H.-Y., & Mesa, V. A Comparative Analysis of the Addition and Subtraction of Fractions in Textbooks from Three Countries [J]. *Mathematical Thinking and Learning*, 2010 (12):117-151.

			RTB	STB	JTB
概念理解	图	数学	■1		■1
		非数学			
	旁白			■1	■1
	信息技术				

表 4-2

原理理解与
掌握样例

		RTB	STB	JTB
具体陈述		设 $z_1 = a+bi, z_2 = c+di$ 是任意两个复数，$(a+bi)-(c+di) = (a-c)+(b-d)i$		
引入方式		类比实数	加法逆运算	直接给出
原理掌握	教材证明	无证明	完整证明	无证明
	解释	有	有	有
	范例数	1	2	1
	习题数	2	3	2
	图	无	1	无
	旁白	无	有	无
	信息技术	无	无	无

研究发现,关于幂指对函数,各国的定义与原理不尽相同,就数量上而言定义数中国最多(13 个),其次美国和德国。原理最多的是法国(17),其次中国(7)。值得指出的是法国的原理非常难涉及到了指数函数的趋势,当 x→0 时自然对数运算等,还有差分,复合函数的导数等,是几个国家最难的。德国也是如此。

在概念建立方式上各国教材略有差异,中国和德国教材从问题情境出发建立概念,美国、英国和法国教材则从实际需求出发,虽缺少背景但胜在实用,日本教材则没有任何理由的直接给出概念。在原理呈现上,中国和日本教材不仅仅给出了原理的证明,同时也要求学生进行类似的证明来巩固知识,法国和德国教材仅仅给出了教材证明,美国和英国教材在证明方面要求较低。各国教材均设置相关例题和问题来加深原理的理解和使用。

中国和美国教材试图通过大量的范例教学来与学生进行交流,帮助学生学习,且美国教材范例中有提供一题多解,以扩展学生思路。德国教材中的范例大部分涉及背景信息,突出了德国教材中知识的实用性,美国和中国教材也有部分范例涉及背景信息。英国教材中有相当部分的范例涉及 3 个及以上知识点,注重知识点之间的联系和综合使用,与其范例数量少的特点相结合反映了英国教材范例"少而精"的特点。除中国教材外的其他教材均有相当数量的范例除解答过程外还配有文字解释说明,帮助学生理解掌握范例中体现的思想及重点步骤的推理过程。

关于数列内容,中国教材在单元结构上较为完整,美国教材阅读性强,注重文字性表述,使得数学学习没那么枯燥,学生容易上手;对概念以及范例的呈现方式遵循的规律各国差异不大,在对原理的呈现上,东亚三国呈现的方式相同,美国不重视原理的推导过程。

关于复数内容,人教版教材体现探究性学习模式。在范例呈现上,上教版教材解题过程展示更为多样性,日本教材最具可阅读性,新加坡教材大量使用图形计算器;在小结上,人教版和上教版教材具有显著优势,但两者各有侧重。

关于不等式,人教版、上教版、美教材侧重于内容教学,英国教材则倾向于学生练习。在向量内容呈现方面,人教版和上教版教材注重知识的背景引入和具体知识点的证明。新加坡教材则侧重综合应用,对于具体知识点的由来和证明要求不高。人教版和新加坡教材对学生一题多解能力上有所体现。其中人教版教材在范例的思路分析上有明显优势。

第三节　教材中数学探究内容的比较

一、研究意义

21世纪以来各国数学课程改革为数学学习赋予新的内涵,它强调有效的数学学习活动不能单纯地依赖模仿与记忆,而是要注重动手实践、自主探索与合作交流。我国普通高中数学课程标准明确提出,学生的数学学习活动不应只限于接受、记忆、模仿和练习,高中数学课程还应倡导自主探索、动手实践、合作交流、阅读自学等学习数学的方式。这些方式有助于发挥学生学习的主动性,使学生的学习过程成为在教师引导下的"再创造"过程。同时,我国高中数学课程设立"数学探究"、"数学建模"等学习活动,为学生形成积极主动的、多样的学习方式进一步创造有利的条件,以激发学生的数学学习兴趣,鼓励学生在学习过程中,养成独立思考、积极探索的习惯。高中数学课程应力求通过各种不同形式的自主学习、探究活动,让学生体验数学发现和创造的历程,发展他们的创新意识。[①]

这些时代需要的数学课程理念需要通过多种途径得以实现,途径之一就是将理念融化在课程实施中介—教材—之中;力求通过教师、学生与教材的对话,使得课程理念能够转化为学生具体的能力表现。那么我国教材是如何体现期望课程理念的?与其他国家高中数学教材相比,我国教材在探究内容组织和呈现方面有着怎样的特色?在这样的数学课程发展与教材研制背景下,关于高中教材的比较研究显得非常有意义。

二、研究现状述评
(一) 教材的国际比较研究

现有的研究成果表明,从国际比较的角度研究数学教科书,将有助于理解不同国家

---

① 中华人民共和国教育部. 普通高中数学课程标准(实验)[M]. 北京:人民教育出版社,2008.

的数学教材处理特点,进而认识教材对数学课堂教学活动的影响。① 例如范良火和朱雁研究分析了中美初中数学教材中数学问题的呈现方式,他们通过对数学教材中的问题进行分类归纳与整理,发现中国初中教材中的数学问题在对学生的挑战上要高于美国,但是在不常见的非传统类型的问题方面,美国的初中教材出现的数量要高于中国初中数学教材。② 朴京美(Kyungmee)和梁贯成则选取了中国、英国、韩国、日本以及美国的八年级所使用的数学教材,从课本的发展和出版的政策、内容的选择、教材在教学中担任的角色、内容的呈现方式与内容的特点五个维度来进行探讨和比较研究。通过开展一系列的研究发现,西方国家的教材比较注重引导学生去认识在现实生活中数学所起到的作用;与此相反,中国的教材通过一种相对而言比较经济的方式向学生传输数学概念,而这种方式在激发学生学习的兴趣方面效果不是很显著。③ 与国外相对丰富的数学教科书国际比较研究成果相比,中国国内学者注重研究国外的数学教科书,然后在研究结尾部分提出一些国外教科书对中国数学教科书的启示。④⑤⑥ 仅有若干研究者从事着数学教科书的国际比较研究。例如傅赢芳和张维忠比较研究了英国初中数学教材Practice Book 和中国北京师范大学出版社出版的初中教材《数学》中数学应用题的情境文化性,结果发现,由于两国所处文化背景的不同,数学应用题各种情境设置的比重、情境处理的方式等都存在一定差异,我国对应用题中存在的广泛的文化现象未给予应有的重视。⑦ 张文宇和傅海伦则比较研究了新加坡与中国小学数学教材,发现两套教材在内容编排及编写特点上既有相似之处又有差异,相似在于都非常重视学生对概念的理解和基本技能的熟练运用。⑧ 差异之处在于,新加坡教材较好地体现了把解决数学问题置于课程中心地位的理念,教材呈现了一定数量的非常规的、富有挑战性的问题,教材的编写以综合的数学活动为基础。由文献分析可见,关于高中数学教材的国际比较研究在中国还是比较缺乏的;比较研究的教材内容以概念性、技能性内容或者例习题内容为主。研究教材中的数学探究内容一方面源于本文所依托的重大课题[9]的需要,另一方面也是我国数学教育改革的现实需求,2003 年颁布的我国《普通高中数学课程标准》(实验),⑨提出高中数学课程应该设置多种形式的探究活动,鼓励学生自主学习,体验数学的发现和创造历程。

① Howson, G. *Mathematics Textbooks: A Comparative Study of Grade 8 Textbooks* [M]. Vancouver: Pacific Educational Press, 1995:5-6.
② Fan, L & Zhu, Y. *An Analysis of the Representation of Problem Types in Chinese and US Mathematics Textbooks* [R]. Paper Accepted for ICME-10, Discussion Group 14. Copenhagen, Denmark. 2004.
③ Park, K. & Leung, F. K. S. *A Comparision of the Mathematics Textbooks in China, Hong Kong, Japan, Korea, United Kingdom, and the United States* [R], Chapter 2-5 in Leung, Graf and Lopez-Real (Eds.). Mathematics Education in Different Cultural Traditions: A Comparative Study of East Asia and the West, the 13th ICMI Study, 2006:227-238.
④ 吴立宝,宋维芳,杨凡.美国 IM 数学教科书编排结构特点及启示[J].外国中小学教育,2013(8):60—64.
⑤ 郭玉峰.澳大利亚 Mathscape 教材特点分析及思考[J].课程·教材·教法,2006(1):92—96.
⑥ 蒲淑萍.法国中学数学教材的特色及启示[J].外国中小学教育,2012(8):53—59.
⑦ 傅赢芳,张维忠.中英初中数学教材中应用题的情境文化性[J].外国中小学教育,2007(2):29—32.
⑧ 张文宇,傅海伦.新加坡与中国小学数学教材的比较研究[J].外国教育研究,2011(7):36—39.
⑨ 中华人民共和国教育部.普通高中数学课程标准(实验)[M].北京:人民教育出版社,2008.

(二) 关于数学探究的研究

西格尔(Siegel)等人①在研究阅读如何促进学生数学探究时,首先提出皮尔士(Peirce)和杜威关于探究的认识,在他们看来探究是一个质疑困惑、确定信念的过程。拉卡托斯(Lakatos)②指出,组织学生参与数学探究,就是邀请他们体验和欣赏第一手的专业数学家数学思维相关的模糊、非线性以及"有意识的推测",这种探究观对数学教育尤为重要。鲍尔(Ball)和巴斯(Bass)③就数学问题的推理与数学探究能力的关系进行了实证研究,结果发现,数学推理问题的练习对于提高数学探究能力是有显著关系的,在一定程度上数学推理问题的练习有助于数学探究能力的提升;结果同时也表明,数学探究依赖于一定的假设——演绎推理。沃明克(J. Volmink)认为数学探究活动应占据中小学数学课程的中心位置。④

另外,通过对课程文本的分析发现,各国对于"数学探究"内涵有着比较丰富的认识,2000年新加坡所颁布的数学大纲中,强调为了实现学生求职意识的发展,要大力借助探究活动来实现。在1989年,法国修订了其初中的数学教学大纲,并进行了如下的规定:对于教学活动来说,除了一些比较短暂的项目,还要开展一些较长时间的项目以为学生提供情景研究方面的项目;2008年日本颁布实施的《初中数学学习指导纲要》提出,要"夯实基础,通过实验、调查和探究等手段学习丰富的数学内容、培养表达能力、思考能力和判断能力,在事物现象中灵活应用知识与能力。"⑤

各国在课程标准(或教学大纲)中十分重视数学探究的同时也非常注重在教材中数学探究活动的编制。在德国的数学教育中,数学探究拥有丰富的内涵,它强调学生在某个数学外部或者数学内部问题情境中去经历发现问题、解决问题、进一步生成问题的过程。从国际比较研究的角度看,一些大型国际评价项目渗透着对学生创新学习方法的评价与比较。例如最新一届的国际数学与科学研究趋势项目(TIMSS-11)中的数学评价框架,提出学生在面对非常规问题时,会将知识和技能迁移到新的环境中,会整合不同的推理方式处理问题,会观察、分析、推测、综合、验证等。⑥ 我国《普通高中数学课程标准(实验)》描述到,"数学探究,是指学生围绕某个数学问题,自主探究、学习的过程。这个过程包括:观察分析数学事实,提出有意义的数学问题,猜测、探求适当的数学结论或规律,给出解释或证明"。⑦

通过一系列文献分析我们认为,可以将数学探究界定为:学生围绕某个问题情境或

① Siegel, M., Borasi, R., & Fonzi, J. Supporting Students' Mathematical Inquiries through Reading [J]. *Journal for Research in Mathematics Education*, 1998,29(4):378-413.

② Lakatos, I. *Proofs and Refutations* [M]. Cambridge, UK: Cambridge University Press, 1976:7.

③ Ball, D. L. & Bass, H. *Making Mathematics Reasonable in School* [M]. Reston, VA: National Council of Teacher of Mathematics, 2000:1-2.

④ Ernest, P. *The Philosophy of Mathematics Education* [M]. PA: Falmer Press, Taylor & Francis Inc, 1991: 283.

⑤ 陈月兰.最新日本(2008版)初中数学学习指导要领框架与内容分析[J].外国中小学教育,2010(3),40—49.

⑥ Mullis, I. V. S. & Martin, M. O., et al. *TIMSS* 2011 *Assessment Frameworks* [M]. USA: TIMSS & PIRLS International Study Center, 2009:42-46.

⑦ 中华人民共和国教育部.普通高中数学课程标准(实验)[M].北京:人民教育出版社,2008:98.

者数学问题,去观察、分析、推测数学事实,提出有意义的数学问题,猜测、验证适当的数学结论或规律,或给出解释或证明,再反思结论或产生新一轮问题。

(三) 教材中的数学探究内容

在我国 2003 年颁布的《普通高中数学课程标准》(实验)(简称《课标》)中,数学探究作为新增部分而备受瞩目。《课标》提出高中数学课程应该设置多种形式的探究活动,鼓励学生自主学习,体验数学的发现和创造历程;基于《课标》的教材皆设置了与"数学探究"相关的学习活动。分析若干国外教材可见,英国剑桥大学出版社出版的数学教材SMP(简称 UK-SMP)和美国普伦蒂斯霍尔(Prentice Hall)出版社出版的代数与几何教材(简称 US-PH)把解决问题融合于教材编写和教学实践中,这两套教材都强调要解决现实生活中的实际问题。UK-SMP 在 A 水平的数学教材中专门设计了一个单元的"问题解决"。US-PH 一个显著的特征是它引导学生在真实的生活情境中应用数学,强调真实生活的问题解决,如代数 I 与代数 II 中,设计了"真实问题解决"的显性栏目,教材还重视问题情景的真实性、挑战性、趣味性等,以激发学生积极主动地开展数学探究活动,增加学生的数学探究经验。美国的其他教材也较为明显地体现对数学探究的充分重视。有研究表明,使用美国芝加哥大学数学所研发的教材(简称 US-UCSMP)的教师和学生在教学策略、学习策略、问题解决能力方面都显著优于 UCSMP 的使用者。US-UCSMP 的编写目的是想在美国各地改良小学和中学的学校数学教育,他们创设了一个有利于师生、生生交流数学的情境,问题解决策略的多样性是被普遍强调的。[1] 当被置身于覆盖广阔的领域而不是仅仅局限于传统书本知识范围时,使用 US-UCSMP 的学生解决问题能力远远超过与他们同辈的学生。[2]

新加坡泛太平洋教育出版公司(Panpac Education)出版的高中数学教材 New Express Mathematics(简称新加坡 SG-PE)与探究活动相关的内容主要包含以下的三个方面:(1)基于数学活动引入抽象的规律或者定理;(2)"趣味数学或探究数学"中包含了丰富的数学探究内容;(3)教材中的"问题解决"主要是采用波利亚的问题解决模式对一些数学问题进行探究。

研究通过对各国教材的数学探究内容的比较分析,试图回答:教材中的这些内容在多大程度上体现着"数学探究"的特点? 这些内容设置具有怎样的特点? 说明不同教材之间的差异和相似之处,进一步辨析我国数学教材数学探究内容组织与呈现的特点。借鉴国际上的研究经验与教训非常重要,"他山之石,可以攻玉",比较研究所得结论将有助于我国教材的修订与完善,有助于中国学者对教材的研究。

三、分析指标体系的构建

数学探究需要环境,我们将分析教科书的数学探究内容是如何呈现情境的,情境中

[1] Usiskin, Z. et. al. *The University of Chicago School Mathematics Project Textbooks* (3rd Eds) [Z]. Edition. USA: Wright Group/McGraw Hill, 2009:1.
[2] Obara, S. *The University of Chicago School Mathematics Project* [EB/OL]. From http://wilson.colg.uga.edu.

所包含的数学信息的情况如何,以便了解学生是否面对着有探究意义的情境,情境是否有一定的挑战性。数序探究需要方法,我们要分析教材在呈现问题时采用怎样的提问方式,要求进行哪些类型的学习活动,活动的形式如何等,以便了解学生是否经历着观察、分析、推测、验证、证明或反思等各种方法。另外,教材内容具有一定的连贯性,教材中的数学探究内容与它所在的上下文本一定的联系,因此需要进一步分析数学探究内容在教材中起着怎样的作用。在此基础上,我们提出分析教材探究内容的五个要素:情境表述,问题表述,活动组织形式,活动类型,与教材上下文的关系。图 4 - 5 为由五要素构成的分析框架。

图 4 - 5

分析数学
探究内容的
五要素框架

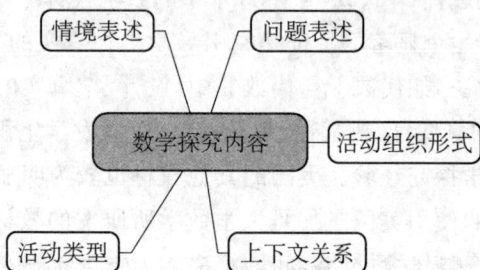

下面我们较为详细地说明这个五个要素的内涵,从而提炼出每个要素的下属指标。

(一) 情境表述

"情境表述"指教材在组织和呈现数学探究内容时对所使用情境的呈现,所呈现情境会含有相关的数学信息。通过对国内外教材的梳理,呈现探究内容时一般使用真实情境,或虚设情境,或纯数学情境;相应的数学信息有完整、冗余、不足等情况,具体含义见表 4 - 3。

表 4 - 3

数学探究内容
情境表述的
指标含义描述

情境表述	情境类型	真实情境	来自日常生活、外部现实世界(自然、艺术、体育、人文等)的真实情节
		虚设情境	有一定现实依据的人为构造情境,或文学作品、科幻作品等的故事情节
		纯数学情境	纯粹数学问题表述
	数学信息	完整(封闭)	所含的全部数学条件刚好用于解决该数学探究问题
		冗余	含有多余的数学信息(条件)
		不足	所提供的数学信息(条件)不足以解决问题,需要补充条件

例如,德国施罗德尔(Schroedel)出版社出版的教材"数学基础"(以下简称 GR - EDM)设置了数学探究内容显性栏目"视角拓展",其中有一个真实情境:

例1. 自然界中有很多螺线,20世纪起它也是艺术家们作品创作的主要元素(教材中配真实螺线照片)。请说明,为什么螺线不是一种函数图像。①

这段文本使用的情境直接来源于自然界和艺术家世界,它将数学与自然世界连接起来,引导学生从数学角度去观察、猜测。另外这一问题情境没有给出具体的数学信息或条件,学生需要自己补充。

又如,在微分计算单元的开头,GR-EDM设计了"描述变化"学习板块,下面是其中一个问题情境,要求学生阅读后,画出滑翔机关于时间与高度的函数图像。

例2. 卡龙和他的叔叔第一次乘坐滑翔机。他在《学生报》上报道了他的经历。②

"滑翔机自身没有马达,要靠绞车拖曳起飞。座舱内表盘显示滑翔速度为5米每秒(教材上有图)。……飞机被拖曳约一分钟后,绳索松开。一分钟内我们下降了50米。随着上升气流,飞机又很快上升,在8分钟内我们上升到1 200米。

一派特殊的景象啊!……欣赏这美景大约有10分钟。在这过程中我们的高度有所下降:表盘显示稳定的下降速度为1米每秒。然后飞行员让飞机快速下降,3分半钟后又下降了近200米。我们开始找寻降落地。2分钟后我们开始降落。地面似乎给我们很强的阻力。表盘显示的下降速度为4米每秒。从开始滑翔算起,半小时后我们降落到地面。

画出滑翔机飞行高度的函数图像,以时间为变量。在哪段时间上升速度最快?什么时候下降速度最快?

报告中给出的数学信息很丰富,单就画函数图像而言,学生需要从丰富的数学信息中筛选出必要的信息。这个数学情境所给的数学信息多于所需要的。

美国US-PH的《代数2》设置了数学探究显性栏目"批判性思考"(Critical Thinking),其中有一个纯数学问题。

例3. 图像的两个拐弯点上一般会产生最大值。在这问题中(右图),许多其他点上也会产生最大值。估计右侧图像中 $P = x + 2y$ 的取值范围。找出四个产生最大值的点。③

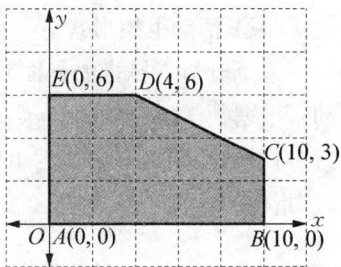

(二) 问题表述

通过对教材的预分析,发现教材在表述问题时一般使用陈述句或疑问句。因此"问题表述"一方面指教材在提出问题时所用的句式,分为陈述句和疑问句两种;另一方面还指所提问题的类型,分为封闭式和开放式,具体含义见表4-4。

---

① Griesel, H., Postel, H., & Suhr, F. Elemente der Mathematik 10 [Z]. Germany: Schroedel, 2008:54.

② Griesel, H., Postel, H., & Suhr, F. Elemente der Mathematik 10 [Z]. Germany: Schroedel, 2008:134 - 135.

③ Prentice Hall Mathematics. Algebra 2 [Z]. America: Pearson Education, 2009:716.

表 4 - 4 数学探究内容的问题表述指标含义描述	问题表述	句式	陈述句	直接陈述一个数学事实、数学任务或者活动要求,句末一般用句号表示	
			疑问句	用询问或者反问等方式表示数学任务或者活动要求,句末一般用问号表示	
		问题类型	封闭式	答案和解答方法都是唯一的	
			开放式	结论开放	没预设的结论,学生探究的结论是多元的
				过程开放	没有规定学生使用某种方法或策略解决问题,学生探究的过程是多元的

例如,GR - EDM 中的数学探究内容栏目"侦探"设计了这样的问题:

例 4. 迈拉用作图软件画出了 $y = 100x^2$ 和 $y = x^4$ 的图像(教材呈现图像),她断定"$y = 100x^2$ 的图像总是在 $y = x^4$ 的图像下方。"请你对她的判断表态。[1]

这里使用了陈述句式,要求学生就某个数学观点发表看法,不要求证明,因此学生可以给出多种结论;另外,也没有规定该怎样表态,因此探索的过程也是开放的。

新加坡 SG - PE 设置了一个数学探究显性栏目"探究任务",其中一个内容如下。

例 5. 从互联网或其他渠道搜寻关于如何制作简易量角器的方法。利用量角器以及三角比知识找出:[2]

① 珊顿街上五座最高楼的高度。

② 花柏山或武吉知马山的高度。

在报告中,清楚地说明假设及所得结论的局限性。

同样,这里使用了陈述句,需要学生给出答案,但没有规定用什么方法得出答案,学生探究的过程是多元的。

(三) 活动组织形式

这个分析指标指的是面对某个探究内容,学生是个人活动、同伴活动还是团队活动。根据数学探究的内涵,数学探究还需要学生善于合作的精神,因此这一指标的分析,对了解数学探究内容的组织和呈现方式有特殊的意义。表 4 - 5 描述"活动组织形式"指标的含义。

表 4 - 5 数学探究内容的活动组织形式指标含义描述	活动组织形式	个人	没有明确要求二人以上合作探究的所有活动
		同伴	两人合作进行探究活动
		团队	三人以上小组或团队合作进行探究活动

例如,人民教育出版社出版的高中教材 A 版(以下简称 CN - PEP)设置了数学探究

---

① Griesel, H., Postel, H., & Suhr, F. Elemente der Mathematik 10 [K]. Germany: Schroedel, 2008:68.

② Fan, L.H. et al. New Express Mathematics 3 [K]. Singapore: Panpac Education, 2007:275.

内容显性栏目"实习作业",其中一个活动如下。

例6. 通过收集微积分创立的时代背景和历史意义的有关材料,体会微积分在数学思想史和科学思想史上的价值。[①]

要求:以小组为单位分头收集资料,最后汇总。每组写一个实习报告,各组分头交流。

教材明确说明,学生通过团队活动(小组为单位)进行解决问题。

德国 GR-EDM 中设计的探究内容,明确规定要同伴活动。

例7. 将一堆火柴棍倒在桌上,两个人开始游戏,轮流拿取火柴,每次至少拿一根,但拿的根数要少于桌上火柴数量的一半。谁拿到最后一根,谁就输掉游戏。[②]

多次重复这个游戏,你有什么发现吗? 是否能发现一个赢得游戏的策略?

(四) 活动类型

"活动类型"指的是教材在设计数学探究内容时,为学生提出的数学活动内容与形式。通过对相关教材预分析,对教材中的数学活动进行归类,发现有解答活动、写作活动、项目活动、阅读活动、实验活动等。教材正是通过这些活动的设计,鼓励学生进行多方位的数学探究。表4-6描述活动类型指标的含义。

活动类型	解答	验证反思	对自己或者他人已有的解答过程或结论进行验证或反思	**表 4-6** 数学探究的活动类型指标含义描述
		计算证明	利用数学公式、定理等进行数学意义上的计算、证明或者作图等	
		推测解释	根据问题情境对可能的解答过程或结论进行推测、判断或解释	
	实验	信息技术类	借助信息技术(如图形计算器、几何画板等)试验性地探索问题,经历数学化过程等	
		科学类	设计或者参与小型的物理、化学、生物等实验,观察分析实验中的数学	
		日常生活类	通过日常的活动(游戏活动、体育活动等),体验发现活动中的数学规律	
	写作	对概念的写作	以文字报告或者展板等的形式表达数学概念	
		对结论的写作	以文字报告或者展板等的形式呈现探究结论	
		对过程的写作	以文字报告或者展板等的形式呈现探究问题的过程与方法	

---

① 人民教育出版社课程教材研究所,中学数学课程教材研究开发中心.数学 A 版选修 1-1[K].北京:人民教育出版社,2011:106—107.

② Griesel, H., Postel, H., & Suhr, F. Elemente der Mathematik 10 [K]. Germany: Schroedel, 2008:63.

续　表			
活动类型	项目	文本作品	围绕某主题进行深入探究活动,并以文本类作品作为活动成果
		实物作品	围绕某主题进行深入探究活动,并以实物类作品作为活动成果
		电子作品	围绕某主题进行深入探究活动,并以电子或者计算机类作品作为活动成果
	阅读	有问题	阅读文本,并回答所提问题
		无问题	仅阅读文本,不需要回答问题

　　上面列举的例 4 需要学生对已有的关于几何图形特征的结论进行验证和反思(诊断和反思);例 6 要求学生编写实习报告,属于写作活动,并且需要对概念与过程进行写作;例 7 则属于游戏活动,让学生在游戏中观察、分析游戏规则所依赖的数学模型。

　　下面再看来自德国 GR - EDM 的内容:

　　例 8. 刚好冷却:热饮温度的降低依赖于初始温度和周边温度。我们要测量周边温度,再测量冷却过程(教材上有照片,呈现实验用工具:温度测量仪和一杯热饮)。观察热饮温度和周边温度之间的温度差,将观察到的数据填写在表格中。[①]

观察的时间	热饮温度	周边温度	温度差

　　用图像表示这个过程;给出一个计算温度差的公式;确定实际冷却过程的时间。

　　这个探究内容要求学生动手实验并观察温度变化,同时经历从物理现象寻求数学规律的过程。

(五) 上下文关系

　　数学教材中的探究内容不是孤立存在的,它对章节内其它教材内容起着不同的作用,主要有:导入新知、承上启下、归纳总结、巩固深化和应用拓展等五种。这一指标的分析可探析各国教材设置探究内容的整体意图。表 4 - 7 描述探究内容在教材中的"上下文关系"的指标含义。

表 4 - 7 数学探究内容与教材上下文关系的指标含义	上下文本关系	导入新知	探究内容仅与其后面的单元或知识点有联系
		承上启下	探究内容与其前后的单元或知识点有联系
		归纳总结	探究内容仅与其前面的单元或知识点有联系

---

① Griesel, H., Postel, H., & Suhr, F. Elemente der Mathematik 10 [K]. Germany: Schroedel, 2008:62.

	巩固深化	探究内容旨在训练或加深上面的内容
上下文本关系	应用拓展	探究内容被应用于其他数学内容或其他学科内容中,或者被扩充

右上角：**续　表**

例9. 设计的实验活动涉及后面的"指数增长",因此该内容具有"导入新知"的特征。

上述各级分析指标构成了完整的数学探究内容的分析指标体系,如图4-6所示。

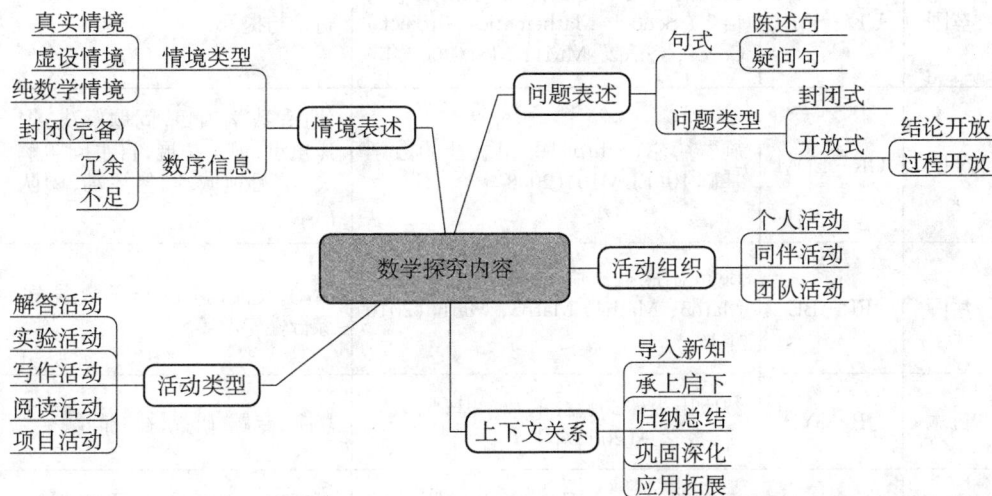

图 4-6

数学探究内容的分析指标体系

基于这一分析指标体系,我们对相关国家的高中数学教科书数学探究内容的呈现方式与组织形式进行比较研究。

四、研究过程

(一)教科书及其数学探究内容的选取

王建磐论证了选取教材的缘由,[①]研究所选取的教材分别来自美国、英国、德国、法国、日本和新加坡,它们均由各国专家推荐选定。另外,由于各国数学课程改革对数学探究的重视,教科书编写者专门设置与数学探究相关的栏目,例如,德国 GR-EDM 设置了"侦探"等栏目,或者美国 US-PH 设置"批判性思考"等栏目,中国 CN-PEP 设置"探究与发现"等栏目。本研究将聚焦于这些显性栏目,通过编码、统计与分析,研究教科书中数学探究内容的设计。表4-8汇总了所研究教材信息以及相应的探究栏目信息。

---

① 王建磐. 主要国家高中数学教材的比较研究[J]. 课程·教材·教法,2011(7):105—106.

国别	代码	教材	显性的探究栏目
中国	CN - PEP	人民教育出版社高中课程标准实验教材数学 A 版,必修 1 - 5(2009 年)	思考,阅读与思考,信息技术应用,实习作业,探究,观察,探究与发现
美国	US - PH	Prentice Hall 出版社出版的高中数学教材 Algebra1,Algebra2,Geometry,Pre-Algebra(2009)	真实问题解决,错误分析,推理,结果开放,活动实验室,工作中的数学,写作,批判性思考,时间上的点,媒体中的数学
英国	UK - SMP	英国剑桥大学出版社的"学校数学项目"(School Mathematics Project)Core1,Core2,MM1,MS1(2007 年)	讨论与提问
德国	GR - EDM	施罗德尔(Schroedel)出版社的数学基础 10(EDM10)(2008 年)	侦探,数学项目,问题解决,聚焦重点,视角拓展,自主问题解决,学习领域,同伴活动,团队活动
法国	FR - BE	Belin 出版社出版的 Math1,Math2,Math3,Math4,Math5,Math6(2010 年)	活动,交流,猎奇,电子数据表,综合性专题等
日本	JP - SYP	数研出版株式会社的数学基础、数学Ⅰ、数学 A(2008 年)	思考,专题,研究,补充问题
新加坡	SG - PE	新加坡 Panpac Education 出版社的 New Express Mathematics 3	班级活动,拓展学习曲线,讨论,上网交流

表 4 - 8　所选教材的基本信息与显性探究栏目信息

(二) 对教科书的编码

本研究在形成数学探究内容分析指标体系后,基于该指标体系对教科书上显性的探究栏目进行编码。为提高编码的信度,我们从 7 个国家的教材中分别随机选择一个数学探究栏目,分别由两个研究者对同一个内容进行编码,然后比较其一致性。第一次编码后,一致性不高;随即集体讨论并进一步理解分析指标体系。我们再次随机选择教科书材中数学探究内容,同一个内容有两个不同的研究者编码,编码结果达到很高的一致性。

五、研究结论

数学探究内容的分析指标体系由 5 个指标构成,我们的分析分别从这 5 个方面展开。

(一) 数学探究内容的情境表述

1. 情境类型

统计表明,这 7 套(国)的高中数学教材在呈现数学探究情境时以纯数学情境为主,其中日本 JP－SYP 有 91.18％的数学探究情境为纯数学情境,中国 CN－PEP、法国 FR－BE 分别有 81.85％、67.34％为纯数学情景,德国、英国和美国教材的数学探究内容的表述也是近 60％为纯数学情景。仅有新加坡 SG－PE 的数学探究栏目,在表述问题情境时,不仅使用纯数学情景(40.74％),而且重视虚设数学情景(48.77％),该教材依据一定的现实情境人为构造问题情境,供学生探究数学。

　　数据也表明,各国教材越来越重视问题情景的真实性、挑战性、趣味性等,以激发学生积极主动地开展数学探究活动。例如 FR－BE、GR－EDM、US－PH 分别有 32.66％、27.08％、23.73％的数学探究情景为真实情景,CN－PEP 有 10.32％的数学探究情景为真实情景(图 4－7)。

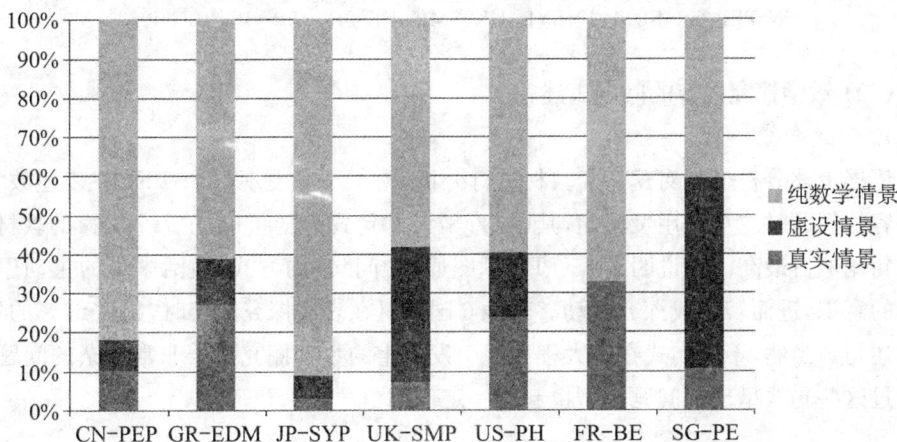

图 4－7

数学探究
情境类型
的分布

　　图 4－7 也表明,尽管数学探究栏目设置真实情境占的比例不高,但是比较 7 套教材,FR－BE 设置的真实情景比例最高,学生有机会面对真实情景展开探究,这类数学探究情景将更有挑战性。JP－SYP 则最为重视通过纯数学情景的创伤,鼓励学生探究。

　2. 数学信息

　　数学探究情境所呈现的数学信息也各自有着不同的特点。统计表明(图 4－8),CN－PEP、JP－SYP、UK－SMP 以及 US－PH 的 95％以上的数学探究情境为学生提供完备的数学信息,学生面对探究情景进行问题解决时需要考虑所给出的所有的数学条件和信息。而 GR－EDM 则有 50％以上的探究情景所含的数学信息与问题解决所需的数学条件是不对应的,其中 47.92％的探究情景没有提供足够的数学信息,学生需要根据探究任务的要求,合理补充数学条件;SG－PE 也体现了这一特点,有 26.71％的探究情境没有提供足够的数学信息。GR－EDM 还具有其他国家教材中没有体现的一个特点,也即 6.25％的探究情景所含的数学信息超过解决问题所需的,学生需要学会辨析、筛选数学条件。

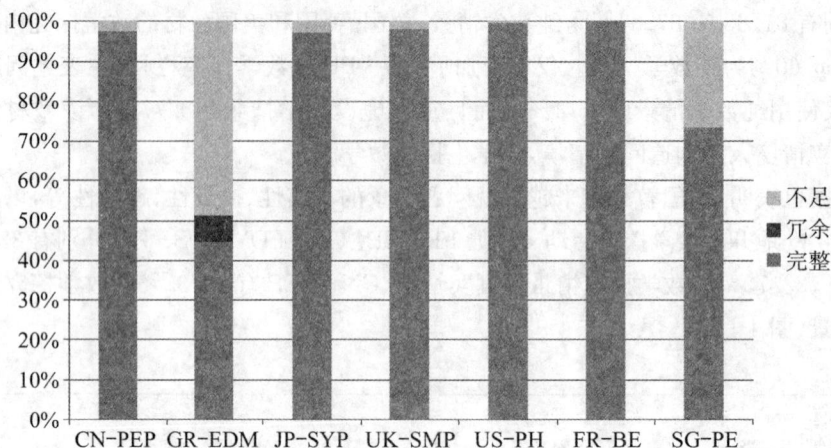

图 4-8

探究情境
所呈现数学
信息的特点

(二) 数学探究内容的问题表述

1. 表述句式

依据上述分析框架对这 7 套教材进行分析(图 4-9),发现 CN-PEP 在表述数学探究内容的问题时注重使用疑问句,其中 82.87% 的句式为疑问句,在 7 个国家的教材中,疑问句比例占最高。这说明 CN-PEP 试图通过"问句"的方式,激活学生的主动思考、探索的意识,进而转化成探究行动。其他 6 国教材在表述探究内容时,超过 60% 的句式为陈述句。当然,不同句式在多大程度上引发学生的数学探究是个非常复杂的问题,其中通过这些句式呈现的问题类型也起着一定作用。

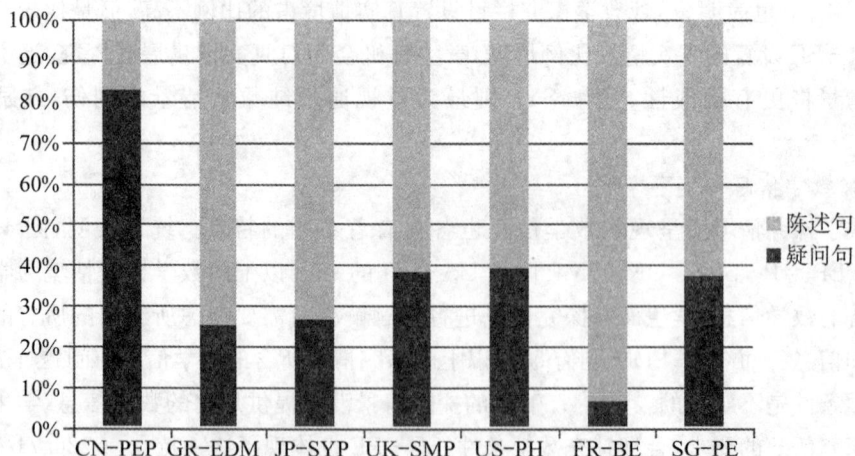

图 4-9

表述数学
探究内容的
句式

2. 表述类型

通过分析发现(图 4-10),GR-EDM 有 83.85% 的探究问题为开放式问题,其中 26.69% 的开放式问题重在结论开放,学生面对结论开放的问题或者可以大胆假设可能的结论,再进行分析、解释或者证明等;或者可以进行合理的归纳推理,得到可能的结论,再进一步加以论证。有 54.16％的开放式问题重在过程开放,面对这类问题学生可以探索多种解答、推理或实验途径,对结论加以计算、验证或证明等。因此 GR-EDM 非常注重为学生创设数学探究的学习环境。开放式问题比例仅次于德国教材的是 CN-PEP 和 US-PH,分别 59.35％和 50.69％的探究问题为开放式问题,这些数据也表明,CN-PEP 和 US-PH 的教材着力为培养学生的数学探究能力创设丰富的环境,让学生有机会寻找多种解决途径、大胆归纳假设,又合情推理等。

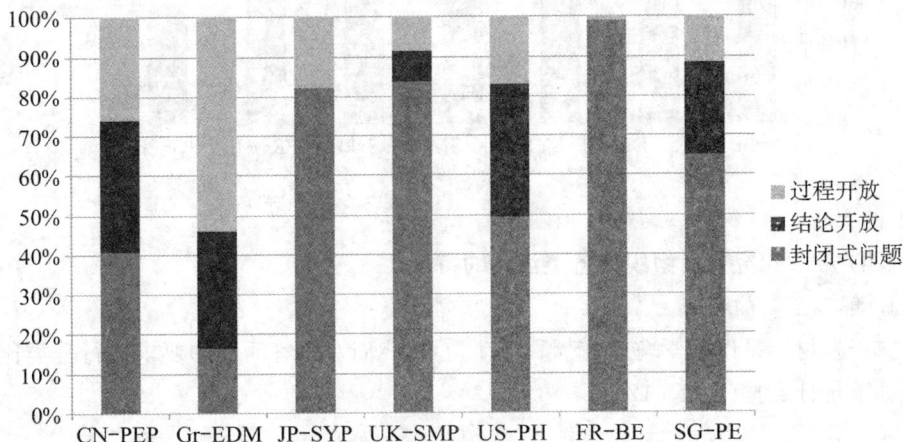

图 4-10

教材中数学探究内容的问题表述类型

(三) 数学探究活动的类型与组织形式

数学探究内容的情境表述和问题表述为学生的数学探究创设环境,而数学探究内容的组织和呈现还包含有对探究活动的要求,这为学生数学探究提供活动建议。依据以上框架对教材进行编码后,我们发现(图 4-11),除 JP-SYP 以外,CN-PEP、Gr-EDM、UK-SMP、US-PH、FR-BE 以及 SG-PE 教材组织的数学探究活动以解答活动为主,分别占所有活动类型的 86.57％、72.97％,98.21％,76.42％,72.76％以及 99.35％。JP-SYP 在设置数学解答活动的同时,特别重视通过阅读活动(占 55.88％),激发数学探究意识。除数学解答活动外,CN-PEP、GR-EDM、US-PH 以及 FR-BE 组织的探究活动比较丰富,包括实验活动、写作活动、项目活动和阅读活动,各种不同的活动要求,对培育学生的数学探究能力起着不同的作用。GR-EDM 组织的活动有 13.51％为实验活动,它较为关注学生在"动手做"的过程中体验数学,关注学生在趣味性的活动中感受数学,也关注学生基于信息技术的数学探究活动。CN-PEP 则更关注为学生提供一定数学资源,边阅读、边思考、边探索。US-PH 材比较重视写作活动(占 13.32％)的设置。

根据上述分析框架,我们还发现,德国教材在关注个人探究活动的同时,也很注重学生在探究活动时的相互合作以及团队精神的培养。英国教材尤为重视学生在探究活动时的团队意识,其数学探究内容的显性栏目完全聚焦在团队活动上。中国人教教材也很少明确探究活动需要同伴或者团队合作,只有 1.07％的探究内容标识出"团队

图 4 - 11

数学探究
活动的类型

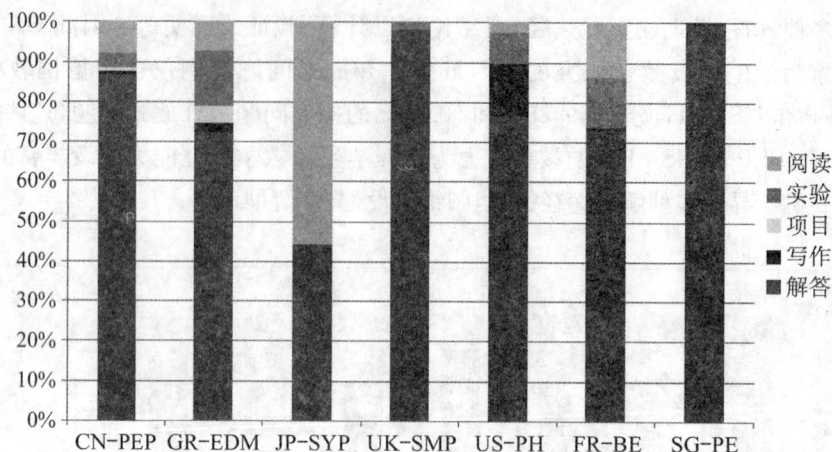

图 4 - 12

数学探究
内容组织的
解答活动
特点

活动"的要求。

(四) 数学探究栏目组织的各类活动的特点

1. 解答活动的特点

鉴于教材还是以数学解答(解题)活动为主,我们对解答活动的要求进行分类比较,得到如下统计数据(图 4 - 12)。

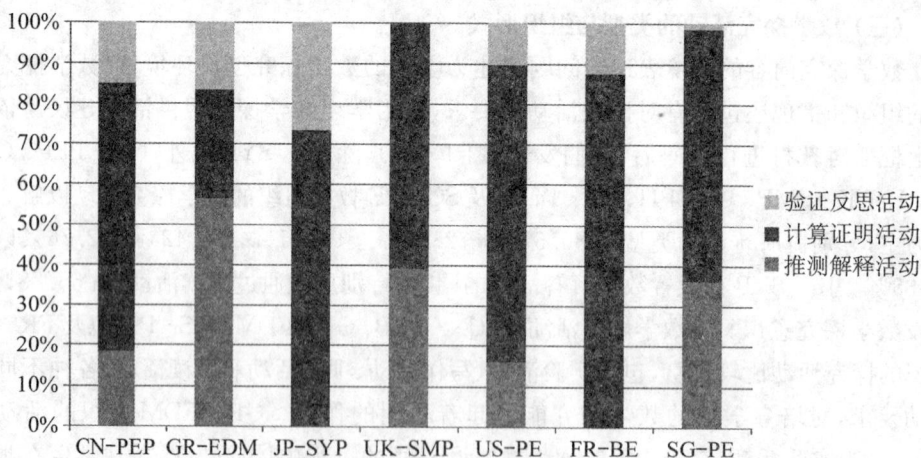

除 GR - EDM 外,其他 6 套教材的探究式解题活动皆以数学严格意义上的计算和证明活动为主,其中 FR - BM、US - PH、JP - SYP、CN - PEP 和 SG - PE 的计算和证明活动分别占解答活动的 87.61%,73.98%,73.33%,66.53% 和 62.50%。这 6 套教材在重视计算与证明活动的同时,设置的解答活动也关注学生的推测、解释、模拟等能力,如 UK - SMP 和 SG - PE 设置的解答活动中有 39.09% 和 36.18% 的活动关注推测和解释能力。另外解答活动促进学生的验证和反思能力;如 JP - SYP、CN - PEP、FR - BE 分别有 26.67%,15.10% 和 12.39% 的活动关注这类验证反思能力。GR -

EDM 设计的解答活动,以培养学生的推测、解释能力为主(56.17%)。因此,教材同样设计解答活动,但是其培养学生的数学探究的侧重点不同。

2. 实验活动的特点

在分析教材中呈现的探究活动形式时,我们发现,除了 JP-SYP 和 SG-PE 外,其他 5 套教材皆设置了丰富的实验活动(图 4-13)。这些实验活动包括信息技术类、科学类和日常生活类实验活动。其中以信息技术类实验活动为主,例如 UK-SMP 和 FR-BE 设置的实验活动 100%为信息技术活动,CN-PEP 的实验活动 90%为信息技术类活动。GR-EDM 和 US-PH 组织实验活动则较为丰富,例如 GR-EDM 的实验活动中 43.33%为信息技术活动,13.34%为科学类活动,43.33%为日常生活类活动,且以游戏活动为主;US-PH 设置的实验活动,57.72%为信息技术活动,40.94%为日常生活类实验活动,仅有少量的为科学类活动(1.34%)。

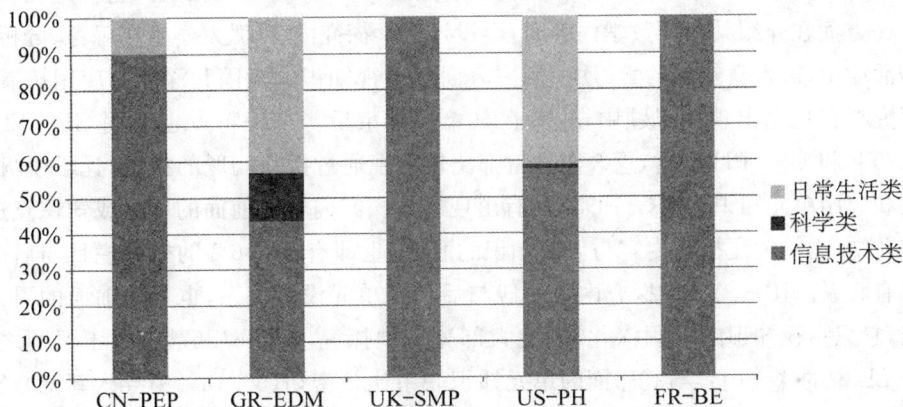

图 4-13

教材中数学探究内容组织的实验活动特点

3. 写作活动的特点

以上分析表明,CN-PEP、GR-EDM、US-PH、FR-BE 以及 SG-PE 在设置数学探究类活动时,包含了数学写作活动。而进一步分析这些教材可见(图 4-14),写作

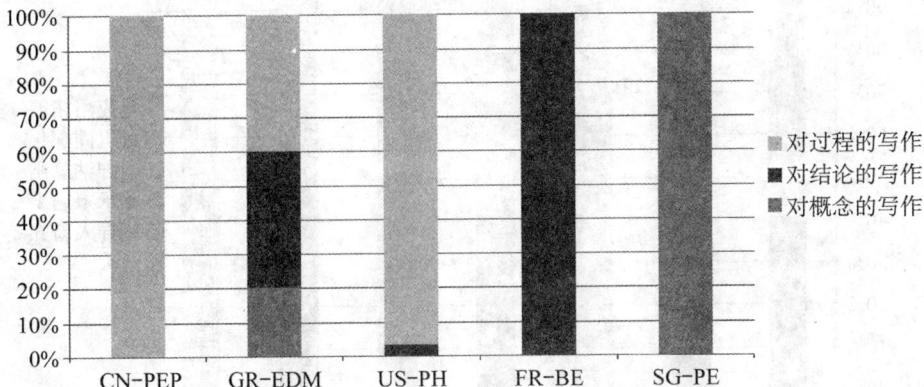

图 4-14

教材中数学探究内容组织的写作活动特点

活动的侧重点不同,CN－PEP100％地要求学生对数学过程进行写作,而 FR－BE 重点只强调对数学结论的写作,SG－PE 则只重视对概念的写作。仅有 GR－EDM 教材十分重视写作活动的多样性,其中 20％,40％和 40％的写作活动为对概念的写作、对结论的写作和对过程的写作。

(五) 教材中探究栏目与上下文的关系

通过编码统计后,我们发现这些显性的数学探究栏目,不仅在情境表述、问题表述、活动要求等方面各有特点,而且与教材的上下文有特定的关系。统计表明(图 4－15),在 CN－PEP、UK－SMP 和 US－PH 教材中,数学探究栏目或者仅与其后面的单元或知识点有联系(导入新知),或者与其前后的单元或知识点有联系(承上启下),或者仅与其前面的单元或知识点有联系(归纳总结),或者旨在训练或加深上面的内容(巩固深化),或者探究内容被应用于其他数学内容或其他学科内容中,或者被扩充(应用拓展)。CN－PEP 这 5 个方面的关系分配比较均衡,分别有 27.05％为导入新知,13.52％为承上启下,13.88％为归纳总结,24.91％为巩固深化,20.64％为应用拓展。也就是说,CN－PEP 一方面在介绍某一新数学内容时,会设计数学探究内容,激发学生在思考、分析、实验等活动中,进入新知识的学习中;另一方面也重视知识的巩固和深化和应用拓展,因此探究栏目也会出现在习题中,或者在某单元结束后。这一特点也适用 GR－EDM、JP－SYP 和 US－PH 教材,这 3 套教材都比较重视通过探究问题的提出,让学生巩固、深化和应用单元知识。GR－EDM 没有出现通过探究内容对前面的单元或知识点进行归纳总结,而是关注探究内容与后面知识的联系,也即有 22.46％的探究栏目与后面的知识有联系。JP－SYP 的探究内容一般与后面的单元没有关系,也不对前面的单元做总结,它只重视知识的巩固深化,因此大部分数学探究内容(61.67％)置于习题之中。FR－BE 中的探究内容与其后面的单元知识联系比较密切(59.12％为导入新知),SG－PE 的探究内容则更为主要出现在知识的应用和拓展部分(64.20％为应用拓展),这 2 套教材都没有将探究内容镶嵌在单元知识之间,将上下内容联系起来。尽管 UK－SMP 和 US－PH 的探究内容出现在教材文本的各种位置上,但是 UK－SMP 的探究内容主

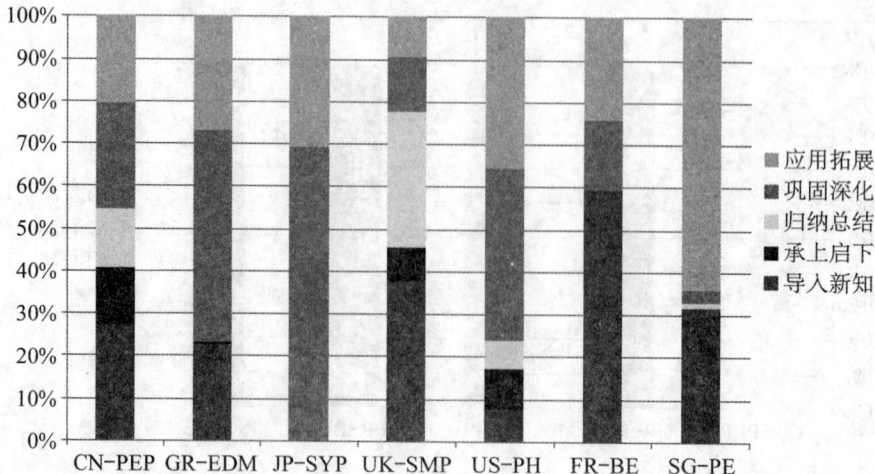

图 4－15

教材中探究栏目与上下文关系

要与其后面的单元知识有联系(37.56%位导入新知),或者与其前面的单元知识有联系
(31.92%为归纳总结)。

(六) 研究结论的汇总

1. 数学探究内容设计的特点

上述数据和分析表明,7 个国家的 7 套高中教材在数学探究内容的组织与呈现方
式上各有特点。GR-EDM 在组织和呈现数学探究内容时,力求为学生创设真实情景,
通过开放式问题的设计,让学生学会整理、辨别、加工数学信息,通过实验活动等发现并
提炼数学问题,另外也十分注重学生在数学解答过程中的反思、推测、解释等能力。
CN-PEP 尽管在设计真实情景比例上低于德国的教材,但是高于 JP-SYP 和 UK-
SMP,在基于探究情景的开放式问题的设计比例上也较高,这表明,CN-PEP 为学生创
设了真实、开放的问题情景,让学生去观察、分析、推测数学事实,体验提出有意义的数
学问题的过程。当然还需要设计更为丰富的数学活动,让学生有更多机会发展其创新
意识和实践能力。JP-SYP 在呈现数学探究内容方面力度还不大,但它的一个特点是,
为学生组织丰富的数学阅读材料,或者供学生阅读,开拓视野,或者以问题驱动,激发学
生从阅读材料中发现、提出并解决数学问题。UK-SMP 则更关注培养学生的假设、推
断和解释能力。US-PH 注重发挥探究栏目在教材文本中的作用,即用于导入新单元
知识,又注重以探究的方式归纳总结前面的知识,另外也注意在探究中应用知识和拓展
知识;US-PH 也注重促进学生的过程的思考。FR-BE 特别注重学生对信息技术的探
究,或者利用信息技术探究数学。SG-PE 受新加坡问题解决思想的影响,很注重在设
计探究内容时培养学生推测能力和解释能力。

2. 数学探究的显性特征比较

由上述统计数据可见,7 个国家的教材在设计数学探究内容上各有特点,这有助于
相互借鉴。为了突出数学探究内容的本质,我们选取指标体系中直接体现探究性质的
指标,如呈现的探究情境是否来源于真实情境,探究内容包含的数学信息是否不完备,
探究内容中问题表述是否开放,除探究性解答活动外其他探究活动是否丰富,或者探究
性的解答活动是否重在让学生推测或解释。从这些指标出发,再次对这 7 套教材加以
比较,得到如下统计图表(图 4-16)。

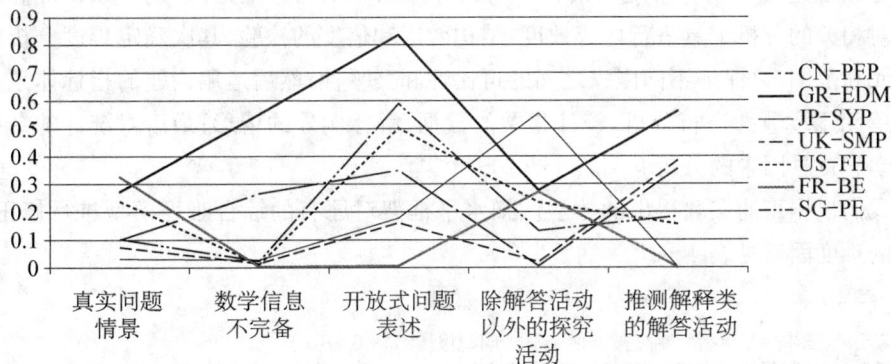

图 4-16

直接体现
数学探究
特点的
指标比较

数据表明,在这 5 项指标中,GR-EDM 的三项探究指标皆高于其他教材,另两项指标也比较高,说明 GR-EDM 设计的探究栏目最为体现探究本质;而 UK-SMP 和 JP-SYP 在各项指标上都比较低,UK-SMP 只是在"推测解释类的解答活动"上比例较高,而 JP-SYP 只是在"其他探究活动比较丰富"上比较较高,这说明 UK-SMP 和 JP-SYP 的探究栏目没有充分体现探究本质。CN-PEP 除了"探究内容包含的数学信息不完备"上比例较低,其他几项指标皆比较高。这说明 CN-PEP 的这套教材在设计探究栏目时,较能体现探究的本质。

第四节　教材中综合内容难度的比较

一、研究意义

鉴于我国中小学生学业负担过重,《国家中长期教育改革和发展规划纲要(2010—2020 年)》中提出了"调整教材内容,科学设计课程难度",于是,中小学教材的难度成为近年来的一个国际比较热点。据报道,由中国教育科学研究院袁振国担任组长的"中小学理科教材难度的国际比较研究"课题组,分别围绕小学、初中、高中三个层次,对教材的难易程度进行了大规模的国际比较研究,在实证研究基础上得出结论:我国中小学理科教材难度属中等水平,其中,小学数学排在第 4 位,初中和高中数学排在第 3 位[①]。这一结果的公布,很快引来广泛的关注,新华网等多家网络和报刊均作了相关的报道。

显然,影响教材难度的因素是很多,而难度水平的界定则取决于所使用的评价工具。数学学习中,教材中的例题具有重要的作用。首先,数学概念、原理和思想方法都比较抽象,例题就成了学生理解概念、原理,领悟数学思想方法的具体途径,基于例题教学(learning by samples)也就成为数学教学的基本形式;其次,例题反映了教材在问题解决方面的基本要求,而问题解决是数学学习的主要活动,因此,例题的难度水平在一定程度上反映了教材的难度水平。

二、综合难度模型

为了比较教材例题的综合难度,鲍建生构建了一个五因素多水平的模型。[②] 这一模型被广泛用于比较数学问题的综合难度。这次课题组在原有的数学课程综合难度模型的基础上进一步完善难度因素、水平、指标体系和编码方案,并运用专家认证和统计分析对相关的分析工具进行内容效度、结构效度和信度的检验;其次确定难度分析的基本单元和范围,以保证不同国家之间的可比性和公平性;然后运用构建的指标体系按照分析单元逐章节的进行分析,统计相关的数据,解释例外的情形;最后对统计的结果进行教学和背景因素的分析。

我们根据青浦实验得出的数学认知水平框架对原有的综合难度模型进行修正,修正后的难度因素见表 4-9。

---

① 丛芳瑶. 我国中小学生教材难度被高估[N]. 光明日报,2014-5-8(6).
② 鲍建生. 中英两国初中数学"期望课程"综合难度的比较[J]. 全球教育展望,2002(9):48—52.

水平\难度因素	1	2	3	4
1　背景(A)	无背景(A_1)	个人生活(A_2)	公共常识(A_3)	科学情境(A_4)
2　数学认知(B)	操作(B_1)	概念(B_2)	领会-说明(B_3)	分析-探究(B_4)
3　运算(C)	无运算(C_1)	数值运算(C_2)	简单符号运算(C_3)	复杂符号运算(C_4)
4　推理(D)	无推理(D_1)	简单推理(D_2)	复杂推理(D_3)	
5　知识综合(E)	一个知识点(E_1)	两个知识点(E_2)	多个知识点(E_3)	

表 4-9

数学习题的
难度因素与
水平

在上述框架的基础上,我们进一步对 5 个难度因素以及每个因素划分不同水平。那么,在通过具体操作得出每一道例题在 5 个难度因素上的值后又该怎样利用所得数据进行教材的综合难度的分析和比较呢? 在此,我们将根据等级权重利用下面的公式计算所有例题在每个因素上的加权平均值:

$$d_i = \frac{\sum\limits_{j} n_{ij} d_{ij}}{n} \left(\sum\limits_{j} n_{ij} = n; \ i = 1,2,3,4,5; \ j = 1,2,\cdots \right)$$

其中, d_i 表示第 i 个难度因素上的加权平均值, d_{ij} 表示第 i 个难度因素的第 j 个水平的权重,我们直接采用等级权重,即 $d_{ij} = j$; n_{ij} 则表示这套教材例题中属于第 i 个难度因素的第 j 个水平的题目的个数,而 n 是样本(该套教材例题)总数。显然,对任何 i,都有 $\sum\limits_{j} n_{ij} = n$。

三、研究过程与方法

在有关数学教材的国际比较研究中,样本教材的选取是有一定的难度的。既要照顾到教材的使用面;也要考虑到教材是否符合所在国课程改革的主流思想。但由于许多国家的教材出版是一种商业行为,教材的选用也缺乏国家层面上的指导,因此,要挑选到一套理想的样本教材并不容易。课题组在考虑到上述两个因素的基础上,再根据教材的出版时间及购买教材的便利性,最终确定了表 4-10 所列高中数学教材作为比较的样本。

国别	教材代码	教材样本	出版年代	例题数量
中国	CN - PEP	人民教育出版社:普通高中课程标准实验教科书 A 版 ➤数学 1-数学 5(必修) ➤选修 2-1,选修 2-2,选修 2-3	2007	458
	CN - SEP	上海教育出版社出版:上海新课标数学教科书 ➤必修:高一两册,高二两册,高三一册 ➤高中三年级拓展 2(理科)	2007	548

表 4-10

样本教材及
例题总数

	国别	教材代码	教材样本	出版年代	例题数量
续　表	美国	US - PH	Prentice Hall Mathematics ➤Algebra 1, Algebra 2 ➤Geometry	2009	1 155
	法国①	FR - EB/HL	Editions Belin： ➤Math 1ʳᵉS, Maths 2e Hachette Livre： ➤Déclic Maths Terminale S	2010	301
	俄罗斯	RU - MGU	Просвещение Издательство（教育出版社）： МГУ—Школа（国立莫斯科大学中小学教科书） ➤Алгебра и начала анализа（代数与分析初步）， 10、11 年级各一册 ➤Геометрия（几何），10—11 年级	2006	634
	澳大利亚	AU - IB	Haese & Harris 出版社出版的 International Baccalaureate Diploma Programme（国际文凭大学预科课程）教材 ➤Mathematics	2004	907

在研究中，教材中的"例题"是指那些出现在教材正文中，给出详细解题或思考过程的问题。由于我们是依据数学题的解题过程来分析数学题的各项难度指标的，因此，教材例题的"标准解法"能保证一定的客观性。在具体确定各套教材的例题时，采取的规则是：

（1）中国两套教材有"例"或者"例题"这类标记的数学题；

（2）美国教材中所有标记为"Example（例题）"的数学题；

（3）法国教材中所有标记为"Exemple（例题）"、"Capacetè（能力培养，有解答）"及"Mèthodes（有解答的习题）"的数学题；

（4）俄罗斯教材中标记为"Пример（例题）"的所有数学题；

（5）IB 教材中所有标记为"Example（例题）"的数学题。

从表中统计的例题数量上可以看到，美国教材的例题最多，其次是 IB 教材，接下来是俄罗斯教材，中国的两套教材差别不大；法国教材的例题相对较少，只有美国教材的四分之一和 IB 教材的三分之一。

四、研究结论

（一）在背景上的差异

为了能够较好地反映出数学题的综合难度水平，并且从完整的数学活动过程角度出发，首先应该做的事"具体材料的经验组织化"，也就是说从现实"背景"中的问题情境

---

① 我们只找到 1998 年版的法国 Belin 版教材 Math Terminale STT（理工方向高中高年级数学教材）。因此版本较老，所以选用 Hachette 版本的 Déclic Maths Terminale S 代替。

出发。根据 PISA 的评价框架，"背景"因素可以根据离学生的远近而划分为 4 个不同的层次水平：

最低层次：无任何实际背景，简称"无背景"；

第二层次：与学生个人生活经历相关的背景，简称"个人生活"；

第三层次：属于职业或者公共常识的背景，简称"公共常识"；

最高层次：以科学情境为背景，简称"科学情境"。

在背景因素上的统计结果如下：

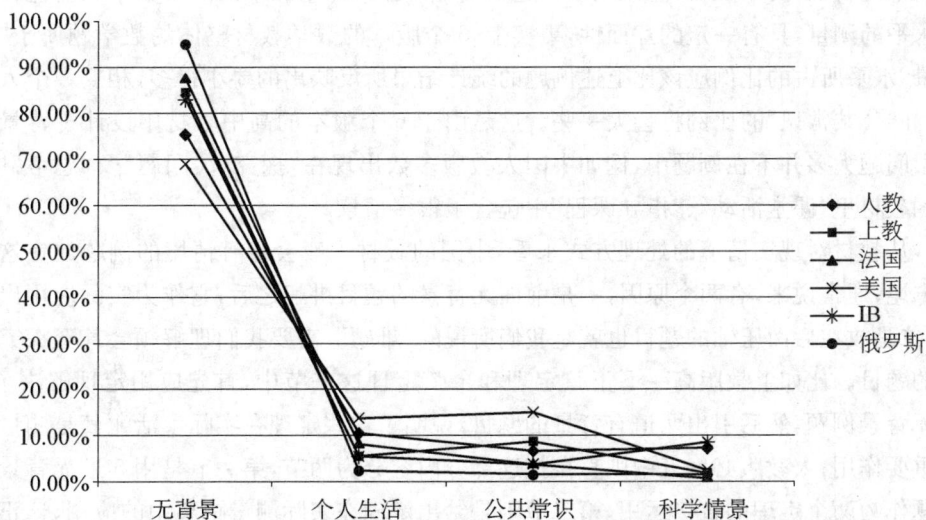

图 4 - 17

不同数学教材在背景水平上的比较

上表清晰的反映了 6 个版本的高中数学教材在背景因素上的水平分布情况非常类似，属于"无背景"水平的例题占绝大部分，例如上教版高二第二学期的数学教材中 90 道例题仅有 5 道是有具体背景的题。总体看来，俄罗斯、法国、上教版和 IB 教材在"无背景"例题中的百分比稍高于其它教材。

值得注意的是，在"无背景"、"个人生活"、"公共常识"和"科学背景"4 个水平上：

（1）人教版的分布比较均匀，上教版属于"公共常识"水平的例题明显高于其余两个水平。

（2）相对于中国两版教材，美国教材中的有背景的例题要多一些；在与生产生活相关的"个人生活"和"公共常识"方面，美国教材都有近 15% 的内容；但在"科学情境"上，美国教材的百分比处于较低的水平。此外，从题量上看，美国教材有 357 道题目具有实际背景，由于例题总数较大，导致最后的百分比数据没有显著的差距。这与我们事先预想的（美国十分重视实际生活的引入）还是有一些出入的，我们认为有一个重要原因不可以忽略，那就是高中时期不同于义务教育的小学和初中阶段，高中教材理应更有难度，更应该把数学的理论思想渗透给学习者，让他们感受到数学的严谨性和逻辑性。

（3）俄教版无背景的题目占了极大部分，其次个人生活的题目也占一定比例

（2.37%），其余两项水平相同，均极小比例，总体曲线是先急速下降，后缓慢下降，几乎和坐标线重合。

（4）法国教材则成递减的趋势，即"个人生活"水平高于"公共常识"水平再高于"科学背景"水平。可见，法国的高中数学教材中的例题对背景与学生的远近关系把握处理的要比人教版和上教版精准，其例题数量随着与学生距离的增加而减少。人教版中属于"科学情景"的例题比例要高于另外两个版本，这有可能与我国中小学正在提倡的"跨学科综合题"有关。

（5）澳洲 IB 课程则更加侧重科学背景，反而个人生活和公共常识要略微少量一些。

不可否认，由于在研究中，仅以例题为研究对象对 6 个版本的高中数学教材进行背景水平的测量，具有一定的片面性，事实上，6 个版本的数学教材整体的数学题属于"无背景"水平所占的比例应该比上述例题的统计结果所反映出的要小得多，相反，"个人生活"和"公共常识"的比例将会大一些。这是由于 6 个版本的高中教材中设计了背景的数学问题大多并不在例题中，例如中国人教版多数出现在"探究"、"问题"及"思考"中，法国教材里"课堂活动"、"指导课程"中包含了很多情景。

从教材对现实情境的处理方式来看，中国的教材一般会将有情境的例题放在这一节末尾，通常说来，有两个原因，一是前面无背景的题目讲解之后，它作为实际应用出现的，二是放在后面压轴的题目也就是我们所说的"难题"，需要我们理解领会甚至探究建模的题目。比如上教版高一下正弦定理和余弦定理这一节中，首先应用定理解决了 8 道无背景例题，然后引出两道有背景的题目，说明了这些定理在实际生活尤其是测量中的重要作用；人教版必修五中则直接把这部分内容分为两节，第一节是用 5 道无背景的例题作为两个定理的直接运用，第二节则是给出定理在实际测量距离中的应用，这正是上述第一个因素的体现。然而在对数函数这一节，人教版必修一中，首先讲解了对数的概念和运算法则，然后用 4 道无背景的题目作为直接应用，最后设置了两道有情境的题目，其中一道是要求对数的意义来求地震级数，另一道是用建模的思想推算马王堆古墓的年代；上教版高一下中，这一节的例题情境设置和人教版的一致，也是先用 5 道无背景的例题作为概念和运算法则的直接应用，然后一道求国民生产总值的和一道地震等级的题目，让学习者理解领会对数函数的意义，并且可以从生活中提炼出所需要的数学知识，这是第二个因素的很好体现。

当然，除了这两种情况，还有一些特殊章节，比如上教版高三理科中"独立事件积的概率"，就是用 6 道有和个人生活或者公共常识相关的题目进行讲解，人教版的这部分内容的设置也是如此，这主要是因为在概率统计这一大块知识上，我们经常会把骰子、扑克牌、商品次品率等有情境的题目作为例题，方便学习者理解。再如一些讲解应用问题的章节，也一般会设置较多的例题。

此外，统计发现，在中国这两版教材中，引入部分也经常是以实际生活为情境引入的，只是它们没有归在常规例题中。美国教材中的背景一般有以下几个作用：（1）在开篇引出为什么学习此知识点；（2）从背景中挖掘数学问题，进行探究或是建模，设置方面一般放在这一部分内容的最后；（3）作为概念、定理、法则的直接应用，这种题目往往紧随概念等之后；（4）帮助学习者理解数学概念，领会实际意义，可以做出合理的解释，这种例题的放置形式较多,难以描述。比如几何中 10-5 是求多边形面积的一节新课,共有 3 道例题,其中后两道是对于前面给出的三角形和五边形面积公式的实际应用;再如代数 2 中 6-7 是排列组合的内容,出现一个公式,紧随其后就是一个现实的应用,这些都是对第三个作用的很好例证。

接下来,在代数 1 的 1-4 是关于函数的讲解,共有 4 道例题,都是与生产生活相关的题目。这一节首先用两道例题要求学习者写出函数表达式,接着用一有关存储卡和价格的例题,让学习者理解找出自变量和因变量,并且给出合理的解释,第 4 道题也是利用和个人生活相关的,找出当保姆的时间和收入的关系,并且要给出相应自变量的范围,对这两者给出合理的解释。这就需要学习者通过实际生活的题目,理解函数中两个变量的各自意义,对自己给出的答案做出恰当的解释。这样的例题可以作为最后一种情况的有力说明。

俄罗斯高中数学标准中强调,要使学生认识到数学用于解决实际问题的重要性意义,实际问题对数学的形成和发展的重要性,周围世界中的随机性问题。特别是对毕业生的每一知识模块学习后要达到的要求,均有"能够在实践活动和日常生活中应用本模块所学知识和技能"。例如,在数和代数模块中"对问题能按照公式,或包含公式的进行计算的,且内容涉及幂函数、根式函数、对数函数和三角函数的实际问题,会借助相应的参考资料和简单的计算工具进行运算。"函数和图像部分的"通过分析和研究实际情境中函数的性质,能够形成其图像;会解释实际中的图像";数学分析部分的"应用数学分析工具会求几何学中,物理学中,经济学和其他实际情境中的求最大值和最小值的问题";方程和不等式部分的"会构造和研究简单数学模型";组合、概率和统计部分中的"会分析现实生活中的表格和图像中的数据;会分析信息的统计特性";几何学中的"会应用已学公式和图像性质研究(建模)简单的实际问题;借助相应的参考资料和计算工具,会求实际问题中立体物体的长度,体积和表面积"。

在统计澳洲 IB 课程数据时发现,这个教材非常注重各个学科之间的学科交叉,生物、物理、化学的题目在应用题目中占的比例很大,那这些题目又大部分在解题过程中需要建立模型,也就是说,澳洲 IB 教材非常重视学生利用数学模型来解决实际生活、学科交叉问题,这一点是值得我们学习的。

通过对教材例题的背景特征的比较,我们大致可以发现以下几点:

(1) 多数教材都偏向把引入部分和探究建模部分设置有情景的例题,并且例题所放位置也很相似。良好的开端是成功的一半,在引入部分设置这样的例题,从学习者身边或者是感兴趣的事物出发,更能吸引学生眼球,激发思维灵感,调动学习积极性;而对于探究建模方面,设置有背景的例题,可以让学习者感受到数学在实际生活中的重要作用,而不是仅仅限于理论之中,另一方面,通过拉近与学生的距离,降低了题目的难度。

(2) 统计发现,美国教材中直接应用概念而设置的有情境的题目较多,并且一般这种题目都是紧随概念之后放置的,而中国教材这部分的题目较少,一般倾向于用无背景的纯数学题来巩固概念和性质等,即使有这样的应用,也是放在这一节的后面,即在无背景题目之后。

(3) 美国教材更加重视对答案的思考和解释,这让学习者能够充分体会到数学在日常生活的重要性,更重要的,通过领会数学的现实意义,可以拓宽思维,加深理解,而不是"死"学数学。这一点很好的回答了开篇提到的问题:中国学生的数学成就显著,但是他们对答案的意义很难做出合理的解释。

(二) 在数学认知水平上的差异

在数学认知水平上的统计结果如图 4 - 18 所示。

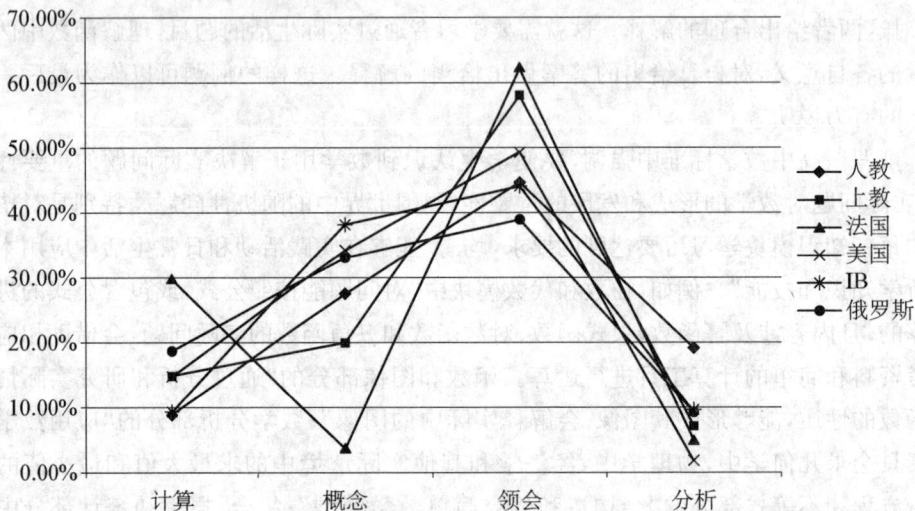

图 4 - 18

不同数学教材在数学认知水平上的比较

从整体来看,所有数学教材都是领会水平的例题最多,概念水平的居次(法国教材除外),最少的是计算和分析水平的例题。这也反映了高中教材更加重视让学习者理解领会知识,而不仅仅是简单的计算和概念识记,尤其是最低层次计算水平的知识高中阶段明显比初中阶段比例少很多。另一方面,从图 4 - 18 中可以发现,不同版本教材对于题目认知水平还是有不同之处的。对于较低层次(计算和概念)而言,人教版和上教版只有 35% 左右处于这两个水平,而美国则有近 50%。中国两版教材在讲述一个新知识点的时候,一般在概念讲解之后,紧随着一两道直接运用概念的例题巩固知识,接着就会有一些需要学习者理解领会所学才能解决的题目,并且数量上要多于运用概念的题目,这也使得领会和分析层次上的题目总和明显多于前两层,而美国教材则更加重视强调利用例题来记忆概念。换个角度,美国的教材虽然对情境的引入较多,但是很多题目都是可以直接利用数学概念和操作解决的,而中国的教材则更加重视变式练习,需要学生迁移综合运用所学知识。对于分析探究性习题,同样也是中国教材比美国教材更加注重这部分题目的设置。尤其是人教版分析层次的题目百分比将近 20%,明显高于美国的 1.73.%。

法国高中数学教材例题中属于"分析"水平的比例比我国的两个版本教材都低!特别是比人教版低了近 15 个百分点。这个数据当然不能覆盖全高中课程,因为我们缺失了法国理科的拓展教材中的数据,同时在法国教材里课堂活动和指导课程部分包含了很多"分析"水平的数学问题,与此同时,我国的两版教材在探究、思考等板块也有很多探索性的问题,但例题作为教材最重要的一块,其所反映出来的数值还是很令我们有所欣喜的,至少这体现了课程改革的一个进步。法国教材在"概念"水平上的例题特别地少,即概念记忆性水平(与课本一致或几乎完全一样的方式回忆或复述定义、概念、命题、规则、表达形式或数学事实;或者呈现已经学习过的数学事实或术语、基本概念)较低,这其中一个不可忽视的原因是在选择样本时,我们将正文中的例子(example)部分给省略了,而 example 部分的例子绝大部分是对所给定义、命题等进行简单解释,大多属于"概念"水平,该部分的省略导致了法国教材在"概念"水平上较低的结果。

俄教版在分析水平上的百分比是比较高的,仅次于我国的人教版,但在领会水平上却是所有教材中最低的。依据俄教版课程标准分析,规定高中学生数学学习的目的达到以下四个方面的要求:形成数学思想方法的观念,能用通俗语言表述数学概念,形成现象与过程的数学模型的观念;掌握口语和书面的数学术语,掌握为了后续教育和在现有的水平上所选专业的发展,以及学习学校自然科学课程所需的数学知识和技能;发展在后续教育,数学领域的活动和未来数学专业活动的所需的逻辑思维能力、算法、空间想象能力、数学思维和直觉、创新能力;通过使学生了解数学发展的历史的数学文化方法,培养学生的数学思想的发展;使学生认识到数学在科技进步过程中的重要性。显然,俄罗斯的高中数学课程对知识和技能方面的要求,不但注重数学概念和术语,更是注重基础知识的应用,这在一定程度上也使课程的认知水平趋向于较低级水平,所以计算与概念类题目和占总题目的一半以上。在发展学生的能力方面,注重数学基本能力的培养,教材中领会类题目占的比例为总题量的 1/3 之多,是四个水平中最多部分。

与上教版和人教版相比,IB 版更注重学生操作性步骤与概念性理解、公式掌握等数学基础的培养。在识记水平里,上教版"计算"与"概念"的比例为 1:1.3,人教版"计算"与"概念"的比例为 1:3.2,IB 版"计算"与"概念"的比例为 1:4.2。人教版与 IB 版教材相比计算程序的练习更注重公式的灵活运用,上教版在计算程序与公式记忆方面则分配均匀。在另外两个较高层次的数学认知水平中,上教版在"领会"理解性水平方面所占的比例较其他两个版本教材要大,而人教版教材在"分析"探究性水平方面所占的比例要远远高于另外两个版本的教材。说明上教版教材更注重一般常规综合性问题的演练,人教版教材则是"以常规问题为主"的大前提下,加大探究性问题的演练。IB教材则与上教版教材一样,注重常规问题的演练,探究性问题为辅。但值得一提的是,IB 版教材的探究性问题并不是常规普通的应用题,或是我们常见的普通的选择策略性问题,不是为了探究而探究。而是真正要学生去探索、研究、发现的做数学问题,虽然 IB教材的探究题比例不多,但是 IB 教材的探究题目的质量要比我国教材的题目质量好很多。

总而言之,中国的例题中变式训练较多,而且常常融合多个知识点,来深化理解,甚至有一些需要建模探究的题目,让学习者自行找出解题策略,建立模型,用多种方式解决问题。而美国教材中的例题对此要求较少,基本上都是直接运用数学概念和操作解决问题,不需要知识迁移深化。从某种程度上,中国这些理解分析水平题目的训练有助于中国学生在国际数学竞赛和相关测试中取得优异的成绩,这也从一个角度上回答了开篇的问题。

(三) 在推理水平上的差异

推理水平上的统计如图 4 - 19 所示。

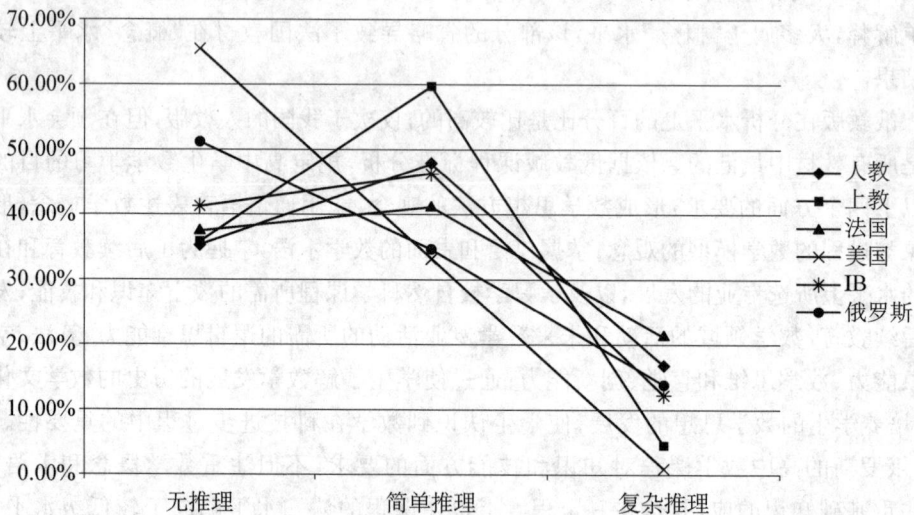

图 4 - 19

不同数学
教材在推理
水平上的
比较

从图 4 - 19 中,我们不难看出中国两版教材在推理各个水平上基本保持一致,都是推理的题目较多,达到了 65% 左右,其中又以简单推理的题目为主。在复杂推理层次上,人教版比上教版更重视一些。美国和俄罗斯教材中几乎是以直线单调递减的速度下降,但俄罗斯教材的推理水平明显高于美国教材。

除了美国和俄罗斯教材外,其余版本的高中数学教材的走势比较接近,都呈现倒勾型。其中例题所占比例最大的水平都是"简单推理"水平,上教版和人教版在"无推理"水平上例题所占百分比几乎一样,而人教版在"复杂推理"水平上例题的含量要比上教版高出 12.43 个百分点,从这个侧面不难看出,人教版高中数学教材例题的推理水平整体要稍高于上教版。而对于法国教材而言,其在"复杂推理"水平上的例题含量远高于上教版和人教版。

从图中不难看出,在"无推理"水平一致的情况下,法国数学教材在"复杂推理"水平的例题含量更多,法国数学教材的推理水平高于其余两个版本。

纵向比较,人教版三个水平中无推理占的比例最大,上教版简单推理所占比例最大,人教版也是简单推理所占比例最大,但三套教材中,上教版的最大值仍然是最大。在无推理方面,人教版所占的比例最大,上教版最小;简单推理方面两者恰好相反;复杂推理方面人教所占比例最大,上教版最小。从图像变化趋势来看,俄教版趋于一条直线,比例间趋向于等差数,人教版和上教版的变化趋势也是相当,只是人教版较上教版平和。

折线图可以看出,在无推理水平上,澳洲 IB 版教材的题目比例要高于另外两版教材,这与澳洲 IB 版教材内容更偏于代数、计算题目比例较大有很大的关系。简单推理的题目人教版与澳洲 IB 版相对较少,上教版的比例与其相差很大。而复杂推理题目比例三者排序为人教版、澳洲 IB 版与上教版。

根据统计数据显示,人教版复杂推理水平的章节集中在欧式几何、函数的应用、函数模型、统计与概率、向量、数列、圆锥曲线与方程、空间向量与立体几何、推理与证明、回归分析、独立性检验等。澳洲 IB 复杂推理水平的章节主要集中在多项式、图像平移、数列、复数、数学归纳法、排列组合、概率、离散随机变量、微分学与曲线绘法、积分学的应用、向量。

和初中教材高推理水平主要来源于空间与图形部分不同,中国高中教材在每块内容上推理都明显多于美国,这和总体上的比较结果保持一致。在数与代数方面,高中教材尤其中国教材中十分重视推理的运用,比如在求复合函数的定义域、单调函数的判定等,并且这一块内容的证明题目也明显多了许多。几何方面,我国从初中开始就十分重视推理思想的培养,高中阶段更是如此;美国教材在这一块内容上推理题目相对其他内容要多一些,但是和中国相比,还是有较多的题目停留在操作上,比如说画出与已知角相等的角。概率统计方面,我们可以发现也和总体的结果相符。

俄教版课程标准对学生的要求总体是在所学知识的基础上,达到简单的应用。例如,在数和代数式部分的能力要求"在求解简单的实系数方程的复根时,会应用复数的几何意义进行解题;会对幂函数,根式,对数函数和三角函数的代数式进行变换",函数和图像部分"根据函数的不同表达形式由自变量的值能够确定函数值;会画所学函数图像,会进行图像间的变化;由函数图像和解析式会描述函数的变化趋势和函数性质;由函数性质和函数图像,会求解方程,方程组和不等式",数学分析和初步也是达到简单能力水平"会应用导数研究函数和画其图像;会解函数图像切线类的方程问题;会解函数在某一区间内的最大值和最小值问题;会求曲边梯形的面积"等等。所以,对于统计数据所反映的俄教版的推理水平,仅无推理的占了一半就不足为奇了,因为这些题目是直接套用所学公式,程序,让学生体验数学应用。当然也可能与本套是文理生两用的教材有一定的关系。所以就可以解释复杂推理占了相当一部分比例的原因了。

再看人教版课程标准,在课程理念部分明确指出,"高中数学课程应注意提高学生的数学思维能力,数学思维能力有助于学生对客观事物中蕴涵的数学模式进行思考和作出判断"。说明人教版还是较注重学生的数学思维能力的培养,这在一定程度上也可以解释,为什么人教版的复杂推理占了 17.30% 的比例了。另外在必修部分的内容,进一步要求强调知识的发生、发展过程和实际应用,而不在技巧与难度上做过高的要求。无推理部分的知识主要是考查对相应章节的所学知识点的体会应用,所以人教版的无推理也是占了相当的比例。最后,结合这两点考虑,人教版的简单推理部分就似乎"合理"的占了总题量的近一半。

由于上教版标准,在教材内容的选取方面,明确指出"素材内容要体现与学习要求的一致性以及对学生的心理特征和能力水平的适切性,具有基础性、典型性、多样性和可接受性,切忌过于繁难或偏重技巧"。所以由例题整体反映的趋势就是,简单推理占了很大一部分比例。复杂推理内容明显减少,与人教版相比,仅占其复杂推理的1/4,这似乎也在一定程度上解释了人们常说的人教版比上教版难。无推理部分两者相当。与俄教相比,上教版比较注重数学知识的基础性应用,领会水平的较多,似乎这也在一定程度上反映了上海作为国际化大都市和数字化城市的教育环境,以培养学生的创新精神和实践能力为重点的课程理念。

(四) 在运算水平上的差异

在运算水平上的统计结果见图4-20。

图 4-20

不同数学教材在运算水平上的比较

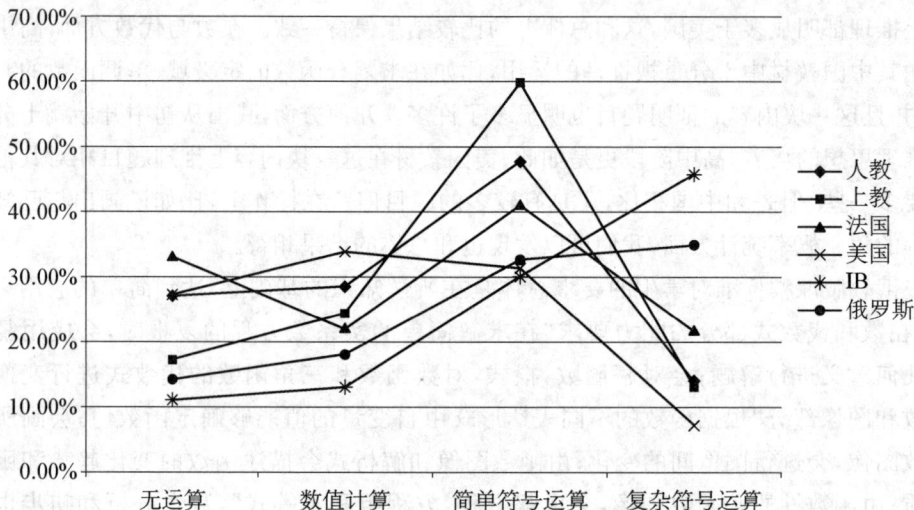

从图中可以看到,在复杂符号运算水平上,百分比最高的是IB教材,然后依次是俄罗斯、法国、人教版、上教版,最低的是美国教材;简单符号运算上,占比例最高的是中国的两套教材。

纵向比较,俄教版运算因素的各水平中,复杂符号运算所占比例最大,人教版中数值运算最大,上教版中简单符号运算所占比例最大;在前两个水平中,均是人教版所占比例最大,俄教版最小;简单符号运算中,上教版最大,人教版最小;复杂符号运算中,上教版和人教版所占比例相当,分别是13.32%和13.50%,两者都明显低于俄教版(35.02%)。横向来看,俄教版的四个水平所占比例递增,其中前两个水平相当,后两个水平相当;人教版是前三个水平相当,复杂符号运算所占比例最小;上教版中,前三个水平呈递增趋势,四个水平中还是复杂符号运算所占比例最小。从图像的变化趋势来看,三条曲线之间均有明显的差异,俄教版曲线缓慢上升;人教版前三项趋向直线,最后降低;上教版的变化幅度较大,前三个水平呈递增趋势,幅度较大,后又大幅度下降。

可以看出,不同版本的教材侧重点非常不同,人教版教材在无运算、数值运算与简单符号运算的比例相当,并且在全书中占据主要地位;而上教版则更重视简单符号运算,无运算与数值运算其次;澳洲IB版则更重视符号运算,符号运算中更重视复杂符号运算,相对来说,无运算与数值运算比例非常少。俄罗斯教材总体运算水平虽然不高,但在复杂符号运算方面的比例却很高。

从具体教学内容来看,在代数与数、空间与图形两个内容上,中国的例题所含知识点要多于美国,这两块内容是高中数学的重压组成部分,与总体数量的比较保持一致,概率统计部分则有些出入,美国教材的比例处于中国两版教材之间,其他方面由于上教版的算法内容没有再涉及到其它知识点,所以比例为100%。

从以上四个图表中可以看出,三个版本在四个内容版块上的分布情况与从整体分析上所得的结果一致。值得一提的是,上教版无论在哪个内容部分属于"三个以上"知识点水平的例题所占比例都最少,反而是法国和人教版较为接近。人教版在"空间与图形"部分"三个以上"知识点含量水平尤其突出,这可以从一个侧面反映出人教版几何部分例题的复杂程度。

由于俄教版的两套标准,侧重于专业水平发展的标准13和基础水平的标准12,均明确指出,要发展学生的算法文化,所以由例题反映出的对算法的能力要求是较高。则也在一定程度上说明,俄罗斯数学课程注重学生计算能力的培养,虽然经历了课程改革,但仍然是注重数学中的传统。相比而言,人教版对学生计算能力的要求是偏向于较低的水平,例如无计算与数值计算的比例和占总题数的一半还多,并且简单符号运算也占了近1/3,这可以由人教版标准中的课程的基本理念中的"为了适应信息时代发展的需要,高中数学课程应增加算法的内容,把最基本的数据处理、统计知识等作为新的数学基础知识和基本技能;同时,应删减繁琐的计算,人为技巧化的难题和过分强调细枝末节的内容,克服"双基异化"的倾向来解释。

反观上教版课程标准中课程理念部分规定,"在数学课程中,删减用纸笔进行繁复的数值计算的内容,消减孤立的加、减、乘、除、乘方、开方的繁复演练;精简关于式的运算、变形、求值的内容和单纯解方程(组)训练的内容",也就可以合理的解释上教版中,除了复杂符号运算所占比例明显偏低外,其余三项比例相当的原因了。

不同板块的知识点所含的运算能力要求肯定是有差异的,比如三角函数这一章的符号运算能力要求比较高,而空间几何体这一章的证明题目较多,进而无运算水平的题目比例较高。

IB版教材与我国教材最大的不同点在于,人教版教材与上教版教材很重视欧式几何与逻辑关系方面,表现的内容可概括为:空间直线与平面、圆锥曲线、简单几何体、集合与命题、常用逻辑用语。这些内容在IB版教材中并没有体现。但是与代数相关的例如直线方程、平面方程在IB课程中也有些涉及,可见,IB的课程理念更注重用代数来解决几何问题,而我国教材更注重几何体的逻辑推理证明。这些内容的不同会导致运算水平上有很大的差异。

(五) 在知识含量水平上的差异

关于知识含量水平的统计结果如图4-21所示。

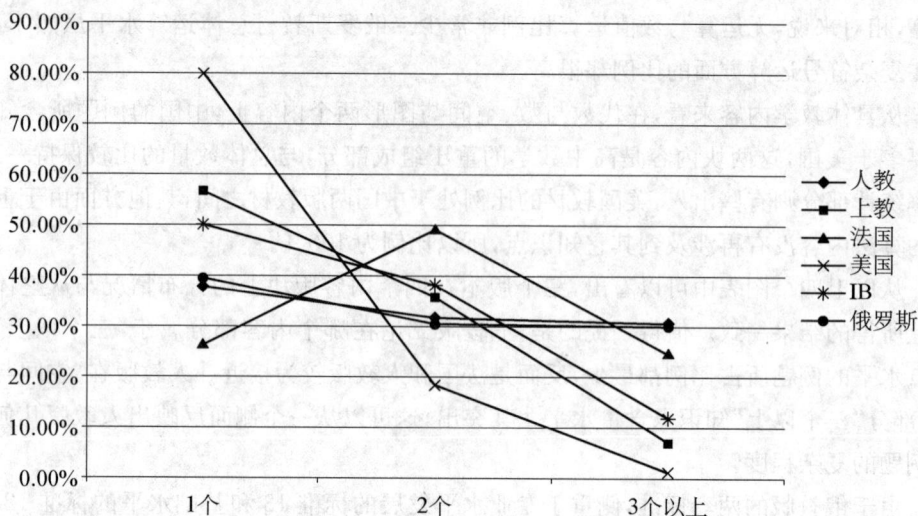

从总体上来看，美国教材的知识综合程度是最低的，俄罗斯教材与人教版教材几乎一致，上海教材与 IB 教材的结果也比较相像，法国也处于比较高的水平。

不同版本的高中数学教材在知识含量上形态迥异，上教版的例题中有 56.93％都只有一个知识点，而多个知识点的例题仅有 7.30％，百分之九十多的例题都只包含一到两个知识点，在几个版本中，上教版的知识含量水平偏低，有点出乎意料。法国教材在知识含量水平的分布是两头少中间多的，例题异常偏向于"两个知识点"水平，分布更符合正态分布一些；人教版和俄罗斯教材"两个知识点"和"三个以上的知识点"水平的例题含量只差了一个百分点，虽然在"知识含量"水平人教版的加权平均值为 1.93，要略低于法国教材的 1.98。

在代数与数、空间与图形两个内容上，中国的例题所含知识点要多于美国，这两块内容是高中数学的重压组成部分，与总体数量的比较保持一致，概率统计部分则有些出入，美国教材的比例处于中国两版教材之间，其他方面由于上教版的算法内容没有再涉及到其它知识点，所以比例为 100％。

（六）在综合难度上的差异

前面我们分别从五个难度因素的角度比较六套高中数学教材的难度，现在则利用综合难度模型综合难度值。

样本	背景	运算	推理	知识含量	数学认知
人教	1.46	2.31	1.81	1.93	2.75
上教	1.28	2.54	1.69	1.50	2.57
法国	1.18	2.33	1.84	1.98	2.42
美国	1.50	2.19	1.35	1.21	2.38

样本	背景	运算	推理	知识含量	数学认知
IB	1.37	3.11	1.71	1.62	1.71
俄罗斯	1.10	2.89	1.63	1.91	2.39

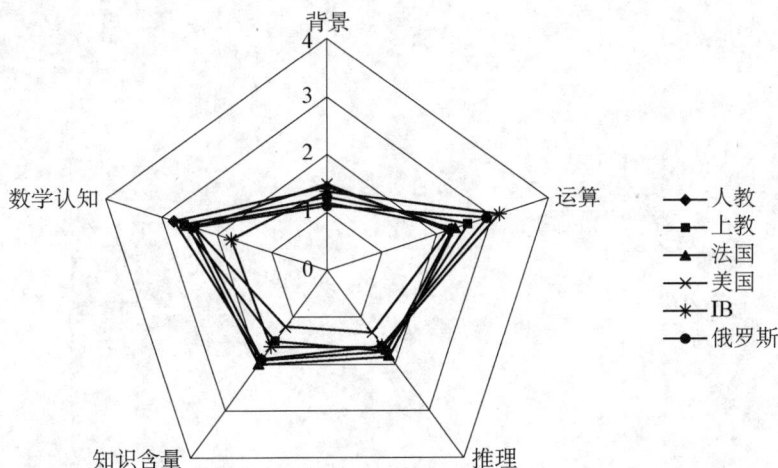

图 4-22

六个版本高中数学教材在综合难度上的比较

　　从图中看到,在教材例题的数学认知水平方面,中国的两套教材占据前 2 位,其中,人教版又高于上教版,排在 3—6 位的依次是法国、俄罗斯、美国和 IB 教材;在背景水平上,美国教材最高,人教版次之,其后依次是 IB、上教版、法国和俄罗斯,法国和俄罗斯的高中数学教材基本上还保留了数学教材的传统特色,以数学内部的问题为主,与实际联系较少;在推理水平上,最高的是法国和人教版,其后依次是 IB、上教版、俄罗斯和美国;在运算水平上,最高的是 IB 和俄罗斯,其后依次是上教版、法国、人教版和美国;在例题的知识综合程度上,最高的是法国、人教版和俄罗斯教材,几乎都每题平均包含 2 个知识,其后是 IB、上教版和美国,美国教材的例题平均只包含一个左右的知识点,而上教版教材在知识综合程度的水平不高多少有点出乎意料。

　　此外,图中的 6 个五边形均有下倾的趋势,说明这 6 套教材的实际背景水平都偏低,这是高中数学教材与初中数学教材的明显差异,这说明,到高中阶段,随着数学理论深度的提高,除了概率统计等新兴课题外,数学教材更关注数学本身的问题,与生活实际的联系也逐渐减弱。

关键术语

高中;数学教材;国际比较

讨论与探索

1. 讨论:数学教材的研究内容、方法主要有哪些?

2. 讨论:如何开展教材中几何内容的比较研究?

3. 讨论:如何开展教材中有关数学教学基本任务之概念理解、技能习得与问题解决设计的比较研究?

4. 讨论:如何开展教材中数学史与数学文化渗透的比较研究?

5. 讨论:如何开展教材中信息技术运用的比较研究?

本章概要

实现数学期望课程的目标，必须立足于课堂教学，因而教师必须把握数学课堂教学的基本规律，学会从学生学的方面看数学课堂教学：数学学习的性质、数学学习的过程、数学学习的迁移以及数学学习中的非智力因素等；学会从教师教的方面看数学课堂教学：数学教学任务的分析和安排、数学教学传播媒介的分析和选择、教学模式的分析和使用、教学环境的分析和控制、教学结果的测量评价等。另外，教师需要理性对待公开课上呈现的优质课，学会站在理论与实践结合的角度分析、评价优质课例，经常总结反思来自教学一线的经验，在理论的指导下分析、识别、提炼有效的课堂教学经验。

通过本章的学习你能够：

- 理性地认识和全面地分析优质课例
- 初步掌握分析数学课例的方法
- 初步学会从课程教学理论角度提升课堂教学经验

本章内容结构

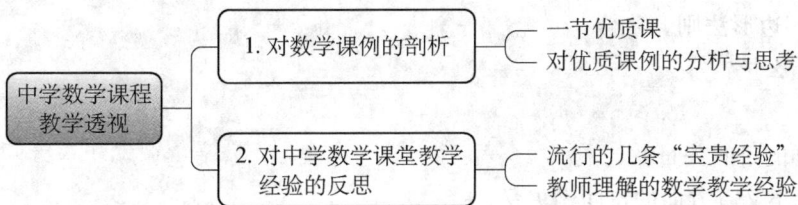

第一节　对数学课例的剖析

数学是基础教育中一门非常重要的学科，数学教育在学校教育中占有特殊的地位，它使学生掌握数学的基础知识、基本技能、基本思想，使学生表达清晰、思考有条理，使学生具有实事求是的态度、锲而不舍的精神，使学生学会用数学的思维方式解决问题、认识世界。[①] 实现数学教育的上述价值，必须立足于课堂教学，因而教师必须把握数学课堂教学的基本规律。数学课堂教学规律，从学生学的方面看包括：数学学习的性质、数学学习的过程、数学学习的迁移以及数学学习中的非智力因素等；从教师教的方面看包括：数学教学任务的分析和安排、数学教学传播媒介的分析和选择、教学模式的分析和使用、教学环境的分析和控制、教学结果的测量评价和利用以及教师自身心理素质问题等。其中对学生数学学习规律的掌握是基础与关键，因为学生的数学学习规律是任何教学措施及教法与学法的依据。[②] 把握数学课堂教学的基本规律，不仅要求教师提高自身的数学素养，也要求他们夯实教育学、心理学的功底，尤其要提升教育心理学方面的知识。当教师真正了解学生学习的基本规律时，就能有针对性地选择教学方法，从而达到预期的教学目的。

本章我们将基于数学课程改革理念，去透视数学课堂教学、去剖析一些流行于重点中学之间的"宝贵"的课堂教学经验、去分析教师头脑中的常见观点，从而反思、探寻数学课堂教学改革的一些走向。

---

① 中华人民共和国教育部. 普通高中数学课程标准(实验)[M]. 北京：人民教育出版社,2003：1.
② 章建跃,朱文芳. 中学数学教学心理学[M]. 北京：北京教育出版社,2001：10.

一、一节优质课

在江苏省"高中数学课程改革教学研讨会"上,开设了三节观摩课,"向量的加法"是其中的一节。①

(一) 课例展示

【引入】

T(教师):在物理中,如何求作用于 O 点的两个力 F_1、F_2 的合力?

S(学生):以 OF_1、OF_2 为邻边作平行四边形 OF_1FF_2,那么这个平行四边形的对角线 OF 就表示力 F_1、F_2 的合力。

T:用的是什么方法?

S_1:平行四边形法则。

T:力是什么量?

S:是矢量。

T:什么样的量叫矢量?

S:既有大小又有方向的量叫做矢量。

T:在数学中,既有大小又有方向的量叫做什么量?

S:向量。

T:在物理中我们能求出两个矢量的和,那么在数学中就能求出两个向量的和。先看一个实例,这里有一幅图(屏幕显示。从上海直飞台北;先从上海飞香港,再从香港飞台北。),具有数学眼光的同学一定能看懂这个图。

S_2:从上海到台北有两种航行方法。

T:对! 本来完全可以从上海直飞台北,但在人为的阻挠下,现在还没有实现真正意义上的直航,而要绕道香港,再到台北,走了多少冤枉路啊! 不过我们深信,在两岸民众不懈的努力下,从上海到台北的真正意义上的直航一定会实现!(全场热烈鼓掌)若从位移这个意义上说,两种航行方式的效果是一样的,位移在数学上也是向量,那么由这个图,屏幕上的地图撤去,以 O、A、B 分别代表上海、香港和台北,我们可以得到……

S_3:$OA+AB=OB$。

T:如此说来,"三角形两边之和等于第三边"了!(笑声)

S_3:刚才说的不对,应该写成 $\overrightarrow{OA}+\overrightarrow{AB}=\overrightarrow{OB}$。　　　　①

T:认识到不对并加以改正是勇敢的表现! 如果记 $\overrightarrow{OA}=a,\overrightarrow{AB}=b$ 则 $a+b=\overrightarrow{OB}$。这一节课,我们就来研究向量的加法。

【法则的发现】

T:什么叫做向量的加法?(学生阅读课本,略)我们现在关心的公式①所揭示的法则叫做什么法则? 这个法则是否有普遍的意义。

S_4:叫做三角形法则。

T:很好! 对法则的命名是对事物本质的概括,也是一种创造。请将这个法则的操

① 魏本义.执行新课标实施新课改的一次成功尝试——对向量的加法课例点评[J].中学数学教学参考(高中),2007(7):16—19.

作过程用文字语言叙述出来。(学生讨论,教师点拨)

S_5:平移一个向量,将它的起点与另一个向量的终点重合,那么以第一个向量的起点为起点,第二个向量的终点为终点的向量就是这两个向量的和向量。

T:能不能将这个操作过程浓缩、简约为几个字?(学生讨论,教师点拨)

S_6:尾首相接,首尾相连。

T:只须八个字,就概括了法则,"浓缩的都是精华",但"简约而不简单",靠的是对法则的深刻理解和文字驾驭的厚实功底。一个法则有没有生命力,就要看它能否适用于各种不同的情况,即有没有普遍意义和广泛的使用价值,如图(屏幕显示),你能得到什么式子?

S_7:$\overrightarrow{AB}+\overrightarrow{BC}=\overrightarrow{AC}$。

T:图中的三个点可以用任何字母来表示,这就是对规律的本质认识。对于下面的两个向量,请作出它们的和。(学生板演,用了不同的两种方法,即分别平移两个向量)都对吗?

S_8:都对。

T:由此能得到什么结论?

S_9:得 $a+b=b+a$,也就是说向量的加法满足交换律。

T:三角形法则与求合力的平行四边形法则有什么不同吗?(学生研究)

S_{10}:从本质上来说,三角形法则与平行四边形法则是完全一致的。

T:好一个"从本质来说"!反映的是思维的深刻性。数的加法还满足结合律,那么向量的加法满足结合律吗?

S_{11}:大概是满足的。

T:大胆猜想,小心求证! 要研究向量加法的结合律,至少有几个向量?

S_{12}:至少要有三个向量。

T:提出问题比解决问题更重要! 现在有向量 a,b,c,如何求它们的和?(学生动手,屏幕显示结果)

S_{13}:得 $(a+b)+c=a+(b+c)$,证实了向量的加法满足结合律。

T:那么以后再求三个、四个,乃至更多个向量的和,就更简单了,仍然是……

S_{14}:"尾首相接,首尾相连"。

(有关共线向量、零向量的讨论略)

T:如图(屏幕显示),若固定向量 $\overrightarrow{AB}$,让向量 $\overrightarrow{BC}$ 围绕它的起点 B 任意旋转,则不管 $\overrightarrow{BC}$ 旋转到什么位置,都恒有 $\overrightarrow{AB}+\overrightarrow{BC}=\overrightarrow{AC}$。这样,公式"$\overrightarrow{AB}+\overrightarrow{BC}=\overrightarrow{AC}$"及法则"尾首相接,首尾相连"就非常完善了,这充分显示了这个数学科学规律的普遍适用性和它强大的生命力。科学研究的巨大价值就在于发现和应用普遍适用的客观规律。问题在于我们要积极主动地、锲而不舍地去探索、研究、讨论和发现。(学生情绪高涨而欢快)

【法则的应用】

T:现在就用这个普遍规律来解决下面的问题(屏幕显示,基本练习略):

(1)问题:对于正六边形 $A_1A_2\cdots A_6$。

1) $\overrightarrow{A_1A_2}+\overrightarrow{A_2A_3}+\overrightarrow{A_3A_4}+\overrightarrow{A_4A_5}+\overrightarrow{A_5A_6}=$ _____;

2) $\overrightarrow{A_1A_2}+\overrightarrow{A_2A_3}+\overrightarrow{A_3A_4}+\overrightarrow{A_4A_5}+\overrightarrow{A_5A_6}+\overrightarrow{A_6A_1}=$ _____。

(2) 问题:若渡船以 25 km/h 的速度按垂直于河岸的航向航行,江水以 12.5 km/h 的速度向东流,受水流的影响,渡船的实际航向如何?

S_{15}:画出图,$\overrightarrow{AD}$(北偏西)表示船实际的速度。

T:如果是这样,船的实际航向就是逆流向西航行了! 要知道,"一江春水向东流"啊!(学生大笑)还是请你自己来改吧。

S_{15}:$\overrightarrow{AD}$(北偏东)表示船的实际速度。

T:你用的是什么法则?

S_{15}:平行四边形法则。

T:能用三角形法则吗?

S_{16}:能,从这里又说明两个法则本质的一致性。

T:关键是要能准确地认定哪个向量是和向量。到底使用哪个法则好呢?

S_{17}:哪个法则好,要看具体情况。

T:具体情况具体分析,有点辩证法的意思。(笑声)

问题的变式:在长江南岸某渡口处,江水以 12.5 km/h 的速度向东流,渡船的速度为 25 km/h。渡船要垂直地渡过长江,其航向应如何确定?

S_{18}:可用学生 15 开始画的那个图。$\overrightarrow{AC}$ 表示船的实际速度,$\overrightarrow{AC}=\overrightarrow{AB}+\overrightarrow{AD}$,用的是平行四边形法则。计算可得 $\angle CAD=30°$,所以船的实际航向是北偏西 $30°$。

T:能用学生 15 后来画的图吗?

S_{19}:也可以,由图得:$\overrightarrow{AC}=\overrightarrow{AB}+\overrightarrow{BC}$,用的是三角形法则。

(3) 一个具有挑战性的问题:若平面内有 n 个首尾相接的向量,构成一个封闭图形,那么这 n 个向量的和为 _____,即 $\overrightarrow{A_1A_2}+\overrightarrow{A_2A_3}+\cdots+\overrightarrow{A_{n-1}A_n}+\overrightarrow{A_nA_1}=$ _____。

S_{20}:等于 0。

T:尽管长度之和可以很大很大,但所有位移的总和为 **0**。千回百转,回归起点,位移为 **0**,当然 **0** 和 0 有着本质的区别。

(4) 又一个具有挑战性的问题:P、Q 为平面内的两个任意点,那么你能写出多少个如下的等式:

$$\overrightarrow{P\times}+\overrightarrow{\times Q}=\overrightarrow{\times\times}?$$

S:无数个。

T:太妙了! 等式右边肯定是 $\overrightarrow{PQ}$,而等式左边的"$\times$"可以是——

S:任意字母。

T:那么我们就完全可以根据实际需要,将向量 $\overrightarrow{PQ}$ 写成两个或三个,甚至更多个向量的和,这充分显示了这个法则应用的灵活性和应用范围的广泛性,数学真是神奇和美妙啊!

【回顾与小结】(由学生总结,教师予以提炼)

【作业】(略)

(二) 课例点评

对于上述课例,有研究者给予了高度的评价,认为是"执行新课标,实施新课改的一次成功尝试",[①]具体体现在:"教学观念的改变引起学生学习方式的转变;崇尚数学精神,体现对学生的人文关怀;努力实现形式化与本质的辩证统一;现代化教学手段与传统板书的共处与互补;生动活泼的教学活动的组织与情趣盎然的教学语言的运用"。应该说,这一课例对于向量加法的教学进行了相对深入的思考。不论是教学过程的组织,还是情境的创设,都留下了作者创造性思考的痕迹。尤其是生动有趣、充满生活气息、富含哲理的教学语言的运用,很好地调动了学生学习的热情,给人留下了难忘的印象。好的课例点评,必须少说"空话"、"套话",力戒"大话"、"瞎话"。真正做到"言之有物,言之有理;虚实并重,小中见大",从而"对于实际的教学活动真正起到积极的促进作用"。[②] 也有研究者[③]对上述课例的点评不乏精当深刻之处,如对:现代化手段与传统板书的共处与互补、情趣盎然的教学语言的运用等的评述非常到位,让人深有同感并获得教益。不过,当我们对这课例进行深入分析与思考,并结合数学教学心理学的相关研究成果对其进行剖析时,却看到了不一样的"风景"。

二、对优质课例的分析与思考

(一) 信念层面的分析

对于数学学习来说,有关的信念可以分为三类:关于数学的信念,关于数学学习的信念和关于学生自身的信念。因为学生所持有的对学科、对数学学习、对自身的信念的确影响着他们的学习,影响着他们对认知材料的选取,影响着他们对认知方式的使用,对学习结果的评价。[④] 信念的形成,可能是受某一理论的影响,也可能是教师潜移默化的影响,但更多的是受本人的实践经验的影响并在认知过程中形成与产生的。因此,数学教师的课堂教学决定着学生有关信念的形成:教师的数学观念、教学观念决定着他的教学设计与教学行为,进而影响着学生的认知方式,左右着学生的认知实践,决定着学生信念的形成。另外,教师在传授知识的同时,有可能在不经意中将"道"传给了学生。而学生在学习过程中所形成的错误的"看法",又反过来影响学生今后的学习,甚至使学生越学越笨,并影响他们对自身的看法。

1. 对数学观的分析

数学是什么?它的本质是什么?数学与人类的经验是什么关系?对这些看似纯理论的问题的回答,对于数学教育来说却是很实际、很重要的,因为它们可能直接影响到教师和学生,对教和学中的过程和行为形成不同的观念。[⑤]

(1) 向量加法的教育价值与知识脉络

向量,尽管在名称上还保留着"数"或"量",但是已经突破原来的多少或大小的意

① 魏本义.执行新课标,实施新课改的一次成功尝试[J].中学数学教学参考(高中),2007(4):16—19.
② 郑毓信.课例分析的重要发展——读书有感[J].中学数学教学参考(高中),2001(12):1—3.
③ 同①。
④ 李士錡.*PME*:数学教育心理[M].上海:华东师范大学出版社,2005:210—224.
⑤ 同④。

义、不能为原先的数概念所包含,因为它带有运算的特征。向量不仅是解决几何问题的一种有效的工具,而且包含着更为丰富的内容和更为广泛的应用。

向量加法有着非常丰富的物理原型。位移、力、速度等矢量的合成所运用的"三角形法则"与"平行四边形法则"是向量加法的几何运算形式的直接来源。在教学中,应突出这些背景,帮助学生体会向量在刻画和解决实际问题中的作用,理解数学知识的来龙去脉。

向量的方向可以描述直线、平面等几何对象及其位置关系;向量的大小可以描述长度、面积、体积等度量关系。向量代数运算的引入,使得向量兼具数、形于一体,打通了代数、几何、三角之间的联系,成为一种强有力的数学工具。向量既提供了通过代数运算描述几何对象及其位置、度量关系的方法,也隐含了向量代数性质的几何意义。应引导学生将向量的代数运算与其几何意义相联系,在运用向量代数性质描述几何对象的同时,加深对代数与几何内在联系的认识。向量的加法,是学生学习的一种新的运算,利用这种运算可以解决平面几何中有关线段的度量问题。

向量的加法及其运算律赋予向量集合特定的结构,使得向量成为一种重要的数学模型,并成为代数研究的对象。若用 G 表示向量的集合,则 G 对于向量的加法构成交换群;定义实数域 $\mathbf{R}$ 中的实数与向量的数乘、向量的加法,则 $(G,\mathbf{R})$ 构成线性空间;定义向量的数量积,则 $(G,\mathbf{R})$ 对于向量的加法、实数与向量的乘法运算构成线性赋范空间。所以,向量为理解近世代数、线性代数、泛函分析提供了基本的数学模型,向量运算更加清晰地展现了不同类型的代数运算的特征及其功能。向量运算与数运算不同的一些运算律,有助于学生进一步体会数学运算的意义及运算在建构数学系统中的作用,为理解函数、映射、变换运算、矩阵运算等奠定基础。[①] 就加法而言,向量加法的几何运算形式与数的加法运算,从代数运算的角度看都是 $A \times A \to A$ 型的运算。但是,向量加法的几何运算法则是三角形法则或平行四边形法则,这不同于数的加法运算,这种差异在几何运算坐标化以后变得更加清楚:数的加法运算是一元运算,向量的加法运算是二元运算。教学时,应引导学生关注向量加法运算的意义和运算律,特别要将向量的加法运算、运算律与数的运算、运算律进行比较,为进一步理解其他代数运算打好基础。

向量加法的知识脉络(图 5-1):

图 5-1

向量加法的
知识脉络

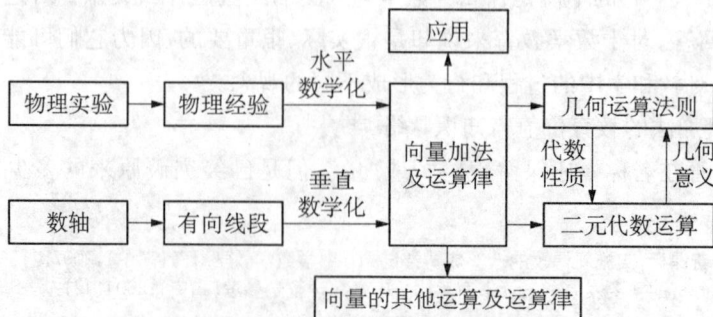

----

① 吕世虎.高中数学新课程中的向量及其教学[J].课程·教材·教法,2006(1):47—50.

　　弗赖登塔尔（H. Freudenthal）认为,数学是系统化了的常识。常识要成为数学,它必须经过提炼和组织,而凝聚成一定的法则。这些法则在高一层次里又成为常识,再一次被提炼、组织,而凝聚成新的法则,新的法则又成为新的常识,如此不断地螺旋上升,以至于无穷。① 常识的系统化,包含了水平数学化与垂直数学化两种不同的数学化过程。在这些过程中,经验被整理、概括与抽象为演绎化的体系,同时新的经验不断产生并注入已有体系,为已有体系的再提炼、组织提供新的基础。设计数学课,首先要考虑数学知识的生长脉络是否体现了数学自身发展的特点,正如 F·克莱因所言:科学的教学方法只是诱导人去作科学的思考,而不是一开头就叫人去碰冷漠的、经过科学洗礼的系统。按照历史顺序教授数学,能使学生"看清一切数学观念的产生是如此迟缓;所有观念最初出现时,几乎常是草创的形式,只有经过长期改进,才结晶为确定的方法,成为大家熟悉的有系统的形式。"②

　　从上述分析来看,这一课例对于向量加法的认识还是停留在一般的操作层面:快速类推法则、文字概括法则、练习应用法则。就像作者在上课后不久所言:在物理中我们能求出两个矢量的和,那么在数学中就能求出两个向量的和(不需要讲求道理,只要照程序做就是)。对于向量加法的来源、向量加法的运算律、向量运算的本质以及与数运算的异同等诸多方面缺乏应有的认识。

　　(2) 对向量加法法则"普遍性"的认识

　　这一课例多次提到"向量加法法则的灵活性和应用范围的广泛性",并且通过不同的方式:读图、导出运算律、法则的应用等反复论说这个问题。我们不否认向量加法法则的灵活性与应用的广泛性,但是法则的普适性究竟是从哪里来的? 如果像这课例仅从知识的应用甚至用所谓的"一般性的特例"去说明,而不从知识的来源及其知识本身来思考这个问题,那么我们就难以解释"数学的发展往往超前于自然科学的发展,提前为自然科学准备工具"这个现象。数学史表明,数学的特点是在对宇宙世界和人类社会的探索中追求最大限度一般的模式特别是一般算法的倾向。③ 事实上,向量加法法则的普适性来源于物理中矢量以及矢量合成法则的一般性:矢量概念的一般性决定了向量概念的普适性(只考虑大小、方向,即自由向量);矢量合成法则的一般性决定了向量加法法则应用的广泛性(仅仅通过平移就实现了加法运算,因此不管起点、不管方向)。先有运算,而后有运算律;先有法则,然后有其运用。正是概念、法则自身的一般性,才决定了运算满足的运算律,才能解决各种不同情形下的特殊问题。

　　(3) 对数学本质的认识

　　研究者指出"这个课例努力实现形式化与本质理解的辩证统一",④然后引用课标基本理念,接着提出:"如何认识、理解本质和形式化的辩证关系呢? 如何恰到好处地处理、驾驭和运用它,使学生既熟练、准确地用形式化语言来表述数学内容并解决数学问题,又能理解数学本质?"。然而,究竟什么是数学的本质? 普通高中数学课程标准基本

① 汉斯·弗赖登塔尔著,陈昌平,唐瑞芬等编译.作为教育任务的数学[M].上海:上海教育出版社,1995:2—3.
② 林永伟,叶立军.数学史与数学教育[M].杭州:浙江大学出版社,2004:3.
③ 李文林.数学史概论[M].北京:高等教育出版社,2002:8.
④ 魏本义.执行新课标,实施新课改的一次成功尝试[J].中学数学教学参考(高中),2007(4):16—19.

理念第 7 条的论述恰当吗,为什么经常引起人们的误解?

先从数学知识的来源看。数学大师希尔伯特指出:"数学这门科学究竟以什么作为其问题的源泉呢? 在每个数学分支中那些最初、最老的问题肯定是起源于经验,是由外部世界所提出。"但是,"随着一门数学分支的进一步发展,人类的智力,受着成功的鼓舞",开始"独立地发展着",只是"借助于逻辑组合、一般化、特殊化,巧妙地对概念进行分析和综合,提出新的富有成果的问题。"其间,"当纯思维的创造力进行工作时,外部世界又重新开始起作用。"因此,"据我看来,数学家在他们这门科学分支的问题提法、方法和概念中所经常感觉到的那种令人惊讶的相似性和仿佛事先有所安排的协调性,其根源就在于思维与经验之间这种反复出现的相互作用。"①

再从数学思想的发展看。著名数学家冯·诺伊曼说:"数学思想来源于经验,我想这是比较接近真理的"。但是,"数学思想一旦这样被构造出来,这门学科就开始经历它本身特有的生命"。"当一门数学学科远离它的经验本源继续发展的时候,它就会遭到严重危险的困扰"。换句话说,"在距离经验本源很远很远的地方,或者在多次'抽象的'近亲繁殖之后,一门数学科学就有退化的危险"。总之,"每当到了这种地步时,在我看来,唯一的药方就是为重获青春而返本求源:重新注入多少直接来自经验的思想"。而且,"我相信,即使将来,这也同样是正确的……因为在数学的本质中存在着十分特殊的二重性,即经验性与演绎性,这两方面正是数学的本来面目。"②

对于数学研究的方法,希尔伯特等人指出:"我们发现,数学研究同其他任何科学研究一样,存在两种趋势。一方面,抽象的趋势是寻找将所研究的杂乱的材料中固有的逻辑关系明朗化,将材料以系统、有序的方式关联起来;另一方面,直观理解的趋势促使更直接地掌握所研究的对象,促进活生生的联系,即强调它们之间关系的具体意义"。③

综观数学哲学的历史,林夏水先生认为:"数学的经验论、唯理论、先天综合判断论以及拟经验理论都涉及思维与存在的关系,或者说涉及经验与演绎(逻辑)的关系。因此,经验与逻辑的关系是数学本质的具体表现形式。"④

在考察认识的具体过程之后,关肇直先生提出:"夸大数学的理论严谨性而轻视许多数学方法的经验来源或其实际应用的想法,正是属于哲学上的'唯理论';反之,片面强调从实际经验获得的一些计算方法而忽视严谨的理论加工的必要性,恰好是重复着'经验论'的错误。"因此,对数学的"正确看法是把数学的抽象性这一突出特征和它的实践来源辩证地统一起来"。⑤ 若将认识作为一个整体对待,"数学与其他科学一样具有经验的性质。但是,数学研究对象的特殊性,又产生自身特有的研究方法或认识方法,即数学除采用观察、归纳、实验的方法外,还运用概念、判断、推理的演绎法。因此,演绎法就构成数学区别于其他科学的重要方法论特征。正是在这个意义上,数学又具有演

① 康斯坦丝·瑞德著,袁向东,李文林译. 希尔伯特数学世界的亚历山大[M]. 上海:上海世纪出版集团, 2006:5.

② 王前. 数学哲学引论[M]. 沈阳:辽宁教育出版社,2002:10.

③ 李士錡. PME:数学教育心理[M]. 上海:华东师范大学出版社,2005:27.

④ 林夏水. 数学哲学[M]. 北京:商务印书馆,2003:43.

⑤ 关肇直. 论目前对数学这门科学的几种错误看法[J]. 科学通报,1955(10):36—40.

绎性。因此，就总体来说，数学的性质应该是经验性与演绎性在实践基础上的辩证统一。"①

可见，数学的本质是经验性与演绎性在实践基础上的辩证统一。如果把数学的本质看成一枚硬币的话，演绎性，即"形式化"是其一面；经验性，即蕴涵生动活泼的数学思维活动的"经验化"是其另一面。因此，强调对数学本质的认识，那就是既要关注数学知识"经验性"的一面，也要重视数学知识"演绎性"的一面，同时要努力实现两者在实践基础上的辩证统一。所以，我们可以说"演绎性与经验性的辩证统一"或"形式化与经验化的辩证统一"，但绝对不能说"本质和形式化的辩证统一"，因为形式化是数学本质的一个侧面，形式化与经验化才是对立统一的关系。

再来看课程标准中的有关论述：形式化是数学的基本特征之一。在数学教学中，学习形式化的表达是一项基本要求，但不能只限于形式化的表达，要强调对数学本质的认识，否则会将生动活泼的数学思维活动淹没在形式化的海洋里。数学的现代发展也表明，全盘形式化是不可能的。因此，高中数学课程应该返璞归真，努力揭示数学概念、法则、结论的发展过程和本质。② 从这一段论述来看，讲了两个内容：其一、学习形式化是一项基本要求，形式化是数学的基本特征之一。但没有说明数学的基本特征还有哪些？其二、要强调对数学的本质的认识，否则会陷入形式化的海洋。正是基于这两项论述，才使得众多的文章中出现了"实现数学的本质和形式化的辩证统一"的一类论断。

从"数学的本质是经验性与演绎性在实践基础上的辩证统一"以及"形式化存在着不同水平、不同方向的形式化"来看，我们的教学重视了"形式化"吗？——没有！可是为什么总有人打"形式化"的晃子？我们强调了数学的"本质"吗？——远远不够！可是该怎样提高教师对数学本质的认识？我们还能说"形式化"与"数学本质"的辩证统一吗？——不能！但是又该如何去消除"课标"带来的负面影响？一个大家都熟知的事实是，每次有关课标的讨论都争论得异常激烈，影响不可谓不广。但为什么那么多的教师、研究者总把它作为"宪法"引经据典，而不假思索？

（4）数学人文精神的内涵是什么？

人们对这节课例分析时提出："纯粹的数学工具论已被蕴涵丰厚的数学文化论所取代"，③且进一步分析"在体现这种理念方面做了许多努力"，从而"使本节课有比较高的品位，对学生的可持续发展，乃至终身的发展有着积极而深远的影响，充分体现出对学生成长全方位的人文关怀。"我们姑且不去讨论有无可能存在这样的一节课，能实现"对学生的可持续发展，乃至终身的发展有着积极而深远的影响，充分体现出对学生成长全方位的人文关怀"。那么什么是"崇尚数学精神，体现对学生的人文关怀"，什么是"数学精神"与"人文关怀"？

从数学史、数学哲学的角度看，数学精神体现为科学精神与人文精神的对立统一。在不同时代，人们对数学的科学精神与人文精神的认识是不一样的。20世纪以前，数

① 林夏水.数学哲学[M].北京：商务印书馆，2003：43.
② 中华人民共和国教育部.普通高中数学课程标准(实验)[M].北京：人民教育出版社，2003：4.
③ 魏本义.执行新课标，实施新课改的一次成功尝试[J].中学数学教学参考(高中)，2007(4)：16—19.

学作为"精确科学"的代名词,其科学精神一直被推崇到很高的地位;20 世纪 30 年代,随着数学中经验主义的复兴,尤其是 60 年代拉卡托斯提出数学的拟经验观之后,人们对"数学的绝对科学主义"进行了批判。R·赫斯将拉卡托斯等人的基本观点概括之后,提出了"数学人文主义"的观点:①数学是属于人类的,它是人类文明的一部分并与之相适应;②数学知识难免有错。和科学一样,数学可以通过犯错误、改正、再改正而得到发展;③根据时间、地点和其他情况的不同,存在不同形式的证明或严密性,证明中采用计算机属于非传统形式的严密性;④经验性证据、数值的实验和概率的证明都有助于我们决定在数学中应该相信什么,亚里士多德逻辑并不总是做决定的最好方法;⑤数学对象是社会——文化——历史对象的一种特殊类型,是一种社会实体。① 因此,数学精神体现出科学与人文并存,绝对主义与可误主义相依的特点。② 对于数学人文精神的内涵,黄秦安教授指出:"数学对真理性、理性、主体性的不懈追求和持久关注,显示了对于人的一种人文关怀。由于一切追求知识和真理的活动都是符合并显示人性本质的,因此数学作为一种理性求知活动,体现了人性的普遍品质。"由于"数学不仅是一门知识体系,而且包含着人类普遍的思想方法;数学不仅是一种科学语言,而且包含着人类普遍的范式;数学不仅是一种技巧,而且是一种高技术;数学不仅是一套符号系统,而且包含着人类普遍的思维模式;数学不仅有着耀眼夺目的真理光辉,而且具有造福人类的善的功能和独特生动的审美价值和美学意蕴;数学的应用领域已经延伸到了人类社会生活的各个角落。",所以"数学人文精神的内涵体现在其理性求知、文化建构、数学思维品质、普遍的思想方法和语言以及独特的审美价值上"。③ 因此,要使数学课堂教学散发出数学的人文关怀,必须从更宽广的视角和更深邃的目光中去探寻。只有将数学教育的主要目标定位于从整体上提高人的数学素质和展示数学的人文内涵,并立足于数学课堂教学,着眼于建立平等、互助、信任、友好的民主型师生关系,着力于打通人文与科学精神之间的隔膜,发挥数学消除文理隔阂,促进学科渗透的功能。才能提高学习者对数学的理解与认识,促进他们的数学思维发展以及相互合作,使他们在真、善、美等各个维度上达到对于数学的感知、欣赏和修养,并将这种全面的数学素养转化为对于其它学科或现实生活有益的能力或技能,促进他们的自我实现和个人成就感,使数学真正成为学生内在的文化素质。

2. 对数学学习的分析

由于建构主义重视已有知识经验、心理结构的作用,强调学习的主动性、社会性和情景性。因此,我们可以依据建构主义的基本观点对学习活动的本质作出比较细致的分析:学习是学习者主动地建构内部心理表征的过程;学习过程是一个双向建构的过程;学习者已有发展水平是学习的决定因素;④数学学习活动是一个"文化继承"的过程,也就是说,数学学习不仅是一种个人"解释"的活动,而且也是一个对数学对象的客

① Hersh, R. 数学哲学中的一阵清风[J].数学译林,1996(15):4.
② 喻平.如何评课:数学教育观念层面的透视[J].中学数学教学参考(高中),2006(4):1—4.
③ 黄秦安,邹慧超.数学的人文精神及其数学教育价值[J].数学教育学报,2006(11):6—10.
④ 曹才翰,章建跃.数学教育心理学[M].北京:北京师范大学出版社,1999:17.

观意义进行"理解"的过程。①

在数学课堂中,要帮助学生有效建构新知识,必须深刻认识"教什么"和"怎么教"的问题。涂荣豹教授指出:"'教什么'是指教——学什么! 包括:一是教学生'学什么',即引导学生去质疑、去发现、去探索、去归纳、去概括……去把本来教师要教的东西变为学生自己去探索他应该学的东西,即引导学生学习研究的方法;二是教学生'怎么学'。怎么学,即引导学生寻找适当的方法去探究发现知识"。而"'怎样教'是指'怎样教学生学什么与怎样教学生怎么学',即通过启发引导学生。而启发的最主要也是最基本的方法,是运用'元认知提示语'发问"。② 元认知提示语离具体问题比较远,不直接指向问题本身,它的目的在于激发元认知知识、元认知监控、元认知体验,以此培育学生的主体意识、问题意识、探究意识。而认知提示语离具体问题近甚至直接指向问题本身。在教学过程中,经常地问及以下三个问题能有效促进学生元认知能力的发展:①什么?(现在在干什么? 或准备干什么?);②为什么?(为什么要这样做?);③如何?(这样做了的实际效果如何?)。这方面的最高目标即是应当努力促进学生在这方面的自觉性,也即能够养成在上述三方面经常自觉进行反思的良好习惯。③

在这课例中,师生对话几乎自始至终贯穿在课堂中,在一定程度上体现了数学认识活动的社会性质。数学认识活动的社会性质主要表现在:数学的认识并非是一个封闭的过程,也不是一种直线型的发展,而必然有一个发展、改进的过程,而所说的"发展与改进"则又主要是通过与外部的交流得以实现的,即必然包含有一个交流、反思、改进、协调的过程。④ 据此,我们对这个课例进行下面的分析。

① 从教师所提的问题来看。教师的提问都直接指向自己早已设计好的问题,几乎见不到元认知提问的踪影,其中大量充斥着"打乒乓球式的提问",还有不少教师说上半句、学生接下半句的"对口相声"。整节课,学生没有提出任何一个问题,师生共同"穿行"在教师早已"修筑完好"的"单行隧道"上,顺顺当当地到达了"目的地"。"死的"教案成了"看不见的手",支配、牵动着"活的"教师与学生,让他们围着它转;课堂成了"教案剧"出演的"舞台",教师是主角,好学生是配角中的"主角",大多数学生只是不起眼的"群众演员",很多情况下只是"观众"和"听众"。这样的教学,教师的作用的确发挥得淋漓尽致,但学生的主体地位还能突出吗,主动建构何处着手? 学生学习方式的转变又从何说起呢? 在整个教学过程中,除在学习活动中老师偶尔引导个别学生进行自我监控外,对学习活动前与学习活动后的自我监控都缺乏引导。

② 从学生的活动来看。学生除回答老师不断提出的问题外,做了这样几件事:阅读课本、讨论——概括向量加法的法则;板演、研究、动手——得出向量加法的运算律;练习——应用法则。结合整个教学过程和教师所提的问题,可知学生的活动缺乏探究、缺少合作与交流,社会建构的成分便因此而缺失。

③ 从问题情境的创设来看。这个课例注意了设置情境,迅速将学生引领到预期的

① 徐斌艳.数学教育展望[M].上海:华东师范大学出版社,2001:17.
② 涂荣豹.谈提高对数学教学的认识——兼评两节数学课[J].中学数学教学参考(高中),2006(1):4—8.
③ 郑毓信.数学方法论[M].南宁:广西教育出版社,2001:21.
④ 郑毓信.数学教育哲学[M].成都:四川教育出版社,1995:30.

问题情境,达到了烘热大脑的作用,引起了学生的兴趣,营造了热烈的课堂气氛。不过,教师对情境的应用缺乏整体的思考,尤其是由于教师对向量加法的来龙去脉思考不够,造成学生的生活实际、社会环境与数学本身的特点未能紧密相连,影响了问题情境在引导学生自主探究方面的功用。

　　④ 从学生的语言与思维的相互影响来看。维果斯基(Vygotsky)专门对思维与语言的关系做了详细的分析,认为思维和语言是可以区分的,它们之间有着一定的依存关系。但是,思维和语言又不是随时随地地结合在一起的,有时会分离,并且它们确实存在着自己的特点。这些特点有时甚至是对立的。思维与语言的关系不是处于固定、静止的状态,而是经历动态、变化的发展过程,有着持续的思维到语言、语言到思维的来回往返的互动影响,这种影响逐步促使了个人在语言和思维两方面的发展。① 由于思维到语言、语言到思维的来回往返互动经常会遇到困难,甚至被阻断,所以不能仅仅从学生语言表现方面来断定他们思考的程度。在这个课例中,学生对教师所提问题回答顺畅,他们的思维是否进行了深入的思考呢?

　　⑤ 从学生的数学认知结构的建构来看。数学认知结构对于数学学习有着非常重要的作用:认知结构的建立是学习新知识的前提,同时又是新知识学习的结果;优良的认知结构有利于知识的合理表征和储存、有利于知识的迁移、可促进学习者加深对数学的理解和灵活应用数学知识;认知结构的建立和完善,是学习者数学能力发展和数学素质提高的基础。② 因此,"不论我们选教什么学科,务必使学生理解该学科的基本结构。这是在知识运用方面的最低要求,这样才有助于学生解决在课堂外遇到的问题和事件,或者日后课堂训练中遇到的问题。经典的迁移问题的中心,与其说是单纯地掌握事实和技巧,不如说是教授和学习结构"。掌握事物的结构,就是要将其与许多别的东西有意义地联系起来,并以这种方式去理解它。同时,也要掌握研究这一学科的基本态度或方法,即"不仅要掌握一般原理,而且还包括培养对待学习和调查研究、对待推测和预感、对待独立解决难题的可能性的态度"。③ 据此,向量的加法的教学要抓住这些关键点:一是向量加法法则的"物理学"来源。在实际教学中,不论是"两个复数加法的几何运算法则",还是"向量加法的几何运算法则",学生要掌握形式化的操作不难。但要从心理上接纳"向量"这个新的运算对象,以及由"物理经验知识"移植过来的"新的运算规则",则需要较长的一段时间。相当一部分学生,到学完向量的代数运算后,才逐步接纳它们。二是怎样从"向量加法法则"引出"加法的运算律"。三是将向量加法运算、运算律与数的运算、运算律进行比较,突出数只有大小,一个维度,向量除大小外,还有方向,有两个维度。因此,同是加法运算,由于运算对象的扩展,导致了新运算规则的产生。尽管进一步的刻画在引进坐标之后,但是引发学生的认知冲突,培养学生的元认知能力是需要的。四是运用向量的加法解决一些简单的问题。从这四个方面来看,这个课例显然在多个方面存在差距和欠缺。

---

① 李士锜. PME:数学教育心理[M].上海:华东师范大学出版社,2005:178.
② 喻平.数学教育心理学[M].南宁:广西教育出版社,2004:75.
③ 布鲁纳著,邵瑞珍译,王承绪校.教育过程[M].北京:文化教育出版社,1982:89.

⑥ 从数学学习动机来看。这个课例重视了功利主义动机和自我实现的动机的激发,但在激发学生体验数学美的动机方面却比较牵强。对于教学过程的安排,可调整如下(图 5-2):

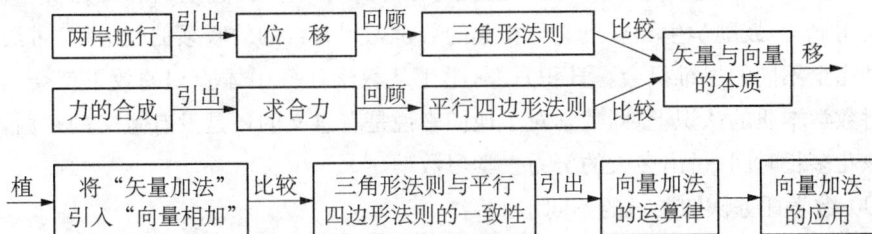

图 5-2

对课例改进的建议流程图

这样调整以后,一是突出了向量加法法则的经验来源:物理中矢量的合成运算;二是反映了向量加法运算律的内部来源:向量加法的法则。从而体现了数学知识的"数学化"过程。在这个课例中,不论是教学目标,还是教学实施过程,都没能充分体现上述两个方面。尽管这个课例中提到:"这一节课,我们就来研究向量的加法"。但从教学过程可以看出,所谓的"研究"也就是"阅读课本",然后回答"公式所揭示法则叫什么法则?",再将法则"概括"(即浓缩、简约)以利于操作和记忆,而没有真正体现些许研究的意味。

3. 对学生自身信念的分析

在数学学习过程中,学生还存在着关于自身的信念。这是指个人的自我意识,其中主要包括自信心、自我分析和自我效能等等。[①] 就这个课例而言,由于教师设置的问题基本未涉及元认知提问,学生易于入手,因此学习积极性高,兴趣浓郁,自信心足,同时也在一定程度上加强了学生的自我效能感。至于学生的自我分析,因缺乏现场感受和调查访谈,不能妄下结论。

(二) 基于数学任务框架的分析

如果从学生的角度来看课程,可以将课程分为:文本课程、实施课程与达成课程,贯穿在这三类课程中的一条主线就是数学任务的传递。所以说,课程是在课堂上,在任务的制定、落实、回顾总结过程中实施的,因而数学任务是参与到核心数学活动的场所。以数学任务在不同类型课程之间的转接与变化为观察视角,可以考察学生的理解水平:学生知道些什么? 学生感到困难的是什么? 学生在参与任务时发现了什么? 也可以考察教师的教学状态:数学任务在传递过程中是否发生了衰减,为什么会发生衰减现象? 教师在其中起了怎样的作用? 的确,仔细跟踪某个特定数学任务在课堂上的进程可以提供给教师一个机会,以研究任务在课堂使用中成为数学任务的各种方式:分析任务的潜能和缺陷、修改任务、布置任务以及使用任务。[②]

1. 不同认知要求的数学任务

我们可以从不同的角度去剖析课堂中的数学任务。从认知要求——学生成功参与

① 李士锜. PME:数学教育心理[M].上海:华东师范大学出版社,2005:222.
② M·K·斯登等著,李忠如译.实施初中数学课程标准的教学案例[M].上海:上海教育出版社,2001:139.

并完成任务所需的思维的种类和水平的角度来检视数学教学任务,是美国匹兹堡大学的"QUASAR计划"的研究成果。他们首先分析课程、教材中出现的任务或教师自己创造的任务,接着分析教师在课堂上布置给学生的任务情况,最后分析任务在课堂上的实际实施情况。[①] 在课堂上,学生所投入的思维水平和种类决定了他们将会学到些什么。如果要求学生以常规方式完成一个常规任务会带给学生一种类型的思维的机会;如果要求使用概念,鼓励学生建立意义与相关的数学思想有目的的联系的任务,又带给学生另一种完全不同的思维机会。日积月累,学生从教学任务中体验到的效果就会凸显在他们对数学本质的认识上,即数学对于他们来说是有意义的还是没有意义的东西,以及他们该花多长时间、付出多大的努力去学习数学。

(1) 数学任务认知要求的不同水平

既然学生在课堂上所完成的任务决定了他们学习数学的参与程度,那么明确学生的学习目标就非常重要。学习目标明确之后,就可以挑选或创造与学习目标相匹配的任务。进行任务匹配时,先要考虑的是它的认知要求。因为并非所有的数学任务都能为学生提供同样的机会,有的任务能够使学生参与到更复杂的思维和推理中,有的任务只是让学生投入记忆或使用规则之中。因此,如果教学目标定位为提高学生的思考、推理、和解决问题的能力,那么就应选择具有使学生参与更复杂的思维方式的任务,因为低水平任务实际上不可能产生高水平的参与;如果教学目标定位为增加学生回忆基本事实、定义、规则的流畅程度,那么选择记忆型的任务比较恰当;如果教学目标定位为加强学生解决常规问题的速度和准确度,那么选择按部就班的任务也许更恰当。然而,如果学生总是解决记忆型或按部就班型的任务,就可能导致他们对数学是什么以及一个人如何做数学只能作出极为有限的理解。而且,过分依赖这些类型的任务也会导致迁移的困难。所以,学生需要在常规的基础上,拥有机会参与到对数学的过程、概念和关系的本质有更深刻的、更一般化理解的任务中去。

根据不同的认知水平要求,可以将数学任务分为两类:[②]

① 低水平任务

记忆型任务:对已学过的事实、法则、公式以及定义的记忆重现,或把事实、法则、公式、和定义纳入记忆系统;使用程序不能解决,因为不存在某种现成的程序或因为完成任务的限定时间太短而无法使用程序;模糊——对先前见过的材料的准确再现,以及再现的内容可以明白而直接地陈述;与隐含于已学过的,或再现的事实、法则、公式和定义之中的意义或概念无任何联系。

无联系的程序型:算法化。程序的使用要么是特别需要,要么明显基于先前的教学、经验或对任务的安排;成功完成任务需要的认知要求有限。对于做什么和如何做几乎是一目了然,与隐含于程序之中的意义或概念无任何联系;更强调得出正确的答案而不是发展数学的理解;不需要解释或需要解释的仅仅是对解题程序的描述。

① M·K·斯登等著,李忠如译.实施初中数学课程标准的教学案例[M].上海:上海教育出版社,2001:97.
② 同①。

② 高水平任务

有联系的程序型：为了发展对数学概念和思想的更深层次理解，学生的注意力应集中在程序的使用上；暗示有一条路径可以遵循，这条路径即是与隐含的观念有密切联系的、明晰的、一般性程序；常用的呈现方式有多种（如可视图表、学具、符号、问题情景）。在多种表现形式之间建立起有助于发展意义理解的联系；需要某种程度的认知努力。尽管有一般的程序可以遵循，但却不能不加考虑地应用。为了成功完成任务和发展数学理解，学生需要参与存在于这些程序中的观念。

做数学：需要复杂的、非算法化的思维（即任务、任务讲解、已完成的例子没有明显暗示一个可预料的、预演好的方法或路径）；要求学生探索和理解数学观念、过程和关系的本质；要求对自己的认知过程自我调控；要求学生启用相关知识和经验，并在任务完成过程中恰当使用；要求学生分析任务并积极检查对可能的问题解决策略和解法起限制作用的因素；需要相当大的认知努力，也许由于解决策略不可预期的性质，学生还会有某种程度的焦虑。

（2）课堂教学中数学任务认知要求的演变

由于教学的复杂性，当数学任务进入课堂时，有很多的因素共同起作用导致任务的认知要求发生变化。"QUASAR 计划"研究表明：①具有高认知要求的数学任务是最难以圆满完成的，在教学中往往被转化为更低要求的问题，降为：无联系的程序型、无系统的探究或非数学活动。事实上，只有三分之一的高水平任务随着学生的实际参与而保持原状。②在教学任务执行中始终鼓励高层次思维和推理的课堂上学生学习获益最大。从本质上讲教学任务始终是程序性任务的课堂上学生学习获益最少。[①]

2. 从不同的认知要求以及认知要求的变化分析课例

我们使用任务分析框架来分析上述课例，将其按不同阶段阐述如下：

（1）引入。在这一阶段教师共提出 7 个问题，其中有 5 个是记忆型任务，即开始上课时连续提出的 5 个任务，这些任务都是对已学过的事实、法则的回忆，另外 2 个是无联系的程序型，因为完成这两个任务需要的认知要求有限，对于做什么和怎么做一目了然。所以，引入阶段教师所布置的数学任务都是低水平任务。

（2）法则的发现与定型。这一阶段教师提了 11 个问题，其中记忆型任务 3 个（你能得到什么式子？要研究向量加法的结合律，至少要有几个向量？以后求三个、四个，乃至更多个向量的和，就更简单了，仍然是……），完成这些问题不需要思考；无联系的程序型 5 个（公式②所揭示的法则叫什么法则？请将这个法则的操作过程用文字语言叙述出来；对两个向量，请作出它们的和；由此能得出什么结论？现有向量 a、b、c，如何求它们的和？），这 5 个任务中，前面两个问题根本不需要思考，照书念即是；后面三个问题具有明显的算法化特征，按部就班执行即得结论；有联系的程序型 2 个（能不能将这个操作过程浓缩、简约为几个字？三角形法则与求合力的平行四边形法则有什么不同吗？），解决这两个问题有明显的路径可以遵循，而且这种路径与向量的加法法则及其本身的意义有密切的联系；做数学 1 个（数的加法还满足结合律，那么向量的加法满足结

① M·K·斯登等著，李忠如译. 实施初中数学课程标准的教学案例[M]. 上海：上海教育出版社，2001：147.

合律吗?),这个任务要求学生启用相关知识和经验,进行一定程度的探索。但是由于教师设置了小步子的问题,并暗示了操作程序或步骤,降低了任务的复杂程度,使得任务的问题方面已常规化,结果做数学的问题降为了无联系的程序型。

(3)法则的应用。教师提供了两类练习,一类是基本练习,为记忆型任务或练习算法化的无联系的程序型;另一类为突出应用的练习,主要有四道练习,还有一道变式题。我们分析后一类练习:第一题2个小题,都是多个向量相加的问题,只需要按法则进行即得结论,属于无联系的程序型;第二题2小题,原题直接求两个向量的和,照法则做就行,是无联系的程序型。变式题要区分哪个是和向量,应注意程序的使用,为有联系的程序型。不过教师铺垫、提问过细,使得变式题降为了无联系的程序型了;第三题教师说是一个具有挑战性的问题,但从数学任务的角度分析,不过是一道按部就班的无联系的程序型而已;第四题也是教师所说的具有挑战性的问题,这个问题本身有一条不太明显的路径可以解决,并与向量的加法法则有直接的联系,为有联系的程序型。只是有了第三题的铺垫,这个问题有降为了无联系的程序型了。

这一节课中,除基本练习外,教师布置的任务共计24个,其中属于低水平任务的有19个,占全体任务的79%,有联系的程序型有4个,占全部任务的17%,但其中3个降为了无联系的程序型;做数学1个,占全部任务的4%,最后降为了无联系的程序型。故从数学任务的认知要求以及任务要求的变化来看,这一节课虽然热闹、精彩,但学生参与深层次思考的机会很少,获益不大。学生绝大多数的时间和精力都用于记忆型任务与按程序操作的低水平任务之中了。可见,专家对优质课的评选往往受外在的因素(如:教师教学技能、课堂表面的气氛、双基的达成等)影响太大,而对课堂教学深层次的东西(如:对数学的理解、对数学教学的理解、对学生学习状态的深入与细致的考察等)则缺少感受。有人提出:要将公开课彻底埋葬。这虽然有过激的嫌疑,但如果专家推崇的优质课在数学上经不起推敲,在学生学习方面经不起质疑,那么这样的公开课除了作秀之外,那就只有唯一的一个目的——作怪的功利。

当课堂中的热闹、喧嚣逐渐隐去,如果在学生的头脑中还留有火热思考时留下的清晰痕迹。那么,学生在这个过程中获得的知识和经验,必然成为他们学习更为抽象、深刻和更为系统的知识的重要基础。当这些经验内化成他们思维方式的一部分时,学生所学的数学知识才成为与他们终身相伴数学素养。

第二节　对中学数学课堂教学经验的反思

一、流行的几条"宝贵经验"

随着"文化"热潮的兴起,"校园文化"不断引起人们的关注,"创新校园文化"的提法时有耳闻。人们在对"校园文化"的内涵、建设等方面进行探索的同时,也开始注意流行在校园显性文化之下的各种"隐性文化",即"亚文化"。因校际交流的加强而催生的各种类型的"强校联考"以及由此带来的试题与成绩分析、经验交流,直接导致了流行于重点中学之间的"数学教学经验"的产生。由于这些经验带有应试的倾向或缺乏理论提升,而与素质教育、新课程的理念显得不合拍,因而作为一种"亚文化"在各重点中学之间流行、传播。这些经验在提高学生成绩方面的效果究竟如何，虽然缺乏实证研究（不过有基于个案的经验研究，但缺少概括总结），却一直受到重点中学数学教师的推崇，在普通中学同样受到高度关注。下面我们结合数学教育心理学的有关理论对其展开分析，以窥这些"经验"后面的另一"洞天"。

（一）预习重于复习

优化教学过程，提高教学效率是课堂教学永恒的追求。为了达成这个目标，教师向学生提出要养成预习的习惯，并指出预习重于复习。因为预习可以培养自学能力、增加参与程度、使听课更有针对性，还可以改变学生学习的被动局面、开发学习潜能等等。对于复习，因为新课结束以后还有三轮复习过程：全面复习——强化基础；专题复习——强化支干；模拟训练——抓针对性，所以平时的复习让位于预习。

对于预习，也有教师进行反思，提出要合理运用，做到具体问题具体分析。不能笼统地布置预习的内容，而应提出具体的要求，列出思考提纲，并注意预习方式的多样化。同时，要防止预习带来的负面影响：影响教学新异情境的创设；抑制学生思维活动的开展；导致知识负向迁移。[①] 此外，预习还会减弱认知的鲜明性；不利于创新思维的培养；不利于过程教学；易于滋长学生学习的惰性；易于让错误成为第一印象。[②]

从培养自主学习的能力来看，必须重视学生自学能力的培养。因为学生总有一天要离开学校，在没有教师指导的情形下，学生必须靠自己学。但是，预习与自学能力的培养有多大的相关性，却缺少细致的研究，想当然地认为预习有助于自学能力的提高。另一方面，自学数学知识与学会阅读数学课本、著作有着直接的联系，怎样通过预习来提高学生阅读数学课本的能力呢？在这一方面，同样缺少有效的研究。

预习重要，还是复习重要？尽管众说纷纭，但是，如果从学生的数学认知结构的建构来看，复习的重要性怎么强调都不过分。复习是对知识的重新处理，以形成比较简洁的认知结构，使人的认识从混沌走向有序。通过复习，在认知结构的结点之间找到新的联系，形成交叉重叠的复杂情况，从而使认识在原有的层次上从新的混沌走向了更高层次的有序；通过复习，处理新旧知识之间的联系，组织起相应的关系结构，以利于新概念的存贮和回忆；通过复习，将平时以分解、分析的方法一项项学习的内容，赋予一个深入地综合组织、提炼数学思想方法的过程，以此获得分析方法学习不可能获得的对整体及整体中局部之间的全面关系。所以，复习不是简单的"旧事重提"，而是对照比较、寻找联系，是在整体观念下的一种再构造。而且，综合总是伴随着一种范围更加广阔的整体规律和整合方法的发现，将原来彼此分散、彼此割裂的知识联系成一个统一的整体，揭示出整体思想，所以，综合也就是一种创造。[③]

（二）错题是宝

很多中学数学老师都有一个共同的经验，就是要求每一个学生准备一本错题本，让他们把平时作业中，尤其是考试时做错的题目记录在下来，并将错解、正解同时记上，以

① 石志群. 对"预习"的几点思考[J]. 数学通报，1997（9）：8—9.

② 唐绍友. 也谈预习——论预习教学功能的辩证观[J]. 数学通报，2003（8）：9—11.

③ 李士锜. *PME*：数学教育心理[M]. 上海：华东师范大学出版社，2005（3）：117.

备今后复习之用,因为"前事不忘,后事之师"。错题本对于学生防范错误有一定的功效,通过它学生可以反思自己的思考经历,加深对所学知识的认识;可以了解自己在学习过程中的失误,从而加强防范。对于优秀生,还可以起到总结教师出题规律,熟悉各考章的"陷阱",①从而在考试中夺取高分,这一条是众多高考状元的经验之谈。

错题本对优秀的学生夺取高分的确有效,但对于成绩中下的学生尤其是后进生,它的效果如何? 试想,如果一个学生每天总是面对一大堆的错题,总是面对失败,他又怎能鼓足学习的信心? 又怎么会喜欢数学? 从每一个学生的发展着手,尤其是从"人人学有价值的数学;人人都获得必需的数学;不同的人在数学上得到不同的发展"的理念出发,②我们该怎样发挥错题本的作用? 错题本对学生的作用大,还是对教师的作用大? 从数学学习心理学的视角,也许能够找到答案。

我们就学生为什么会做错题的原因进行分析:①从学生建构数学知识的角度看。学生发生的学习问题,主要的原因并不在于他们没有记住公式、法则和定义,而是由于他们的建构活动发生了一些偏差。要分析错误,就必须深入到他们的建构过程中去探查,作个别化的诊断并找出原因。②从数学学习的特点来看。学生常常在"教学难点"之处出错,因为教学难点一般都是教学过程中知识的不连续处,或是一个特殊知识系列的起点处。在学生的认识过程中,同化与顺应总是互相补充,共同发挥作用,但在数学学习中,大部分过程是顺应过程,这也是数学难学的一个因素。③从数学理解的特点来看。理解是一个进行中的过程,它是来回往返地逐步递进的,其发展是持续的。理解只有深浅之分,只有改进,没有彻底的完善。故而,任何一个学生的理解过程都存在着可以利用的地方,即使是差生的一个错误的表现,也可以在他内部建构中看到一定的进步和合理之处。④从学生的前概念来看。在实际的教学中,因为学生总是具有一定的学习某个概念的基础,这就是维果斯基指出的自发性概念,即学生的前概念。在教学生科学概念的时候,既要积极利用前概念具有的实践性、浅显性、通俗性,为科学概念的建构作好铺垫;又要谨慎分析它的弱点、缺点和错误,设法提防、抑制和纠正。学生的"常见错误"、"典型错误",就是指他们自发性概念中的不足之处。研究学生产生自己的概念、法则的方式,将会使我们更好地理解他们考虑问题的方法和理由。⑤从数学概念的特点来看。由于数学符号、概念具有二重性,不仅表现为一个过程,也表现为一个对象。如果学生对数学符号、概念的领会只是停留在过程水平的话,那么面对表达式意义的二重性,以及运算过程的基本法则或性质,就会产生各种误解。③ 由是观之,真正应该准备错题本、研究错题的是老师。研究错题,也就是研究数学、研究学生、研究教与学。

(三) 题目要一次做对

针对数学高考题量大、计算量大、思维量大的特点,教师对学生提出了"题目要一次做对"的要求。由于高考讲究试题的覆盖面(覆盖70%左右)、试题的梯度(低起点,缓爬坡)、试题的难度(0.55左右),讲究人性化(重视基础知识、基本技能的考查、稳中微调、

---

① 温建红.不要给学生的数学学习设置"陷阱"[J].中学数学教学参考(高中),2006(1):9—11.
② 中华人民共和国教育部.全日制义务教育数学课程标准(实验稿)[M].北京:北京师范大学出版社,2001:1.
③ 李士锜.PME:数学教育心理[M].上海:华东师范大学出版社,2005:109—110.

关注差异)等,使得数学高考的题量一直保持在 22 题左右,而且在其中的 6 道解答题中,又包含若干小题,因此总题量大。为了取得高分,要求学生练就快速反应的能力。同时,因为没有检查的时间,教师于是要求学生一次把题做对。

为了练就一次做对题目的能力,学生在平时只能加大训练的强度与难度。教师重视操练性教学法,甚至提出"教不会练会,练不会考会"。"题海战术"、加快教学进度、拔高内容程度,增加题目难度一直是大家心照不宣的"法宝"。但这种"拔苗助长"的教学,加重了学生的学习负担,影响了他们的身心发展,牺牲了他们的兴趣与热情。其实,"一次把题做对",仅仅是老师良好的愿望而已,因为老师无法做到,学生更是做不到。

"题海战术"导致强化操练的做法,对学生的数学学习带来很多消极的影响:①过度的操练会使学生对学习目标产生歪曲的看法,认为数学就是一大堆独立的、无关联的结论。而且重复操练又加剧了应试教育的不良倾向,使教师学生整天围着考题转。尽管有些数学内容学生是可以在没有理解其内在意义的条件下学会运算、操作,但这种表面现象掩盖了他们没有真正掌握的实质。②限制了学生对数学的理解。由于学生对数学的认识不是直线发展的,而是在认识向前发展的过程中时时返首回顾,为认识新的数学内容而回过头来重温已接触过的东西,逐次地拓广或更新自己的理解。如果要求学生在接触某一个专题的时间内一次性地完成认识过程,必然强行中断学生的认识过程,阻碍他们数学认知结构的重组。③降低了学生的学习效益。为了解决问题,实际需要三方面的训练:一是知识组块的组织;二是组块之间联系的强化;三是知识组块与问题之间联系的强化。利用"题海战术"将问题及其解法归结为若干种类,设立一些模式去套用,然后反复练习,靠大运动量训练来加深印象。这种做法。只是强化了知识与问题之间的联系,而放弃了另两个方面。解题尽管有促进理解的功效,但却代替不了知识的整体理解和整体加工处理,代替不了知识的综合与提炼。"题海战术"可能使学生在考试中收到立竿见影的效果,但要付出沉重的代价:记忆负担加重;知识迁移受阻;训练时间加长;知识难以综合,从而使学生的学习效率低下。[①]

二、教师理解的数学教学经验

也许总是围着数学课堂转的缘故,一线的数学教师在日积月累中积淀着自己对数学教学的理解,逐步演化成自己的经验。这些经验,有的来自书本、有的来自同事之间的心口相授、有的来自自己的实践经历。对这些经验的进一步思考,同样能看到另外的"景致"。

(一) 关于最近发展区

在形形色色的教育理论中,对中学数学教师产生比较大的影响,而且有不少教师在课堂教学中亲身实践的,维果茨基的"最近发展区"理论应该是其中的一个。"最近发展区"指学生的现有水平和潜在水平之间的幅度,也叫"教学的最佳期"。

利用"最近发展区"理论指导数学教学,主要体现在:一是利用"最近发展区"的不同发展层次创设教学空间,对知识进行分层教学、按能力层级关系培养学生能力、让学生

---

① 李士錡. PME:数学教育心理[M]. 上海:华东师范大学出版社,2005:74—75.

"跳一跳"发挥创造潜能。[1] 二是利用循环发展的"最近发展区"链条,化解问题解决中的难度;加强课堂交流;推进课堂教学;培养创新思维;促进学生学习。[2] 在这些探讨中,对于"最近发展区"都是采用差不多的语言描述的,创设"最近发展区"的方法也主要是经验性的(变式渐进法、搭桥法)。

维果茨基认为,存在着两种不同性质、不同认知水平的概念:自发性概念——产生于学生的日常生活或其他无意识的活动中的概念;科学概念——定义明确、精细、有一定逻辑意义和体系属性的概念。这两种概念是学生的概念形成的两极,即起点和终点。如果对照科学概念,切实帮助学生从自发性概念中去粗取精、去伪存真,掌握概念的效果就能更好;而科学性概念的抽象性、概括性、精确性的特点迫切需要以自发性概念的具体性、特殊性的成分作依托,以便能分化它的理论侧面,使之能借助经验事实,变得容易理解。儿童的自发性概念所能达到的水平与科学概念所要求的水平之间的区间,就是"最近发展区"。自发性概念与科学概念之间的影响就发生在这个区间里,它正是教学工作要解决的问题的空间所在。在最近发展区中,自发性概念以自身为起点,以科学概念为终点向上发展,当它由下至上成长时,就为科学概念由上至下地展开扫除了障碍。而科学概念在向下展开时,又为自发性概念的初始的、基本成分的进化提供必要的结构和逻辑体系,使自发性概念能逐步摆脱无意识、粗糙、肤浅的劣势。[3] 上下结合、高低联动、强弱互补,最终使完善的概念得以形成。

(二) 关于背定义

数学教学中,经常要跟定义打交道,教师往往非常强调概念定义。在小学、初中的课堂里,要求学生背定义是常见的现象。到了高中,直接让学生背诵的情况少了,但要求学生记住定义是绝大多数教师的共同要求。尤其是一些比较抽象的定义,学生一时理解不了,教师就说:先把它记住,以后再慢慢理解。而且,对于定义中的关键词还要作重点的标记。对于定义教学,除了记住之外,还要求用自己的话来表述,以及用图形、符号来表示。

对定义的教学,可作进一步地剖析。在数学学习中,学生要掌握的是概念,定义则是概念的一种外部表达方式,是认识概念实体的工具之一。我们利用定义帮助形成表象,一旦表象形成,定义则退到幕后,因而也称定义为概念形成的脚手架。当然,很多概念的形成并没有借助定义,而是依据经验现象和事实。数学中的概念,定义与表象都必不可少:定义的目的是要确定概念的内涵,将被定义的事物与其他邻近的事物区分开,表象则帮助思考。如果将概念看成一枚硬币,则定义与表象是它的两个侧面,它们各有侧重,互相补充,相辅相成,在帮助学生理解和掌握概念方面共同发挥作用。理想的概念学习过程,既应当借助于表象这个直观的思维媒介,减轻思维负担;又要参考概念的定义,避免或纠正可能发生的错误。

(三) 关于精讲多练

上个世纪五十年代,针对当时中学数学课堂教学中比较普遍存在的"满堂灌、注入

① 刘次律.中学数学教学中如何利用"最近发展区"[J].数学通报,2003(1):14—16.
② 谢全苗.思维的"最近发展区"的开发与利用[J].数学通报,2004(8):15—18.
③ 李士锜.PME:数学教育心理[M].上海:华东师范大学出版社,2005:103—105.

式"的状况,提出了"精讲多练"的口号。"精讲"指"串点为线,聚线为面,面中显点,以点带面";"多练"指"加强基本练习,加强课堂练习,鼓励学生自己练"。[1] 自此以后,"精讲多练"成为我国数学课堂教学的一种重要模式。

随着素质教育的推进,特别是新课程实验推行以来,人们对"精讲多练"进行了更深入的反思。指出"精讲"只是教师主导作用的一方面,另一方面则要求教师首先处理好"讲"与"不讲"的问题,然后要处理好"讲什么"和"如何讲"的问题;"多练"不仅要"练双基",更重要的是"练能力"、"练思想方法"、"练思维",还要调整"练"的方式。[2]

基于数学知识的建构,教师的"精讲"体现在这些活动中:①支持学生的自主性;②支持学生的反省行为;③设计反映学生学习实际和教师对学习材料理解的案例;④以案例为基础与学生共同商讨一种可能的学习方案;⑤坚持基本的目标,[3]所以教师的作用在于帮助和指导学生组织某个领域的经验。当然,这并不是说,教师不能将概念、法则等告诉学生,不能告诉他们运用知识的方法。关键在于将学生引入数学现实,开展数学化、形式化、严谨化的活动,作出再创造。[4] 学生的"多练"则体现在以主体身份亲自参加丰富生动的活动,在与情境的交互作用下,在探究交流中,重新组织内部的认知结构,建构起自己对内容、意义的理解。对于"多练",还要把握"方向":以"练"促"想",即目的在于帮助学生理解;以"练"促"建构",即帮助学生组织知识组块、强化组块之间的联系、强化知识组块与问题之间的联系,从而完善其认知结构。在"多练"上,必须杜绝大运动量训练和快速反应性操作练习,因为它把凝聚着人类文化精髓的生动、有意义的数学思想、观点和方法贬为一种极度技巧化、工具化的训练。

(四) 关于探究性学习

作为人的本能、人的生存之本、生存方式的探究活动,在大力提倡创新人才的今天得到了越来越多的关注。我国《普通高中数学课程标准(实验)》(2003 年)提出:高中数学课程还应倡导自主探索、动手实践、合作交流、阅读自学等学习数学的方式。使学生的学习过程成为在教师引导下的"再创造"过程。同时,高中数学课程设立"数学探究""数学建模"等学习活动,为学生形成积极主动的、多样的学习方式进一步创造有利的条件,以激发学生的数学学习兴趣,鼓励学生在学习过程中,养成独立思考、积极探索的习惯。

从学习活动的本质看,探究性学习是一种探索活动、反思活动、建构活动以及形成性活动,[5]它的基本特征包括问题性、真实性、启发性和开放性。[6] 开展数学探究,是为了让学生了解数学知识的来源和应用,了解数学的产生过程,培养学生反思与质疑的能力以及发现问题、提出问题、解决问题的能力。由于学生参与高水平数学思考的机会,取决于课堂中高认知要求的任务及其保持与否,因而可从数学任务的认知水平及其演

① 王永建.我对"精讲多练"的理解[J].数学通报,2005(3):19—20.
② 邝孔秀."精讲多练"辨析[J].数学通报,2006(10):28—29.
③ 徐斌艳.极端建构主义意义下的数学教育[J].外国教育资料,2000(3):61—66.
④ 李士錡.PME:数学教育心理[M].上海:华东师范大学出版社,2005:75.
⑤ 徐斌艳.数学课程与教学论[M].杭州:浙江教育出版社2003:69.
⑥ 靳玉乐.探究学习[M].成都:四川教育出版社,2005:132.

变来判定数学探究性学习的成效。探究性学习属于高水平任务中的有联系的程序型任务和做数学这两个层次。既然任务一旦进入课堂就具有了活力,因此许多因素就会共同作用于它,使它的认知要求发生变化。在这些因素中,教师对学生思维和推理的支持方式与程度是决定高水平任务最终命运的一个重要因素:通过不断地要求学生解释说明他们是如何思考任务的,教师就可以推进意义理解和更深层次的理解;而让学生匆忙完成任务,不给他们考虑错综复杂的想法的时机,就会切断学生对意义理解。合理运用下面的各个因素,有利于学生在课堂学习中保持高认知要求:①给学生的思维和推理搭建"脚手架";给学生提供监控自己思维过程的机会;教师或有能力的学生示范高水平的解答行为;教师提问、评论或反馈以维持对证明、解释或意义的强调;任务建立在学生已有的知识基础上;教师频繁地在概念之间建立联系;适当的探究时间。相反,教师的下述行为则会使高认知要求水平下降:将任务常规化;把重点从意义、概念、理解转移到答案的正确性和完整性方面;给学生探究的时间过多或过少;课堂管理不当,影响了学生持续参与高要求的认知活动;给予学生的任务不恰当;对学生的回答缺少必要的引申、反馈和评论。

　　数学课堂因教师的不断追求而精彩纷呈,教学情节因教师的不断超越而跌宕起伏。因课程改革,因追求素质,我们的课堂不断地走向丰富。不过,以国外同行更为精细的研究作为透镜,就会看到我们课堂中粗放、过于注重表层的一面;就会看到我们的研究中随意、过多依赖于思辨的一面;就会看到我们的课堂中以前因"视而不见"而从来没有看见过的"风貌"。也许正是因为如此,我们才能找到前行的方向和勇气。

关键术语
数学课例;课堂教学经验

讨论与探索
1. 你认为数学优质课应该具有哪些特点,为什么?
2. 可以从哪些方面分析一节优质课?
3. 你所理解的数学课堂教学经验与本章关于教师课堂教学经验的观点有何异同?

---

① M·K·斯登等著,李忠如译.实施初中数学课程标准的教学案例[M].上海:上海教育出版社,2001:153.

本章概要

教学案例通过对教学事件的记录,将教学实践工作者在实际中面对的困难以及做出决策所依赖的事实、认识都显现其中。并通过向受众展示这些真正的和具体的事例,促使他们对问题进行相当深入的分析和讨论,并考虑最后应采取什么样的行动。教学研究中的案例是对一个有趣论题的生动再现,它具有时间、地点、人物等,并按一定的结构展现。因而,数学教学案例研究法作为研究数学教学规律的一个科学的、有效的、实用的方法。它不仅是使一线教师解脱"做研究"的困境,使教师由"教书匠"转变为"研究型"的教师,使教师真正成为研究者的一个新路径,也是数学教学研究的支持样本。

本章在学生学习教学设计的基本概念、方法等基础上,将选取数学概念、数学定理与命题、数学问题解决这三类优秀的教学设计案例进行分析。以期学生掌握数学教学设计基本技能的同时,能熟练地针对某一具体内容进行数学教学设计及其案例分析。

通过本章的学习你能够：

- 能针对具体教学内容进行教学设计
- 能结合具体教学设计案例，分析教材的要求以及教学设计者的设计意图

本章内容结构

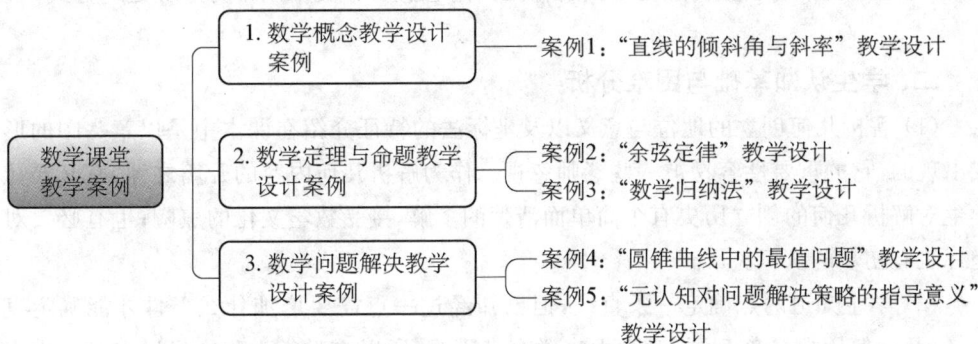

```
                    ┌─ 1. 数学概念教学设计    ── 案例1："直线的倾斜角与斜率"教学设计
                    │     案例
                    │
 ┌──────────┐       │   2. 数学定理与命题教学  ── 案例2："余弦定律"教学设计
 │ 数学课堂 │ ──────┼─    设计案例          ── 案例3："数学归纳法"教学设计
 │ 教学案例 │       │
 └──────────┘       │   3. 数学问题解决教学   ── 案例4："圆锥曲线中的最值问题"教学设计
                    └─    设计案例          ── 案例5："元认知对问题解决策略的指导意义"
                                               教学设计
```

第一节　数学概念教学设计案例

案例 1："直线的倾斜角与斜率"教学设计[①]

一、内容及内容解析

　　直线的倾斜角与斜率在人教 A 版教材中是必修 2 第三章 3.1 的第一课时内容，教师教学用书安排两课时，但这节内容多数老师在教学处理与设计时都采用一课时完成，主要理由有二：一是从容量上看，安排一课时有些紧，但安排两课时又有些不足；二是从内容上看，如果把斜率放第二课时上，那么直线方向的代数表示（解析法）在第一课时就得不到体现。

　　直线与方程是解析几何的起始内容，直线的倾斜角与斜率又是本章的开篇之课，从学生的认知基础看，会以为这章内容就是初中所学的一次函数，但事实上函数与解析几何从问题到解决方法都是截然不同的两个体系：函数是从代数式到几何图形，以对几何图形性质的研究得到函数性质（以形助数）；而解析几何是从图形到方程，以对方程的研究来得到图形性质（以数助形）。

　　本节课的主要学习任务是在平面直角坐标系中介绍直线的倾斜角和斜率的概念以

---

① 本案例来自浙江省台州市第一中学李建明。相关文章发表于《数学通报》2014 年第 1 期，有修改。

及斜率公式,直线倾斜角和斜率是解析几何的重要概念之一,直线倾斜角是描述直线倾斜程度的几何要素,课本结合具体图形,在探索确定直线位置的几何要素中给出直线倾斜角概念;直线的斜率是表示直线倾斜程度的代数表示,课本借助日常生活中表示倾斜面的"坡度"引出直线斜率的概念;经过两点直线的斜率公式,它沟通了直线斜率与点的代数表示的关系。直线方向的代数刻画是本节课的重点,也是难点。课本的这种处理一是考虑的"坡度"来源于生活实际,二是充分利用学生已有知识,但存在的问题一是为什么要用倾斜角的正切定义斜率的理由不足,二是为什么要定义斜率的必要性体现不了,三是定义斜率时学生仍感受不到解析几何的思想。本文采用了另一种处理方式。

二、学生认知基础与困难分析

(1)解析几何创立的地位与意义以及坐标法的特征介绍在课本中是以章头图的形式出现的,它的重要性容易被一些老师忽视。作为解析几何内容的开篇之课,有必要让学生对解析几何的创立历史有个简单而清楚的了解,接受数学文化的熏陶;也有必要对坐标法有初步的认识。

(2)学生知道两点确定一条直线,但已知经过一点需要增加什么条件才能确定直线,以及如何用数量来刻画,对学生来说有点困难,所以在教学过程中可以引导学生先观察过一点的不同直线的区别,以形成倾斜角的概念。

(3)倾斜角可以刻画直线的方向,但倾斜角仍然只是个几何量,如何让学生认识到这点,并意识到这节课的任务是希望能用代数量(坐标法)来刻画直线的倾斜程度,从而产生这种探究的欲望是本节课的难点。课本通过复习坡度概念,引导学生把坡度与倾斜角联系起来,通过联想坡度的计算方法,引入斜率的概念,但这种处理存在两个问题:一是如何想到坡度的,学生是否能回忆起坡度是表示倾斜程度的一个量?二是坡度为什么用正切函数来定义?为什么要定义倾斜角的正切为斜率?仿照坡度概念来定义斜率的必要性无法向学生交待清楚。

三、目标及目标解析

(1)在平面直角坐标系中,结合具体图形,探索确定直线位置的几何要素;理解直线的倾斜角与斜率的概念,经历用代数方法刻画直线倾斜程度的过程,掌握过两点的直线斜率的计算公式。

(2)全体学生能理解"发现问题,探究问题,证明结果,定义概念"这一常用的数学概念探究发现的步骤;多数学生能在直线方向的代数表示的探究过程中体会观察联想、从特殊到一般、坐标法、分类讨论等数学思想方法和思维方式,体会到数学概念定义的必要性、合理性与严谨性。

(3)能理解怎样通过建立平面直角坐标系来实现以代数量来表示直线方向,充分认识和感受坐标法的功能与意义,体会笛卡尔解析法思想的精髓;课堂上能乐于思考和主动探究,并有愉悦的情感体验。

四、教学支持条件分析

（1）学生认知基础：学生在初中已经学习了平面几何以及一次函数，对确定直线的几何元素有了一些认识，对运用观察联想、从特殊到一般、坐标法、分类讨论等方法解决数学问题已经有一定的基础，但要做到熟练并综合地运用这些方法自主探究直线方向的代数表示还存在一定的困难。

（2）教学设备：整节课借助多媒体（几何画板）进行辅助教学，但关键的探究与推理过程要借助黑板让学生亲自体验。在进行定量探究与证明之前，可以借用多媒体对问题结果进行定性的分析猜想，让学生对问题有更清晰的感性认识。

五、教学过程设计

（一）介绍解析几何的基本思想，引出问题

每一次看着火箭点火升空的壮观场面，听着卫星精确进入轨道运行的新闻，你是否想过这成功的背后英雄是谁？是谁让飞船那么的听话？是谁准确地预测了月全食的时间？科学家！但是这一切在四百年前却是一片空白！

在 17 世纪初期，当物理学家与天文学家试图对天体运行展开研究的时候，如何对天体运行轨迹作出精确的刻画，他们想到了数学。法国两位数学家笛卡尔与费尔玛产生了一个伟大的想法——对天体运行轨迹进行代数化计算处理。

问题 1：如何能实现将几何图形（运行轨迹）代数化呢？你以前有过相关的经验吗？什么工具能实现图形与数之间的联系？

我们可以从最简单的图形（点）入手分析：数轴上的点对应一个实数；坐标系中的点可以用一对有序实数对表示；可见坐标系是实现将图形代数化的重要工具。任何几何图形都可以看成点的集合，所以我们就可以以坐标系为桥梁，借助点与坐标之间的一一对应关系，把几何问题转化为代数问题，通过代数运算来研究几何图形的性质。

[设计意图]通过简单的情境介绍，了解解析几何创立的历史背景，让学生感受到解析法对数学发展的伟大意义，体会学习解析几何这门学科的重要性与必要性，了解解析几何的基本思想与研究方法。引导学生从联系的角度、从简单特殊图形入手自然地引出解析几何的研究方法。

问题 2：平面上最简单的图形除点之外就是直线，那么什么条件能确定一条直线呢？两点确定一条直线，请同学看左图，这是万州机场的航线图，每一条航线都由两点确定，但这种航线有很多条，它们有什么共同点与不同点？它们都从同一个点出发，但方向不一样！对，给一个点，再给一个方向也可以确定一条直线。这就出现一个新的问题：点可以用

坐标表示,那么该用什么量来表示直线的方向呢?

[**设计意图**]引导学生通过观察多媒体并进行对比分析,让学生认识到平面上确定直线的两种方式,当学生对问题有了定性的认识后,就能自然产生一个定量的问题。

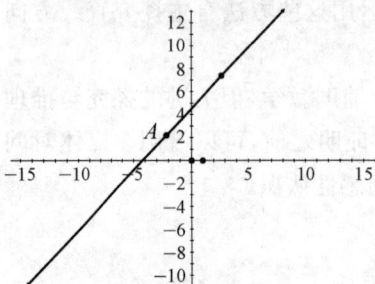

(二) 探究问题,形成概念

问题3:观察几何画板中经过定点 A 但方向不同的直线,让学生分组展开探究下列问题:要衡量直线方向就需要一个参照物,在坐标系中你会选择谁作参照物? 为什么? 你会选择什么量来衡量直线的方向? 你会选择哪个角来表示直线方向? 它是由哪两条射线构成的?

[**设计意图**]引导学生观察动态多媒体演示,在不同位置状态的对比观察中让学生体会不同参照物的优缺点,有了参照物学生就能感受到选择的量是角,但学生容易产生的第一反应是与 x 轴的夹角,老师要做好纠偏引导,通过动画演示说明不同方向直线会有同样夹角的事实,整个探究过程要在老师的引导下让学生自主地完成,要让学生都能体会到每一次的选择都是自然的,合情也合理的。

问题4:通过刚才的探究我们找到了这样的一个角,它可以表示直线方向,为今后使用方便我们有必要给它取个名,并用数学规范的语言给它下个定义,取什么名? 又如何定义呢? 能表示平面上所有直线方向的这个角的大小会在什么范围内变化?

定义:当直线 l 与 x 轴相交时,我们取 x 轴作为基准,x 轴正向与直线 l 向上方向之间所成的角 α 叫做直线 l 的倾斜角。

当直线 l 与 x 轴平行或重合时,直线并没有向上的方向,这时候直线的倾斜角又是多少呢? 为什么规定为 $0°$ 而不是 $180°$? 这个范围内的角能表示所有直线的方向吗?

[**设计意图**]由于我们的目的是找到一个量来刻画直线的方向,自然找到的这个量我们就有必要给它取名下定义;从动画演示中学生不难得到直线的倾斜角的范围是 $0°\leqslant\alpha<180°$。为什么不要 $180°$? 那是因为与 $0°$ 所刻画的是同一种位置状态。为什么不是 $0°<\alpha\leqslant180°$,那是因为能用较小的就不用较大的。这种引导很自然地让学生理解为什么要学习这一概念,以及如何定义这一概念是合理的。

问题5:请四位同学上黑板完成下面四个问题,其余同学自己完成或小组探究完成。

例1. 在平面直角坐标系中,画出经过点 $(1, 0)$,倾斜角为 $45°$ 的直线。

例2. 画出经过下列两点的直线:

(1) $A(1, 0)$,$B(1, \sqrt{3})$; (2) $A(2, 1)$,$B(4, 3)$; (3) $A(1, 0)$,$B(-1, 2)$。

完成上述练习后请同学反思下面两个问题:反思1:倾斜角虽然能表示直线方向,但它仍只是直线方向的几何刻画,但解析法是要以点的坐标与方程来研究直线;反思2:平面上确定了两点则直线就确定,直线确定那么直线的倾斜角应该是确定的。请同学们探究:你能求出例2中直线的倾斜角吗? 根据你的经验,要求一个角,你会把它放在什么图形中解决？（直角三角形）；使用什么工具能求角？（三角函数）；在这个问题中你会选用什么三角函数？（正切）。

　　[**设计意图**]通过对倾斜角刻画直线方向优缺点以及上述特殊问题解决后的反思，让学生在反思中自然生成新的探究问题，让学生的思维处于不断思考—发现—探究的过程中。并通过对特殊问题的解决积累已知两点坐标求直线倾斜角的方法与经验。

　　问题 6：一般地，如果平面上任意给出两点坐标，你都能用这两点坐标求得（表示出）直线的倾斜角吗？$\tan\alpha = \dfrac{y_2 - y_1}{x_2 - x_1}$，这个公式对任何方向的直线都适用吗？

　　通过动画演示容易得到当直线不垂直 x 轴时，上述公式都适用的，当直线 $l \perp x$ 轴时，倾斜角为 90°是无法通过此公式求的。尽管如此，瑕不掩瑜，我们仍然能注意到这个量的重要性，它通过点的坐标把直线的倾斜角求出来了，也就是说通过点的坐标把直线的方向表示出来了，这显然正是我们解析几何最希望得到的一个量——用点的坐标来表示直线方向。我们可以想象当笛卡尔发现这个量时，一定激动异常！一个重要的数学概念由此诞生，我们用字母 k 来表示它，即 $k = \tan\alpha = \dfrac{y_2 - y_1}{x_2 - x_1}$，并把这个量命名为斜率。

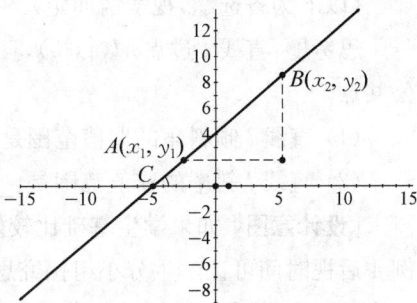

　　[**设计意图**]课本通过回忆复习初中解直角三角形时定义的坡度 $i = \dfrac{h}{l} = \tan\alpha$，它可以反映坡面的倾斜程度，于是说我们很自然会想到把倾斜角的正切定义为斜率。但事实上这种定义一是很不自然，没有理由，二也看不出这种定义与解析几何的基本思想与研究方法有什么联系，会给学生很牵强强制的感觉。定义斜率就是为了对直线倾斜的程度进行代数刻画，便于以后参与运算，以实现用代数的方法处理几何问题。本文采用从特殊问题解决入手找到由两点坐标所确定的直线的倾斜角的计算方法，并将这一方法与结论进行一般化的推广，从而发现倾斜角（直线的倾斜程度）是可以用直线上两点坐标来表示的，用坐标来表示直线的倾斜程度这正是我们解析几何所追寻的目标，这个量显然是表示直线方向的一个更重要的量，于是定义斜率概念就顺理成章了。

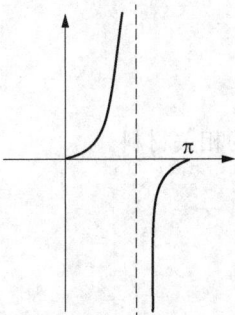

　　问题 7：当直线的倾斜角在锐角范围内变化时，直线的斜率的变化范围如何？当直线的倾斜角在钝角范围内变化时，直线的斜率又怎么变化？当直线的倾斜角是零度或直角时，直线的斜率为多少？如果两条（不重合）直线都有斜率，那么两直线平行时，倾斜角与斜率有什么关系？反之又如何？

　　[**设计意图**]进一步的探究可以让学生对倾斜角与斜率的关系有更清晰的认识。

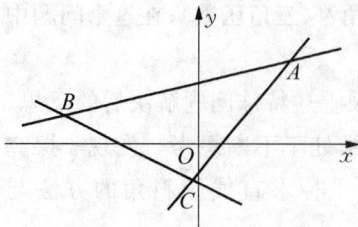

（三）巩固应用

例 3. 已知 $A(3, 2)$，$B(-4, 1)$，$C(0, -1)$，求直线 AB，BC，CA 的斜率，并判断这些直线的倾斜角是锐角还是钝角。

例 4. 在平面直角坐标系中，画出经过原点，斜率为 1，2，-3 的直线 l_1，l_2，l_3。

（以下为备选题，视学情而定）

思考题：直线 l 过点 $M(1, 0)$，且与以 $P(2, 1)$，$Q(-1, 2)$ 为两端点的线段 PQ 有公共点。

(1) 直线 l 倾斜角的取值范围是_____；

(2) 直线 l 斜率的取值范围是_____。

[**设计意图**] 如果学生基础比较好，前两个例题可以让学生独立完成。同时在完成例 4 后视时间可让学生分小组探究思考题，也可留学生作课后探究练习。

(四) 回顾小结

学生小结：

引导学生从解析几何的背景、本课学习了什么概念、我们是如何发现并定义这些概念和有什么感悟与体会等几方面进行小结。

教师小结：

(1) 本节课的路线图：

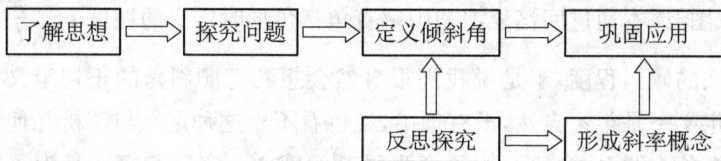

了解思想 ⟹ 探究问题 ⟹ 定义倾斜角 ⟹ 巩固应用

反思探究 ⟹ 形成斜率概念

(2) 本节课用到的主要数学思想方法：类比联想、分类讨论、坐标法、数形结合思想。

[**设计意图**] 让学生对解析几何起源与坐标法思想作些了解，对两个概念的发现——探究的过程与方法有一个清晰的认识，进一步达到"教思维"的目的。

(五) 课外作业：

(1) 课本 P98 习题 3.1　第 1、2、3、4 题；

(2) 请探究两直线平行和垂直时，它们的斜率有怎样的关系？

(3) (选做题)请上网或到图书馆查找笛卡尔与解析几何起源的相关材料。

六、目标达成检测

1. 经过下列两点的直线的倾斜角是钝角的是(　　　)。

A. $(18, 8)$，$(4, -4)$

B. $(0, 0)$，$(\sqrt{3}, 1)$

C. $(0, -1)$，$(3, 2)$

D. $(-4, 1)$，$(0, -1)$

2. 若图中的直线 l_1，l_2，l_3 的斜率分别是 k_1，k_2，k_3，
则（　　）。

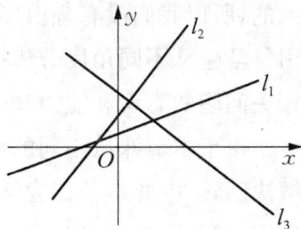

    A. $k_1 < k_2 < k_3$

    B. $k_3 < k_1 < k_2$

    C. $k_3 < k_2 < k_1$

    D. $k_1 < k_3 < k_2$

3. 若过 $A(4，y)$，$B(2，-3)$ 两点的直线的倾斜角为 $\dfrac{3\pi}{4}$，则 $y=$（　　）。

    A. -1　　　　　　B. -5　　　　　　C. 1　　　　　　D. 5

4. 已知 $A(1，1)$，$B(3，-1)$，$C(a，8)$ 三点共线，则 a 的值为（　　）。

    A. -6　　　　　　B. 6　　　　　　C. -8　　　　　　D. 8

5. 已知点 $A(2，3)$，$B(-3，-2)$，若直线 l 过点 $P(1，1)$ 且与线段 AB 相交，则直线 l 的斜率 k 的取值范围为（　　）。

    A. $k \geqslant \dfrac{3}{4}$　　　　B. $k \leqslant 2$　　　　C. $k \geqslant 2$，或 $k \leqslant \dfrac{3}{4}$　　D. $\dfrac{3}{4} \leqslant k \leqslant 2$

6. 若直线 l 的斜率为 $\cos\alpha$，则其倾斜角的取值范围为_____。

7. 已知直线 l 与两坐标轴所围成的三角形是等腰直角三角形，则直线 l 的斜率是
_____。

8. 已知点 $A(1，2)$，在 y 轴上求一点 P，使直线 AP 的倾斜角为 $120°$。

第二节　数学定理与命题教学设计案例

案例 2：“余弦定理”教学设计[①]

一、内容及内容解析

正余弦定理在人教 A 版教材中是必修 5 第一章 1.1 的内容，教师教学用书安排三课时，第一课时学习了正弦定理，本课是第二课时，第三课时安排正余弦定理的综合应用。解三角形知识处于三角函数与测量和几何计算的交汇点上，是初中学习的解直角三角形以及高中所学三角函数知识的继续与发展，是培养学生探究能力和推理运算能力的重要素材。余弦定理是解斜三角形工具之一，根据问题需求探究发现并证明定理是本节课的重点，也是难点。

由于正弦定理无法解决的解三角问题还有两类：SAS 及 SSS，容易接受的事实是这两类条件所给的三角形是确定的，应该是可解的，故必然还有其它与正弦定理类似的工具，这是值得探究的课题。课本直接给出以 SAS 为条件求第三边作为探究问题，但对学生来说值得探究的新问题应该有两个，学生不一定能发现两个问题最后的本质是一

[①] 案例来自浙江省台州市第一中学李建明，本案例在教育部基础教育课程教材发展中心组织的"全国中学教学设计创意大赛"中获一等奖，有修改。

致的,所以我们没有理由厚此薄彼。教材将解斜三角形内容安排在必修 5 教学,有利于引导学生从不同角度分析探究问题,同时也有利于提高学生运用向量法与坐标法解决相关问题的意识和能力。

由于本节课从不同的角度提出了两个不同的问题,并且可以用不同的途径与方法解决问题,因此本节课为学生的思维发展提供了很好的空间和平台,教师要注意引导学生用观察、联想、对比、化归等方法分析、处理问题,寻找解决问题的思路。

二、学生认知基础与困难分析

(1) 教材直接引导学生探究 SAS 型解三角形问题,但从问题发现的自然性角度分析,学生会发现正弦定理解决不了的问题有两类,对两类问题的探究有三种处理方式:一先一后分别探究;引导学生认识到两类问题本质是一致的,从而只探究其一;两类问题由不同组别同时进行探究。如何设计更符合数学研究的本来过程,不会让学生感觉到人为预设太多,让学生思维在自然发展中生成,这是本课的第一个难点。本设计先引导同学对两类问题的问题形态与问题关注点进行分析,让学生自己去发现这两类问题的本质其实是一致的事实,我们认为这种引入更符合自然原则。

(2) 定理证明方法的探究过程是本节课的重点也是难点,课本把这节内容安排必修 5 学习,学生对向量法与坐标法都有了了解,方法积累上确实有了基础,但由于间隔时间较远,如何引导学生能想到运用向量法与坐标法来解决是最大难点,从思维能力层次看,学生更易想到特殊化思想将解斜三角形转化为直角三角形。

(3) 用向量的数量积公式证明余弦定理时,如何得到向量间的运算关系以及将向量关系转变为数量关系是学生探究过程中的一个难点,教师在参与探究中要引导学生转化并明确转化的理由。

(4) 用坐标法证明余弦定理是三角函数知识的延伸与应用,从学生的最近发展区看,这个方法是最远的,是学生最不容易想到的,方法与知识的综合性也是最高的,教学中教师的引导作用就更重要了。

三、目标及目标解析

(1) 掌握余弦定理及其推论,并能简单运用这个公式求解教材上的练习和习题。

(2) 全体学生能理解"发现问题,探究问题,证明结果"这一常用的探究的步骤;多数学生能在余弦定理的探究过程中体会观察联想、以退求进、特殊化、向量法、坐标法、分类讨论等数学思想方法和思维方法,体会到数学思维的合理性与条理性。

(3) 能理解怎样运用特殊化、向量法及坐标法解决问题,充分认识和感受向量的工具价值;课堂上能乐于思考和主动探究,并有愉悦的情感体验。

四、教学支持条件分析

(1) 学生认知基础:学生已经学习了解直角三角形和三角函数,以及对运用观察联想、以退求进、特殊法、向量法、坐标法等方法解决数学问题已经有一定的基础,但要熟练并综合地运用这些方法自主探究和证明余弦定理还存在一定的困难。

（2）教学设备：整节课借助多媒体进行辅助教学，但关键的探究过程和推理过程要借助黑板。在进行定量探究与证明之前，可以借用多媒体对问题结果进行定性的分析猜想，学生对问题有更清晰的感性认识。

五、教学过程设计

（一）提出问题

问题1：正弦定理的内容是什么？由正弦定理可解决哪几类斜三角形的问题？还有哪些斜三角形问题应该可解但正弦定理解决不了？

学生表现：第一、二问学生是清楚的；第三问的目标问题应该有两个：（1）在$\triangle ABC$中，已知两边a、b及其夹角C，如何求第三边c？（2）在$\triangle ABC$中，已知三边a、b、c，如何求角C？学生在探究研讨中应该能够自主地发现这两个问题，但学生不一定能发现两个问题本质上的一致性。

教师行为：教师要借用多媒体让学生对问题的存在性与探究的必要性有更好的定性认识，同时通过观察分析能够认识到这两个问题本质上的一致性（寻求三边a、b、c及角C四个量间的关系），以明确两个问题只需探究一个即可（我们探究第一个问题），以激发学生探究的积极性。

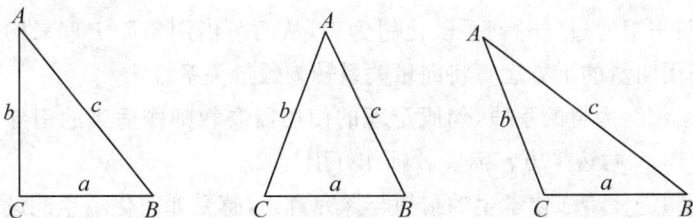

[设计意图]引导学生从联系的角度、用观察联想的方式自然地提出接近研究水平的问题，增强学生发现问题意识。不直接提出研究已知两边一夹角求第三边问题，而是让学生分析讨论后提出两个问题，又在分析研究中发现两个问题本质是一致的，目的是为了使探究更真实、更自然，体现了不是教教材而是用教材教的新理念。

问题2：在直角三角形中，已知$\angle C = 90°$，则$c^2 = a^2 + b^2$，那么在斜三角形中三边a、b、c及角C四个量间有什么样的关系呢？借用几何画板演示：在直角三角形中，保持a，b两边长度不变，改变角C的大小，观察c边长度变化规律，同学们猜猜这个结果可能形式是怎么样的？

学生表现：估计学生能得到：当角C为锐角时，$c^2 = a^2 + b^2 -$?，当角C为钝角时，$c^2 = a^2 + b^2 +$?；能猜想到"?"处应该是一个与角C相关的量，但不一定能明白"±"的本质应该是"+"正负数，也不一定能猜出"?"是一个与角C的余弦相关的量。

教师行为：要适时引导猜想，再进一步引导学生思考认识到：从公式结论的一般性形式分析，"±"应该是"+"正数或负数，认识到这一运算本质，那么就容易引导猜想这个正负数可能是与角C的余弦相关的量，因为锐角与钝角的正弦都是正数，不可能产生符号变化。

[设计意图]引导学生通过观察多媒体并展开联想,使学生对问题有个定性的认识,并对结果进行大胆猜想,通过不断恰时的引导,学生思维能从感性认识到理性认识逐步完善上升。

(二) 探究问题

问题3:在我们的知识储备中,哪些知识与方法可以用来求一条线段的长度呢?(明确探究的方向与思路)

学生表现:以小组合作形式展开研讨,尝试探究是否能以退为进,化斜三角形为直角三角形构建数量关系;向量方法由于学习间隔时间较久,学生不一定能想到。

教师行为:从宏观的角度在解决策略方向上作必要引导:以退为进,化斜为直;向量方法的教师可作如下引导:我们学过一个既有大小又有方向的量叫什么? 边 c 的长度可视作哪个向量的模长? 这个向量能用已知量 a,b 对应的向量表示吗? 向量的什么运算会涉及到角?

[设计意图]引导学生搞清楚问题的背景,学会从宏观的角度理性地、有条理地思考问题探究解决的大方向,以避免盲目性。向量方法的提出要让学生感受得到如何会想到这一方法的(向量有方向但也有大小)。

问题4:如何能化斜三角形为直角三角形并构建数量关系呢? 如何利用向量关系构建数量间的关系呢? 分组进行两种思路的探究尝试。

学生表现:一组通过"作高"手段化斜为直,从而可借用勾股定理来构建数量关系;另一组通过借用向量的平方运算将向量关系转为数量关系。

教师行为:化斜为直的手段,勾股定理的使用需要教师作适当的引导;为什么将等式 $\overrightarrow{AB} = \overrightarrow{CB} - \overrightarrow{CA}$ 两边平方? 需要教师作好引导。

[设计意图]进一步强化学生的猜想与探究意识,感受如何化陌生问题为熟悉问题,学会搜索并选择学过的知识与方法来解决问题,提高决策应用能力。

问题5:各小组应该完成了推证过程,你能将本小组的推证思路讲清楚吗? 请各小组推荐同学汇报证明思路,形成证明过程。在分享对方的证明思维的同时比较两种思路各自的优点。

学生表现:两组代表上黑板写出证明思路并作讲解分析,方法一:如下图所示四个三角形,在锐角三角形中:$AD = AC \cdot \sin C = b\sin C, CD = b\cos C$,故 $BD = a - b\cos C$,由 $AB^2 = AD^2 + BD^2$,得 $c^2 = b^2\sin^2 C + (a - b\cos C)^2 = a^2 + b^2 - 2ab\cos C$,同理在钝角三角形中,$AD = AC \cdot \sin(\pi - C) = b\sin C$, $CD = b\cos(\pi - C) = b\cos C$,故 $BD =$

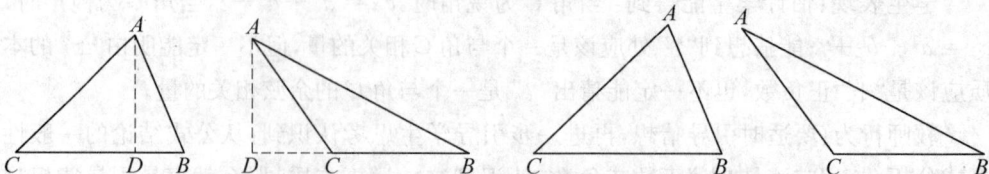

$a - b\cos C$，可知结论是一致的；方法二：由 $\vec{AB} = \vec{CB} - \vec{CA}$，得 $\vec{AB}^2 = (\vec{CB} - \vec{CA})^2$，即 $c^2 = a^2 + b^2 - 2\vec{CB} \cdot \vec{CA} = a^2 + b^2 - 2ab\cos C$。学生能够在对比观察分析后知道：向量方法有两大优点，一是不分类讨论；二是运算化简，简洁明了。

教师行为：仔细聆听，适当完善。

[**设计意图**]会想的不一定会做，会做了不一定会讲。数学课堂教学不只是要引导学生会想，还要给学生做与讲的机会，能讲清楚的思维才是头脑中最深刻的。有比较才会有感悟，通过两种方法的对比，学生自然能发现向量方法的优势所在，更能体会到教材把这部分内容编排到向量知识后学习的意图。

问题6：向学生介绍定理的第三种证明方法——坐标法。从求线段长度的角度分析，我们可以把线段长度理解为两点间的距离，如果把问题理解为求两点间的距离，请同学思考：我们应该把问题放在哪里进行分析研究？如坐标图，把三角形放入坐标系（请思考为什么这么放？如何放才最简单？），你能用 a，b，C 将点 A，B 表示出来吗？请同学们在课后完成求距离及化简的工作。

学生表现：将线段长度理解为两点间距离是个难点；如何用相关的量将相关点的坐标表示出来也是个难点。运用距离公式从而化简出余弦定理应该是没问题的，让学生课后去完成。

教师行为：在方法引入处及相关点的坐标表示这两个难点的突破上要对学生作适当的引导，其余工作都留给学生课后进行探究。

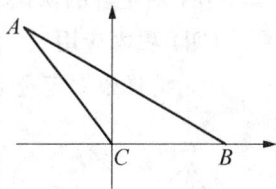

[**设计意图**]本环节设计意在让学生了解了坐标法在证明余弦定理上的作用，证明定理并不是本环节的重点，所以在教学中教师仅对方法的引入及坐标法表示作适当引导，其余都留给学生课后完成。

（三）形成定理

问题7：刚证明完绍的结论体现了斜三角形三边与一角的数量关系，利用它就能解决正弦定理不能解决的两类解三角形的问题，我们数学经常将这种已证的有用的结论总结形成定理，数学定理应该是具有普遍适用性的命题，根据三角形三边三角的轮换性，你能总结归纳出定理的符号表达形式以及如何用文字表达该定理吗？如果我们要给定理取个名字，你会取什么名字？

学生表现：（符号语言）$\begin{cases} c^2 = a^2 + b^2 - 2ab\cos C \\ b^2 = a^2 + c^2 - 2ac\cos B \\ a^2 = b^2 + c^2 - 2bc\cos A \end{cases}$

（文字语言）三角形中任何一边的平方等于其他两边的平方和减去这两边与它们夹角的余弦乘积的两倍。我们可以将定理取名为余弦定理，一是与正弦定理呼应，二是体现定理的一个特征。

教师行为：引导学生将发现并证明得到的结论归纳成定理，这是一个从实践到理论的升华过程，要把这一尝试机会留给学生去体验。

[**设计意图**]让学生有机会尝试将实践证明得到的结论升华为数学定理的过程，体

验数学定理的产生与命名经历,感受数学家曾经做过的研究。

问题8:多角度理解认识定理:①定理是从斜三角形中推导出来的,它对直角三角形适用吗? 从中你能发现什么? ②请大家仔细观察上面两式的构成要素和结构特征,从方程的角度看定理,从中会得到什么样的启发? 你能有什么新的发现? ③余弦定理论证了哪些三角形全等判定定理的正确性? ④将公式作适当变形,是否可以解决其他类型的解三角形问题?

学生表现:当 $C = 90°$ 时,$c^2 = a^2 + b^2 - 2ab\cos 90° = a^2 + b^2$,这是勾股定理,可以看出勾股定理其实是余弦定理的特殊情况;定理中涉及到四个量,可以知三求一;余弦定理论证了边角边、边边边这两个判定定理的正确性;公式变形,引入余弦定理推论,进一步认清的 SAS 与 SSS 两类问题的本质。

教师行为:本环节对学生来说没有难度,教师只要在师生一起观察中作适当引导。

[设计意图] 学生在后续学习中要达到能熟练运用定理,首先得对定理的形态与性能有清晰的理解与认识,基于此,让学生通过观察、分析,从不同角度对定理进行剖析,提高学生对定理的认识。

(四) 巩固应用

(1) 请你根据定理形式,按下列格式设计两个问题,在 $\triangle ABC$ 中:

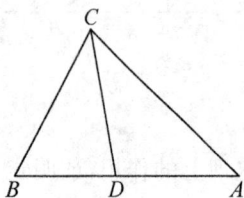

① 已知＿＿＿＿＿＿＿＿＿＿,求＿＿＿＿＿＿;

② 已知＿＿＿＿＿＿＿＿＿＿,求＿＿＿＿＿＿。

(2) 如果已知 $\triangle ABC$ 三边长,是否能求 $\triangle ABC$ 的面积? 请你设计一个实际问题。

(以下为备选题,视学情而定)

(3) 根据例 2 条件,求 $\triangle ABC$ 中线 AD 的长。

[设计意图] 如果直接给出问题只让学生去套用公式进行计算,例题的功能就很弱,让学生自己设计问题能更好地反映学生对定理形式与作用的理解,学生提出问题的能力也能得到更好的培养。如果学生基础比较好,这种问题设计学生是可以完成的。

(五) 回顾小结

学生小结:

引导学生从学到了什么知识、怎么获得这些知识和有什么感悟与体会三方面进行小结。

教师小结:

(1) 本节课所走过的"路",如下图:

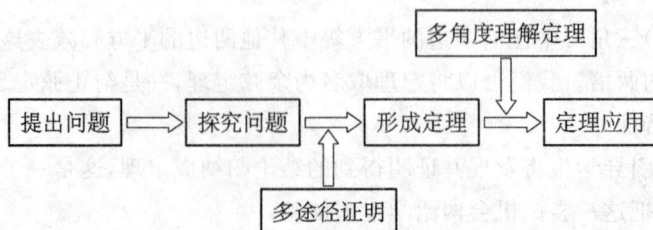

(2) 本节课用到的主要数学思想方法:特殊化、分类讨论、方程思想、数形结合思想。

[**设计意图**]让学生对探究的过程与思路、方法有一个清晰的认识,进一步达到"教思维"的目的。

(六) 课外作业:

(1) 教材习题 1.1 第 3 题中选做 2 题,第 3 题中选做 1 题。

(2) 试自主探究利用坐标法证明余弦定理。

六、目标达成检测

1. 在 $\triangle ABC$ 中,已知 $a=3$,$b=1$,$C=60°$,那么 c 等于(　　)。

　　A. $\sqrt{7}$　　　　　B. $\sqrt{13}$　　　　　C. 7　　　　　D. 13

2. 在 $\triangle ABC$ 中,已知 $a=b=\sqrt{3}$,$c=3$,那么 C 等于(　　)。

　　A. 150°　　　　　B. 120°　　　　　C. 60°　　　　　D. 30°

3. 在 $\triangle ABC$ 中,已知 $AB=2$,$BC=3$,$AC=\sqrt{7}$,那么 B 等于(　　)。

　　A. 60°　　　　　B. 120°　　　　　C. 30°　　　　　D. 150°

4. 在 $\triangle ABC$ 中,已知 $B=120°$,那么下列式子等于 0 的是(　　)。

　　A. $a^2-b^2+c^2-ac$　　　　　　　B. $a^2-b^2+c^2+ac$

　　C. $a^2-b^2+c^2-\sqrt{3}ac$　　　　　D. $a^2-b^2+c^2+\sqrt{3}ac$

5. 在 $\triangle ABC$ 中,已知 $a^2>b^2+c^2$,那么 $\triangle ABC$ 必是(　　)。

　　A. 直角三角形　　B. 等腰直角三角形　　C. 钝角三角形　　D. 锐角三角形

6. 在 $\square ABCD$ 中,已知 $AB=6$,$AC=\sqrt{3}$,$\angle CAB=30°$,那么 $AD=$_____。

7. 在 $\triangle ABC$ 中,已知 $a=7$,$b=8$,$\cos C=\dfrac{13}{14}$,那么 $\cos B=$_____。

8. 在 $\triangle ABC$ 中,已知 $(a+b+c)(b+c-a)=3bc$,求 A。

9. 在 $\triangle ABC$ 中,已知 $a^2-c^2=2b$,且 $\sin A\cos C=3\cos A\sin C$,求 b。

案例 3:"数学归纳法"教学设计[①]

一、内容及内容解析

由于正整数无法穷尽的特点,有些关于正整数 n 的命题,难以对 n 进行一一的验证,从而需要寻求一种新的推理方法,以便能通过有限的推理来证明无限的结论。这是数学归纳法产生的根源。

数学归纳法是一种证明与正整数 n 有关的命题的重要方法。它的独到之处便是运用有限个步骤就能证明无限多个数学命题,而实现这一目的的工具就是递推思想。

设 $p(n)$ 表示与正整数 n 有关的命题,证明主要有两个步骤:(1)证明 $p(1)$ 为真;(2)证明若 $p(k)$ 为真,则 $p(k+1)$ 为真。有了这两步的保证,就可实现以下的无穷动态

---

① 案例来自浙江省黄岩中学李柏青。本案例已发表在《中小学数学》2009 年第 9 期。

的递推过程：

$$P(1) \text{ 真} \Rightarrow P(2) \text{ 真} \Rightarrow P(3) \text{ 真} \Rightarrow \cdots \Rightarrow P(k) \text{ 真} \Rightarrow P(k+1) \text{ 真} \Rightarrow \cdots$$

因此得到对于任何正整数 n，命题 $p(n)$ 都为真。

数学归纳法的两个步骤中，第一步是证明的奠基，第二步是递推的依据，即验证由任意一个整数 n 过渡到下一个整数 $n+1$ 时命题是否成立。这两个步骤都非常重要，缺一不可。第一步确定了 $n=1$ 时命题成立，$n=1$ 成为后面递推的出发点，没有它递推成了无源之水；第二步确认了一种递推关系，借助它，命题成立的范围就能从 1 开始，向后面一个数一个数的无限传递到 1 以后的每一个正整数，从而完成证明。因此递推是实现从有限到无限飞跃的关键，没有它我们就只能停留在对有限情况的把握上。

在应用数学归纳法时，第一步中的起点 1 可以恰当偏移（如取 $k=n_0$）；而第二步的递推方式也可作灵活的变动，如由 k 对推出 $k+2$ 对等，但必须保证第一步中含有实现第二步递推时的基础。

数学归纳法名为归纳法，实质上与归纳法无逻辑联系。按波利亚的说法"这个名字是随便起的"。归纳法是一种以特殊化和类比为工具的推理方法，是重要的探索发现的手段，是一种似真结构；而数学归纳法是一种严格的证明方法，一种演绎法，它的实质是"把无穷的三段论纳入唯一的公式中"（庞加莱），它得到的结论是真实可靠的。在皮亚诺提出"自然数公理"后，数学归纳法以归纳公理为理论基础，得到了广泛的确认和应用。而自然数中的"最小数原理"，则从反面进一步说明了数学归纳法证题的可靠性。

数学归纳法虽不是归纳法，但它与归纳法有着一定程度的关联。在数学结论的发现过程中，往往先通过对大量个别事实的观察，通过归纳形成一般性的结论，最终利用数学归纳法的证明解决问题。因此可以说论断是以试验性的方式发现的，而论证就像是对归纳的一个数学补充，即"观察"+"归纳"+"证明"="发现"。

二、学生认知基础与困难分析

认知基础：

(1) 对正整数的特点的感性认识；

(2) 对"无穷"的概念有一定的认识和兴趣；

(3) 在数列的学习中对递推思想有一定的体会；

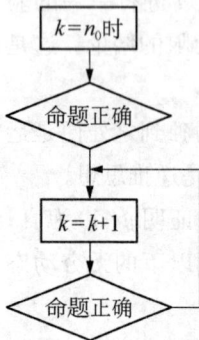

(4) 在生活经验中接触到一些具有递推性质的事实；

(5) 在"算法"循环结构的学习中有反复试用"循环体"的体会，在算法程序框图和算法语句的学习中，对大量具有的重复特点的步骤会通过引进变量抽象概括成明确而有限的步骤进行表达。

(6) 了解归纳法、演绎法等推理方法以及分析法、综合法等证明方法，具有了一定的逻辑知识的基础。

难点或疑点：

但数学归纳法作为一种证明的方法，且不论其方法的结构形式，运用技巧，就是对其自身的可靠性，学生都有一定的疑虑，具体可能会体现在以下一些方面：

（1）数学归纳法所要解决的是无穷多个命题 $P(1)$，$P(2)$，$P(3)$，$\cdots$，$P(n)$，$\cdots$ 恒为真的问题，由此造成学生在理解上的两点困难：①对"无穷"的模糊认知和神秘感；②对于一个关于正整数 n 的命题 $P(n)$，会难以将其看作是一个随自变量 n 变化的"命题值函数"。

（2）为什么要引进数学归纳法？验证为何不可行？

（3）数学归纳法的两步骤中，对第二步的认识往往难以到位。将解决由 $P(k)$ 到 $P(k+1)$ 的传递性问题，误解为仅证明 $P(k+1)$ 的真实性。以及对证明中何以用"假设"的不理解。

（4）数学归纳法的两个步骤不是割裂的，两者是相辅相成，相互影响的，相互作用的。特别是第二步假设中对"k"的要求，决定了第一步需验证的初始值。

（5）数学归纳法中的递推是一种无穷尽的动态过程，学生对于不断反复地运用步骤二来进行推理的模式缺乏清晰的认知。

数学归纳法运用时对起点可作适当的偏移，对第二步的证明有一定的技巧，这些都可以留置下一课进行深入分析，本课侧重解决对数学归纳法基本原理和两步骤的初步理解。

突破的关键：

由于中学阶段对数学归纳法的教学缺乏理论基础，因此学习的关键是通过对具体问题的解决，提炼出方法的一般模式。在经历问题的提出、思考的过程，通过具体的事例、直观的模型中加以抽象概括，从而逐步加深对数学归纳法原理的理解。

（1）借助递推数列。

递推数列通过相邻两项的关系以及首项来确定数列，与数学归纳法的递推思想有着天然的联系。

（2）构建直观模型：

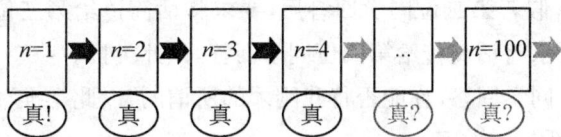

上图既有多米诺骨牌的形象又有数学的形式，加上命题式的推出符号更易理解"若 k，则 $k+1$"的递推语句，整体上又具有流程图的程序结构，能较好地反映出数学归纳法的本质，可以使学生的思考有较形象直观的载体。

（3）重视归纳概括

根据递推思想，数学归纳法的证题过程可分解为以下无穷多个步骤：

第一步，$P(1)$ 真；

第二步，$P(1)$ 真 $\Rightarrow P(2)$ 真；

第三步，$P(2)$ 真 $\Rightarrow P(3)$ 真；

第四步，$P(3)$ 真 $\Rightarrow P(4)$ 真；

......

用最少的步骤可概括为

第一步，$P(1)$ 真；

第二步以后各步都可归纳为一个命题的证明：$P(k)$ 真 $\Rightarrow P(k+1)$ 真；即若 $P(k)$ 真，则 $P(k+1)$ 真。

根据以上两步，就可证得对任意的正整数 n，都有 $P(n)$ 为真。

对于这种抽象概括，学生在数列的学习以及算法的学习中是有经验的和能力的。

三、目标及目标解析

(1) 通过情景设置渗透递推思想，通过对具体问题的提出与分析，进一步了解数学归纳法产生的根源及其无穷递推的本质，在此基础上归纳概括出数学归纳法证题的两个步骤。

(2) 体会数学归纳法的思想，会用数学归纳法证明一些简单的恒等式。

(3) 了解"观察""归纳""证明"发现定理的基本思路。

教学重在了解数学归纳法证题的两个步骤，体会数学归纳法证题的合理性和严谨性，领悟数学归纳法所体现的无穷递推的思想。

四、教学支持条件分析

对于"无穷"与"递推"的描述，仅靠语言及符号是较为抽象的，通过生活化的情景渗透，并借助于一些直观形象的符号可以更有助于学生的想象与理解。

五、教学过程设计

(一) 课前准备

教师将话筒交给第一位同学，并制定规则：假若第一位同学回答后，要求将话筒传给第二位同学回答；假若第二位同学回答后，要求将话筒传给第三位同学回答；假若第三位同学回答后，要求将话筒传给第四位同学回答，以此类推。

问题：请第一位同学回答，你能否将我刚才的所谓的"以此类推"的提问规则概括成简单而明确的一句话告诉大家？

设计意图：由于是借班上课，一方面营造轻松的氛围，另一方面渗透递推思想，让学生有感悟思想的机会。

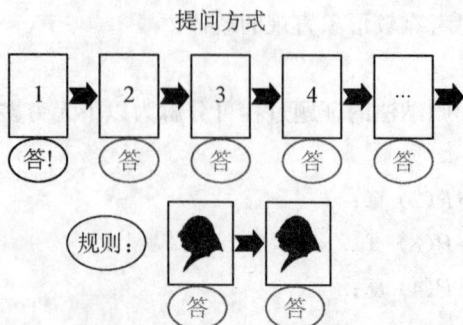

提问方式

(二) 方法的形成

问题:已知数列 $\{a_n\}$: $a_1 = 1$, $a_{n+1} = \dfrac{a_n}{1+a_n}$,求 a_4,a_{100},a_n。

师生活动:

学生进行计算推理后,展示思考结果。

教师追问:

(1) 根据递推公式 $a_{n+1} = \dfrac{a_n}{1+a_n}$,可以由 $a_1 = 1$,推出 $a_2 = \dfrac{1}{2}$,再由 $a_2 = \dfrac{1}{2}$ 推出 $a_3 = \dfrac{1}{3}$,由 $a_3 = \dfrac{1}{3}$ 推出 $a_4 = \dfrac{1}{4}$,说说你又是如何求得 a_{100} 及通项 a_n 呢?

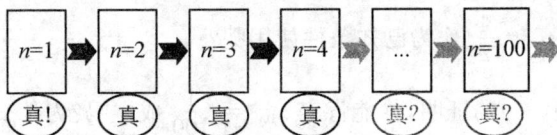

预设:由前四项归纳猜想 $a_{100} = \dfrac{1}{100}$, $a_n = \dfrac{1}{n}$。

(2) 归纳猜想的结果并不可靠,你能否明确地证明 $a_{100} = \dfrac{1}{100}$ 呢?

设计意图:学生通过对 a_4 的求解,体会到只需知道某一项,就可求出其下一项的值;而对 $a_{100} = \dfrac{1}{100}$,一一验证是能做却不想做;对 $a_n = \dfrac{1}{n}$,一一验证想做却难做。通过直观的框图式结构,可以使学生的思考有较形象直观的载体。针对学生的回答情况,教师可进行追问:

问1:利用递推公式,命题中的 n 由1可以推出2,由2可以推出3,由3可以推出4,…,由99可以推出100。而每一步其实就是对一个命题的证明,这样要严格证明 $n = 100$ 结论成立,需要进行多少个步骤(或命题)的论证呢?

预设:

第一步证明:$a_1 = 1$;

第二步证明:若 $a_1 = 1$,则 $a_2 = \dfrac{1}{2}$;

第三步证明:若 $a_2 = \dfrac{1}{2}$,则 $a_3 = \dfrac{1}{3}$;

…

以此类推,直到

第100步证明:若 $a_{99} = \dfrac{1}{99}$,则 $a_{100} = \dfrac{1}{100}$。

问2:如果给大家足够的时间,相信一定能一一验证100项以内的所有项都符合通项公式。为什么大家不想这样做呢?看来有必要寻求一种更简单的方式解决问题。

观察这些步骤的共同特点,你能否将这么多命题的证明转化为去证明"一个"具有代表性的命题呢?

预设：除了第一步论证之外，其余 99 个步骤的证明都可以概括成一个命题的证明，即转化为对以下命题的证明：

若 n 取某一个值时结论成立，则 n 取其下一个值时结论也成立，即

若 $a_k = \dfrac{1}{k}(k \in \mathbf{N}^*)$，则 $a_{k+1} = \dfrac{1}{k+1}$。 （＊）

$$\left[a_{k+1} = \frac{a_k}{1+a_k} = \frac{\dfrac{1}{k}}{1+\dfrac{1}{k}} = \frac{1}{k+1}。 \right]$$

问 3：你能进一步说明命题（＊）的证明对原命题的证明起到什么作用吗？

问 4：命题（＊）中的字母"k"指的是什么？"若"就是"假设"，为什么命题（＊）可以将一个假设的结论 $a_k = \dfrac{1}{k}$ 作为已知条件使用呢？

问 4：有了命题（＊）的证明，你能肯定 $a_{100} = \dfrac{1}{100}$ 成立吗？为什么？

问 5：若已经证明了 $a_{100} = \dfrac{1}{100}$，你认为能证明 $a_{101} = \dfrac{1}{101}$ 吗？你能证明 $a_{102} = \dfrac{1}{102}$ 吗？甚至你能证明 $a_{1\,000} = \dfrac{1}{1\,000}$ 吗？你能证明任意一项 $a_n = \dfrac{1}{n}$ 成立吗？… 为什么？

问 6：要证明对所有的正整数 n，$a_n = \dfrac{1}{n}$ 都成立，请你概括一下需要哪些步骤？

预设：二个步骤，一个结论。

问 7：试写出此命题的证明步骤：

已知数列 $\{a_n\}$：$a_1 = 1$，$a_{n+1} = \dfrac{a_n}{1+a_n}$，求证：$a_n = \dfrac{1}{n}(n \in \mathbf{N}^*)$。

预设：证明：

(1) 当 $n = 1$ 时，$a_1 = 1 = \dfrac{1}{1}$，所以结论成立。

(2) 假设当 $n = k(k \in \mathbf{N}^*)$ 时，结论成立，即 $a_k = \dfrac{1}{k}$，

则当 $n = k+1$ 时，

$$a_{k+1} = \frac{a_k}{1+a_k} \quad (已知)$$

$$= \frac{\dfrac{1}{k}}{1+\dfrac{1}{k}} \quad (代入假设)$$

$$= \frac{1}{k+1} \quad (变形)$$

即当 $n = k+1$ 时，结论也成立。

由(1)(2)可得，对任意的正整数 n 都有 $a_n = \dfrac{1}{n}$ 成立。

问 8：你能否总结出这一证明方法的一般模式？

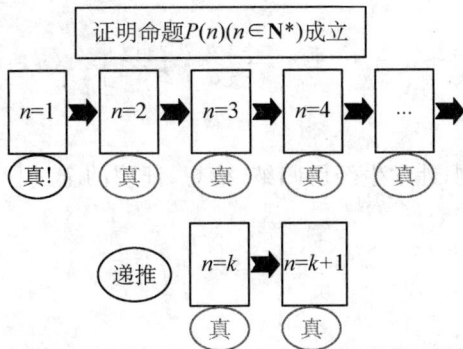

预设：

一般地，证明一个与正整数 n 有关的命题 $P(n)$，可按下列步骤进行：

(1) 证明：当 $n = 1$ 时命题成立；

(2) 假设当 $n = k (k \in \mathbf{N}^*)$ 时命题成立，证明当 $n = k + 1$ 时命题也成立。

则 $P(1)$ 真 $\Rightarrow P(2)$ 真 $\Rightarrow P(3)$ 真 $\Rightarrow P(4)$ 真 $\Rightarrow P(5)$ 真 $\Rightarrow$……

那么，对任意的正整数 n，命题 $P(n)$ 都成立。

设计意图：方法的提炼事实是对一种模式的提炼，通过对多米诺骨牌、课堂提问方式的渗透，以及对这一数学问题的解决过程的体验，部分学生有能力对这一模式的特征进行概括。

问 9：对方法中的两个步骤，你是如何理解的？你认为第二步中的"假设 $n = k$"时的命题能真的成立吗？

预设：两个步骤的证明，其实就是两个命题的证明。步骤一是递推的基础，步骤二是递推的依据。两者缺一不可。有了奠基和递推，就能保证"假设"可以成立。

设计意图：通过从不同的角度审视，更有利于学生全面地了解数学归纳法的本质。

问 10：这种解决问题的思想方法在生活中也有一些类比运用的例子，你能举出一个能反映这种方法原理的实际情景吗？说明它们的共通之处。

预设：多米诺骨牌游戏，课堂提问，传真话，长城烽火台的狼烟传递等等；

设计意图：通过举例子，让学生进一步理解数学归纳法的原理，体会数学与现实生活之间的联系和类比。增进对数学学习的兴趣。

(三) 方法的应用

例1. 试一试，猜一猜　证一证

你能根据下列式子的特点，猜想一个能包含下列各式的一般性的结论吗？

$n = 1$	1^3	$= 1$	$= 1^2$
$n = 2$	$1^3 + 2^3$	$= 9$	$= 3^2$
$n = 3$	$1^3 + 2^3 + 3^3$	$= 25$	$= 5^2$
$n = 4$	$1^3 + 2^3 + 3^3 + 4^3$	$= 100$	$= 10^2$

……

猜想

$$1^3 + 2^3 + 3^3 + \cdots + n^3 = \left[\frac{n(n+1)}{2}\right]^2 \quad (n \in \mathbf{N}^*)$$

证明:(由学生证明,略)

设计意图:通过实例,让学生经历归纳、猜想、证明的全过程,进一步体会数学归纳法的思想和步骤。

(四) 巩固与深化

例 2. 明辨是非

$$n = n+1$$

证明:假设 $n = k (k \in \mathbf{N}^*)$ 时结论成立,即

$$k = k+1$$

在等式两边各加上 1,得

$$k+1 = (k+1)+1$$

即当 $n = k+1$ 时,等式也成立。

所以 $n = n+1$ 对任意的正整数 n 都成立。

设计意图:从反面的实例中可进一步加深对数学归纳法的两个步骤的理解。没有奠基,假设便没有生命力。

例 3.（1）如果要证明命题 $P(n)(n \geqslant 3, n \in \mathbf{N}^*)$ 成立,即证 $P(3)$, $P(4)$, $P(5)$, $P(6)$, $P(7)$,……都成立,根据数学归纳法的思想,你会如何证明?

（2）如果要证明命题 $P(n)(n$ 是正偶数）成立,即证明命题 $P(2)$, $P(4)$, $P(6)$, $P(8)$, $P(10)$,…… 都成立,根据数学归纳法的思想,你会如何证明?

设计意图:方法是死的,思想是活的,通过这两个问题,使学生对数学归纳法的思想有进一步的认识。同时也可检测学生对数学归纳法的递推本质的理解程度。

(五) 小结与回顾

（1）数学归纳法能解决哪些问题?（与正整数有关的命题的证明）

（2）数学归纳法的证题步骤是什么?（两步骤一结论）

（3）它的核心思想是什么?（无穷递推）

（4）在学习与思考中你还有哪些疑惑?

（5）想飞的蜗牛怎样才能扶着天梯登上云端呢?（生:登上第一级;如果登上一级后,再努力一点,就能登上下一级。那么蜗牛就能想爬多高就能到多高。）

设计意图:通过学生的学后总结与反思,是知识得以内化的必要过程。同时通过蜗牛想飞、能飞,鼓励学生只要有基础,经过坚持不懈的努力,就一定能达到理想的彼岸。

六、目标达成检测

1. 用数学归纳法证明:$1 + 2 + 3 + \cdots + n = \dfrac{n(n+1)}{2}$。

2. 已知数列 $\dfrac{1}{1\times 2}$, $\dfrac{1}{2\times 3}$, $\cdots$, $\dfrac{1}{n\times(n+1)}$, $\cdots$, 计算 S_1, S_2, S_3, 由此推测计算 S_n 的公式, 并用数学归纳法给出证明。

3. (思考题)求证：$3+5+7+\cdots+(2n-1)=n^2-1$ $(n\geqslant 2$, $n\in \mathbf{N}^*)$。

第三节　数学问题解决教学设计案例

案例 4："圆锥曲线中的最值问题"教学设计[①]

一、内容及内容解析

圆锥曲线的单元复习的基础内容包括椭圆、双曲线和抛物线的定义、标准方程、简单几何性质,直线与圆锥曲线的位置关系,在掌握以上一些陈述性知识和程序性知识的基础上,再学习圆锥曲线的一些综合应用。

在解析几何中,运动是曲线的灵魂,在形的运动中必然伴随着量的变化,而在变化中,往往重点关注变化中不变的量或关系,以及变量的变化趋势,由此产生圆锥曲线中的定点、定值问题,圆锥曲线的中的参数取值范围问题,圆锥曲线中的最值问题等。

圆锥曲线的最值问题是本单元复习综合性较强的内容。重点研究变化的距离、弦长、角度、面积、斜率、定比等几何量的最值及相关问题。本课重点是借助对常见的距离问题等的研究提炼出解决此类问题的思想方法和基本策略,并能进行简单的应用。

解决圆锥曲线的最值问题,不仅要用到圆锥曲线定义、方程、几何性质,还常用到函数、方程、不等式及三角函数等重要知识,综合性强,联系性广,策略性要求高。其基本的思想是函数思想和数形结合思想,基本策略主要是代数和几何两个角度分析。由于圆锥曲线是几何图形,研究的量也往往是几何量,因此借助几何性质,利用几何直观来分析是优先选择;但几何直观往往严谨性不强,难以细致入微,在解析几何中需要借助代数的工具来实现突破。

几何方法主要结合图形的几何特征,借助圆锥曲线的定义以及平面几何知识作直接论证及判断;代数方法主要是将几何量及几何关系用代数形式表示,通过设动点坐标或动直线的方程,将目标表示为变量的函数,从而转化为函数的最值问题,再借助函数、方程、不等式等知识解决问题。

二、学生认知基础与困难分析

圆锥曲线的最值问题的解决,涉及的知识面广,需要综合运用圆锥曲线、平面几何、代数等相关知识,还需要较强的运算技能和分析问题解决问题的能力。

在本课的学习中,学生可能存在的问题有：知识的联系性和系统性较弱,难以调动

[①] 案例来自浙江省黄岩中学李柏青,本案例已发表在《中小学数学》2013 年第 2 期。

众多的知识合理地解决问题;运算能力不强,算得慢,易算错,影响问题解决的执行力;问题解决的策略性不强,就题论题,对问题的数学本质认识模糊等现象。再加上学生对复习课的认识比较片面,对复习课缺乏新鲜感。

在教学中,可以从简单的问题(或者教材中的问题)出发,通过问题的提出、问题的拓展、问题的变式等措施,使学生对圆锥曲线最值问题的本质特征有更新、更深的认识,同时激发学生学习的积极性;在教学中,通过学生对一类问题的主动思考、交流互动、反思提炼,构建知识体系,形成基本技能,关注数学本质,体验与感悟问题解决的策略。

为了更好地加强策略性知识的学习,教学中可一题多用,减少问题解决的运算量,使学生在关键点加强思考与交流,有更多的时间进行创造性的实践与反思。

三、目标及目标解析

(1) 进一步理解圆锥曲线的定义、标准方程和几何性质,会求解椭圆、抛物线的相关变量的最值问题,并深化对函数思想的认识;

(2) 进一步体会"解析法"思想,会从代数与几何两个角度分析和解决曲线的最值问题,并会进行合理的选择;

(3) 在问题的提出、分析、解决的过程,进一步形成圆锥曲线最值问题的方法体系和数学思想,形成处理最值问题的基本策略,养成质疑和创新的意识。

解决问题后需要重构认知结构,对知识间的联系有新的认识,并在操作中形成技能;会通过反思与交流,感悟并提炼重要的数学思想;在具体的最值问题中,能根据问题的结构有意识地选择几何或代数的策略,并进行具体的操作。

四、教学支持条件分析

由于圆锥曲线的最值问题涉及到图形运动和数量变化,学生往往缺乏对问题的直觉把握和深切的感受,教学中可通过几何画板、TI - Nspire 图形计算器、GeoGebra 等软件,直观地呈现数、式、形的联动变化,使学生逐步形成多元联系的观点。

对于一些的运算,可以利用 TI - Nspire CAS 代数运算系统,帮助学生在课堂上降低运算的难度,减少运算的时间,更深入地体会数学的本质。

五、教学过程设计

(一) 提出问题——解决问题——形成初步经验

圆锥曲线中求一些变量的最值,是一类常见的问题,如何根据这类问题的特点,寻求相应的解题策略是我们本课研究的重点。

请大家做一做问题一,并与同学交流,想一想问题二。

问题一:已知 $F(0, 1)$, $M(0, 3)$, $N(3, 0)$, P 是抛物线 $x^2 = 4y$ 上的一动点。

(1) 求 $|PF|$ 的最小值;

(2) 求 $|PM|$ 的最小值;

（3）求 $|PM|+|PN|$ 的最小值。

问题二：（1）通过问题一的解决，你能否总结出解决此
类问题的基本策略？体现了怎样的数学思想？

（2）你能对每一种策略，总结出明确的操作步骤吗？

（3）面对具体问题时如何选择相应的策略，你有了怎样
的经验？

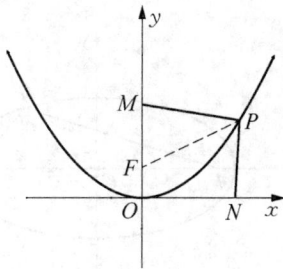

设计意图：问题一入口简单，计算容易，在方法上有回
归定义，构造函数，几何论证等典型方法。让学生先做，一方面是了解学生学习水平，诊
断学生学习中存在的问题；另一方面，通过学生的做，让学生对此类问题及其解法有切
身的感受与体验。

问题二注重学生在解题后的反思活动，通过相互的交流和表达，对解决的策略进行
反思提炼，并作进一步的明确，是使策略性知识内化的重要过程。

预设：解决圆锥曲线中的最值问题主要有两种策略：

一是几何方法：根据图形的特点，借助圆锥曲线的定义及几何图形的一些性质，进
行直接判断。

二是代数方法：核心是函数思想，具体步骤：通过设参变量，寻求等量关系或不等关
系，建立目标函数，求函数的最值。

一般地，当条件中几何关系比较明显时，可借助几何直观，否则选用代数的方法。

（二）了解策略——简单应用——形成基本技能

你能否用前面所总结的解题策略来解决下列问题：

问题三：练一练

（1）点 P 是抛物线 C：$x^2=4y$ 上的动点，F 是抛物线
C 的焦点，$M(2,4)$，则 $|PF|+|PM|$ 的最小值为
_____。

（2）若 P，Q 分别是椭圆 $\dfrac{x^2}{4}+y^2=1$ 与圆 M：x^2+
$(y-3)^2=1$ 上的两个动点，则 $|PQ|$ 的最小值和最大值
分别为_____，_____。

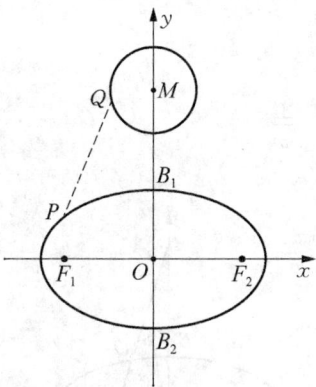

设计意图：题（1）是动点到两定点的距离的最值问
题，由于涉及到抛物线上的点到焦点的距离问题，可以利
用抛物线的定义转化为点 P 到准线 $y=-1$ 的距离，从而
利用平面几何中点到直线的所有距离中垂线段最短的结论得到问题结果。解决此类问
题，要求学生有结合曲线的几何性质进行转化与化归的能力。

题（2）对象涉及椭圆与圆，目标是动点到动点的距离最值问题，与问题一相比在结
构上有较大差异；设计成填空题的形式可以引导学生优先选择图形直观解决问题，同时
强调推导需要理性，本题先借助"形"的结构特点，得到 $|PM|-1\leqslant|PQ|\leqslant|PM|+1$，
从而将问题转化为求椭圆上动点 P 到定点 $M(0,3)$ 的距离的最值问题，进而从代数的
角度，设点的坐标，建立目标函数进行求解。

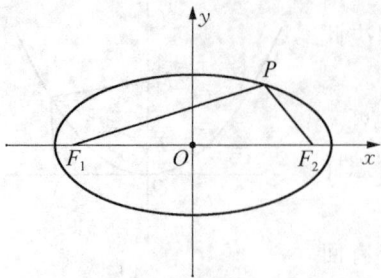

(三) 问题变式——策略优化——形成能力

问题四:议一议

$F_1(-\sqrt{3},0)$,$F_2(\sqrt{3},0)$ 是椭圆 $\dfrac{x^2}{4}+y^2=1$ 的两个焦点,P 是该椭圆上的一动点,则 $\angle F_1PF_2$ 的最大值为_____。

为什么? 你能说明理由吗? 谈谈你的解题思路,并与同学议一议,了解一些不同的思路。

设计意图:本题以角为目标量,利用直觉猜想当 P 在轴端点时,最大值为 $120°$,但要说清理由,还需从代数的角度进行分析。

本题的几何图形的特点一是椭圆的几何特征 ($|PF_1|+|PF_2|=4$,$|F_1F_2|=2\sqrt{3}$),特点二是 $\angle F_1PF_2$ 与一些相关的已知量都在同一个三角形中),本题的解法的特别之处:一是对目标量的数量化,转化为求 $\angle F_1PF_2$ 的余弦值;二是自变量的选取有多种选择。

如设动点 $P(x,y)$,且 $\dfrac{x^2}{4}+y^2=1$,则

$$\cos\angle F_1PF_2=\frac{\overrightarrow{PF_1}\cdot\overrightarrow{PF_2}}{|\overrightarrow{PF_1}||\overrightarrow{PF_2}|}=-1+\frac{8}{16-3x^2},\ -2\leqslant x\leqslant 2$$

如设 $|PF_1|=x$,$|PF_2|=4-x$,则

$$\cos\angle F_1PF_2=\frac{|PF_1|^2+|PF_2|^2-|F_1F_2|^2}{2|PF_1||PF_2|}=-1+\frac{2}{4x-x^2},\ 2-\sqrt{3}\leqslant x\leqslant 2+\sqrt{3}$$

如设 $|PF_1|=m$,$|PF_2|=n$,$m+n=4$,则

$$\cos\angle F_1PF_2=\frac{m^2+n^2-12}{2mn}=-1+\frac{2}{mn}$$

问题五:过点 $M(0,3)$ 的直线与椭圆 $\dfrac{x^2}{4}+y^2=1$ 交于 P,Q 两个不同点,若 $\overrightarrow{MP}=\lambda\overrightarrow{MQ}$,求数 λ 的取值范围。

分析:本题若从代数的角度求解,设直线的斜率 k 为参变量,则将 $y=kx+3$ 代入 $x^2+4y^2=4$,得

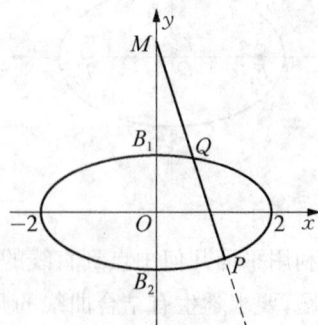

$$(1+4k^2)x^2+24kx+32=0$$

可得 $\Delta=64k^2-128>0$。

设 $P(x_1,y_1)$,$Q(x_2,y_2)$,则

$$\begin{cases}x_1+x_2=-\dfrac{24k}{1+4k^2}\\[2mm]x_1x_2=\dfrac{32}{1+4k^2}\\[2mm]x_1=\lambda x_2\end{cases}\Rightarrow\frac{(1+\lambda)^2}{\lambda}=\frac{18k^2}{1+4k^2}$$

$\Rightarrow$由 k 的取值范围,求 λ 的取值范围。

但若从几何的角度,却有意外的惊喜!

$$\frac{1}{2}=\left|\frac{MB_1}{MB_2}\right|\leq\left|\frac{MP}{MQ}\right|\leq\left|\frac{MB_2}{MB_1}\right|=2$$

设计意图:可以建立 λ 与斜率 k 的等量关系,再由 k 的范围求 λ 的取值范围,也可以利用问题 2 的结论从几何的角度直接判断。同样的思想方法,可以训练学生的学习能力,形成解决问题的策略。

反思:

(1)上述问题的解决体现了这样的数学思想?

(2)你认为解决最值问题时应注意哪些?

(四)反思小结——策略内化

本节课的学习,你有什么收获?

(1)你认为解决最值问题有哪些策略?

(2)每种策略如何操作?

(3)这些思想体现了怎样的数学思想?

(4)还有其他收获或感想吗?

设计意图:解题后,在教师的引导下学生的自主反思,并能用自己的语言进行表述,才能使学生的解题技能提升为策略,并内化成自身的能力。

六、目标达成检测

(必做题)

1. 若 P,Q 分别是抛物线 C：$x^2=4y$ 与圆 M：$x^2+(y-3)^2=1$ 上的两个动点,求 $|PQ|$ 的最小值。

2. 若 P,Q 分别是两条曲线上的任意两点,则称长度 $|PQ|$ 的最小值为这两曲线之间的距离。给定直线 l：$x+2y+6=0$ 与椭圆 D：$\frac{x^2}{4}+\frac{y^2}{3}=1$,求直线 l 与椭圆 D 之间的距离。

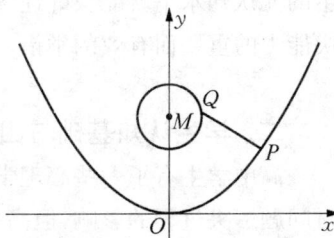

(自主题)

3. 给定直线 l：$x+2y+6=0$ 与椭圆 C：$\frac{x^2}{4}+\frac{y^2}{3}=1$,请写出你自己设计的一个最值问题,并选择相应的策略加以解决。

设计意图:开放式地提出问题是学生的"弱点",但在复习课的教学中,有必要给学生机会重新审视过去做过大量问题的特征,并尝试提出一

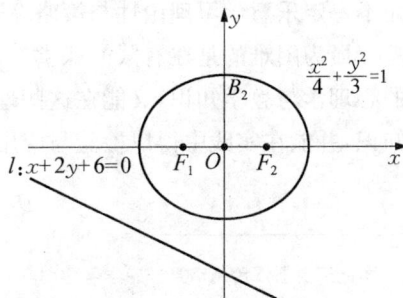

些"自己"的具有创造性的问题。同时这也是学生对问题及问题解决本质理解的进一步内化的过程。

案例5："元认知对问题解决策略的指导意义"教学设计[①]

一、内容及内容解析

问题解决教学是高中数学教学的重要一环,影响学生问题解决能力的因素很多,心理学知识是其中之一。从心理学的角度分析,对数学问题解决起着最重要作用的因素是学生的元认知水平与元认知监控能力,元认知知识中的哪些方面对问题解决起着什么样的作用与影响,同时在平时的教学过程中如何重视并怎么培养学生的元认知水平,从而提高学生问题解决能力。这也是数学课堂教学应该关注的一个点。

美国心理学家弗拉维尔(Flavell)把元认知定义为一个人所具有的关于自己思维活动和学习活动的知识及其对实施的控制,是任何调节认知过程的认知活动。也就是说,元认知是认知主体对自身心理状态、能力、任务目标、认知策略等方面的认知,同时又是认知主体对自身各种认知活动的计划、监控和调节。从结构上讲,元认知主要包括三方面:元认知知识、元认知体验、元认知监控。问题是数学的心脏,"学习数学的主要目的在于问题解决",重视问题解决能力的培养、发展问题解决的能力是数学教学的重要目标。当代心理学理论认为学生个体的元认知的发展水平直接制约着思维其它方面的发展,也影响着数学问题解决的质量和效率,元认知水平高的学生具有较多的有关学习策略方面的知识,善于控制自己的学习与问题解决过程,能灵活运用各种策略来实现问题解决,同时学生的元认知水平也在数学问题解决过程中得以提高与发展。因此,提高学生的元认知水平就能很好地优化数学问题解决过程中的策略,是培养学生数学问题解决能力的重要而有效的举措。

二、学生认知基础与困难分析

高中学生有了一些心理学知识的基础,可能也了解到一些心理因素或心理学知识对问题解决过程的影响,但高中学生没有系统的教育学和心理学知识,更缺乏将教育学知识与心理学知识应用于数学问题解决过程的经验与能力。

高三学生对解题教学有了一定的基础,也有了一定的解题能力,但更多的是一种经验积累,不一定有系统的认识与研究,对数学解题与数学问题解决两者的区别与联系也不一定有清楚的认识。学生更多地倾向于接受老师介绍具体问题解决的方法与经验,而不一定乐意学习理论性与策略性知识,学生在思想与观念层面需要有新的认识。

最为困难的是在有限的课堂教学时间内,既让学生了解一些对数学问题解决有用的心理学与教学知识,又能在这些理论知识的指导下形成数学问题解决的一些策略性知识,并能在实践中得以检验与应用,给学生以实践经验的体会与感悟。

---

① 案例来自浙江台州市第一中学李建明。

三、目标及目标解析

（1）了解什么是元认知，什么是元认知监控能力，了解知识元认知，知识对问题解决起着重要的作用与影响；

（2）了解元认知知识中的哪些方面对数学问题解决有什么样的作用与影响；

（3）了解数学解题与数学问题解决的联系与区别，长期以来中学数学教学太过重视数学的解题教学，大量的训练让学生积累了丰富的解题经验，但也因此给学生带来了过重的课业负担，解题更多关注了问题的结果，而问题解决更多关注了解题的过程与程序；

（4）通过具体案例体会并了解元认识知识对数学问题解决教学的作用与影响，感悟心理学与教育学知识对数学问题解决的强大指导意义。

四、教学支持条件分析

（1）学生认知基础：高中学生已经积累了丰富的数学解题经验与对数学问题解决有一定的了解与认识，也了解到了一些心理学与教育学知识，知道心理学知识对人的心智活动有积极的指导作用。现代网络系统为学生查找与了解相关理论知识提供了方便。

（2）教学设备：整节课借助多媒体进行辅助教学，理论知识的查找与学习可让学生课前完成，但关键的心理学理论对数学问题解决的指导作用的探究过程要借助多媒体与黑板在师生共同协作下完成，以让学生有亲身的体验与感悟。

五、教学过程设计

（一）提出问题

你了解元认知吗？请各小组汇报你查阅到的元认知知识以及你对元认知的认知。通过你的查阅，你认为哪些元认知能力对数学问题解决策略的正确选择会起到积极的影响与作用？

上述问题学生通过互联网查阅是可以得到一些结果的，但可能不一定很系统，也可能因为没有实践就不一定认知得很到位，老师应在学生汇报的基础上进行梳理，整理出本课所需突出强调的几个方面加以板书呈现，以在后续案例分析中运用。

（二）元认知能力对数学问题解决策略的影响与作用

案例1．对材料的多维度认知能力能拓宽问题解决思路

在数学问题解决教学中，对问题解决起着最基础也最重要的是学生的元认知知识水平也就是学生对认知材料的认识水平，如是否能认识到哪些信息对问题解决是有用的，哪些信息是熟悉的，哪些材料与认知结构中知识具有相似性等。对材料的不同维度与角度的认知会带来数学思维的不同迁移方向，就能形成问题解决的不同思路与策略。提升学生对问题所给数学材料的多维度与多角度的认知水平，能为问题的解决找到更多的方案与途径，能有效地培养学生对数学问题一题多解能力。

例1．已知 O 是锐角 $\triangle ABC$ 的外心，$AB=6$，$AC=10$。若 $\overrightarrow{AO}=x\overrightarrow{AB}+y\overrightarrow{AC}$，且 $2x+10y=5$，则 $\cos\angle BAC=$（　　）。

A. $\frac{1}{4}$　　　　B. $-\frac{1}{3}$　　　　C. $-\frac{1}{4}$　　　　D. $\frac{1}{3}$

分析一:该问题提供的两个主要认知材料是 $\overrightarrow{AO} = x\overrightarrow{AB} + y\overrightarrow{AC}$①, $2x + 10y = 5$②,学生容易得到的认识是:材料①是向量间关系,材料②是数量间关系,基于这种认知基础,我们会选择的问题解决策略应该是将向量间关系数量化,从而实现与材料②之间的沟通,而向量关系数量化的唯一途径就是运用数量积运算,于是就有了下面问题解决的方法:等式 $\overrightarrow{AO} = x\overrightarrow{AB} + y\overrightarrow{AC}$ 两边同乘以 $\overrightarrow{AC}$ 可得:$\overrightarrow{AO} \cdot \overrightarrow{AC} = x\overrightarrow{AB} \cdot \overrightarrow{AC} + y(\overrightarrow{AC})^2$,即有 $50 = 60x\cos A + 100y$ 即 $6x\cos A = 5 - 10y = 2x$,所以 $\cos\angle BAC = \dfrac{1}{3}$。

分析二:材料 $\overrightarrow{AO} = x\overrightarrow{AB} + y\overrightarrow{AC}$ 也可以认知为平面向量基本定理,定理的一个特例是三点共线的性质:$\overrightarrow{AO} = \lambda\overrightarrow{AB} + \mu\overrightarrow{AC}(\lambda + \mu = 1)$,三点共线要求系数和为1,认知到这一特征,我们就可以将 $2x + 10y = 5$ 变形为 $\dfrac{2x}{5} + 2y = 1$,进而将材料 ① 变形为 $\overrightarrow{AO} = \dfrac{2x}{5}\left(\dfrac{5}{2}\overrightarrow{AB}\right) + 2y\left(\dfrac{1}{2}\overrightarrow{AC}\right)$,记 $\dfrac{5}{2}\overrightarrow{AB} = \overrightarrow{AE}$,$\dfrac{1}{2}\overrightarrow{AC} = \overrightarrow{AF}$,则有 $\overrightarrow{AO} = \dfrac{2x}{5}\overrightarrow{AE} + 2y\overrightarrow{AF}$ 且 $\dfrac{2x}{5} + 2y = 1$,于是有 A, E, F 三点共线,又点 F 是 AC 的中点,故 $\angle AFE = 90°$,所以 $\cos\angle BAC = \dfrac{AF}{AE} = \dfrac{5}{15} = \dfrac{1}{3}$。

[**设计意图**]学生能认识到对问题所给材料的快速而准确的认知是数学问题解决策略方向正确选择的保障,在这个过程中,让学生感知对材料的元认知水平是实现将陈述性知识向策略性知识迁移的保证,同时对材料的多维度、多角度的元认知能拓宽学生对问题解决策略的寻找方向。

案例 2. 对任务性质的不同层次认知水平能影响问题解决

任何数学问题的终结目标都要求学生完成某项任务(或寻求满足某要求的条件),很明显,对任务性质的认知就必然会影响问题解决策略的寻找与选择,特别对任务性质的不同层次的认知水平会直接导致对问题解决策略的选择,从而导致是否能将问题解决进行到底。重视培养学生对任务性质的认知能力是实现顺利简洁地使问题得到解决的关键之所在。

例 2. 在平面直角坐标中,点 B 与点 $A(-1, 1)$ 关于原点 O 对称,P 是动点,且直线 AP 与 BP 的斜率之积为 $-\dfrac{1}{3}$。

(1) 求动点 P 的轨迹方程;

(2) 设直线 AP 与 BP 分别与直线 $x = 3$ 交于 M, N,问:是否存在点 P 使得 $\triangle PAB$ 与 $\triangle PMN$ 的面积相等?若存在,求出点 P 坐标;若不存在,说明理由。

解:(1) 动点 P 的轨迹方程为:$x^2 + 3y^2 = 4$。

(2) 问题(2)的任务性质属于开放性问题,任务要求是寻找使 $\triangle PAB$ 与 $\triangle PMN$ 面积相等的点 P,从学生答题情况统计,问题 2 的解决策略有三个层次:

层次一:设 $P(x_0, y_0)$,$M(3, y_1)$,$N(3, y_2)$,利用 A, P, M 及 B, P, N 三点共线,可得:$y_1 = \dfrac{4(y_0 - 1)}{x_0 + 1} + 1$,$y_2 = \dfrac{2(y_0 + 1)}{x_0 - 1} - 1$,再求出点 P 到直线 AB 的距离;然后利用

面积公式可得：$\frac{1}{2}AB \cdot h = \frac{1}{2}MN \cdot (3 - x_0)$。

选择这种策略的同学对任务性质的认知过程是这样的：要使 $\triangle PAB$ 与 $\triangle PMN$ 面积相等，$S_{\triangle PAB} = \frac{1}{2}AB \cdot h$，而线段 AB 的长度是确定的，对任务的这种认知显然层次是最低的，几乎所有学生都能想到，正因为认知层次的低下与简单化，造成所选择问题解决策略的后续计算非常麻烦。

层次二：设 $AP: y - 1 = k(x + 1)$；则 $BP: y + 1 = -\frac{1}{3k}(x - 1)$，从而得：$M(3, 4k + 1)$，$N\left(3, -\frac{2}{3k} - 1\right)$，延长 AB 交 $x = 3$ 于 K，则 $S_{\triangle AMK} = S_{\triangle BNK}$，即 $\frac{1}{2}MK \times 4 = \frac{1}{2}NK \times 2$。

这一策略的选择是基于对任务性质的如下认知：$\triangle PAB$ 与 $\triangle PMN$ 找出所有运动变化的根源是直线斜率，利用斜率构建了等量关系，从而求得 k；第二巧妙利用了图形的特征将 $\triangle PAB$ 与 $\triangle PMN$ 相等转化为 $S_{\triangle AMK} = S_{\triangle BNK}$，大大简化了面积的计算过程。

层次三：设 $P(x_0, y_0)$，要使 $S_{\triangle PAB} = S_{\triangle PMN}$，则 $PA \cdot PB = PM \cdot PN$，化斜为直可得：$(x_0 + 1)(x_0 - 1) = (3 - x_0)(3 - x_0)$，即得点 P 坐标。

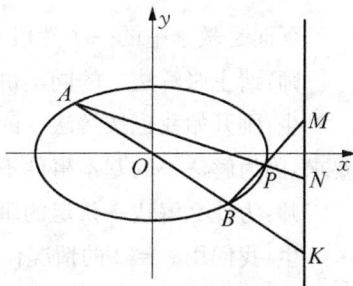

[**设计意图**]本案例呈现了三个不同的问题解决策略，体现了三个不同层次的元认知水平，显然层次三的元认知水平是最高的，主要体现在两点：一是意识到两个三角形面积只与 PA，PB，PM，PN 长度有关，二是能够运用成比例性质化斜为直，这两点的认知迁移性显然更强，通过同一问题的三个不同层次的认知，从中可看出元认知水平越高，越容易找到更优化的问题解决策略。

案例 3. 高水平的元认知监控能力能及时纠正或调控问题解决策略

元认知监控是指个体在进行认知活动的全过程中，将自己正在进行的认知活动作为意识不断对其进行积极、自觉的监控、调节与纠偏。研究表明，在解题教学中，简单的问题解决是在存在基本算法的前提下，学生通过模仿、训练，从而形成心智技能自动化的过程，这类问题的解答过程中作为对认知起控制与调节作用的元认知所起的作用是不明显的，但在中高难度的问题解决中，学生不仅应具备解决问题的陈述性知识、程序性知识和策略性知识，而且还必须投入高水平的认知加工活动来激活这多方面的知识，这时学生优秀的元认知监控能力起到了关键性的作用。具有高水平的元认知监控能力的学生能从对问题的表征开始，不断向自我提问，并对这些问题迅速作出判断，肯定或否定它，纠正或调控问题解决的策略，进而作出正确选择。

3.1　高水平的元认知监控能力能及时纠正问题解决

例 3. 将 3 个完全相同的小球随机地放入编号依次为 $1, 2, 3, 4, 5$ 的盒子里，用随机变量 ξ 表示有球盒子编号的最大值，则 ξ 的数学期望 $E\xi$ 为_____。

学生提供的解决策略主要有两种，但答案各异：

解法一:因为球是完全相同的,所以总的基本事件数为 $C_5^1 + A_5^2 + C_5^3$(三个球全放一个盒子、三个球放两个盒子、三个球放三个盒子),事件 $\xi = 1$ 的基本事件数为 1;事件 $\xi = 2$ 的基本事件数为 $1 + A_2^2 = 3$;事件 $\xi = 3$ 的基本事件数为 $1 + C_2^1 A_2^2 + 1 = 6$;事件 $\xi = 4$ 的基本事件数为 $1 + C_3^1 A_2^2 + C_3^2 = 10$;事件 $\xi = 5$ 的基本事件数为 $1 + C_4^1 A_2^2 + C_4^2 = 15$。

故 ξ 的数学期望 $E\xi = 1 \times \dfrac{1}{35} + 2 \times \dfrac{3}{35} + 3 \times \dfrac{6}{35} + 4 \times \dfrac{10}{35} + 5 \times \dfrac{15}{35} = 4$。

解法二:要将球看作是不同的,所以总的基本事件数为 $5^3 = 125$,事件 $\xi = 1$ 的基本事件数为 1;事件 $\xi = 2$ 的基本事件数为 $1 + C_3^1 A_2^2 = 7$;事件 $\xi = 3$ 的基本事件数为 $1 + C_3^1 C_2^1 A_2^2 + A_3^3 = 19$;事件 $\xi = 4$ 的基本事件数为 $1 + C_3^1 C_3^1 A_2^2 + C_3^2 A_3^3 = 37$;事件 $\xi = 5$ 的基本事件数为 $1 + C_3^1 C_4^1 A_2^2 + C_4^2 A_3^3 = 61$。

故 ξ 的数学期望 $E\xi = 1 \times \dfrac{1}{125} + 2 \times \dfrac{7}{125} + 3 \times \dfrac{19}{125} + 4 \times \dfrac{37}{125} + 5 \times \dfrac{61}{125} = 4.2$。

下面是教学中的一个片段实录:

师:请主张解法二的同学讲讲他们在这个问题解决过程中的认识与想法。

生:刚开始我也按解法一的思路,后来发现这种解法不符合古典概率对基本事件的要求,因为解法一的基本事件不是等可能的,于是我就改变了解决策略。

师:为什么解法一认定的事件不是等可能的呢?

生:我们用 $\xi = 2$ 的情况作个分析,解法一的三种结果是(空,○○○),(○,○○),(○○,○),这三个结果为什么不等可能呢? 事实上,第一种结果就一种:(空,abc),但后两个结果都各有三种情况:(a, bc),(b, ac),(c, ab) 与 (ab, c),(bc, a),(ac, b),这七个结果才是等可能的。

师:你是怎么发现自己的认知策略有问题的呢?

生:记得课本上有个例题:同时掷两个骰子,计算向上的点数之和是 5 的概率是多少? 如果两个骰子不加以标号区分,类似于(1, 2)与(2, 1)将没有区别,这时所有结果数共有 21 种,和为 5 的结果有 2 个,所求概率为 $\dfrac{2}{21}$。这种错误的原因在于所构造的 21 个基本事件不是等可能发生的。

师:对,解法一错误的原因是因为我们对问题所给材料的认知与对古典概率中基本事件概念的认知结构之间出现了偏差造成的,只有在平时更好地培养提高我们的元认知监控水平,在问题解决过程中加强我们的元认知监控才有可能及时发现并纠正错误。

[**设计意图**] 任何人对一个数学问题的解决策略都不可能拈手就来,从上面的对话我们可以看到,得到正确答案的同学也并不是一蹴而就的,它经历了从错误认知到正确理解的改正过程,而这种自纠正是其高水平的元认知监控的结果,元认知监控能力弱的同学就发现不了自己认知与策略上的错误。

3.2　高水平的元认知监控能力能迅速调控并优化问题解决策略

例 4. 设函数 $f(x) = (x-a)^2 \ln x$,$a \in \mathbf{R}$,求实数 a 的取值范围,使得对任意的 $x \in (0, 3e]$,恒有 $f(x) \leqslant 4e^2$ 成立。(注:e 为自然对数的底数)

策略 1:求出 $f_{max}(x)$,使 $f_{max}(x) \leqslant 4e^2$,然后确定 a 的范围。

当 $x \in (1, 3\mathrm{e}]$ 时,首先有 $f(3\mathrm{e}) = (3\mathrm{e}-a)^2 \ln(3\mathrm{e}) \leqslant 4\mathrm{e}^2$,

$$3\mathrm{e} - \frac{2\mathrm{e}}{\sqrt{\ln(3\mathrm{e})}} \leqslant a \leqslant 3\mathrm{e} + \frac{2\mathrm{e}}{\sqrt{\ln(3\mathrm{e})}}, \quad f'(x) = (x-a)\left(2\ln x + 1 - \frac{a}{x}\right), \quad （※）$$

令 $h(x) = 2\ln x + 1 - \dfrac{a}{x}$, $h(1) = 1 - a < 0$, $h(a) = 2\ln a > 0$,

$$h(3\mathrm{e}) = 2\ln(3\mathrm{e}) + 1 - \frac{a}{3\mathrm{e}} \geqslant 2\ln(3\mathrm{e}) + 1 - \frac{3\mathrm{e} + \dfrac{2\mathrm{e}}{\sqrt{\ln(3\mathrm{e})}}}{3\mathrm{e}} > 0,$$

又 $h(x)$ 在 $(0, +\infty)$ 上递增,故 $h(x)$ 在 $(0, +\infty)$ 内有唯一零点,记为 x_0,

则 $1 < x_0 < 3\mathrm{e}$, $1 < x_0 < a$;故只要 $f(x_0) = (x_0 - a)^2 \ln x_0 \leqslant 4\mathrm{e}^2$;

又 $h(x_0) = 2\ln x_0 + 1 - \dfrac{a}{x_0} = 0$,即 $2x_0 \ln x_0 + x_0 - a = 0$,

得:$x_0^2 \ln^3 x_0 \leqslant \mathrm{e}^2$,易得 $x_0 \leqslant \mathrm{e}$,于是 $a = 2x_0 \ln x_0 + x_0 \leqslant 3\mathrm{e}$,

故得:$3\mathrm{e} - \dfrac{2\mathrm{e}}{\sqrt{\ln(3\mathrm{e})}} \leqslant a \leqslant 3\mathrm{e}$。

[**设计意图**]课前给学生思考分析中,多数同学初始的解答都是这种策略。但没有人能将这一解决过程进行到底得到正确解答。我们就想知道有多少同学能在这种情况下去思考尝试其他策略?

策略 2:将 a 分离出来,通过函数的上下界确定 a 的范围。

原式转化:$x - \dfrac{2\mathrm{e}}{\sqrt{\ln x}} \leqslant a \leqslant x + \dfrac{2\mathrm{e}}{\sqrt{\ln x}}$,

因 $h(x) = x - \dfrac{2\mathrm{e}}{\sqrt{\ln x}}$ 在 $(1, 3\mathrm{e}]$ 上为增函数,得 $h_{\max}(x) = 3\mathrm{e} - \dfrac{2\mathrm{e}}{\sqrt{\ln(3\mathrm{e})}}$,

设 $g(x) = x + \dfrac{2\mathrm{e}}{\sqrt{\ln x}}$, $g'(x) = 1 - \dfrac{\mathrm{e}}{x\sqrt{\ln^3 x}} = 0$ 得 $x_0 = \mathrm{e}$。

易知 $g_{\min}(x) = g(\mathrm{e}) = 3\mathrm{e}$,故得:$3\mathrm{e} - \dfrac{2\mathrm{e}}{\sqrt{\ln(3\mathrm{e})}} \leqslant a \leqslant 3\mathrm{e}$。

策略 3:当 $1 < x \leqslant 3\mathrm{e}$ 时,将 $(x-a)^2 \ln x \leqslant 4\mathrm{e}^2$ 转化为 $(x-a)^2 \leqslant \dfrac{4\mathrm{e}^2}{\ln x}$,

分析两个函数图像特征。

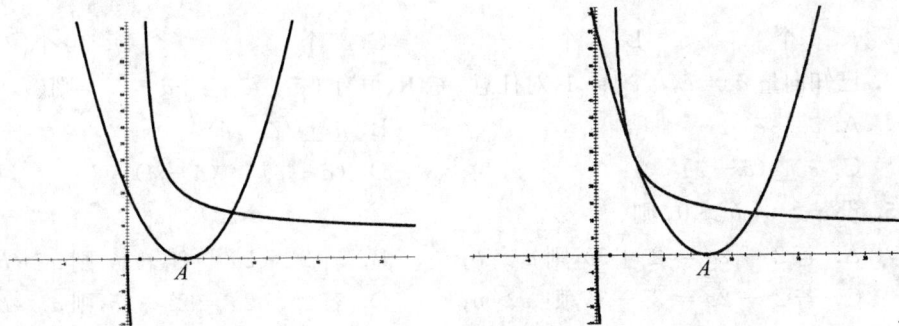

设 $y_1 = (x-a)^2$，$y_2 = \dfrac{4\mathrm{e}^2}{\ln x}$，则 $y_1' = 2(x_0 - a)$，$y_2' = \dfrac{-4\mathrm{e}^2}{x_0 \ln^2 x_0}$，

$$(x_0 - a)^2 = \frac{4\mathrm{e}^2}{\ln x_0}，2(x_0 - a) = \frac{-4\mathrm{e}^2}{x_0 \ln^2 x_0}，\frac{\mathrm{e}^2}{x_0^2 \ln^3 x_0} = 1，x_0 = \mathrm{e}，a = 3\mathrm{e}$$

[**设计意图**]让学生自己尝试寻找问题解决策略后，才能更好地感知优化问题解决策略对一个问题的解决的重要性，虽然三种策略都是运用函数解决不等式恒成立问题的基本策略，但为什么只有少数人能在遇见麻烦时能及时调整呢？这就是优秀的元认知监控能力所起的作用。在平时的问题解决教学中，这种元认知监控的实践能不断地检验、修正和发展相关问题解决的元认知知识，使学生所拥有的元认知知识结构更加丰富和完善。

[**总结语**]研究表明，注重培养并提高元认知水平在数学问题解决中至少可带来三方面的好处：一是能提高认知效率。在问题解决时，元认知水平高的同学不仅重视对问题材料与任务性质的研究，而且时刻关注自己的思维过程，根据材料特征可能有哪些策略；这些策略会达到什么样的效果；要实现这些任务需要什么样方法；等等；二是能增强学习能力。元认知水平高的同学，具有较多的有关学习及学习策略的知识，并善于控制自己的学习过程，能灵活运用各种策略来解决问题，促进了较强学习能力的形成；三是能弥补一些同学认知能力上的不足。元认知水平较高的同学能更有效地获取材料信息，组织和运用这些信息，及时发现问题解决的策略与方法，在一定程度上能弥补由于一般认知能力发展不均衡所带来的认知困难，在数学问题解决过程中也能有良好的表现。

六、目标达成检测

1. 已知 $0 < a < 1$，$\log_2 m < \log_2 n < 0$，则（   ）。

  A. $1 < n < m$ B. $1 < m < n$

  C. $m < n < 1$ D. $n < m < 1$

2. 若 $\cos \alpha + 2\sin \alpha = -\sqrt{5}$，则 $\tan \alpha = $（   ）。

  A. $\dfrac{1}{2}$ B. 2 C. $-\dfrac{1}{2}$ D. -2

3. 函数 $f : \{1, 2, 3\} \rightarrow \{1, 2, 3\}$ 满足 $f(f(x)) = f(x)$，则这样的函数个数共有（   ）。

  A. 1 个   B. 4 个   C. 8 个   D. 10 个

4. 已知向量 $\vec{a} \neq \vec{e}$，$|\vec{e}| = 1$，对任意 $t \in \mathbf{R}$，恒有 $|\vec{a} - t\vec{e}| \geqslant |\vec{a} - \vec{e}|$，则（   ）。

  A. $\vec{a} \perp \vec{e}$ B. $\vec{a} \perp (\vec{a} - \vec{e})$

  C. $\vec{e} \perp (\vec{a} - \vec{e})$ D. $(\vec{a} + \vec{e}) \perp (\vec{a} - \vec{e})$

5. 设 $a > 0$，$b > 0$，则（   ）。

  A. 若 $2^a + 2a = 2^b + 3b$，则 $a > b$；   B. 若 $2^a + 2a = 2^b + 3b$，则 $a > b$；

  C. 若 $2^a - 2a = 2^b - 3b$，则 $a > b$；   D. 若 $2^a - 2a = 2^b - 3b$，则 $a > b$。

6. 设 $a \in \mathbf{R}$，若 $x > 0$ 时均有 $[(a-1)x - 1](x^2 - ax - 1) \geqslant 0$，则 $a = $ _____。

7. 正四面体 $ABCD$ 的棱长为 1，棱 $AB/\!/$ 平面 α，则正四面体上的所有点在平面 α 内的射影构成的图形面积的取值范围是_____。

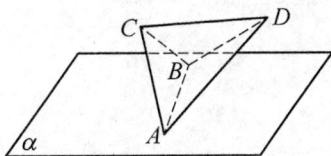

8. 在 $\triangle ABC$ 中，角 A、B、C 所对的边分别为 a、b、c，已知函数 $f(x)=\sin\left(2x-\dfrac{\pi}{6}\right)$ 满足：对 $\forall\, x\in \mathbf{R}$，$f(x)\leqslant f(A)$ 恒成立。

(1) 求 A 的大小；

(2) 若 $a=\sqrt{3}$，求 BC 边上的中线 AM 长的取值范围。

关键术语

中学数学；教学设计；案例

讨论与探究

1. 分组研讨：选择一个教学内容，从学情分析，教材分析，教学目标，重点、难点，教学方法，教学过程等方面入手撰写一份教学设计。

2. 选择一个教学设计，分别从学情分析，教材分析，教学目标，重点、难点，教学方法，教学过程等角度剖析设计者的设计意图。

本章概要

　　课堂教学在本质上是一种交往与沟通的活动，教学在交往过程中建构与消解，通过交往的现实过程而实现其基本功效。有效的课堂教学交往必须基于交往的双主体（教师和学生）之间的平等对话与交流，以"教"为中心的课堂缺少师生的相互作用，难以称为课堂。课程改革倡导的以师生交往为基础的数学教学理念，是基于维果茨基（Lev Vygotsky）的心理发展理论，批判—交往教学论，哈贝马斯（Habermas）的交往理论，以及当代社会建构主义理论提出的。强调课堂教学是一种交往过程意义重大，因为传统的课堂中，无论是知识本位取向的教学，还是师道尊严文化传统的影响，师生之间的交往和信息沟通一直都是单向的"教师—学生"取向。在课程改革的理念影响下，教学交往开始在数学课堂受到重视，然而无论是文化背景因素，还是教师主观认识，抑或是一些教育评价机制，现存的诸多因素导致当下的课堂教学交往仍然存在着诸多问题。本章将围绕数学课堂教学交往，结合数个课堂案例，对实现数学课堂教学有效的教学交往的路径进行探析。

通过本章的学习你能够：

- 认识当前我国数学课堂教学交往存在的主要问题
- 理解数学课堂有效教学交往缺失的原因
- 掌握数学课堂教学交往的实现路径

本章内容结构

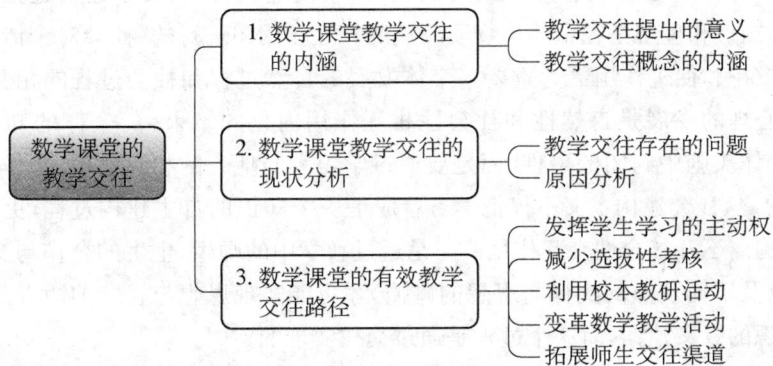

```
                          ┌─ 1. 数学课堂教学交往 ──── 教学交往提出的意义
                          │    的内涵              └─ 教学交往概念的内涵
                          │
数学课堂的 ────────────────┼─ 2. 数学课堂教学交往 ──── 教学交往存在的问题
教学交往                   │    的现状分析          └─ 原因分析
                          │
                          │                        ┌─ 发挥学生学习的主动权
                          │                        ├─ 减少选拔性考核
                          └─ 3. 数学课堂的有效教学 ──┼─ 利用校本教研活动
                               交往路径             ├─ 变革数学教学活动
                                                   └─ 拓展师生交往渠道
```

第一节　数学课堂教学交往的内涵

一、教学交往提出的意义

《基础教育课程改革纲要（试行）》指出："教师在教学过程中应与学生积极互动、共同发展"，"逐步实现教学内容的呈现方式、学生的学习方式、教师的教学方式和师生互动方式的变革"。[①]《全日制义务教育数学课程标准（实验稿）》也指出："数学教学是数学活动的教学，是师生之间、学生之间交往互动与共同发展的过程。"[②]新课程倡导的以师生间的互动交往为基础的数学教学理念，有着深刻的理论背景。维果茨基的心理发展的文化历史理论、批判—交往教学论、哈贝马斯的交往理论以及当代的社会建构主义理论是其主要的思想来源。

前苏联心理学家维果茨基偏重于从社会学层面揭示人的心理发展。通过研究提出揭示人的心理发展的两条规律：①人所特有的心理机能不是从内部自发产生，它们只能产生于人们的协同活动和人与人的交往之中；②人所特有的新的心理过程结构最初必须在人的外部活动中形成，随后才有可能转移至内部，内化为人的内部心理结

---

① 中华人民共和国教育部. 基础教育课程改革纲要（试行）[EB/OL]. http://www.moe.edu.cn/publicfiles/business/htmlfiles/moe/moe_309/200412/4672.html.2001.

② 中华人民共和国教育部.全日制义务教育数学课程标准（实验稿）[M].北京:北京师范大学出版社,2001:3.

构。他由此认为,广义的教学是交往的一般形式,学校中的教学是交往的特殊形式。他认为教学的本质特征就在于它造就了"最近发展区",学生"最近发展区"的形成与教学交往是分不开的,"教学引起、唤醒、启发了一系列内部发展过程,这些过程,对于儿童来说,目前只有在与周围人们的关系中,在与他的伙伴的相互合作的环境中才是可能的。①

社会建构主义作为维果斯基心理发展理论的进一步发展,认为世界是客观存在,对于每个认识世界的个体来说是共通的。学习者在接受已有的社会文化知识的过程中,并不是简单的传授,而是需要个体在已有经验的基础上建构起对知识的理解。社会建构主义把学习看成是个体建构自己的知识和理解的过程,但更关心建构过程的社会性一面,认为知识和理解是在个体与物质环境的相互作用中进行的,社会对个体学习发展所起到的支持和促进作用更为重要。个体发展的自然过程和社会过程的相互作用,而人的高级心理的发展是自然性和社会性相互作用内化的结果。② 个体的知识建构过程,不是个体头脑中封闭的事件,而是要通过学习者与他人的相互作用、合作活动才有可能。③ 总之,社会建构主义不仅把学习看成是一个知识的自主建构过程,更强调个人的自主建构离不开社会性交互作用。正是通过教学中的师生、生生的合作与交流、辩论与对话,以及不同观点的交锋与思想的碰撞,才可能实现思想与智慧的激发与共享,从而实现知识的意义建构,而这个过程是通过交往实现的。④

20世纪70年代,德国教育学家沙勒(K. Scheller)与舍费尔(K. H. Schafer)从探讨师生关系入手,吸收法兰克福学派的批判理论,提出了"批判—交往教学论"。这种学派把教学过程视为一种交往过程,用交往理论提出的公理来批判和分析教学过程,要求师生遵循合理交往原则,学校教学则应尽可能发展学生的个性,使学生通过教育达到成熟,具有独立的人格和独立的能力,以便最终能摆脱教育,从教育的状态中解脱出来,即以所谓的"解放"作为教学目标和手段。⑤

著名的哲学家哈贝马斯对交往问题进行了深入的研究,他认为交往是建立在主体间相互关系的基础上的,"只有主体之间的相互关系才能称得上相互关系,因为主体之间的关系是互动的、双向的,而主体与客体之间的关系则是被动的、单向的关系,是不能称为相互关系的"。⑥ 这说明交往是在主体间进行的相互活动,是以人与人之间互为主体的平等关系为基础的,即主体间性。对交往的认识,就要从交往的主体间性的内涵进行认识,即"交往的主体间性和主体间的内在相互关系构成了交往概念的本质。"主体间性是交往的基本原则,体现了交往的本质。主体间性强调主体之间的相互认识和相互理解,并在此基础上形成共同的理解。⑦

---

① 余震球选译. 维果茨基教育论著选[M]. 北京:人民教育出版社,1994:111.
② 喻平著. 数学教育心理学[M]. 南宁:广西教育出版社,2004:37.
③ 钟启泉. 社会建构主义:在对话与合作中学习[J]. 上海:上海教育,2001(7):15—18.
④ 袁维新. 教学交往:一个现代教学的新理念[J]. 上海:上海教育科研,2003(4):4—9.
⑤ 李其龙编著. 德国教学论流派[M]. 西安:陕西人民教育出版社,1993:119—123.
⑥ 于灵灵. 哈贝马斯传[M]. 石家庄:河北人民出版社,1998:179.
⑦ 陈明华. 数学课堂教学中师生交往的有效化[J]. 课程·教材·教法,2005(10):49—55.

二、教学交往概念的内涵

从以上有关交往理论的论述,我们可以看出:课堂教学本质上是一种交往与沟通的活动,教学在交往过程中建构与消解,通过交往的现实过程而实现其基本功效。师生没有发生实质性的交往就不存在真正的教学。要发生有效的课堂交往,离不开交往主体之间(教师、学生)以知识传授为中心的平等的对话与交流,离不开主体之间的相互作用,只有教师的"教"的课堂不能称之为真正意义上的课堂。

新课程改革把课堂教学看成一种交往过程意义重大。传统的课堂教学是知识本位的教学,师生都被禁锢于"教材""习题"这样的范围内,数学课堂进度快、容量大、难度高。课堂以教师为主导,教什么内容、怎样教、达到什么样的效果,都有统一的进度要求。教学评价以纸笔考试成绩为主要的评价标准,对学生的个性发展和情感态度关注不够。而把教学定位于交往,教学的着眼点就放在了如何通过课堂教学发展学生的综合素养这个层面上。知识的学习不是教育的最终目的,而是实现学生全面发展和社会化的手段。课堂不再仅仅是知识的个体化过程,还包括了学生与教师、学生与学生之间以及学生与社会之间的多重的建构过程。

课堂要给学生充分的话语权,使得学生能够有机会表达自己的观点、有机会经历知识的发生、发现过程,给学生充分的思考空间。课堂上教师不应仅仅是知识的拥有者这样高高在上的一个角色,而应是引导学生进行探究的指导者、教会学生如何获取知识的领路人,应成为学生们中间"平等中的首席"。只有创造一个宽松、民主、和谐的教学环境,学生才能有机会表达自己的独立见解,并通过与教师、学生的互动交往,比较他人观点与自己的不同,取长补短,修正自己的理解。这样,才能摆脱权威的束缚,形成自己对于知识的理解。学生自主性、独立性和创造性的培养,是离不开课堂这个主阵地的,毕竟学生在学校里的大部分时间是在课堂上度过的,离开课堂空谈学生的全面发展是没有意义的。

教学不能仅仅局限在要教给学生什么样的知识,关注以下几个方面可能更为重要:学生对于知识的理解是怎样的? 能通过他们的表述理解他们的真实想法并进行相应的指导吗? 他们的想法是不是有独创性? 有没有可取的地方? 如果提出的问题有争议或者与自己设想的不同,该如何处理? 能做到尊重学生的想法并鼓励大家一起探究结果吗? 在课堂上进行有效的教学交往不能仅仅停留在口号上,课堂的很多环节是需要教师用心去设计、去引导的。

在数学课堂上进行有效的教学交往意义深远,但在实际的课堂教学中,教学交往的状况仍存在着很多问题。课堂的单边交往、形式化交往、虚假交往的现象十分常见。有研究者曾在对湖南省课改实验区某普通初中 10 堂课的抽样调查中得出如下的结果:教师讲授,学生被动答问的平均时间占单位课时的 66.2%,学生自主提问、讨论,教师指导的平均时间占单位课时的 11.1%,学生主动探讨或质疑教师的平均时间占单位课时的 4.4%。从这组数据不难发现,课堂教学交往的操控权依然掌控在教师手中,学生仍然处于受抑地位,继续扮演指令执行者、教学倾听者的角色。[①]

---

① 张雷.迷惘与出路:课堂教学交往阻梗探析[J].湖南科技学院学报,2006(3):239—241.

下面就目前我国数学课堂交往存在的主要问题进行探讨,并对如何在课堂上进行有效的教学交往提出相应的观点。

第二节　数学课堂教学交往的现状分析

交往的有效性要求交往主体之间地位平等且信息要双向流通最终达成相互理解,同样地,数学课堂教学交往的进行也需要教师和学生之间能够进行平等有效的对话,信息的双向流通。然而,提及到课堂的话语权与主导权,我们就可以看到我国数学课堂中,师生之间的教学交往存在着诸多问题。首先将围绕这一主体详细阐述我国当前数学课堂教学交往中存在的主要问题。

一、教学交往存在的问题

(一) 教师主导的课堂单边交往

长久以来,受师道尊严的传统儒家文化的影响,教师的作用定位于"传道、授业、解惑",单一的授受过程,抹杀了学生作为独立的生命个体存在的价值,严重破坏了师生关系的前提。尽管新课改强调"教师在教学过程中应与学生积极互动、共同发展"、"注意培养学生的独立性和自主性",但是,权威性的师生交往从未真正离开过课堂。在交往中,教师掌握着交往的主动权,怎样进行交往、如何交往、交往多长时间都由教师控制。学生虽然也在参与交往,但是否能形成真正的交往活动,其决定权还是掌握在教师的手中,如果学生的回答符合教师进一步教学的需要,教师往往对此行为持支持赞许态度,将此教学交往进行下去;如果学生的回答不符合教师的教学需要,教师往往会采取终止进一步交往的行动。这样,学生即使对数学知识有自己的观点和看法,也会因为这种不平等的交往使得自己的思维过程得不到充分的展示。下面我们来看这样几个教学案例:

案例 1[①]:一段初中解方程教学的课堂实录。

师:解方程 $0.5x = 1$ 时,先两边同除以 0.5,把左边变为 x,这时右边为 $1 \div 0.5 = 1 \times 2 = 2$,所以 $x = 2$。

学生 A:老师,我只要两边同时乘以 2,马上就得到 $x = 2$,蛮简单。

(生 A 兴趣很浓,高兴地向老师宣布他的新"发现"。)

师:你的结果是对的。但以后要注意,刚学新知识时,记住一定要按课本上的格式和要求来解,这样才能打好基础。(生 A 兴冲冲地等待表扬,但听了老师"语重心长"的教训后,灰溜溜地坐下,以后的 30 多分钟里一言不发,下课后仍是满不服气的样子。)

解方程:$x + \dfrac{1}{3} = \dfrac{1}{3}x + 1$。

"安静"了一会的学生中出现了不和谐的音符:

学生 B:老师,我还没有开始计算,就已看出来了,$x = 1$!(学生 B 有点"情不自禁"

---

① 李士锜,李俊.数学教育个案学习[M].上海:华东师范大学出版社,2001:19—20.

了,还得意地环视周围同学。)

　　老师:光看不行,要按要求算出来才算对。(老师示意该同学坐下来算,并请另一名学生回答,这名学生按课本上的要求解完了此题,老师表扬了这名同学。)

　　学生 C:(课代表)我还可以只移项不合并。按乘法分配律可得:

$$x-1+\frac{1}{3}-\frac{1}{3}x=0$$

$$x-1+\frac{1}{3}(1-x)=0$$

(感觉到老师并不喜欢这一方法,学生 C 迟疑了,老师请该生坐下)。

　　看到自己心爱的弟子如此不守"规矩",老师只好亲自板演示范,并特别提醒学生一定要养成按规定格式解题的习惯。

　　下课后,研究者找到学生 C,问他怎样想到上述思路的,现在解出来了吗? 他说:"我听了 B 的发言后,看出可以把 x 与 1, $\frac{1}{3}x$ 与 $\frac{1}{3}$ 放到一起,将 $x-1$ 看成一个字母。可老师说这个方法不好,我就没有解下去。"

　　我们先来分析教师对于学生回答评价性的话语,"你的结果是对的。但以后要注意,刚学新知识时,记住一定要按课本上的格式和要求来解,这样才能打好基础。""光看不行,要按要求算出来才算对。"在课堂的教学交往中,教师是知识的权威,学生在学习的过程中,按照教师的要求一步一步做好就行。对于学生的回答,教师只是从教学进度、知识掌握程度、考试要求等方面来考虑。至于学生的回答有没有合理性,有没有可取的地方,是否有助于问题的解决,反映了学生怎样的思维过程,教师不是很关心。这是一种不平等的教学交往,在这种教学过程中,学生并不能在一个平等交流的环境中表达自己的观点和想法。

　　美国一位著名学者曾经说过:"教,最重要的是听;学,最重要的是说。"这句话道出了在教学中教师和学生在教学活动中各自的地位和作用。从建构主义的理论看,学习实际上是学生主动建构的一个过程,学习过程实际上是教师和学生之间的师生互动、生生互动的过程。教师在学生学习的过程中,起到引导者、组织者、协调者的作用。这样,教师的"听"显得尤为重要。在教学的交往中,教师要学会倾听学生的困惑、学生的思考过程、学生建构知识的过程中所碰到的问题。在这个案例中,教师没有听,也不想听学生到底在想什么,教师能听到的是符合自己想法的回答,而对于不符合自己思维习惯的回答,则充耳不闻。这是知识为导向的课堂以追求高效率的教学为主要目的课堂的主要特点。这种师生间的交往,是教师控制下的知识导向的交往,受到教学进度和教师需要的影响。学生确实也有发言权,有时学生的想法可能会很精彩,但由于师生间的这种不平等交往,教师往往会忽视学生的想法,不能做到师生间的平等的交流,造成师生间有效教学交往的缺失。这种交往不平等现象,不利于学生思维的独立性、创造性的发展。

(二) 教学交往的形式化倾向

　　交往的"主体间性"强调了交往在"平等"基础上相互认识、相互理理解从而形成共同理解的本质,有效的教学交往必须基于主体(即教师和学生)的相互理解和认识,没有"双"主体的平等意识,没有"相互"的信息交流,这样的交往很难称为有效交往。在新课改的理念影响下,教学交往虽然在形式上开始加大课堂教学中的师生对话以及学生表达的比例,但是在深度和广度上,并没有突破单边交往的桎梏。"出色的教学对话的试金石就是学生的自由质疑与见解的发表"①,结合下面的案例我们来看一下新课改影响下,我们的课堂教学交往存在着什么样的问题。

案例2:这是圆柱体性质教学的新授课。

1. 圆柱体的认识

师:现在找一个同学到前面摸一摸圆柱体有哪几个面。(指名上前摸)

生:上、下两个面和周围一个面。

师:上、下两个面是什么形状? 它们的面积大小怎样?

生:上、下两个面是圆形,面积相等。

师:我们把圆柱上、下两个面叫做底面。(板书:底面)

师:周围的这个面是个曲面,我们把这个面叫做侧面。(板书:侧面)

师:我们把一个圆在平面上滚动一周,痕迹是一条线段。如果把这个圆柱体在平面上滚动一周,它的侧面留下的痕迹将是一个什么形状? 同学们可以自己用手中的学具动手滚一下,能体会出是什么形状?

生:是一个长方形。

教师演示:将圆柱体侧面展开得到一个长方形,(与黑板贴的长方形一样大)接着拿出两个高矮不一样的圆柱体。

师:为什么有高有矮呢? 由什么决定的?

生:由高决定的。

师:什么是圆柱的高呢?(板书:高。写在长方形宽处)看看书上是怎么讲的。(看书第50页,找学生回答)老师在圆柱侧面上画一条垂直于底面的线段,这条线段就是这个圆柱的高。(师出示投影,让学生指出高)

师:圆柱的高有多少条?

生:无数条。

师:高都相等吗?

生:都相等。

师:现在我们来回答刚才举的一些物体不是圆柱体的原因。(先让学生说自己手中的,最好让本人说,然后再说老师手中的实物)

师:我们讲的圆柱体都是直圆柱。

2. 圆柱体侧面积的计算

推导公式。

师:圆柱侧面图是一个长方形。下面同学们四人一组对照手中的圆柱体学具进行讨论:①这个长方形与圆柱体有哪些关系? ②你能推导出圆柱体侧面积的计算方法吗?

---

① 佐藤正夫著,钟启泉译.教学论原理[M].北京:人民教育出版社,1995:265.

然后学生汇报讨论结果。

生：这个长方形的长等于圆柱体的底面周长，宽等于圆柱的高，长方形面积等于圆柱的侧面积。

从而得出：圆柱体侧面积＝底面周长×高。用字母公式表示为：$S_侧 = C \cdot h$。

3. 圆柱体表面积的计算

师：同学们已经学会求圆柱的侧面积。如果求这个圆柱的表面积，你会求吗？（老师同时演示圆柱体平面展开图，让学生进行讨论。学生汇报讨论结果，老师板书公式：$S_表 = S_侧 + 2S_圆$。）

在这个案例中，教师并没有按照传统的传授式教学将圆柱体表面积的计算公式直接呈现给学生，而是试图通过学生的亲身实践与操作，让学生思考并发现圆柱体的特点以及表面积的计算公式。在案例中，教师将一个很好的探究任务——如何计算圆柱体的表面积，拆分成了许多的小步骤，把任务间接转化为具体的程序指令，让学生按照他的探究步骤一步步去发现。

这样的课堂，有学生参与探究的过程，也有小组合作学习，交流讨论等各种形式，好像是很符合新课改的需求。但是，若从教学设计的整体情况来看，这实际是一种"虚假"的交往，在热热闹闹的课堂背后，值得我们思考的东西很多。学生所做的交流、讨论、探究等一系列活动，其实只是在验证教师的一些结论，学生只要按照教师的引导进行操作就能达到课堂教学的知识目标。

虽然课堂热热闹闹，学生积极活跃，但实质上仍然是一种不平等的教学交往，教师没有给学生以充分的思考空间和自主权，教师提的问题以事实性的记忆为主，学生并没有多少自由发挥的空间，虽然有小组合作等形式，但是所探究的问题的深度和能够拓展发挥的内容是有限的。这种课堂交往表面上注重了学生参与过程，而课堂交往仍然是教师主导的单边交往。学生们只是在积极的验证教师的一些提法和建议，教师不能在交往中以一个合作者、组织者、协调者、咨询者的身份出现，学生并没有真正成为知识意义建构者，仍然是被动的知识接受者，只是这种身份被表面上课堂的热热闹闹所掩盖了。这种教学交往有隐蔽性，在当前新课改理念倡导下的课堂中还是十分常见的。

二、原因分析

对于当前数学课堂中有效教学交往的缺失的原因，可以从以下几个方面分析其原因。

（一）教师固有的数学教学观

教师对于数学课堂教学的认识，会影响其课堂交往方式。有学者曾在数学教师继续教育中级班和两个数学教师学历教育续本科班（共计 80 余名教师）对于教师的数学教学观作了小型的问卷调查，下面是一些调查的结果：

问题1：学生学习数学的作用是什么？

几乎所有的教师都认为，学生像现在这样学习数学除了应付各种考试外，没有什么用处。只有两个人回答可以提高学生分析问题解决问题的能力。教师们普遍认为现有的数学教学对学生参加未来的社会生活没有什么作用，但自己无能为力不能改变这种现状。

问题 2：您（数学教师）在数学教学中教了些什么？

几乎所有的人都回答"教科书上的内容"、"数学知识和解题技巧"。只有一人认为自己教了数学的思想方法。

问题 3：您（数学教师）在课堂上主要采用什么教学方法？

教师的普遍回答是"讲授式的方法"，认为主要是教师讲，学生听。通常只在参加评课时，才采用一些诸如启发式、小组学习等方法，他们抱怨说，用这些方法在平时根本行不通，如果经常这样做会影响教学进度。

问题 4：学生怎样学习数学？

几乎所有的人都说，学生学习数学时是在模仿、记忆、死记硬背、照猫画虎，学生学习数学就是为了解题。解完题就算是完成任务了，学生不愿意动手动脑，因为"学生不会思考"、"学生只是沿着老师铺好的路在走"。[①]

虽然样本容量（80）不大，但其所反映的问题引人担忧。教师作为学生学习与发展的引路人，如果对于学习数学的目的、学生学习数学的方法的认识是这样的一种状况，其课堂教学会采取什么样的方式是不难想象的。教师对于课堂教学的认识，会直接影响其教学行为。如果教师认为学生学习数学就是一个模仿、记忆的过程，在教学过程中，就不会有意识的引导学生进行猜想、推理、探索等一系列活动，学生在课堂上就是一种被动的学习状态，有效的教学交往很难发生。

（二）对教学交往缺乏正确认识[②]

把教学看成一种交往，是一个全新的教学理念，它从教学实践形态的角度揭示了教学过程的本质。中小学教师在认识上还存在着明显的误区。一是主体关系上，只认识到交往双方的平等性，而忽视了教学交往中最重要的主体间性的性质。而是在交往的形式上，只强调对话是交往的基本形式，却忽视了对话各方的角色，存在着角色不明，作用发挥不好的现象；三是在交往的内容上，过于强调情感的交流，在一次程度上忽视知识的中介作用，忽视认知的参与。

由于缺乏对教学交往缺少正确而深刻的认识，使得课堂上形式化交往现象泛滥。教师不论问题有没有学生回答的价值，一味地去提问；课堂上"某某回答的对不对啊？""某某回答得好不好啊？"这一类没有什么实质性内容的提问充斥着课堂。有些不适合学生探究的内容，为了体现学生的主体地位，也让学生小组合作、讨论探究。曾在一节课中，有位教师在课堂上竟组织了八次小组讨论，最短的讨论不足一分钟。很难想象在这样的课堂上，学生有多少时间能真正静下心来思考数学问题。有些教师不管学生回答问题的正确性如何，一味地去表扬赞赏，师生间"做作"交往。这种只注重交往的形式，不注重交往的质量和层次的现象是教师对教学交往缺乏正确认识的直接体现。

（三）操作层面研究和指导的缺失

一线教师缺乏对于教学交往的正确认识，是和缺乏操作层面的研究和指导分不开

① 邓文虹. 数学教师的数学观与素质教育[J]. 北京教育学院学报，1998（2）：13—16.
② 关文信. 教学交往有效性的思考[J]. 现代教育论丛，2005（1）：1—4.

的。正在进行中的新课改,即使有条件进行教师的新课程培训,也往往集中在理论层面、教育观念方面。如在新课程实施前,山东某市里明确提出要先培训后上岗。每位教师都发了高中数学课程标准及有关新课程改革基本理念和理论的相关书籍。市里统一印发复习资料,以备全市组织的统一考试。虽然教师统一参加考试这样的形式让人觉得有点强制培训的感觉,但通过这种形式确实使得教师们对于新课程改革的基本理念和理论有了大致的了解。

但值得注意的是,虽然大家都知道课程改革要改变原来的教学方式、学习方式、在课堂上师生互动,注重课堂上师生间有效的交往,但应怎样把这些理论确实的渗透、深入到实际的课堂中去的培训和指导却十分缺乏。如何把理论运用到实践中去,大家都是摸着石头过河,各人有各人的做法。甚至是把课程改革简单地理解为教科书的变化,上课仍然按照原来的一套进行,该补充的补充,该操练的操练,一切照旧。若是有人听课,就变"满堂灌"为"满堂问";满堂课的小组讨论,合作探究。把教学交往简单化、公式化的现象在新课程改革的课堂中十分常见。没有有效的操作层面的研究和指导,教师很难在教学实际中确实的贯彻执行课程改革的相关要求。

(四) 课堂教学评价机制的影响

评价是"衡量、判断人物或事物的价值"[1]的过程。课堂教学评价作为教育评价中最基本最重要的组成成分,是根据一定的教育价值观和评价标准,运用适宜、可行的评价手段,通过系统的资料搜集和分析整理,对教师和学生在课堂上进行的教与学的活动过程及其效果作出的价值判断[2]。有效的课堂教学评价能提高课堂教学的质量,引导教师形成正确的教学理念,反思自己的教学行为,促进自身的专业发展,确立学生的主体地位,形成良性的师生互动关系,使课堂成为教学相长的场所。课堂教学评价除了具有评价的一般功能,还有积极导向、展示激励、反馈调节、检查诊断、反思总结和记录成长的独特功能和作用[3]。因此,评课机制对课堂教学交往关乎重大,在课堂教学交往的推进过程中,我们可以看到很多当前的课堂评价机制与教学交往施行相冲突的案例。

案例3[4]:初三年级开展教研活动,讨论如何在课堂教学中渗透素质教育思想。

老师们一致认为应该改变过去"满堂灌"的做法,在课堂教学中给学生们较大的发展空间,培养他们的创新意识,并拟定由青年教师 A 上一次公开课。根据教学进度,这节课应该是函数这一章的复习课。

课前老师向作者谈了他的教学设计并让我提提意见。他设想,要达到两个教学目的:一是巩固函数的概念,二是进一步熟悉在平面几何图形中建立两个变量之间函数关系式的方法。教学程序是:复习提问——展示例题——分析解法——学生练习——小结和布置作业。他打算安排 1 到 3 个例题,其中的一题是这样的:"如图,已知 $\triangle ABC$ 中,$AB = AC = 5$,$BC = 6$,P 为 BC 上的一点,过点 P 作 BC 的垂线,交 AB 于点 D,交 CA 的延长线于点 E。设 $BP = x$,四边形 $PCAD$ 面积为 y,求 y 关于 x 的函数关系式。

① 谈振华.课堂教学理论读本[M].北京:社会科学文献出版社,2001:79.
② 弗·鲍良克,叶澜译.教学论[M].福州:福建人民出版社,1984:113.
③ 林向东.新课程背景下的课堂教学评价研究[D].福州:福建师范大学,2005:21.
④ 李士锜,李俊.数学教育个案学习[M].上海:华东师范大学出版社,2001:59.

作者给 A 老师的建议是：①例题只选这一题；②讲完此题后讨论图中还有哪些量可以表示成 x 的函数，要求学生给出尽可能多的解答，并写出函数关系式；③讨论以活动的形式进行，比如让学生互相提问，互相解答。A 老师听取了这些建议。

上公开课那天，A 老师讲完例题，请学生们思考，图中还有哪些量可以表示成的函数。新问题一出，课堂上沉静了，继而，出现了轻轻的讨论。

A 老师见时机已成熟，宣布按学习小组为单位进行比赛。规则是：比赛开始时，每一组都有一次机会向其他组提出一个问题。若对方能够给出答案，则对方获得新的提问权，可再次向其他组提出一个问题。比赛结束时，以哪一组累计提出问题、解答问题正确次数多的为获胜组。课堂气氛顿时活跃起来。

首先是第二组的一位同学站起来提问："我设△ADE 面积是 y，请第三组写出 y 关于 x 的函数关系式。"

接着第三组的一位同学站起来提问："我设△BPD 的面积为 y，请第一组写出 y 关于 x 的函数关系式。"

第一组有同学提出："设 ED 为 y，请第四组写出 y 关于 x 的函数关系式。"

第四组一同学提出："设 EP 为 y，请第二组写出 y 关于 x 的函数关系式。"

每一组的同学都在热烈讨论，争取以最快的速度给出答案以取得新的提问权，也尽可能以难题来难倒对手。时间在不知不觉中过去，答案一个接一个地写在了黑板上：

(1) △ADE 的面积 $y = \frac{4}{3}(3-x)^2$

(2) △BPD 的面积 $y = \frac{2}{3}x^2$ $(0 \leqslant x < 3)$

(3) ED 的长 $y = 8 - \frac{8}{3}x$ $(0 \leqslant x \leqslant 3)$

(4) EP 的长 $y = 8 - \frac{4}{3}x$ $(0 \leqslant x \leqslant 3)$

(5) ……

离下课只差几分钟的时候，A 老师开始讲评答案。可是，看着黑板上的这些答案，特别是对答案中函数自变量 x 的取值范围，同学们热烈地争论起来，积极举手要求发言，当下课铃声响起的时候，同学们争论正酣，学习积极性已经被极大的调动了起来，公开课"拖堂"了。

课后，老师们聚集在一起讨论这一节课。虽然大家都同意课堂教学中应该渗透素质教育，但对如何具体贯彻这一思想却争论激烈。就这一节"拖堂"的公开课而言，一种意见认为它非常成功，因为难得看到像今天这样绝大多数学生的积极性被很好地调动起来，课堂气氛十分活跃，虽然教学计划没有按预先的设想完成，但问题并不大。

另一种意见则认为本节课是失败的，至少不算好。因为教师每节课都事先安排了明确的教学目的，必须按计划完成教学任务开课，更应严格按教学计划进行。下课铃响了老师还不及时下课，这会严重地影响到下一堂课的教学。

这个案例中指导教师的矛盾应该说有一定的代表性，对于怎样是一节好课的评价标准,至今没有一个统一的说法。我国的课堂教学,深受前苏联凯洛夫五步教学法的影响,每节课都要有准备、复习旧课、讲授新课、巩固练习、布置家庭作业几个环节。如果从课堂要素的视角来分析这个评价系统,基本上在"评教师",而缺少对于学习主体的学生的关注。其实课堂教学的目的是为了学生的发展,如果学生不能积极参与到课堂中去,不能通过课堂发展自己的能力,那一节课的各个环节的完整性又有什么意义呢?传统的课堂评价模式,会间接影响教师在课堂上的教学行为。基于交往的教学模式,上课时容易出现上述课例碰到的问题。学生有时会围绕一个问题展开讨论,教师有时难以准确把握教学的时间和教学进度。并且各级部门对教师的评价也多以学生的成绩作为依据,而要取得好成绩,习题的操练是制胜的法宝。使得教师上课时习惯于很快把概念、原理、法则讲完,然后在课堂上进行例题和习题的讲练阶段,忽视学生对于概念、法则的过程性理解。对于要尊重学生的想法,通过师生间的互动交流帮助学生建构知识不是很关注,课堂教学变成了教师主导的单边交往过程。课堂环节是完整了,宽松融洽学习环境却缺失了。

(五)大班授课制的影响

我国人口众多,教育资源相对匮乏是不可回避的事实。随着人们对教育的重视程度的增强,尤其是择校风的盛行,使得很多中学的班级规模太大,班级人数少则五六十人,多则七八十人,甚至更多。一般学校的课桌摆放是传统的马蹄形,教师的讲台在前面,学生的课桌依次向后排。由于人数较多,直接影响到师生间的交往的时间和形式。课堂上学生回答问题的"几率"低了,练习的"参与率"小了,教学"关照度"下降了,学生主体性的发挥也受到了影响。如此一来师生间的互动交往的面就比较窄,范围也比较小,师生间的交往常常会局限在少数学生上。如果学生的性格比较外向、能够积极配合教师的教学活动,则交往的机会相比那些性格内向的学生就多一些。成绩好反应快的学生往往要比成绩差的学生在课堂上更积极主动一些。课堂中学生参与课堂讨论和交流的机会不均等,教师与大部分学生之间有效交往便缺失了。

(六)应试文化的影响

受传统的儒家应试文化的影响,高考、中考这类选拔性的考试影响到学校教育的各个方面,尤其对于课堂教学的冲击很大。课堂教学的本来目的应是通过课堂上知识的学习,发展学生的智力和能力,适应社会发展的需要。而应考的压力使得课堂变成了"考什么,教什么;教什么,学什么",育人的目的也变成了升学为主要目的,歪曲了教育的本来面目。

一位山东省的教学能手这样说:"我带的班级是理科实验班,学校对这个班级的希望就是要达到清华北大的录取分数线。而作为山东省的考生,要达到清华北大的录取分数线,数学最起码要达到140分,怎么才能在考试中达到这个分数?要进行怎样的训练才能达到这个水平?对于考生的要求已经不能仅仅局限于一看就会了,而是要一做就对。比如山东高考(2007)的第一道题目要用到错位相减法来求数列的和。我一看就觉得有些学生可能做不好,虽然方法大家都知道,但要做到准确无误,至少要训练20道题目。有些学生可能只训练了10道,训练的量不够,有时就是达不到满分的水平。"可以想象,学生们在面对高考的时候,要进行怎样的训练!莘莘学子为了能在高考中取得好的成绩,莫不是跳入题海中苦苦挣扎,为达到自己的理想而苦苦打拼。教师和学生们在这种考试的重压下,要实现课堂上师生之间和生生之间的平等、有效的交往谈何容易。有的一线教师明确说:"我也知道有些知识让学生自己探究好,可是时间能来得及吗? 如果一个知识点学生探究要两节课,而我讲清楚只需要半节课,那我浪费那个时间干什么? 还不如把有限的时间用来让学生做更多的题目来进行练习提高成绩来得实在"。

在这种思想的影响下,教师往往针对考试的题型,在课堂教学中进行大量的针对性训练,学生所谓的学习也往往局限在把教师所教的题型训练好了,在考试中取得好的成绩。在学习的过程中,是否进行了自己的思考、是否进行了有意义的探索、是否有自己的理解方式,则关注得很少。题海型的教学策略,极易产生教师主导下的课堂单边交往,不利于学生主动型的发挥和参与课堂活动的增加。

没有升学的压力,也会有统考的约束。我国传统的应考文化,对课堂的影响是巨大的。怎样在两者之间找到平衡点确实是一线教师的苦恼所在。相信很多一线教师对这样一句话应该不陌生:"要防止学生陷入题海中,教师应跳入题海。精选学生操练的题目。"这是平常备课时学校领导也经常说的一句话,当然这句话如果从教师备课的角度来看,其正确性是无可厚非的。但从另外一个侧面也可反映出当前课堂教学仍然是以相应的题型操练为主,仍然是教师主导下的课堂。在这样的课堂上,在以题型操练为主要课堂内容的课堂上,交往作为课堂存在的形式很难逃出教师主导的单边交往。而且数学教学离开了数学理解这一核心,就脱离了数学教学的本来目的,歪曲了考试的本来面目。

第三节　数学课堂的有效教学交往路径

牢牢把握教学交往"主体间性"之本质,不忘"教学交往是为了学生的全面发展"之初心,鉴于当前我国数学课堂交往存在的诸多问题,以及问题背后根深蒂固由来已久的复杂的背景因素,本节将主要探索在数学教学中实现有效的师生交往的路径。

一、发挥学生学习的主动权

下面的案例是对同一节课使用不同的教学设计和处理方式,从中可以看出不同的处理方式会对教学交往产生不同的影响。

【课题】　一类数学通项公式的求法。[①]

教学目的:

(1)使学生掌握由递推关系式表示的数列的通项公式的求法;

(2)通过探求由递推关系式表示的数列的通项公式的过程,培养学生观察、分析、提出问题和解决问题的能力。

教学设计 1:

师:(复习)前几堂课我们学习了两种重要数列:等差数列与等比数列,下面我们看

---

① 蔡淑琴.把学习的主动权交给学生[J].中学数学教学参考,1999(7):21—22.

几个例题,体会一下怎样用它们的通项公式去求解一类新型数列的通项公式。

(点评:这里,教师在阐述课题的同时,无形中也把自己预先设计的思维过程"强加"给了学生,期待学生沿着教师所铺设的轨道走向既定的目标。学生实际上并没有主动选择思维策略、表达自己对问题不同理解的机会。)

例1. 已知某数列 $\{a_n\}$ 的首项 $a_1=1$,且 $a_n=2a_{n-1}+1(n\geqslant 2)$,求此数列的通项公式。

讲解:这个数列 $\{a_n\}$ 既不是等差数列,又不是等比数列,那么我们怎样才能通过变形去得到一个新的等差或等比数列 $\{b_n\}$,并通过求解 $\{b_n\}$ 而得到 $\{a_n\}$ 的解?实际上,在递推式的两边同时加上1,有 $b_n=a_n+1=2(a_{n-1}+1)$, $\dfrac{b_n}{b_{n-1}}=\dfrac{a_n+1}{a_{n-1}+1}=2$(以下求解过程略)。

(点评:教师的讲解明显地限制了学生的自主思考、自我理解的过程,以及表达自己对问题理解的机会,而这往往是学生得以发展的关键所在。)

师:回顾一下解题过程:

(1)原数列的通项是通过将其变形而得到一个新的等比数列后求得的;

(2)调整递推关系,引入一个新的辅助数列 $\{b_n\}$,而这个辅助数列是我们所熟悉的等比数列。

问题:如果我们把例1中递推关系的系数稍加变化,能求出它的通项公式吗?

例2. 已知某数列的首项 $a_1=60$, $a_n=\dfrac{1}{5}a_{n-1}+60(n\geqslant 2)$,求此数列的通项公式。

此时,绝大部分学生仿照例1的做法,在等式 $a_1=60$, $a_n=\dfrac{1}{5}a_{n-1}+60$ 两端加上15或30、50,但均未成功,在学生亲自实践未能成功时,教师启发:你们在递推式两边加上 -75 试一试。(以后求解略)

例3. 已知数列 $\{a_n\}$ 的项满足 $a_1=b$, $a_{n+1}=ca_n+d$,其中,$c\neq 1$, $c\neq 0$,证明这个数列的通项公式是 $a_n=\dfrac{bc^n+(d-b)c^{n-1}-d}{c-1}$。

师:从例1、例2的启发,在递推关系两边加上一个适当的常数 y,使得数列构成一个等比数列,然后通过等比数列 $\{a_n+y\}$ 的通项公式来求得数列 $\{a_n\}$ 的通项.问题的关键是怎样确定常数 y。下面我们用待定系数法求出 y 的值。(解略)

(点评:再一次明确而具体地向学生讲授用什么样的方法可以获得问题的解,这一方面限制了学生的思路,另一方面又完全"替代"学生完成了通过自己活动能够做好的事情)。接着是学生课堂练习与教师的小结。

这是一堂常见的、精心设计的讲授课:教师的讲授既有细微的分析,又有系统的回顾,表现出从特殊例子到一般公式,又回到实例应用的良好过程,后面还有练习帮助巩固,可算是讲练结合。然而,一个明显的感觉是:教师是教学的主体,整堂课都是教师在"演示"(即使是最末的练习,实际上也是学生在重复教师的"演示")。学生完全是被动的,不由自主地跟随教师去"在通项两边加上1"(例1),"在通项两边加上 -75"(例2),"在通项两边加上……"(例3)。换言之,学生的活动主要是在"印证"教师的想法,主要在于填补具体的求解细节,或至多是在一些解题技巧的实践与熟悉上。而对于问题的理解与解题策略的获得,则很少涉及。至于对"为什么要这么做"、"还可以用别的方法"等更为本质的问题,他们更没时间去考虑,当然也没有机会表达,以及和同伴或者教师交流自己对问题的不同理解,自然也无法去提高自己"观察、分析、提出问题和解决问题的能力",而这原本是本次教学活动的主要目的。

这是典型的以教师为主导的课程的单边交往,在学习的过程中,教师是课堂的主宰,学生一方面与教师的交流有限,另一方面学生之间缺乏互动沟通。这种课堂处理方式,把学生完全放在了被动的位置上,课堂的基本导向是知识为中心,虽然传授知识是给学生,但是完全没能从学生的角度来设计课堂,从学生的最近发展区来开展教学。这样的处理方式,使得课堂因为缺少学生的参与,而缺少了应有的活力与朝气。很难想象这样的课堂学生怎么会喜欢数学、怎么能通过课堂进行有意义的知识建构。

教学设计 2:

师:到现在为止,我们研究的数列都是等差数列或者等比数列。但现实情形中我们可能会遇到许多既非等差、又非等比的数列,可它们的形式看上去又是非常"简单"的,我们能不能求得它们的通项公式呢?

问题1:已知某数列 $\{a_n\}$ 的首项 $a_1 = 1$,且 $a_n = 2a_{n-1} + 1$ $(n \geqslant 2)$,求此数列的通项公式。

(点评:学生可以独立思考或者相互讨论。教师巡视,若发现有一些学生已经通过某种途径获得问题的解答,则可以让学生表述自己的解法,否则可以启发。)

教师启发:这数列既非等差数列、又非等比数列,不能套用已经学的通项公式。怎么办? 这数列看上去很简单,也许我们能够一眼"看出"它的通项。先把它的前几项写出来:……大概你们已经猜到它的通项"一定"是 $a_n = 2^n - 1$,不过,这个"一定"还需要论证一下。

这就是今天的问题 2。

问题 2:你能证明自己的猜测吗?

仍然可以先让学生自主活动,独立思考与相互合作相结合。而且,学生的解题途径可能与教师预先设计的一样(在递推公式两边同时加 1),也可能不一样,比如,由观察原数列 1,3,7,15,……进而注意到相邻两项的增加量依次为:2,4,8,……换言之,其差数列为:2,4,8,……(没有"差数列"名称不要紧)。这个问题有两个主要作用:一方面,这可以促使学生自然地出于证明的需要而思考数列 $a_n + 1$,毕竟,他们已具备了相应的等比数列的知识,更重要的是,让学生经历了人类认识未知事物的一个基本思维过程:通过观察、思考,获得一个合情的猜测,然后加以论证——这正是对学生实施整体素质教育的一个关键。

问题 3:已知某数列的首项 $a_1 = 60$,$a_n = \frac{1}{5}a_{n-1} + 60$ $(n \geqslant 2)$,求此数列的通项公式。

此时,仍是学生思考与交流,或许先是仿照问题 1,两边加上 15,或者 30,但不可行。简单地凑数字,未能奏效,便会导致学生去思考究竟问题的核心是什么?(深刻理解问题)例1求解成功的关键在哪里?(理解解法的意义)怎样去凑数字?进而去寻找有效的方法。而当他们深刻地理解了原问题及其困难所在——寻找恰当的数以形成新的、更易求解的数列。便会去致力于发现那些有效的方法(可能在教师帮助下),比如待定系数法,等等。当然,需要的话,教师应当提供必要的帮助:大家是否有点困难?有没有思路?你是否知道自己要达到的目的,或者说你想得到什么(必要的话,可以提示学生回顾一下问题1的求解过程)?一个比例式?是个什么样的比例式?是否直接提出"比例式",需视具体情形而定,尤其是表达式本身。需要注意的是,学生自己能做的事,应当由他们自己去做。这一过程给学生提供了自主活动的机会:通过尝试几个实例去理解原题;通过凑数字去深入领会问题3的求解实质,进而获得一种具有一般意义的解法。而且,在活动过程中,他们亦会不断发现自己或同伴头脑中对问题及其解的一些误解(这一点的教育意义非常重要,绝不能因为它们暂时对于具体问题的求解无明显帮助而被视为"浪费时间")。此时,原例3已属不必要了!事实上,例3除了具体求解过程更复杂以外,其求解思路与例2如出一辙。至多是用数学语言整理一下求解例2的过程,就思维水平而言与例2基本处同一层次,可作为家庭作业。而其复杂的结果表达式更不应要求学生去记忆。有时间可以让学生(或小组)自己设计几个问题并求解。自己出题,让别人求解的方法,既是提高学生学习兴趣的手段之一,也是加深其理解对象的一种方法。

显然,这是一种以学生为主体的教学设计,整个教学以学生自主活动为主,包括思考与表达,交流与反省,思维与推理。整个设计主体框架明确,但细节并不确定——要随着学生思维活动进展而定,整节课既有师生间的互动交流也有学生之间的交流讨论。教师在课堂上搭建好脚手架,放手让学生去猜想、去交流、去论证、去发现。只是在关键的地方给学生恰当的提示,课堂遵循以学生为主体的设计原则,尊重学生的想法和思路,并以学生出现的问题和合理的猜想作为课堂进行的主线。在这样的过程中,完成既定的教学任务,提高学生的数学素养。

教师在备课时,确实应该考虑怎样设计课堂才能达到以学生为主体的目的,怎样处理更能引发学生的思考讨论,课的处理方式不同,会产生不同的效果。我们不能把进行课堂的有效教学交往只是停留在理论的层面,应具体到每一节课、每一个内容怎样处理这样的操作层面上。相信每一位教师在备课时,对于怎样处理教材都会有自己的想法和处理方式。希望上面的两种处理方式产生的不同的教学效果能给大家一些启发,备课时应积极思考应怎样备学生、怎样处理才能更加符合学生的认知规律以引发学生探究知识的兴趣,并能在师生互动、生生交流的和谐氛围中、在合作交往的课堂中掌握知识、完善知识结构。

二、减少选拔性考核

一线教师普遍认为中考和高考的动向会直接影响到课堂教学所教的内容和所采取的教学形式。应考文化成为中国数学教育发展的一个瓶颈,每个学校都在升学率的比较上图生存谋发展,这样带来的负面影响就是普通的数学课堂对于学生的要求不是重在理解上而是重在操练上,相同类型的题目总是在重复操练中获得熟练的结果。如果教育的目的只是为了考高分,以作为进行高等教育的敲门砖,不能不说是中国教育的悲哀。我们花了那么多的时间,作了这么多的题目,费了这么多的心血,考个高分就达到了教育的目的了吗？我们进行的教育是针对人的教育,要培养人,发展人,完善人,不能培养只会参加考试,没有自己思维的考试机器。在日常的课堂教学中,尤其在初一初二,高一高二这样还没有直接面对中高考的数学课堂,教师应充分利用这个机会将数学知识作为学生发展的媒介,在数学课堂上创设轻松、和谐、公正、民主的课堂环境,在师生之间的互动有效的交往中,呈现知识的发生发现过程,领略数学学科解决问题的方式、方法,逐步提高学生分析问题、解决问题的能力,养成用数学的角度看待周围事物的习惯。

促进学生思维的发展和提高学生的成绩本身应该是不矛盾的,教师不能以升学压力大为由,懒得从学生的角度来考虑问题,变课堂学习为题型的操练,使得学生把数学简单地理解为做题。应在平常的教学中,尊重学生的主体性,激发学生的创造性,把学习数学的主动权交给学生,在师生之间的互动交流中,传授给学生远比具体的知识重要的多得内容,这才是数学教育的意义所在。每个人都不能逃脱压力,但是每个人可以选择面对压力的方式,小小课堂中蕴含很多道理值得我们认真地去思考。值得欣慰的是,很多一线教师在培养学生素养和应对考试这两方面试着去找寻平衡点。下面看这样一则高三教学的案例：[①]

例1. 若 $f(x) = \sqrt{1+x^2}$, $a \neq b$,求证：$| f(a) - f(b) | < | a-b |$。

教师在学生课前预习的基础上,让学生充分展示自己的思路。

学生1：本题即证 $| \sqrt{1+a^2} - \sqrt{1+b^2} | < | a-b |$,通过两边同时平方转化为证明 $\sqrt{(1+a^2)(1+b^2)} > 1+ab$,若 $1+ab < 0$,显然成立,若 $1+ab \geqslant 0$,再通过两边同时平方易得证。

教师评析：有理化是我们处理二次根式问题常用的手段。将问题转化为有理式的问题,还有其它处理方法吗？（学生思考片刻）

学生2：联想处理 $\sqrt{r^2-x^2}$ 时,可以设 $x = r\sin^2\theta$ 从而去根号的方法,在这里令 $a = \tan\alpha$, $b = \tan\beta$, α, $\beta \in \left[-\frac{\pi}{2}, \frac{\pi}{2} \right]$, $\alpha \neq \beta$,即转化为证明 $| \sec\alpha - \sec\beta | < | \tan\alpha - \tan\beta |$。（下略）

教师评析：这种类比联想的意识非常好！

学生3：由 $\dfrac{f(a) - f(b)}{a - b}$ 联想到两点连线的斜率,而 $y = \sqrt{1+x^2}$ 即 $y^2 - x^2 = 1 (y > 0)$ 表示等轴双曲线的上支,故 $\dfrac{f(a) - f(b)}{a - b}$ 表示该曲线上两点 $(a, f(a))$, $(b, f(b))$ 连线的斜率,结合图形不难说明结论成立。（下略）

教师评析：数形结合,勇于探索。

学生4：由 $\sqrt{1+x^2}$ 联想到两点间距离公式,故可设两点 $A(1, a)$, $B(1, b)$,要证明

---

① 缪林. 例析新课程理念下的高三数学教学[J]. 中学数学月刊,2005(2)：12—15.

$|\sqrt{1+a^2}-\sqrt{1+b^2}|<|a-b|$，即证 $||QA|-|OB||<|AB|$。（下略）

学生5：也可以利用向量来证明。（略）

作为高三教师不能只顾进度，应鼓励学生在学习过程中，养成独立思考，勇于探索的习惯，这样才能触类旁通，举一反三，这是高校选拔人才的需要，更是学生终身发展的需要。

例2. 若 $0<a<\dfrac{1}{b}$，求证 $b-b^2<\dfrac{1}{a+1}$。

课前预习后有如下两种考虑角度。

学生1：我首先将原分式形式转化为整式不等式的证明，即证明 $(a+1)(b-b^2)<1$ 但未能继续进行下去。

学生2：我原来也与同学1的想法一样，也没能继续向下证，抱着试试看的念头，由 $0<a<\dfrac{1}{b}$，求出了 $\dfrac{1}{a+1}>\dfrac{b}{b+1}$，进而再试着证明 $\dfrac{b}{b+1}>b-b^2$，没想到用比较法还真的证出来了。

原先没有能完成的同学不禁都感慨道：原来如此简单！问及他们的思维主要障碍都是"没想到这么简单"，有的同学甚至已写出了 $\dfrac{1}{a+1}>\dfrac{b}{b+1}$，但没继续下去，理由就是"不会这么简单的"。

教师评析：这两种思路都是非常正常的思路，在复习中不要人为地将问题复杂化，一切先从简单处入手，在问题的处理过程中不断调节。方法1如此自然，难道真的不能继续进行下去了？同学先独立思考，然后各学习小组讨论，同时各小组再研讨是否有其他处理方案。教师参与一些小组讨论，片刻后，先后有不少小组有了处理方案。

学生3：要证明对适合条件的 a,b，不等式 $(a+1)(b-b^2)<1$ 恒成立，联想到在函数中常涉及恒成立问题，故想到用构造函数的方法：将不等式的左边看成关于 a 的函数：$f(a)=(b-b^2)a+b-b^2$，$0<a<\dfrac{1}{b}$，可以证明 $f(0)<1$，$f\left(\dfrac{1}{b}\right)<1$，结合图形得证。

学生4：我们是选定了 b 为主元，构造了一个二次函数：$f(b)=-(a+1)b^2+(a+1)b\left(0<b<\dfrac{1}{a}\right)$，可以求得其最小值小于1。当然还不及学生3所构造的一次函数简单。

教师评析：多元问题常选定主元，转化为函数问题。

学生5：我构造了函数：$f(a)=\dfrac{1}{a+1}$，$0<a<\dfrac{1}{b}$，只需证其最小值大于 $b-b^2$ 即可。易证得它的单调性递减，从而 $f(a)>f\left(\dfrac{1}{b}\right)=\dfrac{b}{b+1}$，进而只需证 $\dfrac{b}{b+1}\geqslant b-b^2$ 即可，下面同方法1。

教师评析：这其实正是方法1的数学本质。

学生6：条件易化为 $0<ab<1$，进而联想到三角换元，令 $ab=\sin\alpha$，$\alpha\in\left[0,\dfrac{\pi}{2}\right]$，

即转化为证明：$b-b^2 < \dfrac{b}{\sin \alpha + b}$，也就是证明：不等式 $b^2 + (\sin \alpha - 1)b + (1 - \sin \alpha) > 0$ 成立。由 $\Delta < 0$ 得证。

教师评析：多么美妙的构建过程！将 a,b 间的不等量关系转化成等量关系，从而用消元法解决问题。

新课程理念中强调要让学习过程成为在教师指导下的"再创造"过程，这种构造函数或构造等量关系的过程正是一种"再创造"过程。由此，在高三复习课上应注意沟通各部分内容之间的联系，通过类比、联想、知识迁移和应用，使学生体会知识之间的有机联系，感受数学的整体性，进一步理解数学的本质，提高解决问题的能力。在复习中尤其要注重函数、方程、不等式的联系；向量与其他知识的联系；数与形的联系等，这样才能实现"再创造"。同时倡导合作交流，合作交流的品质是学生终身发展所必须的品质，我们在高三复习中要有意识地去培养。

例 3. 从抛物线 $y^2 = 2px(p > 0)$ 上一点 $P(x_0, y_0)$ 作两条互相垂直的弦 PA, PB，那么直线 AB 必过定点。(《高三数学教学与测试》90 页拓展迁移 1)(称 $\angle AP_0B$ 为过定点直周角)

此题得证后，继续探讨。

教师：还有什么曲线有此性质？

学生异口同声：圆！动直线过圆心。

教师：由这两种曲线都具有这种性质，你们有何"大胆"的想法？

学生：将结论拓广到椭圆和双曲线！由此有以下问题设计："曲线 $C: mx^2 + ny^2 = 1$ 过定点 $P(x_0, y_0)$ 的直周角 $\angle AP_0B$ 所对的弦 AB 是否恒过定点？"

教师：还有其它猜想吗？(学生经过思考和小组讨论，排除肯定不正确的猜想，又有以下问题设计："若 $\angle AP_0B$ 不是直角，而是其它某个确定值，弦 AB 是否恒过定点？"经研究，结论都是肯定的。(限于篇幅这里省略证明过程)

例 4.（新高中教材第二册（上）第 123 页第 6 题）：过抛物线焦点的一条直线与它交于两点 P, Q，经过点 P 和抛物线顶点的直线交准线于点 M。求证：直线 MQ 平行于抛物线的对称轴。

学生有以下探究：是否可以把它推广到椭圆或双曲线的情况呢？

问题设计：过椭圆焦点的一条直线与它交于两点 P, Q，经过点 P 和椭圆与焦点相应的长轴的一个顶点的直线交准线于点 M，判断直线 MQ 是否一定与椭圆的对称轴（长轴）平行。

学生通过特殊化处理——PQ 为通径的情况，容易看出显然不可能有 MQ 与长轴平行。同样对双曲线情形也不可能有 MQ 平行于实轴。即是说这样的性质只适用于抛物线。

新课程基本理念强调：要力求通过各种不同形式的自主学习、探究活动，让学生体验数学发现和创造的历程，发展他们的创新意识。高三复习要在创新、求活的发展变化中才能真正提高学生的数学素质，培养学生勇于探究、勤于钻研的精神和品质，这样才能培养学生的发散思维，提高创新能力。

这个案例中的教师,用心地记录了课堂中的点点滴滴,对课堂教学进行反思整理,该案例突出展现了此教师在新课改理念影响下对于高三课堂教学的深入思考。教学设计注重突出学生的主体地位,师生间的交往深入有效,教学效果明显。不同于传统高三教学中的题型归类教学模式,教师给了学生充分的思考空间,在师生、生生积极的思维互动中发展学生的数学能力。事实上,在高三这个学习阶段,学生们已经有了高一高二的知识基础,教师应给学生充分得学习空间让学生自己去思考、去建构自己的高中知识网络。这个特殊的时期也是学生解决问题、分析问题能力能够得到快速提高的重要时期,教师更应在这个时期注重改进课堂教学,创造良好的学习氛围,让学生们在思维的激烈碰撞中加深对于数学知识的理解,实现深层次、多角度的教学交往。相比高一高二而言,有了一定知识储备的学生更容易在课堂上与教师围绕具体的数学问题进行深入的探讨,有时甚至有优于教师的解法和思路,教师应积极激发学生的学习热情,倡导讨论式的教学方式,让学生们学着在辨中知、在辨中明。相信这样的高三课堂才是我们为了缓冲应试的负面影响所需要的课堂,这样反思型的教师才是课程改革需要的教师类型。

三、利用校本教研活动

数学教研组是新数学课程实施的主要承担者,也是教师进行数学教学研究的主要组织。新数学课程的实施所带来的许多问题需要数学教师进行研究讨论,"单打独干"的工作和研究方式已经不能适应新数学课程的实施要求。校本的教研活动的开展为教师的交流讨论提供良好的合作环境,教师可以讨论、研究和解决教学过程中出现的问题。现实调查表明:多数教师最喜欢的培训途径是"同事之间的交流和相互帮助"。[①]

长期以来,数学教研组主要以集体备课、公开教学作为教研活动的主要形式。随着课程改革的深入推进,集体备课的内容应围绕新课程的实施,探讨研究数学课程倡导的各种学习方式对新数学课程的调适以及新数学课资源的开发等,研究各种学习方式与不同内容的适应性,而不应仅仅停留于课时的划分以及各方面的统一。如果在教研活动中,通过案例展示的形式,将其作为所有教师探讨新课程理念的一块试验田,反思课堂教学,可以进一步引领教师的专业化发展。教研组专门抽出一到两次的教研活动时间,探讨有效教学交往的话题。采用案例研究的方法,教师围绕着一个课例展开讨论。对于案例中教学交往存在的问题、教学交往的形式、内容、效果、可以改进的方法等等各个角度教师们进行深入的探讨,在讨论交流中加深对于课堂有效教学交往的认识,以此引发教师对于如何在课堂中实现有效教学交往的思考,使得新课程的理念能真正深入到课堂中去,推进课程改革的进行。

在这方面,上海市利用"862工程"推进校本教研的做法值得推广。"862工程"是上海市教委2006年上半年组织建立的862节课堂教学录像资源库,旨在利用这笔教育资源,探索研究课堂教育教学模式,推动教师发展,提升教学质量。862资源为创造丰富的校本教研形式提供了必要的条件。上海各个区都很重视利用这个丰富的课例资源,

---

① 康世刚,吕世虎.数学教研组在数学教师专业化成长中的作用及对策[J].数学教育学报,2005(2):89—91.

开展形式多样的数学教研活动。"观课、评课"、"同课异构"、有些学校还创造出"案例研究——重新设计——同课再构——评价提升"的教研模式,这种反思后进行的行动跟进,使教师培训的效果大幅提升,并对二期课改的推进实施提供了教师可以讨论学习的平台。相信这样的教研形式,更能贴近教师的实际需要,结合课例和自己的授课体会反思各种教学行为,达到改进教学的目的。

四、变革数学教学活动

数学课堂的教学交往受到班级授课形式、教学进度、教学时间等因素的影响,交往主体间活动的内容和层次有很大的局限性。而通过研究性学习或者项目学习(project learning)等数学学习活动,能突破交往主体间的时间和空间的局限性,深化教学交往。下面以一个项目学习的教学设计案例为例,分析体会在项目设计完成的过程中,师生之间、生生之间怎样通过有效的交往完成相应的任务。

项目导向的数学教学案例①

项目名称:

项目主题:对称与全等

实施学校与年级:德国 Marktbreit 完全中学 7 年级

实施过程:

1. 准备阶段

作为数学概念的对称与全等,与其他学科领域有着密切关系。以对称作为项目主题,就是希望学生能从多个领域找寻、发现并论证对称。因此在准备阶段需要与其他学科教师沟通、协商能够共同参与这类项目活动。本案例中,设计该项目的数学教师了解到,艺术课上刚好讨论对称这个话题;历史老师也能够参与,因为刚好在讨论教堂的建筑风格问题;当然生物课上也涉及很多生物上的对称;拉丁语老师也愿意参与该课题。有了同事的合作参与,就可以保证学生有机会从各个不同的学科去了解"对称与全等",因此这一主题具有星星模块的结构。

图 7-1

对称与
全等主题的
星星模块

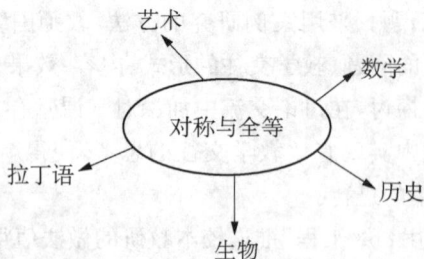

由于星星模块所拥有的动态性特征,这里很难做到完整的辐射,也就是说这主题概念一定还与其他领域或者学科联系密切,例如化学等。我们根据实际的可行性选择了

---

① 徐斌艳,M.路德维希.项目导向的数学教学设计[J].中学数学教学参考(教师版),2005(1):5—7.

上述领域。另外在准备阶段设计一张概念网络图,对教师组织实施阶段大有帮助。

图 7-2

对称与全等的
概念网络图

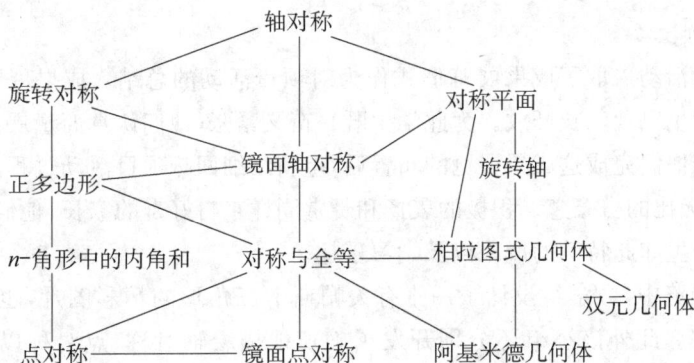

有了上述分析,教师为学生提供如下活动建议,以便学生在一定的组织框架下开展项目活动:

　　——密铺地面小组(利用对称或者全等图形进行密铺);

　　——几何体小组(搭建轴对称或者旋转对称的几何体,同时需要搭建出对称轴);

　　——环境、艺术与历史中的对称(花,汽车方向盘,教堂窗户,文字,庙宇);

　　——数学中的特殊对称(二项式公式、二次项、帕斯卡三角形、Z、Q、交换律)。

2.实施阶段

这一项目活动主要在常规课时中进行,这里包括数学、艺术与拉丁语课。项目活动一共持续 9 天。

第一天:明确项目活动目标

针对上述几个活动建议,教师用例子解释活动的目的,以便让学生明确各个小组可能有的任务。学生选择希望参与的小组,然后开始收集各种可能的材料。学生也明确该项目完成后需要举办一次展览。

第二天:形成项目活动计划

这一天几何体小组一头扎进四面体、六面体、十二面体的搭建中,但马上意识到,要剪出全等的三角形、正方形以及正五角形并不是那么容易的。环境小组开始收集照片,以便形成自己的图片。密铺小组最初针对用何种形状的图形密铺地面意见不统一。数学小组一开始就惊讶:二项式公式、交换率等与对称有某些关系。

第三至第九天:实施项目活动

在实施过程中,参与活动的各学科教师都比较投入,尤其是拉丁语老师及时在拉丁语课上与学生一起探讨古罗马营房、古罗马建筑中的对称等。艺术课上主要是学生自己根据轴对称规则设计自己的作品。在项目活动结束后,学生在艺术课上再一次分析各自作品中的对称以及所遵循的规则。而数学课上主要让密铺小组与几何体小组按照自己的设想进行搭建。在这个过程中学生似乎感觉不到那是数学课,因为他们暂时不需要证明、作图等。但是学生搭建出了形状各异的几何体,铺设出一块块中间不留空隙也不重叠的铺满的平面。数学组将帕斯卡三角形与二项式公式结合起来,认识到隐藏在背后的对称。他们还考虑如何简捷地借助某个模型描绘轴对称、点对称与旋转对称等数学概念。

3. 总结阶段

这个项目活动采取了成果展览形式作为对项目活动的总结。成果展览持续多日,并且向全校师生以及家长开放。为此学生既兴奋又紧张,他们认真商量展板的布置、成果的张贴。当他们完成这成果展览的布置后,重新细细回味项目活动过程,欣赏自己的成果,表现出无比的自豪感。积极的表扬和赞赏同样来自好奇的家长,他们惊讶在常规教学中也会产生如此特殊的成果以及学习乐趣。

在成果展览中,数学组设计了一张有关帕斯卡三角形的精彩图片,也描绘了乘法与加法交换率。此外该小组还分别开发了确切地描绘轴对称、点对称以及旋转对称的模型。他们很有独创地用一枚小镜子来实现轴对称,自制小仪器来体现点对称与旋转对称。一种仪器可以让一个八面体旋转半圈后暂时停顿,然后再转半圈等等。然后又借助一个驱动装置,调整这个仪器的不同旋转角度。因此它还可以描绘旋转对称。

密铺地面小组制作了各种非常有趣的中间不留空隙、也不重叠的铺满的平面图形,部分图形由全等的多边形构成。一个学生甚至尝试证明为什么用任意四边形都能密铺为一块平面。当然在描述证明过程时,其语言表述并不一定十分精确,但从所作的任意四边形图形可以分析出该学生的思路。几何体小组完成了一张关于柏拉图几何体对称轴的统计表格(表7-1)。在系统列举数据时学生发现了有意义的结果。

表 7-1 柏拉图几何体对称轴统计表	几何体	对称轴类型	对称轴类型	对称轴类型
	四面体	3×2(顶点)	4×3(顶点)	
	六面体	6×2(顶点)	4×3(顶点)	3×4(顶点)
	八面体	6×2(顶点)	4×3(顶点)	3×4(顶点)
	十二面体	15×2(顶点)	10×3(顶点)	6×5(顶点)
	二十面体	15×2(顶点)	10×3(顶点)	6×5(顶点)

学生认识到,六面体和八面体刚好有相同数量的2顶点、3顶点与4顶点构成的对称轴,这种相同性同样存在于十二面体与二十面体之间。对学生来说,这引起他们足够的好奇,即两个完全不同的几何体拥有相同数量的同类对称轴。这里不要急于用群理论来回答他们的疑问,解释有关六面体群与八面体群的同构问题。否则数学教学中的项目就会失去意义,让学生先体验获得这一结果的成就感。

环境小组用点对称或轴对称图像制作了各种可能的贺卡。尤其受欢迎的是埃舍尔与蒙德里安的作品。这些图像看上去是对称的,但仔细观察就会发现其差异。这些问题又在拉丁语课上深入分析。

4. 来自教师与学生的反思

项目活动结束,学生回到数学课堂教学中,梳理与巩固各种对称的规则,其中每个规则都是学生在活动中形成的。经过那一节课的讨论,学生也为自己在动手为主的活动中还学到如此丰富的数学知识而惊叹。另外,每个小组完成作品后还需要撰写项目报告,记录各自的经验、激情、批评与反思。经历了充满乐趣的项目活动后,学生还是比较乐意接受这一任务。

学校领导也非常支持该项目的开展,特别资助学生们去共进午餐,讨论新的项目主题。学生真正感受到数学学习的主动性。

在项目进行过程中,很少涉及全等概念,学生几乎将精力全部放在对称概念上。在此不必责怪教师或者学生。这也是星星模块的动态性与开放型的体现。

上述案例并非个案,其给予我们的启示:

① 一个项目学习活动要进行 9 天,要在我们的课堂实施是不可能的。我们的教学进度和升学压力决定这样的活动只能在课外活动的时间进行。同时也很纳闷,难道德国的中学就没有教学进度要求吗？他们为什么就有时间让学生们在课堂上做这些项目,而我们的孩子每天这么刻苦的学习,学习的时间很多,反而在课堂上没有时间做这一类的学习活动？

② 参与项目活动的各科教师的积极配合、认真参与的态度也让人感叹。其实数学教师完全可以按照数学的正常进度进行教学,而这位教师把对称作为一个项目学习的主题让放手让学生去经历、去操作、去发现。对数学教师来讲,这样做给自己添了很多"麻烦"。要和各科教师沟通,要指导学生的活动,要给学生一些合理化的建议,实施过程学生碰到了问题要给与帮助与指导,要配合学生进行最后的成果展示、要点评要总结等等一系列的事情。但这位教师却乐在其中。而艺术教师、历史教师、拉丁语教师更"难以理解",明明不是自己正常的教学任务,却还都十分投入、认真地在自己的课堂上进行相关内容的学习和讨论。如果我们也在学校中进行这一类的活动,教师与教师之间也能做到这样的倾力支持吗？反思我们自己的教学经历,好像从来没有和其他教师有过这一类的合作交往,这一点上说,这类活动对加深教师之间的交往也是大有裨益的。

③ 学生们最后项目活动展示中作品的多样性和创造性显示出学生思维的发散性和独创性。在最后的项目展示中,各个小组最后展示的成果都有经过思考后的独到之处。数学小组自己制作的仪器、密铺小组对于任意四边形能铺满平面的思考、几何小组对于几何体规律的"新发现"、环境小组自己设计的贺卡等等莫不体现了学生独到的思考问题的方式。我国也积极倡导培养创新型人才、学生要进行创造性思维,但是如果只是进行常规教学,学生没有实践过程、没有基本活动经验、没有合作交流、没有自己的思考空间,创造性思维怎么培养？创新型人才怎么出现呢？我国课堂教学中这类活动的缺失不能不说是我国教学的一个缺陷。

项目学习活动,可以促进和深化师生之间和生生之间的有效的教学交往,拓宽教学交往的渠道,突破班级授课制对有效教学交往的影响,实现师生之间及生生之间交往的立体化。项目学习活动是以教师指导下的小组合作为主要学习形式的学习活动,教师以咨询者或者评价者的角色与学生对话。教师为学生探究合作学习创造一个宽松和谐的环境,如果学生有问题、有困惑,教师可以给相应的建议,但不强制学生接受,师生之间是平等的交往主体。这种形式可以弥补常规课堂教学中师生交往的不足,教师能够有针对性地进行指导,并且可以对那些不擅长与教师交流和小组合作的学生给与更多的关注和鼓励。项目学习中的很多子项目,教师也不一定十分熟悉,师生交往处于一个相对平等的知识平台上,师生间进行知识的反馈与交流时,更容易达到较为深入的交往状态。

项目学习活动以小组合作学习为学习的主要形式,学生们的活动是以小组任务为核心的、有目的的活动。小组的成员要发挥各自的特长,分工合作,并在项目学习活动中做到有效的交流和合作。为了能够更好地进行本小组的成果展示,小组成员要阐述自己的想法,倾听别人的意见,并能经过协商、讨论形成小组的最终成果。表述、倾听、交流、协商这些交往的基本技巧可以在项目的完成过程中得到充分的锻炼。这样的小组合作活动,由于时间充裕、任务明确,学生之间能够进行深入的交往。

五、拓宽师生交往渠道

深入有效的教学交往需要教师创造多渠道的交往途径,并能积极采取恰当的策略丰富教学交往的内涵。作业批改作为教学信息反馈的主要途径,是数学教学的一个重要环节。作业以书面的形式为学生提供了解释和展示他们自身解决问题的方法和思维过程的机会,成为师生交流的有效载体,可以实现师生一对一的"交流",教师从中获得的信息更具个性化,更真实,教师给学生的指导更具针对性。教师应充分利用作业批改的时机,使得师生间的教学交往得以自然的延伸与补充。但是传统的作业批改是判明对错,给一个量化的成绩,忽略了学生学习过程中的探索、推测或猜想、个人的情感、态度和价值观,使得作业缺少教师的人本关怀,没有任何感情色彩的一个成绩等次对学生的教育作用不够。教师可以对传统的作业批改方式进行适当的改变,实行"成绩+评语"的形式,及时地、有针对性地进行师生间的有效交往。评语可以采用以下的类型:

① 期盼型评语。比如在学生的作业后边注上"愿……"、"希望今后……"、"……比以前更……"等诸如此类的期盼性语句,可以对学生起到激励的作用,让学生感到老师对自己的期望、信任和信心,学生就会发奋图强,朝着老师希望的方向努力。

② 激励型评语。如"你的解法很具创造性,说明你有创造潜力……""对函数概念理解深刻,相信你还会发现函数的巨大价值……""此种方法很灵活,你是如何想到的? ……愿意和老师谈谈吗?"等等,这些激励性的话语能够增强学生的学习信心,激发学生的学习热情,使得学生能更投入的学习。对自己的学习有信心的学生更容易与教师进行沟通交流。

③ 建议型评语。评语要具体,要让学生既看到自己的进步,又看到存在的问题,以及如何解决不足,如"你若将××部分的知识重新梳理一下,你会发现其中的……"、"……建议你利用……查询核实一下有关……"、"你能从另一角度分析一下……"、"你可以与×××同学一起交流研究,找出更合理的……",评语尽量用商量的语气,与学生平等沟通、交流,鼓励学生敢于提问,敢于质疑。

④ 针对型评语。一是针对不同层次的学生。由于成长经历不同,每一位学生对一定的事或人,在其心灵深处会形成一种固定的认识,这种认识也许合理,也许不全面。因此,教师的评语要有针对性,对其中的优点加以肯定和鼓励,对存在的不足提出完善的建议。二是针对同一学生在不同阶段的表现,要及时给予评价。如对课堂反应快,善于与他人合作交流,学习进步明显的学生,要给予完全的肯定和表扬;对在学习过程中习惯不理想、态度不端正的学生,也应婉转地提出批评,并提出具体建议和要求。三是针对学生知识的缺乏和方法的繁琐,给予提示,起到指点迷津的作用。① 通过这种有人文关怀的作业批改形式,拓宽了教学交往的途径,使得交往更有针对性,更加富有成效。

"数学日记",就是让学生以日记的形式记录下自己对每次数学教学内容的理解、评价及意见,其中包括自己在数学活动中的真实心态和想法②。从林(Linn)、英格兰(England)等人的大量研究工作中发现③,"数学日记"可作为师生间进行交流的有效媒介,它不仅能帮助教师发现、了解学生的个体差异,进而更好地从学生的数学思维视角设计教案,而且还能减轻学生的心理压力和精神忧虑,培养其数学自信心,使之在轻松愉快的环境中能动地掌握数学知识和数学方法,从而达到普遍提高学生数学能力的效果。

"数学日记"的内容可包含以下几个方面:

① 对课堂上讲授的数学概念、计算方法以及推理程序的理解和运用情况。例如,在讲完有理数的减法之后,可以让学生在数学日记中表述一下自己对"减去一个数等于加上这个数的相反数"这个运算的理解并举例说明等等。

② 对教学过程和方式的评价及建议,即允许学生对课程内容、课堂讲授方式以及课外活动、作业、考试等各类问题发表意见。例如"我最喜欢××××次数学活动,因为……",或者"我认为……应当……"等类似形式的题材作为写作内容。

③ 自由发表意见。在这一项中,学生可以自由地表达自己关心或渴望倾诉的问题,其中包括自己的成就、失望以及生活或学习中存在的问题等等。

"数学日记"作为了解个体差异的有效途径,在美国部分学校已成为学生表达心理需要的窗口;同时它也为教师提供了学生真实心理和思维的第一手素材,为教师进行自我分析、总结,重新设计教学方案提供了新的视角和思路。

数学日记是有别于作业的一种有效的交往途径,作业主要反映出学生认知过程中的问题,是课堂教学的自然延伸,是课堂教学的一个反馈环节。而数学日记则包括的内容更加丰富,学生可以写对知识的理解也可以写自己的困惑、还可以写自己对于教师和数学课的感受和要求。同时学生写数学日记的过程也是一个自我的反馈评价过程,能促使学生进行有效的学习反思。通过反思自己的学习行为,提出相应的问题,为师生间做进一步的沟通和交流搭建好合适的平台。同时教师可以通过数学日记全面了解学生的情况,并能根据各自的情况采取适合的策略在学习和生活上帮助学生,实现师生间有

① 毛辉华."成绩＋评语"数学作业批改法[J].上海中学数学,2005(1).
② 孙旭花.美国数学教育中的"数学日记"[J].广州师院学报,1997(2).
③ Stewant, C. & Chance, L. Journal Writting and Professional Thinking Standards [J]. *Mathematics Teacher*, 1995(2).

效交往的良性循环。

关键术语
数学课堂；教学交往

讨论与探索
1. 讨论：我国传统课堂中教学交往的主要特点及其成因是什么？
2. 思考：新课改引领的课堂教学交往所遭遇的瓶颈是什么？应该如何突破？
3. 讨论：在课堂教学交往和教学效率之间，你认为教师如何能达到平衡？

本章概要

　　数学对培养思维的逻辑性和严密性大有助益，应用性亦是数学的特征之一，数学课程标准中明确强调，问题解决是数学教学中必不可少的过程，"数学教学要培养学生提出、分析和解决问题的能力"。问题解决的重要性在理念上不断受到重视和肯定，在实际教学中，也作为重要的素养被纳入数学课堂的教学目标中。问题解决在数学教学设计中意义重大，好的问题设计不仅是课堂的起点，引领学生快速进入数学学习状态，而且贯穿整堂数学课的学习，使学生在实际问题中系统的体会具体的数学思想和方法，增强对数学学习的兴趣和信心。基于问题解决，数学课堂教学可以设计很多问题为导向的学习活动。广大的数学研究工作者和一线教师也一直在积极致力于问题解决的研究和实践。

通过本章的学习你能够：

● 了解数学问题解决的几种主要模式和问题解决的性质,领会问题解决在数学课堂教学设计中的重要地位
● 了解数学教学中课堂对话的历史、形式和机制
● 理解如何通过课堂对话实现数学问题解决的教学

本章内容结构

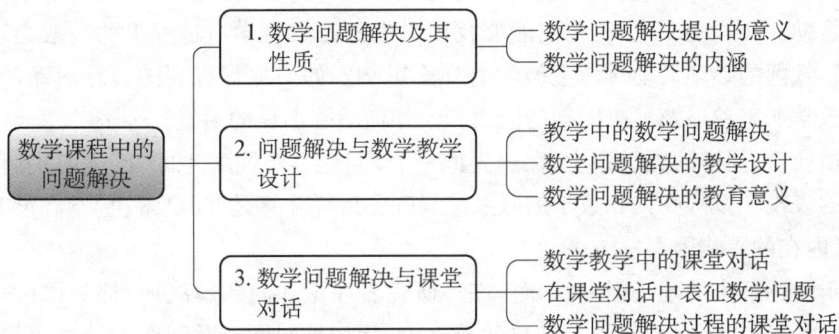

```
                              ┌─ 1. 数学问题解决及其     ── 数学问题解决提出的意义
                              │     性质                   数学问题解决的内涵
                              │
数学课程中的 ─────────────────┼─ 2. 问题解决与数学教学   ── 教学中的数学问题解决
问题解决                      │     设计                   数学问题解决的教学设计
                              │                            数学问题解决的教育意义
                              │
                              └─ 3. 数学问题解决与课堂   ── 数学教学中的课堂对话
                                    对话                   在课堂对话中表征数学问题
                                                           数学问题解决过程的课堂对话
```

第一节　数学问题解决及其性质

一、数学问题解决提出的意义

我们学习数学的目的之一就是应用数学(当然,学习数学还有很多其他的作用和意义),应用数学的表现之一则是解决问题,所以,数学教学不仅仅是数学知识的传授,更重要的数学方法和思想的渗透,同时还包括培养学生问题解决的能力。新高中数学课程标准的课程目标之一就是:提高数学地提出、分析和解决问题(包括简单的实际应用问题)的能力,数学表达和交流的能力,逐步地发展独立获取数学知识的能力①。解决问题的能力,日益被人们所重视,知识我们可以从图书或者网络中查询,但是对于解决问题的能力更加体现个体的素质或者素养。所以,重视问题解决是理所当然的事情。

在学校数学教育中,面对的较多的还是数学问题,现在也逐步关注实际的问题,例如数学研究性学习、数学项目活动等。对于前者,在很多情况下,问题已经比较清晰,学生的任务就是解决问题和学习如何解决问题;而后者,通过学生从实际情境,或者调查研究中,发现和提出数学问题,进而分析和解决问题,这也是课程标准提出的目标。但

---

① 中华人民共和国教育部.普通高中数学课程标准(实验)[M].北京:人民教育出版社,2003:11.

无论是哪种形式的问题,在数学教学中,问题解决必然是教学的重点,培养学生的问题解决能力是数学教育的目的之一。

现在,我们简单回顾一下数学教学过程。从纵向看,数学教学过程可以从学生进入学校学习到完成学业进入社会工作,这是个漫长而多变的"岁月",我们很难在学生学习和教师教学的心理活动的细枝末节上发现什么,所以,不妨考虑一个较短的时期:一个学期,一个单元学习,一节课程的学习。我们先看一节数学课的过程,例如现在要学习"直线和平面垂直的判定定理",许多的课堂设计从生活的实例出发(试图符合学生的认知心理),然后提出问题"如何判断直线与平面是否垂直呢?"(心理空缺),接着就是分析问题,解决问题,等等。在这样的一节课中,会出现不止一个"问题",教师和学生要进行"解决",在"解决问题"中,师生的心理活动在不停地发生变化,这些变化对于数学教学有什么帮助? 从这些变化中,我们能够找出学生的在数学学习过程中的一般心理活动规律吗? 教师的心理活动对课堂教学有什么影响? 如何加强有利的心理活动,提高学生学习数学的兴趣以及解决问题的能力? 又如何消除不良的因素? ……

从横向看,同样的数学课堂,在遇到同一个"问题",不同学生的"问题解决"将有什么不同的表现? 教师呢? 和数学的联系怎样呢? 怎样才算是"问题解决"? 有没有外在的,或者内在的影响因素? ……

关于问题解决的阐述很多,同时,许多研究者在论述问题解决前,都要探讨什么是"问题",或者对问题进行分类。在数学教学中,什么是问题以及问题的分类比较明确,因此我们在这里不再赘述。

二、数学问题解决的内涵

那么,什么是"问题解决"?

对于问题解决,也有着各种各样的认识。行为主义心理学家认为"问题解决"是联接的激起;格式塔学派认为,对问题的知觉方式决定了问题的难度,解决问题要经历一个知觉重构的过程;格式塔学派的心理学家华莱士(Wallas)认为创造性问题解决要经历四阶段,准备、酝酿、豁朗、验证[①]。认知心理学家安德森(Anderson)认为,所谓问题解决,应该有三个基本的特征:①目的指向性:某些行为显然是为了达到某一目的而组织起来的;②子目标的分解:问题解决的实质在于必须将原来的目的分解为一些子任务或者子目标,而不是直接就可以解决问题,直接解决问题,是原始意义上的问题解决;③算子的选择:将总的目标分解为一些子目标,知道达到子目标的算子。算子指的是能够将问题的一种状态转换为另一种状态的行动,而整个问题的解决便是使用这些已知的算子[②]。当代认知心理学认为,对人类来说,问题解决是一个组织严密的心理序列,问题解决是一个在现有手段和目标之间进行分析,根据问题解决的策略,从而达到目标的过程。问题解决的具体心理过程大致可以分为四个阶段:发现问题阶段、分析问题阶段、

① 贝斯特著.黄希庭等译.认知心理学[M].北京:中国轻工业出版社,2000:366—367.
② Anderson, J.R. *Cognitive Psychology and Its Implication* (3rd ed.) [M]. New York: Freeman, 1990:220 - 221.

提出解决问题的假设阶段和验证假设的阶段[①]。也有人认为,问题解决是由一定的情境引起的,按照一定的目标,应用各种认知活动、技能等,经过一系列的思维操作,使问题得以解决的过程。这种认识和安德森对问题解决的描述类似[②]。美国的数学教育家舍匈菲尔德认为,在数学教育领域对问题解决的理解,主要存在两种观点:第一种观点是,问题作为一种日常的练习,解决问题等同于算法的操练;第二种观点是,问题指非常规的问题,学生必须探索、连接、逻辑地推理并有效地利用数学方法解决这些问题,问题解决的核心是让学生数学地思维[③]。

我国学者邵瑞珍认为问题解决就是人们"面临新情境,新课题,发现它与主客观需要的矛盾而自己却没有现成对策时,所引起的寻求处理问题办法的一种心理活动"[④];郑毓信认为,关于"问题解决"主要有三种不同的理解:①把问题解决看成是一种教学手段。也就是说"问题解决"从属于具体数学知识的教学,即如通过问题来引入有关的教学内容,并通过问题解决来达到复习、巩固及检查的目的;②把问题解决看成一种技能。即通过问题解决而获得各种具体的解题方法和技巧,现代很多所谓的"问题解决"事实上也应被归入这一范畴,因为它们所提倡的即是各种各样的"解题术";③把问题解决看成一种艺术。这就是说,问题解决在本质上是一种创造性的活动。最后,他指出,所谓问题解决就是综合地、创造地运用各种数学知识去解决那种并非单纯练习题式的问题,包括实际问题和源于数学内部的问题[⑤]。问题解决,涉及到各方面的因素,但是主要表现为人们的一种心理素质和动手操作能力。在数学教学中,问题解决更加侧重的是人们的心理活动,因为数学是人类思维的活动,是在抽象层面的,符号的或者语言的逻辑推理和运演。

当学习者遇到问题,尝试去解决的时候,不是简单地运用所学的知识(概念规则),而是要对信息进行加工,对已有的规则进行重新组合,组合成新的高级规则,来寻求解决问题的策略或者方案。这种高级规则,也可称之为"产生式",就是"如果……那么……"的形式表示的规则,是一种"条件→活动"规则,只要条件信息一出现,活动就会自动产生[⑥]。

例 1. 如右图所示,AF、DE 分别是 $\odot O$、$\odot O_1$ 的直径。AD 与两圆所在的平面均垂直,$AD = 8$,BC 是 $\odot O$ 的直径,$AB = AC = 6$,$OE \parallel AD$。

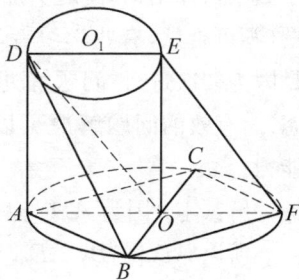

（Ⅰ）求二面角 $B\text{-}AD\text{-}F$ 的大小;

（Ⅱ）求直线 BD 与 EF 所成的角。

① 梁宁建.当代认知心理学[M].上海:上海教育出版社,2003:277.

② 张掌然."问题"的哲学研究[M].北京:人民出版社,2005:301.

③ Schoenfeld, A. H. Learning to Think Mathematically[EB/OL]. http://gse.berkeley.edu/faculty/AHSchoenfeld.

④ 邵瑞珍.教育心理学[M].上海:上海教育出版社,1988:140—220.

⑤ 郑毓信.问题解决与数学教育[M].南京:江苏教育出版社,1994:35—38.

⑥ 何小亚.与新课程同行:数学学与教的心理学[M].广州:华南理工大学出版社,2004:105.

对于这样的问题,学习者在了解问题的过程中,开始搜索认知结构中相应的规则或者产生式,例如二面角的概念,找二面角的一般方法,垂直的概念,角度的计算等等。我们可以通过图 8-1 表示。

图 8-1

学习者
认知结构
(二面角为例)

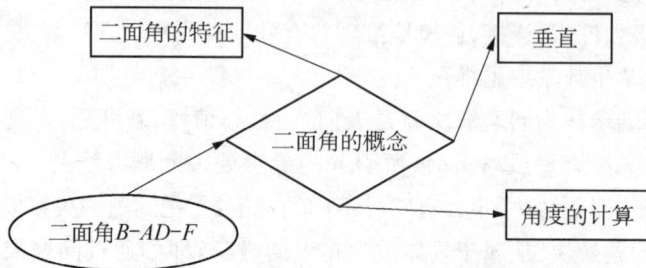

在学习者思维过程中,激发熟悉规则或者产生式是问题解决的关键。但是,如果这个问题对于学习者来说,不是陌生的,而是曾经练习过,那么这时候就不会出现问题解决,而只是一种操练[①]。所以,问题解决是指解决新问题,是学习者首次遇到的,而不是记忆或者操练,这是问题解决的性质之一。其次,即使记忆了很多规则,但是没有产生式,或者不能将规则适当应用,那么也很难解决问题。这也就需要学习者要建立良好的数学认知结构,可以合理地把规则应用到适当的位置。

在例 1 中的(Ⅰ),如果仅仅把相关的"规则"想象出来,但是对于规则的应用却是一无所知,那么这些规则"没用",而这些"规则"也只是罗列出来的知识而已。

再者,通过问题解决,学生将改变数学认知结构。上述问题得到解决以后,通过归纳总结,学习者的数学能力或者素养将得到提高,这是因为解决问题的过程中,其调整了数学认知结构,使之更加合理、有效,下次再遇到类似问题,调动记忆就有可能解决问题(不可否认,有些学习者,再次遇到已经解答过的问题,还是不能很好地解决,这主要是因为初次进行"问题解决"时,没有合理地优化认知结构,从而使问题又回到了初始状态)。有效的问题解决可以增多"产生式"(高级规则),这样就可以提高问题解决的能力。

解:(Ⅰ)因为 AD 与两圆所在的平面均垂直,

所以 $AD \perp AB$,$AD \perp AF$,故 $\angle BAF$ 是二面角 $B-AD-F$ 的平面角,

依题意可知,$ABCD$ 是正方形,所以 $\angle BAD = 45°$。

即二面角 $B-AD-F$ 的大小为 $45°$;

下面我们通过解决问题(Ⅱ),来探究数学问题解决的一般过程。

首先,我们要了解问题的已知和所求:

已知:求证① AF、DE 分别是 $\odot O$、$\odot O_1$ 的直径;②AD 与两圆所在的平面均垂直;③$AD = 8$;④BC 是 $\odot O$ 的直径;⑤$AB = AC = 6$;⑥$OE \parallel AD$。

求:直线 BD 与 EF 所成的角。

[①] 邵瑞珍.教育心理学[M].上海:上海教育出版社,1988:139.

其次,结合图形,在已知和要求的问题之间建立联系。

思维活动:

◆ 寻找直线 BD 与 EF 所成的平面角;

➢ AD 与两圆所在的平面均垂直,$OE /\!/ AD$,所以 OE 和两圆也垂直,且 $DE = AO$,$DE /\!/ AO$;

➢ O 是圆心,则 $DE = AO = OF$;

➢ 连结 DO,四边形 $DOFE$ 是平行四边形;

➢ $DO /\!/ EF$,则 $\angle BDO$ 是要求的直线 BD 与 EF 所成的平面角。

◆ 计算 $\angle BDO$ 的大小

➢ 求出 $\triangle BDO$ 三边长,(勾股定理)

➢ 由余弦定理计算可得角度。

最后,对所求得结果进行检验。

在问题解决过程中,涉及到许多数学的"规则":平行、垂直、圆、平行四边形、勾股定理、余弦定理等。这些规则在数学认知结构的支配下,对要解决的问题进行综合,形成解决问题的策略,由逻辑推理论证,最后解决了问题。

问题(Ⅱ)还有另外一种解决方法,那就是向量解决方法,方法如下:

解:如右图所示,以 O 为原点,BC、AF、OE 所在直线为坐标轴,建立空间直角坐标系。

则 $O(0,0,0)$,$A(0,-3\sqrt{2},0)$,$B(3\sqrt{2},0,0)$,$D(0,-3\sqrt{2},8)$,$E(0,0,8)$,$F(0,3\sqrt{2},0)$,

所以,$\overrightarrow{BD} = (-3\sqrt{2},-3\sqrt{2},8)$,$\overrightarrow{FE} = (0,-3\sqrt{2},8)$,

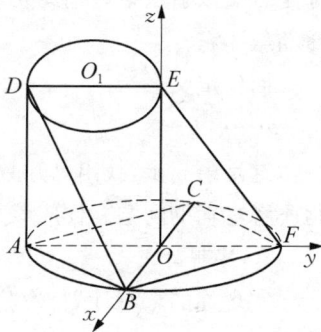

$$\cos\langle \overrightarrow{BD},\overrightarrow{EF}\rangle = \frac{\overrightarrow{BD}\cdot\overrightarrow{FE}}{|\overrightarrow{BD}||\overrightarrow{FE}|} = \frac{0+18+64}{\sqrt{100}\times\sqrt{82}} = \frac{\sqrt{82}}{10}.$$

设异面直线 BD 与 EF 所成角为 α,则 $\cos\alpha = |\cos\langle\overrightarrow{BD},\overrightarrow{EF}\rangle| = \frac{\sqrt{82}}{10}$。

直线 BD 与 EF 所成的角为 $\arccos\dfrac{\sqrt{82}}{10}$。

上述例题是一个清晰明白、直截了当的问题,相对于一般的问题解决,不需要再找出问题,这就少了"发现问题"的阶段。所以,在解答上述问题时,首先是对问题进行分析,分析问题的已知和未知;接着就是选择适当的模式;再者在已知、未知和认知结构之间建立联系;然后,应用合适的策略进行问题解决;最后,对解答的结果进行检验。

杜威在 1910 年指出,学生的问题解决过程包括 5 个步骤:①开始意识到问题的存在;②识别出问题,确定问题的性质,加以界定;③收集材料并对之分类整理,提出假设;④考虑解决办法的各种可能的结果;⑤形成和评价结论。杜威主要从一般的问题解决出发而阐述的,并且被许多人引用。斯腾伯格(Sterberg)提出的问题解决包括 6 个基本步骤:问题的确认,问题的定义,问题解决策略的形成,问题的表征,资源的分配,监控与评估。我国教学论专家高文对此进行了整合,将问题解决归结为 5 个阶段:问题的识别与问题的定义,问题的表征,策略的选择与应用,资源的分配,监控与评估[1]。

而波利亚从数学问题解决的角度,给出了著名的"怎样解题表"[2]:

1. 弄清问题

未知数是什么,已知数是什么,条件是什么,满足条件是否可能。要确定未知数,条件是否充分,或者它是否不充分,或者是多余的,或者是矛盾的,画张图,引入适当的符号。把条件的各个部分分开,你能否把它们写下来?

这就是第一步,你必须弄清问题。

2. 拟定计划

你以前见过它吗? 你是否见过相同的问题而形式稍有不同? 你是否知道与此相关的问题? 你是否知道一个可能用得上的定理? 看着未知数! 试想出一个具有相同未知数或相似未知数的熟悉的问题。这里有一个与你现在的问题有关,且早已解决的问题?

你能不能利用它? 你能利用它的结果吗? 你能利用它的方法吗? 为了能利用它,你是否应该引入某些辅助元素? 你能不能重新叙述这个问题? 你能不能用不同的方法重新叙述它?

回到定义去。

……

这是第二步,找出已知数与未知数之间的联系。如果找不出直接的联系,你可能不得不考虑辅助问题。你应该最终得出一个求解的计划。

3. 实现计划

实现你的求解计划,检验每一步骤。你能否清楚地看出这一步骤是否正确的? 你能否证明这一步骤是正确的?

这是第三步,实现你的计划。

4. 回顾

你能否检验这个论证? 你能否用别的方法导出这个结构? 你能不能一下子看出它来? 你能不能把这结果或方法用于其他问题?

这是第四步,验算所得到的解。

除此之外,还有许多著名的数学教育家、心理学家给出了数学问题解决的一般模式,例如舍恩菲尔德把数学问题解决分为:分析和理解问题、解法的设计、对困难问题的解法探索、对解答进行检验,共 4 个阶段[3]。奥苏伯尔和鲁宾逊以几何问题的解决为原型,在 1969 年提出一个解决问题的模式(图 8 - 2),这个模式包括四个阶段:第一阶段:呈现问题情境命题;第二阶段:明确问题的目标与已知条件。第三阶段:填补空隙过程,

① 徐斌艳.数学教育展望[M].上海:华东师范大学出版社,2001:213.
② G·波利亚.怎样解题[M].北京:科学出版社,1982:17.
③ Schoenfel, A. H. Mathematical Thinking and Problem Solving [EB/OL]. http://gse.berkeley.edu/faculty/AHSchoenfeld. 1993.

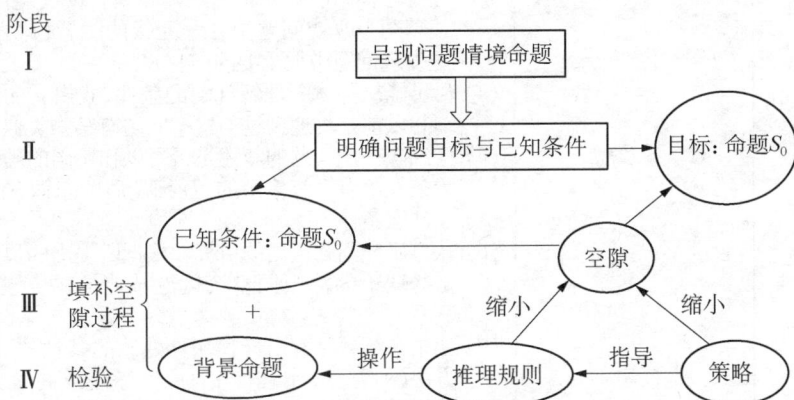

图 8-2

奥苏伯尔和
鲁宾逊问题
解决模式

此乃解决问题过程的核心。第四阶段：解答之后的检验[1]。

奥苏伯尔和鲁宾逊的这个模式强调原有的知识结构，他们认为原有的知识分解为背景命题、推理规则和策略。

布兰斯和斯坦(Bransford & Stein)设计并验证了这样的问题解决五步策略，即IDEAL 五步法[2]：

I(Identify)　　识别问题与机会

D(Define)　　界定目标，表征问题

E(Explore)　　探索可能的解决问题策略

A(Anticipate)　预期结果并实施策略

L(Look)　　检验解决问题过程并进行新的学习

这个方法和其他的模式都注重开始环节，仔细审题：要解决的问题是什么，可利用的资源与信息是什么，如何表征问题等，然后是其他的步骤。

苏联数学教育家奥加涅相(Oganesian)认为数学解题过程分为：理解问题的条件、制定解题计划、实施解题计划，研究所得的解答，共 4 个阶段。(如表 8-1)

1. 理解问题的条件	认清问题的条件和要求，深入了解和分析条件中的各个元素(或目标中的元素)，在复杂的记忆系统中检索出必需的信息，在问题的条件和结论同已有的知识和经验之间建立联系	建议 (1) 开始研究问题的条件时。你应当仔细作出直观的图形、平面图、表格或者说明问题的草图，以帮助你思考问题：将问题的条件正确地用图形表示出来，意味着你对问题的整个情境有了清晰的、明确的和具体的理解 (2) 清晰地理解问题的情境中的各个元素。一定要弄清楚其中哪些元素是给定了的，即已知的；哪些是所求的，即未知的 (3) 深入地思考问题叙述中的每一个词(每一个符号、术语)的意义；尽力找出问题的重要元素。在图上用直观

表 8-1

奥加涅相的
数学解题
过程

① 邵瑞珍. 教育心理学[M]. 上海：上海教育出版社，1988：146.
② 罗伯特·斯莱文著. 姚梅林译. 教育心理学[M]. 北京：人民邮电出版社，2004：202.

续　表

<table>
<tr><td></td><td></td><td>的符号标出已知元素和未知元素。试试能否在图上或草图上改变问题中各个元素的位置(这样做有可能发现问题中很重要的内容)

(4) 尽可能从整体上理解问题的条件,找出它的特点,想一想以前是否遇到过与这个问题有某些类似的问题

(5) 仔细想一想问题的叙述是否可以作不同的理解,问题的条件中有没有多余的、互相矛盾的东西,是否还缺少什么条件

(6) 认真研究问题提出的目标。根据所提出的目标,找出那些理论的法则同整个问题或者它的某些元素有联系

(7) 如果在解题时有可能使用你熟悉的某种一般的数学方法(列方程,作几何变换,坐标法或向量方法,等等),尽可能地用那种方法的语言表示问题的元素(列出方程,用坐标和向量的形式表示已知关系和所求关系,等等)</td></tr>
<tr><td>2. 制定解题计划</td><td>寻求问题的解法,它包括有目的地将已知和未知进行各种组合的试验。尽可能将问题化为已知类型,选择在已知条件下最好的解题方法,选择解题的方案,探讨解题的计划,并且在初步检验之后对计划作修正,将计划同问题的条件与直观想象的条件建立联系,最后确定解题计划,等等</td><td>建议
(1) 想方设法将所给的问题同你会解的某一类问题联系起来。如果连这一点都做不到,那就尽可能找出你熟悉的、最适合于已知条件的一种解题方法

(2) 问题的目标是寻求解答的主要方向。仔细分析问题的目标是什么,试试看能不能用你熟悉的某种方法去解决问题

(3) 将所得到的局部的结果同问题的条件和目标作比较,用这种办法经常检查解题的意图是否合理,试验的次数(包括思考过的和实际做过的)不要太多

(4) 试一试能不能部分地改变问题,换一种方式叙述它的条件,故意简化问题的条件(也就是编一道与所给问题相似的但条件比较简单的问题,再设法解它);试一试能不能扩大问题的条件(编一道比所给问题更一般的问题),而且将与该问题有关的概念用它的定义来代替

(5) 将问题的条件分成几个部分;尽可能将这几个部分构成一个新的组合(也可能出现同一问题中不讨论的东西组合到一起的情况)

(6) 试一试能不能将所给问题分成一连串辅助问题,依次解答这些辅助问题就可以构成所给问题的解;对于所给问题的情境中的各个部分编一些局部性的问题,这样做当然要服从基本问题的目标

(7) 研究问题的某些部分的极限情况,看一看这样会对问题的基本目标有什么影响

(8) 改变问题的某一部分,看一看这样会对问题的其他部分有什么影响;根据看到的改变问题的某些部分所出现的结果,试一试能不能就问题的目标作出一个假设

(9) 如果所给的问题解不出来,你可以从课本或参考书中找一道与所给问题相似的但已经给出解答的问题。仔细研究现成的解答,再尽力从中找出对解答所给问题有益的东西</td></tr>
</table>

3. 实施解题计划	实施解题计划包括将解题计划的所有细节付诸实现,同时通过与已知条件和所选择的根据作对比,对计划进行修正;选择叙述解答过程的方法并且书写解答,写出结果,等等
4. 研究所得的解	研究所得的解包括对解答的最后结果进行检查分析(估算结果并进行检验),探讨实现解题的各种方法,研究特殊情况和局部情况,找出最重要的知识,将新的知识和经验加以整理,使之系统化

接下来,我们将从问题解决的角度来讨论具体的数学课堂教学,包括数学教学设计、课堂对话等方面。

第二节　数学问题解决与数学教学设计

一、教学中的数学问题解决

上课之后,教师给出这样一个问题:如右图,x 轴表示一条河,骆驼队从 A 地出发前往河中取水然后运到 B 处,你知道在何处取水行程最短吗?

学生:找 A 点关于 x 轴的对称点 A',连结 $A'B$,交轴于 P 点,在 P 点取水,行程最短。

……

随着学生的回答,关于《直线的方程》的教学展开了。

可以发现,数学教学和问题解决是息息相关,不可分离的。在数学教学中,通过培养学生解决数学问题的能力,将使学生学会思考的方法,养成坚持不懈的习惯,并且拥有好奇心,有信心面对数学课堂外遇到的不熟悉的情境。"创新源于问题,问题源于情境",吕传汉、汪秉彝给出下面的数学教学的基本模式[①](图 8 - 3):

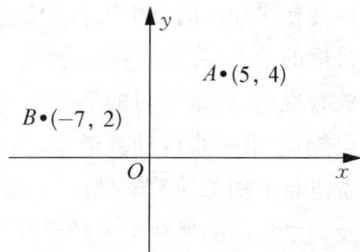

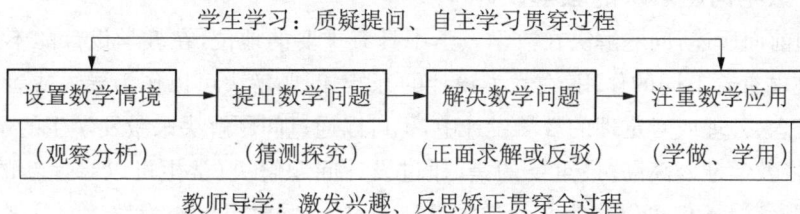

图 8 - 3

数学教学的基本模式

在这个模式中,数学问题贯穿于始终,在每一个阶段几乎都包含着问题解决。一年半的教学实验证明这个数学教学基本模式是比较成功的。问题是促使人们进行研究探讨的动力,有了问题才能激发人们的好奇心;同样,在数学课堂中,学生在问题的刺激下

[①] 吕传汉,汪秉彝.再论中小学"数学情境与提出问题"的数学学习[J].数学教育学报,2002,11(11):72.

才产生兴趣,激发求知欲,积极探究、学习新知识。哈尔莫斯(Halmos)认为问题解决是"数学的核心"①。

教学中的问题有着重要的功能:(1)应该是有引导意义的问题情境。①通过问题解决形成某一数学子领域的内容与特殊的方法;②这种问题作为教学导入阶段的学习辅助工具。(2)有助于有目的地发展认知策略,特别是启发法的策略,达到一般学习目标。(3)能够使数学方法论的出发点更清晰。(4)能够明确数学理论的应用性特征,能够突出数学建模的观点,强调其基本思想。(5)修正、扩展和加深原先给出的问题提出。(6)能引出动机,甚至对数学的热爱②。

在数学教学设计中,问题解决同样具有举足轻重的作用。如同《直线的方程》的教学一样,问题解决可以作为课堂教学的引入;而在上述的教学模式中,又是围绕解决数学问题开展教学的,也就是问题解决是课堂教学的中心;不仅如此,在教学结束时,以问题解决来回顾所学习的内容,这也是比较常见的教学方式。

加涅认为教学系统包括 9 个步骤:①研究教学的需要;②将教学目的转化成课程和包含在课程中的个别教材的框架;③通过学习达到教程目标;④鉴别终点目标和对终点目标的学习,将这些目标分组并形成可以比较的类别单元,然后将这些单元系统安排形成教程;⑤确定学习的性能类型,从中推论出必要的学习条件,使教学的顺序计划成为可能;⑥进一步设计教学单元;⑦一旦一门教程已根据终点目标进行了设计,那么紧接着进行个别课的教学设计;⑧提出学生学习结果的评估方法;⑨寻求课和教程的设计以及与之相应的评估学习结果的技术,确保整个系统的计划顺利进行。数学教学设计,是为数学教学活动制定蓝图的过程③。

完成数学教学设计,教师需要考虑三个方面:①明确教学目标;②形成设计意图;③制定教学过程④。问题解决密切联系数学教学设计,美国的 NCTM 在《数学教育的原则和标准》(2000)中指出,问题解决是数学学习不可分割的一部分,学生通过问题解决掌握新的数学知识,解决在数学及其他情境中出现的问题,采用各种恰当的策略解决问题,检验和反思数学问题解决的过程。⑤

二、数学问题解决的教学设计

正如前面所述,问题解决在数学教学中具有重要的地位,在教学设计的不同环节,问题解决也有着不同的作用,在教学设计的开始,问题解决可以作为导入或者起点;关于重要概念、公理或者定理的教学设计中,也可以通过问题解决来激发学生的学习积极性,从而将教学推入高潮;最重要的是,通过设计问题解决,学生可以掌握新的数学知识;而问题解决不仅可以作为数学教学设计的引入,同时可以作为教学的总结,通过留下一些疑问,为下一次的教学进行铺垫,起到承上启下的作用。

① Halmos, P. The Heart of Mathematics [J]. *American Mathematical Monthly*, 1980(87):519-524.
② 徐斌艳.数学教育展望[M].上海:华东师范大学出版社,2001:137.
③ R. M. 加涅.皮连生等译.教学设计原理[M].上海:华东师范大学出版社,1999:29.
④ 张奠宙等.数学教育概论[M].北京:高等教育出版社,2004:56.
⑤ 蔡金法等译.美国学校数学教育的原则和标准[M].北京:人民教育出版社,2004:87.

（一）问题解决是教学设计的起点

教学必须考虑影响学习的全部因素,也就是学习的条件。这些条件是学习者外部的刺激;其他是内部条件,需要在学习者自身内部去寻找,它们是学生携带到学习任务中的心理状态①。因此,加涅给出了基于现代认知(信息加工)理论的学习与记忆基本模型(图8-4)。我们关注的是来自学习者外部的环境刺激,这是学习的开始。从学习者来说,在即将学习的开始,需要一个"心理空缺",这种心理需求既有学习者内在的冲动,也有外在因素的刺激。通过建立初始的学习欲望,学习者从记忆中提取先前习得的知识和技能,促成学习的形成。

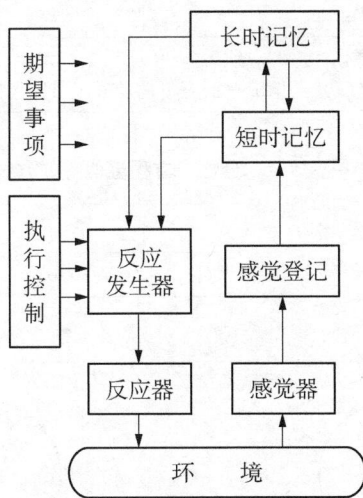

图 8 - 4

基于信息加工理论的学习与记忆基本模型

数学的特征之一就是应用性,解决问题是数学教学中必不可少的过程,通过解决问题体现数学的应用性。在数学教学设计中的情境设置就是要解决问题,一方面可以将实际的问题进行数学化,另一面,解决具体情境问题,可以引出新知识的学习。因此,问题解决是数学教学设计的起点。这不仅体现在数学课堂教学设计的开始,在教学的每一个环节都是以"问题解决"开始的。例如,我们来分析一下《用二分法求方程的近似解》②的教学设计流程图(如图8-5)。

二分法在生活中常常使用,然而学生对于数学中的"二分法"却是陌生的,这与学生原有的知识结构有一定的"距离",因此,在学生的认知过程中可能存在着一些困难。作为教师,在教学中必须尽量缩小新知识和原有认知之间的"差距",同时又要唤醒学生原有知识,使得新旧之间建立联系。该案例中的"二分法思想"引入,把教材中的陈述通过教学情景中的"问题解决"来构建学生知识之间的联系。也就是有图8-6中的(a)转化为(b)。

① R.M.加涅.皮连生等译.教学设计原理[M].上海:华东师范大学出版社,1999:47.
② 吕伟泉,徐勇.高中新课程数学优秀教学设计与案例[M].广州:广东高等教育出版社,2005:29.

图 8 - 5

《二分法
求方程的
近似解》教学
设计流程图

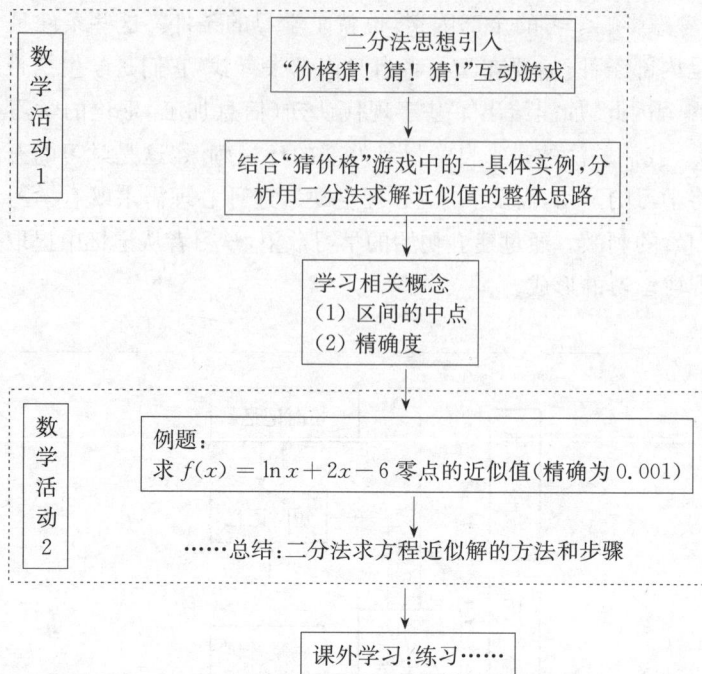

图 8 - 6

从教材陈述
到问题场景

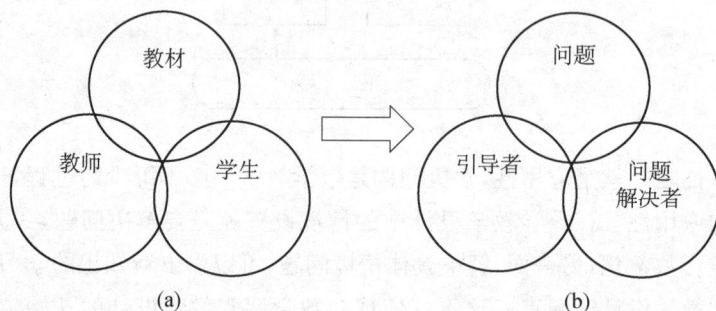

　　案例中,教师选择 6 人组成一个小组,参与猜风铃价格的游戏,然后角色调换,学生出物品,让教师猜其价格。问题:如何才能在误差允许的情况下,最快地猜出物品的价格。通过解决这个问题,启发学生用二分法求解近似值。学生对于猜测物品价格的游戏并不陌生,在电视和日常生活中,这是常常遇到的事情,从而降低了对"二分法"认知的难度,通过这个桥梁,学生的思维活跃起来,将原有的知识(生活中的和数学的)都和当前的情境联系在一起,新知识逐步构建。

　　问题解决不仅帮助学生从经验中逐步深入到抽象的数学概念,更重要的是它作为数学教学设计的起点,使数学教学逐步开展,使学生能够积极主动的参与到教学环境中。同时,作为问题解决的设计者和引导者,教师和学生共同进行知识的学习,教师以自身经历和经验,或者站在更高层次的认知角度,为面对新问题的学生给出建议,这无疑比直接讲授新知识更加有教学效果,然而,如果没有问题,教师只能是平铺直叙地讲授。

再看教学活动 2,依然以设计问题解决为起点,通过一系列的教学活动,得出二分法求方程近似解的方法和步骤。

当然,并非所有的教学设计都是以"问题解决"为起点的,但是根据数学学科的特点和学生认知规律,使用"问题解决"引出课程新内容,在实践教学中是很有效的。学生只有通过进行解决问题的思维活动,才能体验到数学知识的产生渊源和过程,从而才能深刻理解数学知识,构建良好的认知结构。

在以问题解决为数学教学设计的起点时,也要注意几个问题:

首先,问题的选择。适当的问题不仅可以激发学生学习的兴趣,而且可以贯穿课堂教学始终,将要学习的知识紧密联系在一起。在教学设计中,教师需要思考选择什么样的问题,问题是否适合设计的教学情境? 和新知识的联系是怎样的? 等等。

其次,问题解决的基本情况。对于选取的问题,教师要有假定的预设,学生在解决过程中将会出现哪些情况? 如果出现教师不熟悉的解决方法,教师如何处理?

再则,时间的安排。在教学设计中,要详细安排每个教学环节时间。不同的解决问题方法,需要的时间不一定相同,如果学生进行讨论,如何控制呢?

最后,问题解决必须引出新知识,否则,设计的问题或者问题解决和教学目标就脱离了,尽管学生可能成功地进行问题解决,然而,这和教学设计的基本出发点相违背。

(二) 问题解决激发数学教学的高潮

当经验引起个体知识或行动上相对持久的变化时,学习就发生了[①]。数学学习是一种建构活动,第一,作为抽象思维的产物,数学对象本身就是建构的结果,而数学抽象的本质就是一种建构活动;第二,数学学习建立在理解基础上,而数学理解也是一种建构活动;第三,问题解决是一种更高级的知识建构[②]。数学教学设计就是使学生能够发生数学学习,从而理解数学,进行知识构建。

数学是思维的体操。数学学习必须有思维活动,简单的记忆和操练可能使学生记住一些公式,掌握一些运算的技巧,但是,有意义的学习并没有发生。这样的数学学习是机械的,缺乏创造性和长期性。要使得有意义的数学学习发生,学生必须进行数学地思考,从而构建新的数学认知结构和知识结构。因此,在教学设计中应该考虑如何激发学生数学地思考,使学生有效地进行数学学习。

数学问题解决不仅是教学的起点,而且在教学中是刺激学生进行学习的重要方式之一。问题解决是一种更高级的知识建构,是一种学习活动,是学生主动构建的认知过程。从某种意义上说,问题解决的活动既是规则学习也是图式学习的自然延伸……问题解决可被看出一个过程,通过这个过程,学习者发现一个由先前习得的规则所组成的联合,并计划运用这些规则去获取一个新的问题情境的答案。但是问题解决并非简单地对先前习得规则的运用,它也是一个产生新的学习的过程[③]。如果前期的数学情境和问题引入是教学的前奏,那么进行问题解决可以将学生引入新的数学学习中。在数

---

① 阿妮塔·伍德沃克著,陈红兵等译.教育心理学[M].南京:江苏教育出版社,2005:127—131.

② 喻平.数学教育心理学[M].桂林:广西教育出版社,2004:150—152.

③ 加涅著,皮连生等译.学习的条件[M].上海:华东师范大学出版社,1999:79—85.

学课堂中,通过问题解决,学生可以巩固原有的知识,学习并掌握新知识。对于不同的数学内容,教学中可以设计不同的问题,包括简单的练习和实际问题等。

例如,在概率(必修)中的古典概型的教学设计中,要求学生解决下面的问题:甲、乙二人通过掷骰子赌胜负,骰子是均匀的,甲乙二人各掷一次,谁掷出的点数大谁赢。若二人掷出的点数相同,则为平局。求:$A=$"甲赢",$B=$"甲没输"的概率[①]。

这节课的基本教学目标就是要通过实验,使学生了解古典概型问题的条件,并会用穷举法数出基本事件的个数,计算古典概率。学生在完成基本概念之后,对于抽象的"对立事件、互斥事件、等可能事件、古典概型"还比较模糊,他们需要通过具体的问题解决来进一步巩固。上述的问题可以帮助师生一起来探讨。在解决这个问题过程中,学生积极进行数学思维,而不是被动地接受。

在解决问题过程中,学生将自己的思维过程暴露出来,教师可以发现学生存在的问题,也可以寻求更好的解决方法。教师通过展示解决问题的方法和策略,引导学生进行合理地数学思维,激发学生学习的积极性,而不是被动的记忆。通过提问、演示等方式,教师可以更多地从学生的表现中获得反馈的信息,从而调整教学方法,解决学生存在的问题。

在数学教学设计中,教师要精心计划,考虑周到。优秀的教学设计是成功的数学教学的基础。问题解决作为数学教学的核心,教师要从多方面考虑,学生、教材、教学方式等都是问题解决中的重要方面。

数学教学设计包括下面一些重要步骤:前期分析、教学目标设置、教学方案设计、评价和调整等。在课堂教学中,主要是实施教学方案,包括下面五个环节[②]:

图 8 - 7

教学方案
实施环节
示意图

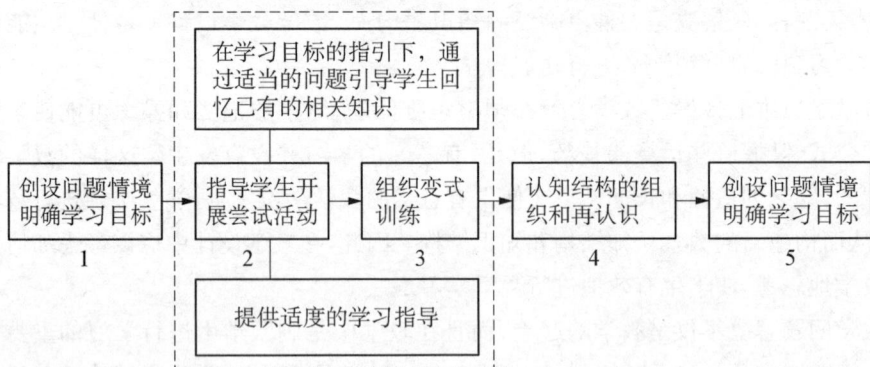

通过第 1 个环节创设问题情境,明确学习目标,课堂教学在师生的共同推动下,进入第 2、3 个环节,这两个环节是课堂教学的重心,学生在问题引导下,激发记忆中的知识,由教师提供适度的学习指导,实现数学学习;再经过组织变式训练,把所学习的数学知识加以巩固,从而达到认知结构的组织和再组织。问题解决在这两个环节起到了重要的作用,师生通过问题解决,激发数学思维的活跃性,使学生的数学学习达到最高的兴

① 王林全等.高中数学新课程实验与探索(上册)[M].北京:高等教育出版社,2004:172—175.
② 顾泠沅.教学改革的行动与诠释[M].北京:人民教育出版社,2003:84—86.

奋点,将数学课堂教学推向了高潮阶段。经过变式训练,知识进行重组,认知结构重构。

深圳某位教师在讲授"平行四边形的识别"的时候,充分体现了"问题解决"的重要性,通过创设问题情境将游戏引入教学。

游戏:如右图,在平行四边形 $ABCD$ 中,P_1,P_2,…P_7 是对角线 BD 的八等分点,以图中的这些点(包括 A、B、C、D)为顶点,能画出多少个平行四边形?学生分组比赛,看看哪一组学生画出的平行四边形最多。

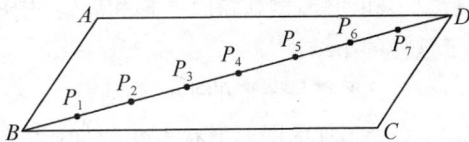

(以游戏(问题解决)开始,吸引学生的注意,激发学生好奇心和学习兴趣,使学生产生学习的冲动。)

在学生完成后,教师留下悬疑:我们暂时不讨论哪一组结果正确,哪一组找出的平行四边形最多,等我们进行完下面的节目后再来评判。

(留下悬念,刺激学生学习下面内容的欲望。)

接着是"做一做",指导学生开展尝试活动。

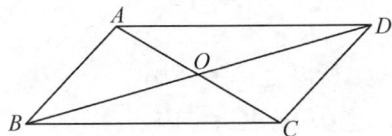

问题:请学生在所备纸上画出两条相交于点 O 的线段 AC、BD,并且满足 $AO=CO$,$BO=DO$。连接 AB、BC、CD、DA。仔细观察所画图形,你能发现什么?你们小组得出的结果一样吗?你能说明其中的道理吗?

这个问题在教师的指导下进行,学生进行合作交流,积极探索。

"这肯定是一个平行四边形,道理还不知道。"

"这是一个平行四边形,将它绕点 O 旋转 180 度后仍和它自身重合,所以它是一个平行四边形。"

"它是一个平行四边形,它可以看作是三角形绕点 O 旋转得来的,而平行四边形是一个旋转对称图形。"

……

在教师的提示下,学生逐步概括出平行四边形的判定定理:对角线互相平分的四边形是平行四边形。

继而引导学生:到目前为止我们有几种方法可以判定一个四边形是不是平行四边形?哪几种?

"三种。定义,还有'一组对边平行且相等的四边形是平行四边形';加上上面的'对角线互相平分的四边形是平行四边形。'"

学生通过解决问题,课堂气氛不断活跃,逐步推向了高潮,在这样的情形下,大部分学生都参与到课堂学习活动中,在教师的指导下,学生回忆原来学过的知识,并且解决了新的问题,进行了有效的数学学习。接下来,教师设计了一系列的变式问题,加强和巩固学生的学习,达到数学认知结构的重组。

最后,教学又回到情境引入的游戏,通过解决这个问题,学生对知识进行回顾总结,教师可以得到教学反馈,发现问题,从而调整方案,为下节课做好准备。

(三) 使用问题解决归纳总结教学

在课堂教学中,我们时常看到的小结是将所学过的知识简单陈述,对本节课内容进行复习和回顾,例如,在《平移和旋转》中的"平移"教学设计中,有的教师带领学生进行了这样的小结:

(1) 平移是图形的平行移动;

(2) 平移的图形形状不变,大小也不变;

(3) 平移由移动的方向和移动的距离决定;

(4) 平移后对应位置的点是对应点,对应位置的线段是对应线段,对应位置的角是对应角,对应位置的三角形是对应三角形。

这样的总结虽然可以起到复习回顾的作用,但是对于学生深刻理解知识似乎还不够,因此,在许多的小结中,也采用"问题解决"对学习内容进行归纳总结,并开拓学生思路,进一步思考所学习的内容,有利于学生加深对所学新知识的印象。

例如,在学习《等腰三角形的判断》中,教学设计的小结是:

(1) 如果一个三角形有两个角相等,那么这两个角所对的边相等,这个三角形是等腰三角形;

(2) 比较:(问题解决)

等腰三角形性质定理:等边对等角。因为 $AB = AC$,所以 $\angle C = \angle B$;

等腰三角形判定定理:等角对等边。因为 $\angle B = \angle C$,所以 $AC = AB$。

通过比较,学生可以进一步理解性质和判定定理的不同,进一步思考判定定理的适用情况。

如果这样的问题解决相对比较简单的话,下面的例子可以让学生更多的思考:

在《函数的概念》小结中,设计这样的问题:你对"函数是描述变量之间的依赖关系的重要模型"这句话有什么体会? 构成函数的要素有哪些? 你能再举出生活中一些函数的例子吗?

通过解决这些问题,启发学生对本节课学习的内容进行总结,提醒学生重视研究问题的方法和过程。学生通过对这些问题的回答,初步理解函数的一般概念。

三、数学问题解决的教育意义

数学问题解决可以看作教学手段,但是这不能概括问题解决涵义的全部。问题解决在不同的情境,有着不同的意义。正如郑毓信所指出的,问题解决可以看出教学手段,也可以看作技能或者艺术。数学家解决数学问题,一般都是未知的问题,这个过程不仅是知识的回顾、应用等,更多的是创造。在数学教学中,我们面对的更多的是已知解法和答案的问题,通过解决这些问题,促进学生数学新知识的学习和数学能力的提高;因此,在课堂教学中的问题解决,和一般的问题解决既有相似之处,但又有着不同的特征,它们有着特定的教育意义。

(一) 培养学生数学能力

能力是指影响人的心理活动的效果和效率的心理特征。数学能力就是顺利有效地完成数学活动的个性心理特征。林崇德认为数学能力是以数学概括为基础的运算能力、空间想象能力和逻辑思维能力,与思维的深刻性、灵活性、独创性、批判性和敏捷性品质相互交叉构成的统一整体[①]。王梓坤认为数学能力应包括"直观思维、逻辑推理、精确计算和准确判断[②]。"克鲁切茨基认为数学能力包括:获得数学信息;数学信息加工;数学信息保持;一般综合性等组成成分[③]。数学教育的核心任务就是培养学生的数学素养,而数学能力是素养的重要方面之一。

我国《普通高中数学课程标准(实验)》认为高中数学课程的总目标是:使学生在九年义务教育数学课程的基础上,进一步提高作为未来公民所必要的数学素养,以满足个人发展与社会进步的需要。具体目标中包括:获得必要的数学基础知识和基本技能,通过各种不同形式的自主学习、探究活动,体验数学发现和创造的历程;提高空间想象力、抽象概括、推理论证、运算求解、数据处理等基本能力;提高数学地提出、分析和解决问题(包括简单的实际应用问题)的能力,数学表达和交流的能力,逐步地发展独立获取数学知识的能力等。[④]

从这些课程目标我们可以看出,数学能力是培养学生素养的重要组成部分。而数学课堂教学是培养学生数学能力的重要渠道之一,这也是学校教育的重要组成部分。因此,在数学教学设计中,既要考虑新知识的讲授,又要注意培养学生的数学能力。培养学生数学能力有很多的途径,例如可以通过变式教学提高学生的数学能力,重视数学思想方法,提高学生发现问题的能力等等。事实上,问题解决是培养学生数学能力的最重要的方法之一。在此,我们指的问题解决的范围更为广泛,是一种"面临新情境,新课题,发现它与主客观需要的矛盾而自己却没有现成对策时,所引起的寻求处理问题办法的一种心理活动"。我们已经说明,问题解决充满了数学课堂教学,而问题解决的过程就是数学思维的过程。数学地解决问题,这本身就是一种数学能力,正是这样的数学能力,促进了其他能力的不断发展和提高。在问题解决过程中,对学生的数学知识和基本技能方面都要有所要求,这就促使学生掌握基础知识和基本技能;面对不同的数学问题,学生必须充分发挥自己的数学能力,才能有效地解决问题。数学教学设计中的问题,正是为了学生掌握知识和提高数学能力而设置的。

数学课堂中的学习,不同于数学家的数学研究,学生必须在有限的时间,完成必要的学习任务。满堂灌的传授知识,学生只能被动地接受,虽然学生对知识的熟悉了解上可能有所改变,但是对于培养学生的数学能力却没有任何的帮助。设置适当的问题情境,在教师的指导下,发挥学生学习的主动性,不仅会使注重讲授的数学课堂变得有活力,而且学生将体验数学,掌握知识,提高能力。针对不同的教学内容,教师根据教学目标,进行不同的教学设计,通过设置适当的问题,达到有效的数学教学。

例如在"直线和平面垂直"的教学设计中(图8-8和图8-9),教学目标之一就是培养和发展学生的空间想象力、推理辨证能力、数学交流能力等。要达到这样的教学目标,学生必须积极地进行数学活动,而如果仅仅通过课件演示和教师讲授,学生固然可

① 林崇德.学习与发展[M].北京:北京教育出版社,1992:92—96.
② 王梓坤.今日数学及其应用[J].数学通报,1994(7):1—12.
③ 克鲁切茨基著,李伯黍,洪宝林等译.中小学数学能力心理学[M].北京:教育科学出版社,1984:89.
④ 中华人民共和国教育部.普通高中数学课程标准(实验)[M].北京:人民教育出版社,2003:11.

图 8-8

"直线和平面
垂直"的教学
设计 1

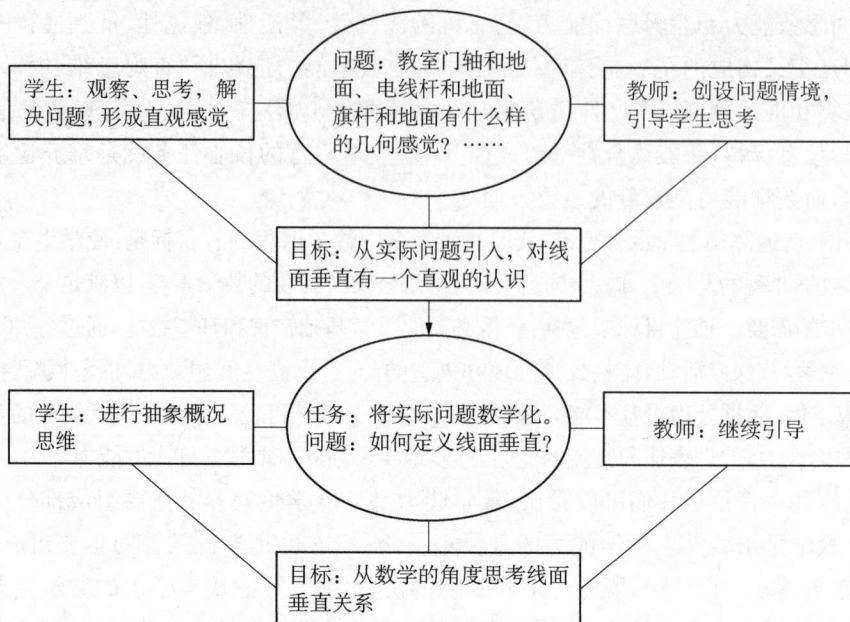

学生：观察、思考，解决问题，形成直观感觉

问题：教室门轴和地面、电线杆和地面、旗杆和地面有什么样的几何感觉？……

教师：创设问题情境，引导学生思考

目标：从实际问题引入，对线面垂直有一个直观的认识

学生：进行抽象概况思维

任务：将实际问题数学化。问题：如何定义线面垂直？

教师：继续引导

目标：从数学的角度思考线面垂直关系

图 8-9

"直线和平面
垂直"的教学
设计 2

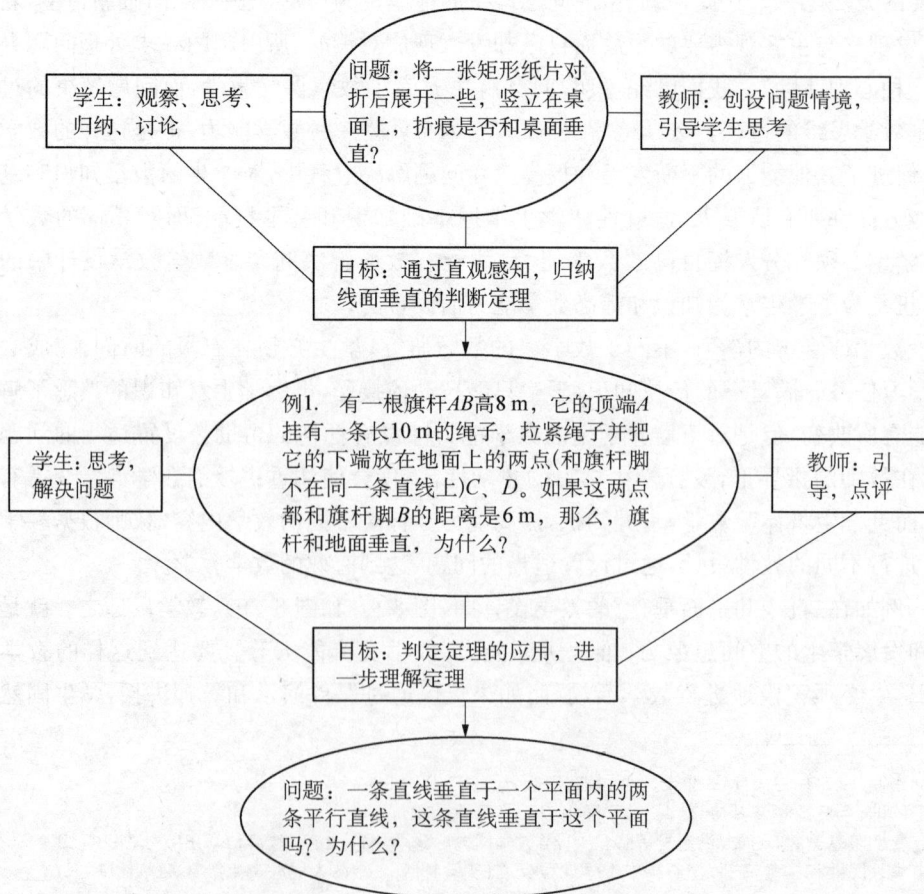

学生：观察、思考、归纳、讨论

问题：将一张矩形纸片对折后展开一些，竖立在桌面上，折痕是否和桌面垂直？

教师：创设问题情境，引导学生思考

目标：通过直观感知，归纳线面垂直的判断定理

学生：思考，解决问题

例1. 有一根旗杆 AB 高 8 m，它的顶端 A 挂有一条长 10 m 的绳子，拉紧绳子并把它的下端放在地面上的两点(和旗杆脚不在同一条直线上) C、D。如果这两点都和旗杆脚 B 的距离是 6 m，那么，旗杆和地面垂直，为什么？

教师：引导，点评

目标：判定定理的应用，进一步理解定理

问题：一条直线垂直于一个平面内的两条平行直线，这条直线垂直于这个平面吗？为什么？

以了解什么是直线和平面垂直,也可以记住直线和平面垂直的判定定理,然而,这些只是简单的记忆和机械学习,学生并不一定理解定理和定义的内涵,也不可能提高空间想象能力、推理辨证能力等。但是,如果以问题解决为主线,教师进行适当指导,学生可以充分发挥空间想象力,师生、生生之间进行互动交流,教学效果将有很大的改善。

通过解决问题,学生在空间想象,逻辑推理和交流合作上,都受到了训练,这种训练的有效性还有待于课堂教学的实施来检验,但是这样的教学设计中的数学问题解决的作用不言而喻。有了问题,学生的参与数学活动的概率必然提高,那么提高数学能力也是必然的结果。当然,要使获得这样的数学能力,并能够长期不衰退,还必须从课程的设计、学生的数学学习、课堂教学等方面进行加强。

(二) 帮助学生学会学习

问题解决就是要解决问题,就是在不断的解题(实际的问题和数学问题等)过程中,提高解决问题的能力。但问题是,怎样才能比较有效地提高这种能力?"练!",这对于我们来说并不陌生,中国古训有:读书百遍,其意自现。在学校,也就是所谓的"题海战术"。但是这种练习方法有效率吗? 固然,通过大量的重复训练,学生在速度上会有所提高,但是并不一定达到数学的理解,也就是熟并不一定能生巧①②③。数学问题解决就是要学生学会数学地思维,就是要学会数学的思维方法或者模式,适当地解题实践正是学会数学地思维的一个必要条件;但是重要的问题恰恰在于单纯的实践并不能保证由感性到理性的飞跃,另外,即使在可能的情况下,这也显然是一种事倍功半的"笨方法"④。

这也就说明,在教师的指导下进行问题解决是必要的,而数学教学设计中的问题解决是在教师预设的基础上,准备在课堂教学中进行实施的。以问题解决为核心的数学教学设计,一般的教学过程是:学生解决问题——教师引导启发——反省和总结。在数学教学中问题解决者的认知模式如下(图 8 - 10):

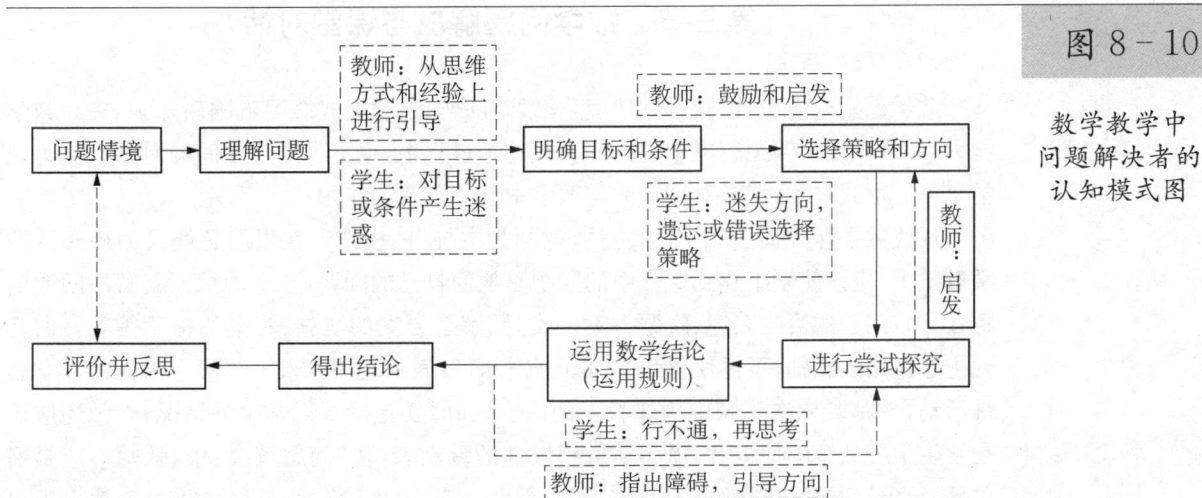

图 8 - 10

数学教学中问题解决者的认知模式图

---

① 李士錡. 熟能生巧吗[J]. 数学教育学报,1996(8):46—50.
② 李士錡. 熟能生笨吗? ——再谈"熟能生巧"问题[J]. 数学教育学报,1999(8):15—18.
③ 李士錡. 熟能生厌吗——三谈"熟能生巧"问题[J]. 数学教育学报,2000(2):23—27.
④ 郑毓信. 问题解决与数学教育[M]. 南京:江苏教育出版社,1994:105.

在这个模式中,学生在教师的指导下进行问题解决,教师以更高的数学观点和丰富的经验,以及教育方法等,为学生提供了良好的支持,从而减少了学生走弯路的概率。舍恩菲尔德在《数学解题》的序言中描述了自己的经历:在他接触了波利亚关于数学启发法的论著时,曾产生了很大的喜悦,因为,他发现,波利亚所给出的启发法和他自己通过实践而总结出的方法相当一致的,因为波利亚是一个杰出的数学家,所以,舍恩菲尔德觉得自己也具有了作为一个数学家所应具有的良好素质。但是,令他懊恼的是,在整个数学学习过程中为什么没有人给过他这方面的知识? 不然,这个摸索过程就可以大大缩短了。这也说明,课堂教学中,教师固然要传授数学知识,训练学生基本技能,但是也应该指导学生如何进行问题解决,强调解决问题的方法和原则。这样,学生才不会迷失在题海战术中,而是从问题解决中掌握重要的数学思想和方法,学会数学地学习。

(三) 体现数学的本质

在问题解决中,学生必须进行数学地思考,尤其是在数学课堂教学中,在有限的时间内,学生接受信息,进行分析,从记忆的内存中调取适用的数学知识,运用数学能力,综合各方面的因素,解决问题。这个过程,实际上就是做数学的一个过程。数学的学习,必须经过思考。

数学的本质是什么? 有人认为,数学就是解题、证明和计算,这显然是比较狭隘的看法。数学的本质是多维度的,数学是工具、语言、思想、方法,一种文化等;美国数学家汤普森认为数学是问题解决的过程,数学不是一种确定的结果,数学的结论是不断修正的,具有很大的开放性。在课堂教学中,学生就是要进行问题解决,通过解决问题,把实际问题数学化,然后能够使用逻辑的语言,进行论证。

因此,数学教学设计中的问题解决,不仅刺激学生积极学习数学,而且在解决问题过程中,可以体现数学的本质特征。

第三节　数学问题解决与课堂对话

数学课堂教学中,设置问题情境,探索新问题,通过变式练习巩固新知识,提高数学能力,都是在数学问题解决中进行的。在这个过程中,少不了师生之间的对话。作为数学交流的形式之一,课堂对话在数学教学中起着重要的作用。

现代数学课堂提倡"学生为主体,教师为主导"的模式。在以问题解决为核心的数学教学中,应该使学生感到课堂中的问题是他们自己的问题,并主动承担起解决问题的责任,即:问题的恰当表述、解题方案的设计、解题方案的实施、答案的检验等等。而起到主导作用的教师,不再仅仅是"知识的传授者",教师应该深入了解学生内在的数学思维活动,教师既要在头脑中构建教学的内容,同时要正确认识学生的情况;教师还应该是学生学习数学的促进者,提高学生积极性的调动者,在"问题解决"中,教师不应是简单地"给出"问题,逼迫学生去完成,而应是调动学生的积极性,鼓励学生主动地去提出问题,积极地去解答问题,同时教师要以一种平等的身份,和学生共同承担责任,鼓励学生、启发学生;教师要注意发挥"学习共同体"对学生学习活动的促进作用。一个好的"学习共同体"应当具有这样的特点:在其中每个人(包括所谓的差生)都能得到应有的尊重和理解,而不是受到轻视或压抑;另外,真理的标准是理性而不是教师,也不是任何的"权威"……①简而言之,学习对学生来说是一种主动的认识活动,而对教师提出了三点要求:了解学生的数学思维,促进学生学习,发挥"学习共同体"的作用。在这样的情形下,师生之间必须增加互动活动,教师想了解学生的数学思维,那就要和学生进行对话;教师要鼓励学生,促进他们学习,那么也要鼓励学生进行数学地交流;学习共同体的重要活动方式就是对话交流,如果学生要主动学习的话,那么我们可以发现,"课堂对话"将发挥重要的作用。

而数学问题解决,尤其是课堂中的数学问题解决,和课堂对话密不可分。通过师生对话,教师和学生共同解决问题,从而教师了解学生的数学思维过程,发现学生的薄弱环节;在解决问题过程,教师使用鼓励的语言,启发学生,并对学生的工作给以评价,帮助学生对所做的工作建立良好的自我意识,提醒学生进行自我调整,进行方法的反思;在问题解决过程中,出现不同的意见,教师要鼓励学生进行交流,并能互相评价。

一、数学教学中的课堂对话

在数学课堂中师生对话,生生交流是时常发生的事情,这也是进行数学教学必不可少的方式。通过课堂对话,学生可以从教师那里学习新的知识,解决问题的技能技巧,提高自己的数学能力;教师通过与学生的对话,能够及时了解学生的学习情况,从学生的反馈中评价学生的学习和课堂教学的效果,对教学做出适当的调整。对于数学教学来说,课堂对话是不可或缺的:数学是需要思维的科学,背诵记忆和反复操练不一定能够学懂数学,经过教师清晰地讲解,可以让学生走出迷津,数学进入学习;学生在数学学习中,尤其是在问题解决中,要对记忆中的知识进行检索、选择、重组,找出已知和未知、从条件到结论的思维通道,他们可能遇到思维冲突如知识遗忘、思路受阻、推理失误和情绪失控②,这些冲突在课堂中通过"对话"表现出来,教师就可以了解遇到的困难,对症解决。

(一) 数学教学中课堂对话的历史

课堂对话在教学中有着悠久的历史,从古代的孔子和苏格拉底开始,都注重了"对话"形式的传授知识的方法。美国《数学教师》在 2001 年 3 月的第 94 卷第 3 期中刊登了一篇关于数学对话的文章《课本和课堂中数学对话的历史》③,可以让我们了解一下数学教学中的"对话"在历史上的情况。

1. 古代对话的发端

在苏格拉底时代,与学生对话已经成为数学课堂的一部分,在柏拉图《门诺》中的数学对话,描述了和学生谈论数学的情景。苏格拉底示范了一个小男孩可以通过被发问,引导,发现一个正方形面积是给定的正方形的 2 倍。对于边长为 2 英尺的正方形,男孩企图每边加倍,得到 2 倍面积的正方形。苏格拉底画出图形。

---

① 郑毓信.问题解决与数学教育[M].南京:江苏教育出版社,1994:79.
② 王林全.问题解决的有关心理活动及其思考[J].数学教育学报,2002,11(1):36—38.
③ Mendes, E.P.,黄兴丰,程龙海.课本和课堂中数学对话的历史[J].数学教学,2002(6):37—39.

苏格拉底:但是,它不是包含了 4 个与原来相同的边长为 4 英尺的正方形吗?

男孩:是的。

苏格拉底:这样,它多大呢? 它不是 4 倍大吗?

男孩:当然是的。

苏格拉底:4 倍和 2 倍一样大吗?

男孩:当然不。

苏格拉底:所以边长加倍后,给我们的不是 2 倍而是 4 倍的图形。

男孩:的确是的。

男孩接着猜测正方形的边长为 3 英尺;但那样猜测得不到一个面积为 8 的正方形。

苏格拉底又问:那长度应该是多少呢? 尽量确切地告诉我们。如果你不打算把它算出来,只要在图中画给我们看就行。

男孩:这没有用,苏格拉底,我真的不懂。

这段讨论允许(事实上迫使)男孩参与对话,他是被直接牵引的,没有任何机会去推理、提问,或者自己申辩。这种苏格拉底式,甚至柏拉图式的示范,当然并不意味着是一种教学模式,但作为师生之间交流的对话成为教育的一部分,至少可以追溯到公元前 5 世纪。

课本常常是我们了解过去课堂教学的唯一线索。汉代(约公元前 200—公元 200)的《周髀算经》,现幸存的中国课本中最早的一部,记载了表明东方教育含有交流的一段对话。然而,约公元前 300 年欧几里得的《几何原本》,西方数学中最经久不衰的课本,却没有涉及一点对话或者课堂教学。到 19 世纪末为止,《几何原本》一直是主要的几何课本,尽管其中未经证明的部分在中世纪时才被用到,然而它不能让人看到不同时代的教学。因此,我们必须从中世纪、文艺复兴时期,以及更近代的其它地方去寻找数学对话的印记。

2. 中世纪和文艺复兴时期的对话

中世纪欧洲学校希望学生遵循教师而不是质问权威获得知识。而数学问题被写成问答的形式还得归功于阿尔古因(Alcuin),他是 8 世纪查理曼(Charlemagne)家庭的私人教师。下面的例子摘自《磨砺青年智慧的问题集》。

问题:6 个工匠被雇来建造 1 间房子;他们中的 5 个是师傅,1 个小伙子是学徒。每 A m-钱 25 便士,5 个师傅平均分配,学徒少许,是他们工钱的一半,每人每天得多少工钱?

解答:拿出 22 便士,每个师傅 4 便士,男孩一半,2 便士。还剩余 3 便士。再把每便士分成 11 份,共得 33 份;每个师傅分 6 份,共 30 份,剩下的 3 份留给男孩,就得到正确的数目。

数学课本被写成对话的形式是从 10 世纪开始的。在后来中世纪的大学中,算术教学是以报告的形式进行的。报告者先读几行内容,学生记录,然后教师解释课本。文艺复兴时期的商业计算学校依赖于记忆和练习的途径。

在这几百年中数学对话几乎不存在。然而雷科德(Robert Recorde),英国数学课本最早的作者之一,却以对话的形式编写课本。以下摘自 1557 年他的《智慧的磨刀石》:

门徒:还有一件事我必须向您求教,为什么欧几里得和其它有学问的人都拒绝分数是整数的一员。

老师:因为所有的整数是由单元的倍数组成的,而每个真分数小干单元,因此分数确实不能被称为整数;但也许称为整分数更好。

门徒:实际上,现在我更确切地知道这回事了,分数不是一个真正的整数,而是整数间的一个联结或关系,表示一个单元的若干部分。

《智慧的磨刀石》最初的用处是作为自学教材,其中含有对话仅仅是为了课本更易读,然而这可以表明那时的课堂实践和对话确实比柏拉图式、苏格拉底式,或者更早的问答形式更以学生为中心。

蒙田和夸美纽斯在编写教育学时,没有具体涉及数学,但都鼓励对话。16 世纪,蒙田建议,不应该像私人教师一样"从不停止朝着学生耳朵高声讲解,好像正把水灌入漏斗;学生的任务仅仅是重复被告知的东西"。教师应"转变角色倾听学生谈话"。然而,他的教学对象是单个学生而不是整个班级。

17 世纪捷克教育改革家夸美纽斯关注教育质量,建议课本以对话形式编写,以便能增强学生的自信心,吸引学生的注意力。他提到了作为这种设计的历史先例柏拉图、切罗(Ciero)和奥古斯汀(Agustime)的著作,并在《大教学论》中评论道:

我们生活的极大部分是由友善的交谈组成,因此,当他们学会流利地以完好的形式表达自己的同时,可以被方便地引导去获取有用的信息。

夸美纽斯鼓励教师要求学生使用相同的词语,重复教师已经解释过的教材,似乎是加强机械背诵而不是对话的方法。而他也在课结束时提问,任何一个"借助蕴藏才智的问题表达重要观点"的学生均受到表扬。

夸美纽斯鼓励教师把大班级分成 10 人一组,每组由一个能帮助教学,并已学过该课程的小先生领导。在此方式下,许多学生可以从与小先生的课堂对话中获益。在欧洲的这几百年中,至少对于一些教育者和学者而言,师生对话并不陌生。

3. 早期美国学校中的对话

17、18 世纪期间,在殖民统治和新兴独立时期美国的数学教育,是以记忆作为现成法则。不求理解的商务算术课本占了统治地位。有这样一本书,《教师的助手:算术概略:理论和应用》为这种形式辩解道,"儿童对回答的判断优于领悟环环相扣的推理。"

问:算术是什么?

答:算术涉及数,即整数或分数,是计算的艺术。

问:加法有什么用?

答:教加法是为了把几个特定的数算成一个总和……

在美国革命后的几十年里,迪尔沃思(Diluorth)的版本被广泛地使用。卡约黎(Cajori)描述迪尔沃思的方法能"谨慎排除所有证明和推理。"

18 世纪和 19 世纪初,美国教育减弱算术的教学,把这门课程移至夜校,个人家庭辅导,或者几乎无人问津的初级中学。学习数学的学生几乎全是男孩,他们操练基本的整数运算,偶然涉及分数。教师为那些已经解决问题或请求教师帮助的学生口述或抄写问题。这种帮助教师可能提供也可能不会或不愿意提供。

没有专门的算术课,不要教师和学生解释过程,不要求也不给予定理的证明。只要解决了问题,获得了答案,学会模仿解题的方法,教学就被认为完成了。

在经历了美国初期课堂上既没有数学教育也没有数学对话的时代之后,新课本的普及促使这种情况发生了改变。

4. 19 世纪的对话

1821 年开始,沃伦·柯尔本(Warren Colburn)以《算术的第一课,贝斯物洛兹计划及一些补充》开辟了一条更以学生为中心的学习方式。鼓励学生逐渐形成自己的计算方法,以及解释他们的方法,但同时期望教师改进措施,由此引导学生接近标准方法。令人吃惊的是,柯尔本 350 万册书一售而空。下面是由课本上的问题"1 码纱 2 分钱,3 码纱多少钱?"引发对教师教学的指导:

应该使学生注意到 3 码的价钱是 1 码的 3 倍;如果 1 码花 2 分钱,3 码将花 2 分钱的 3 倍。应该使他对每个问题的解决都采取这样的推理,按照问题,改变数字。

还有,柯尔本写道,不应该直接告诉学生在算术上如何运算,对他而言,运算应该少得多……如果学生遇到了困难,教师应该对他诊断,努力发现困难所在,而不直接告诉他如何去做,进而,如果可能,帮助他克服困难。

柯尔本鼓励学生解释、推演解决问题的步骤,然而他也提倡背诵速问速答的问题。这些自由的选择可能比就事论事,采用一种教学方法,更能显示一个经验丰富的教师的能力。算术被期望学到自动化的地步,学生不会为求解一个答案而逐一数数;价值体现在学生能充分理解他们的作业,从而掌握自己的方法。很可能为了让学生接触超出记忆事实的对话,教师被期望使用的课本。

对于关注学生交流的教学,我们能说什么呢? 查尔斯·戴维斯(Charles Davies),西点军校的一位教官,被授命编写美国第一本关于数学教学方法的课本。他对教师的建议几乎全是"解释这个,解释那个,"但是他也强调学生的理解能力:

确信他们(你的学生)理解线、面、体这些术语的意义,以及它们所表示的空间相应确定的部分。

给予学生主动学习的任务,在黑板上画出图表,在证明中陈述每一步逻辑的合理性。因此,在戴维斯的课堂上可以听到学生的声音。

19 世纪数学对话的最后一个例子摘自 1889 年西利(Seeley)的著作《Grub6 的算术教学方法》,该文被比德威尔(Bidwell)和克拉森(Clason)的《数学教育史的阅读材料》收载,对教师的指导有下面的论述:

分析例题,找到答案之后,教学还没有结束。语言可以作为一项可靠的测验,测验学生是否完全掌握每一步骤。尽可能,引导学生用自己的语言表达,不要依赖多半由教师替代回答。为了维持课堂的效益,群体的、个体的回答必须交替进行。

这些建议表明鼓励学生思考和对话不是完全由教师安排,而是允许学生用他们自己的语言交流。

5. 结束语

数学交流的对话形式,无论是课堂上口头的还是课本上书面的,历史上都有文字记载,尽管,几乎没有证据说明,美国被殖民时期学校中发生过精心设计的对话,但许多例证说明了师生对话在悠悠岁月中不断沉淀。在古代,苏格拉底和男孩的对话说明,通过对话教师可以引导学生解决问题。从文艺复兴时期开始出现了雷科德编著的课本,其中含有学生提问教师和评论回答的对话。19世纪,柯尔本期望学生发展和解释他们自己的计算方法。每个例子都表明了师生对话有益的迹象,使得20世纪的学者如杜威、维果茨基和波利亚的作品处于历史的重要地位,以及为21世纪NCTM标准促进对话发展提供建议。

(二) 课堂对话的形式

在课堂对话过程中,由于不同的组织形式,课堂对话可以分为:讲演式、讨论式和活动探究式。

1. 讲演式

讲演式对话在数学课堂教学中较为普遍,其特征为:以群体中的一员为主体,其他交流者紧紧围绕这一主体交换意见、沟通。班级授课制中的课堂对话多数是讲演式对话,教师讲,学生听。

2. 讨论式

讨论式对话是在一定的数学情境或围绕某一数学问题进行的对话探讨。在数学教与学过程中有全班讨论式对话、分组讨论式对话,同时还有学生自发的相互讨论。教师在参与讨论中,可以了解学生对知识的掌握,发现学生学习过程中存在的问题,不仅如此,学生通过讨论可以锻炼表达能力;分组讨论式交流又可以培养学生合作学习、共同研究问题的能力;在学生自发的讨论交流中,可以互相促进,不断自我完善。

3. 活动探究式

活动探究式对话是指在数学活动中,如研究性学习中,参与者通过实验、调查、询问等形式,对问题探究过程中所伴随的数学对话。这种形式的对话内容更为丰富,学生通过口头的、书面的形式交流,相互表达自己的思想,不仅是数学知识的交流,还有应用数学的意识、策略等方面的交流,这种一边活动一边交流的形式,促使学生数学素质的不断提高。

这几种形式的课堂对话形式并不是单一存在,有时候一种场合存在多种形式的对话形式。

(三) 课堂对话的过程分析

课堂对话的过程包括具体的外部行为表现和抽象的内部心理活动,外部行为易于观测和掌握,而内部交流具有隐蔽性,又影响着外部交流活动,它们之间是相互作用的。

课堂对话是一种学习行为,在这一过程中,对话的内容,也就是探讨的事物,我们称之为客体;另外还有交流工具,如语言,教具,多媒体等等;以及交流手段或者策略。这些元素在交流过程中是相互联系的。

在图8-11中,主体2所做的工作和主体1基本一致,只不过有一个先后顺序。在数学交流中,不一定只有两个主体互相作用,例如,在数学课堂中,教师讲授,学生听讲,或者是师生一起讨论,这是有多个主体构成的交流环境。交流双方或者多方,通过听、

图 8-11

双主体交流
作用图

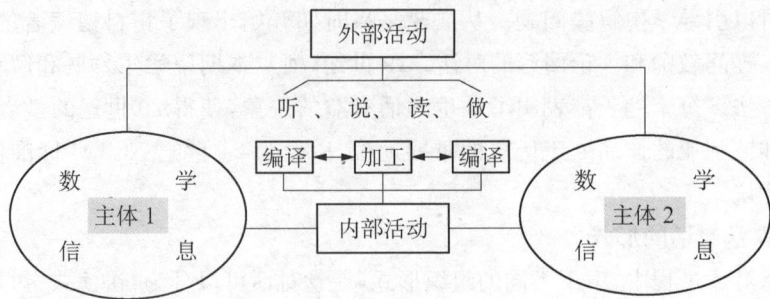

读或者动手做获得数学信息。获得信息的方式的不同,使得接受信息的效果也不尽相同。

二、在课堂对话中表征数学问题

在数学教学中,师生、生生通过课堂对话交流数学思想,进行数学地思考,解决数学问题。要解决数学问题,首先必须明确数学问题,也就是表征问题。美国现代认知心理学家西蒙(Simon)认为,"表征是问题解决的一个中心环节;它说明问题在头脑里是如何呈现,如何表现出来的"[①]。问题表征是指根据问题所提供的信息和自身已有的知识经验,发现问题的结构,构建自己的问题空间的过程,也是把外部的物理刺激转变为内部心理符号的过程。问题表征既是一种过程,即对问题的理解和内化;也是问题理解的一种结果,即问题在头脑中的呈现方式。

问题表征质量的高低将会直接影响到问题的解决。然而,在数学课堂中,学生对于一些数学问题,并不一定能够很好地表征,也就是学生不能很好地理解问题。例如:

中国象棋棋盘上任意放上一个红"车",一个黑"车"两子,有多少种放法?又它们共线(即可以互相吃掉)的摆法共有多少种?

虽然题目中的问题是明确的,然而有许多学生依然不知道如何解决,事实上,这些学生并没有能够顺利表征问题,他们脑中存在着许多的疑问:棋盘是什么样子的?"任意放"又是什么意思?是数一数还是要计算呢?如何算呢?……如果不能顺利地把问题表征出来,问题将很难得到解决。一旦采取了合理的方式表征问题,就形成了一个良好的问题空间,问题的解决就开了一个好头。

在课堂教学中,教师时常要求学生要明确问题,这实际上就是要学生正确表征数学问题,然而对于问题解决的新手来说,并不一定能够顺利地表征问题,或者不完全表征,甚至错误表征。那么在此,师生、生生的课堂对话为学生正确表征问题提供了帮助。当教师把上面的例题给学生之后,等学生进行了初步的思考,可以进行这样的对话交流:

T(教师):同学们想一想,中国象棋的棋盘是怎样画的呢?共有多少个位置可以放棋子?

(与此同时,在黑板上画出一个长方形,帮助学生思考。)

---

① 司马贺著,荆其诚,张厚粲译.人类的认知[M].北京:科学出版社,1986:116.

S_1(学生 1):中国棋盘共有 9 条横线,10 条竖线组成……

S_2:不对,是 10 条横线,9 条竖线,共有 90 个位置。

T:好,你能不能上来在黑板上画出来?

(学生 2 走向讲台,在黑板上画出横线和竖线,这时候,大部分学生对棋盘有了初步的印象。)

T:那么,我在这个位置放上一个红色的"车",其他任何一个位置可以放上黑色的"车",所以我们要解决的问题是……?

S_3:就是从这 90 个位置中任意选 2 个位置,排列两个"车",老师,我知道了,这就是一个排列问题,应用排列公式就可以解决了。

T:很好,请大家赶快解决这个问题,然后思考下一问题。

可以看出,通过课堂对话,学生对问题逐步清晰,并最终表征出问题,我们可以用图 8 - 12 来表示:

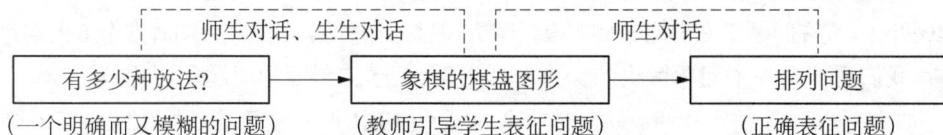

图 8 - 12

棋盘问题解决的课堂对话路径

课堂对话在数学问题解决的表征中有着重要作用,学生在数学知识存储、数学能力、经验等方面有着一定的局限性,而数学问题的表征形式多种多样:语言表征、图像表征、表格表征等等。人脑的表征系统中存在着许多不同的表征方式,而每一种表征方式又可以自成体系,组成一个表征子系统。比如,概念表征系统、命题表征系统、表象表征系统、图式表征系统等等[①]。这样复杂的表征系统和形式,对于初级问题解决者来说,不一定能够熟练和正确地进行选择,通过师生之间的对话、生生之间的探讨交流,在数学课堂,可以更好地把握问题的关键,从而顺利地表征问题。

三、数学问题解决过程的课堂对话

在问题解决过程中,问题解决者进行课堂对话是必不可少的形式;通过对话,可以正确地表征数学问题,共同探讨解决方法,互相促进数学地思考,研讨遇到的困难,互相检验结果。对于学生而言,课堂对话不仅吸引了学生的注意,而且促进学生解决问题,激发学习兴趣,可以从教师或其他同学的问题解决中获得启发;对于教师而言,课堂对话可以及时把握学生的数学思维方向,得到教学的反馈情况,从而发现学生学习的问题和教学的有效性;同时,教师和学生的对话是数学教学的关键:教师作为教学的设计者,和学生共同实施教学计划,是学生进行问题解决的促进者、支持者,通过教师的组织,可以充分发挥学生的"学习共同体"的作用,促进学生进行数学学习活动;最重要的是,课堂对话式的问题解决可以促进学生对数学的理解。

---

① 胥兴春,刘电芝.问题表征方式与数学问题解决的研究[J].心理科学进展,2002(3):264—269.

(一) 帮助学生合作地解决问题

当学生独立解决问题时,受到几个影响因素:问题情境、思维定势、功能固着和知识经验等。其中的功能固着是指把某种功能赋予某种物体的倾向性,如盒子是装东西的,毛笔是写字的,等等。在课堂对话中,这些因素可以降低影响,促进学生合作地进行问题解决。

在课堂对话中,可以提出一些互相质疑的问题,这些问题可以弥补个人在解决问题中的遗漏,为思考提供新的方向,激发灵感。

例如:

"你对他说的有什么看法?"

"你是怎么求出的?"

"你是否同意? 还有不同意见吗?"

"有没有用其他方法得出同一结论的,能否使用不同的方法解决这个问题?"

"你是否理解他的做法,能否提出一些问题?"

在这样的询问中,问者在思考,被问者要回答问题,也要认真地考虑,那么课堂对话就展开了,或许问题不一定能够马上得到解决,但是至少大家都在努力朝着这个方向前进。

我们看下面一个问题解决的课堂对话案例:关于梯形面积问题的讨论。[①]

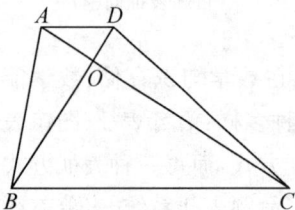

在学完"梯形"(初中平面几何第二册)之后,有一个学生拿来这样一道题目来问教师:如左图,已知梯形 ABCD 的上底 AD 长 1 cm,下底 BC 长 4 cm,对角线 AC 长 4 cm、BD 长 3 cm,求梯形 ABCD 的面积。

恰好接下来的教学是"梯形的复习课",于是教师没有给他解答,准备放到课堂中,由全班一起来解决,这个学生也同意这样做。

教师:在课间的时候,学生 1 问过我这样一道题目,我没有想出来,请大家一起帮他想一想,好吗?

很快全班学生被题目吸引,"老师都没有想出来",他们都想帮帮老师。有些学生不假思索说,要作梯形的高!

教师:对,求梯形的面积确实需要"高",我们作梯形的高(过点 A 作梯形的高)……这样我们就可以运用面积公式了……但是请问这条高的长度是多少? 学生沉默了,有些人说,这样不可以,有的说可以。

很快,又有学生 2 说:想到了,老师! 再过点 D 作梯形的高 DH(如右图),接下来列方程就可以了……

教师:好! 你来给大家演示一下好吗?

学生 2 到黑板上写下他的解法:过点 A 作梯形的高 AE,再过点 D 作梯形的高 DH,

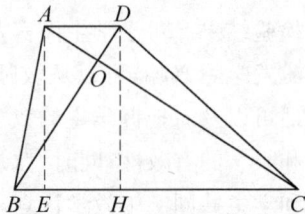

---

① 苏洪雨.一道题目的数学交流收获[J].数学教学通讯,2003(1):37—39.

设高 AE、DH 为 x cm，BE 为 y cm。列方程组得：

$$\begin{cases} x^2 + (4-y)^2 = 4^2 \\ x^2 + (1+y)^2 = 3^2 \end{cases}$$

这个解法结合代数方程，而不是全部由几何推理得到，很好！但是，也存在一些问题，那就是在运用勾股定理时没有讲清楚条件。于是教师给他补充了一些：

在 Rt$\triangle AEC$ 中，$\angle AEC$ 是直角，由勾股定理 $AE^2 + CE^2 = AC^2$ 即，

$$x^2 + (4-y)^2 = 4^2 \qquad\qquad ①$$

同理，在 Rt$\triangle DHB$ 中，

$$x^2 + (1+y)^2 = 3^2 \qquad\qquad ②$$

即，$\begin{cases} x^2 + (4-y)^2 = 4^2 \\ x^2 + (1+y)^2 = 3^2 \end{cases}$

可是，有些学生说，解二元二次方程组还没学！其实在解方程组的过程中，可以发现二次项都可以消去。此法可行！

教师：学生 2 做的很好，他灵活地运用了勾股定理以及二元方程组。那么，除此之外，还有别的想法没有？

学生沉默了！

教师：学生 2 的方法是比较直接的，面积公式中的"高"不知道，于是他就想到求高；那么我们能不能换个思路，不去直接求梯形的面积，而是……

学生 3：老师，可以用割补的办法，把求梯形的面积转化为求平行四边形或三角形的面积。

教师：如何转化呢？

学生 3：可以延长 AD，再作 BD 的平行线……

教师：怎样做 BD 的平行线？

学生 3：过点 C 作 BD 的平行线，和 AD 的延长线交于点 E，那么四边形 $BCED$ 就是一个平行四边形（如右图），所以梯形的面积就可以转化为……对了，可以证明$\triangle ACE$ 是直角三角形。

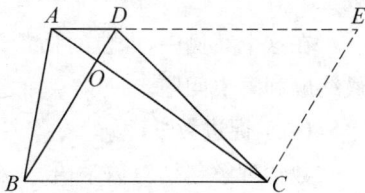

教师：为什么？

学生 4：因为 $AD + DE = 5$ cm，而 $CE = BD = 3$ cm，又 $AC = 4$ cm，由勾三股四弦五，可知 $\triangle ACE$ 是直角三角形。

学生 3：梯形的面积可以转化为直角三角形 ACE 的面积，因为（语气急促，可能怕有人打断他）$S_{\triangle ABC} = S_{\triangle DEC}$，等底等高，因此，

$$S_{梯形ABCD} = S_{\triangle DEC} + S_{\triangle ACD} = S_{\triangle ACE} = \frac{1}{2} \cdot 3 \cdot 4 = 6 \text{ cm}^2$$

教师：很好！

这种方法实际是受到平常的教学中的一种潜移默化的影响,在教师讲等腰梯形的判定的时候,重点强调了这样作辅助线的策略。一节课接近过去一半了,教师想讲授事先备好的新知识,但是还是习惯地问了一句:

"大家还有什么想法?"

不料,又有学生 5 站起来说:"其实不用那么麻烦,只需两条对角线相乘再乘以二分之一就可以……"话音未落,就有很多反对的声音:

"不可以,在菱形中才可以使用这个公式","是的,因为菱形的对角线是互相垂直的!"

教师笑而不语,看来这节课不可能再讲新的内容了,于是决定和他们一起把这个问题搞清楚。

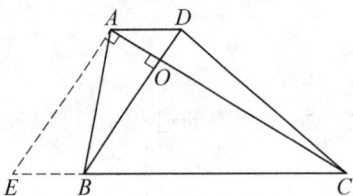

学生 6:"其实也可过点 A 作 BD 的平行线交 CB 的延长线于点 E,和解法 2 同理可得(如左图)。"

这个方法和第二方法是一样的,只不过选择作辅助线的位置不同而已,不错!

然后,学生又沉默不语。似乎没有什么新方法了。

教师:好! 既然大家没有别的意见,我们再回过头来看学生 5 说的方法是否正确?

学生们都被吸引住了,可能在想,都已经说了不对,难道课本还有错?

教师只是在图上标了两个直角符号,并且问,"$\angle AOB$ 是不是直角?"

"是,但是也不能用对角线之积的一半的方法啊……"

"可以的,因为那是四个直角三角形,当然可以!"

教师:大家来看,$\triangle ABC$ 和 $\triangle ADC$ 是不是都以 AC 为底的三角形,它们的高的和就是 BD,因此可以用对角线之积的一半的方法求出。

学生恍然大悟。教师本想接下来说,是否可以推广到一般的四边形中? 谁知学生却抢先说出来:"任意的四边形如果对角线互相垂直,那么面积可用对角线相乘再除以二!"

在这个案例中,课堂对话帮助学生完善了解决问题的思路,促进了学生合作交流,最终顺利解决问题。

(二) 促进数学理解

数学理解包括对数学语言、概念、概念之间的联系以及具体的对象等的理解,一方面指对数学语言、概念、概念之间的联系等的领会,就是明白它们所表示的意思;另一方面要对这些事物能够解释,才可以称之为理解。在课堂对话过程中,只有对数学语言、概念等理解了,才能表达清晰,使他人能够了解自己的意思;同时,通过听取他人的关于数学知识的阐述,可以加深自身的数学理解,提高数学认识。

在问题解决过程中,可以时常互相提问:

"这是否永远有效?"

"你采用了什么假设?"

"你怎样对这个结论进行证明?"

"你得出的这些情况都是真的吗?"

通过有效的课堂对话,进行数学问题解决,可以帮助学生正确的理解数学概念、定理等。

在此我们也举一个案例:关于小学生对"等号"的理解[①]。

问题:哪个数字将使下式成立? $246 + 14 = \cdots + 246$。

T:Da,请读一下黑板上的问题。

Da:哪个数字将使这道数字题目成立?

T:好的,Da。现在为我读一下数字题目。

Da:两百四十六加上十四等于……

T:……某数……

Da:加上两百四十六。

T:Kr,那个等号指的是什么?

Kr:等于……它等于某数?

T:Sh,"等于某数"指什么?

Sh:它……它是指当你加某数时,等号正在那里,因此你可以用等号书写答案。

T:你是在告诉我在等号的另一端你必须有答案么?

Sh:对,因为等号就像是当你把某些数加起来时,等号在那里,因此你可以写下答案。

T:好,其他人有解释么?

Ka:等号是求和,就像是如果你把两百四十六加上十四,和就是两百六十。

T:嗯……好,这就是这里等号所指的么?

T:Da,你想说什么?

Da:嗯,我想等号就是问你类似六加六是多少的问题。

T:如果我说六加六等于六加六,那会怎样? 这是正确的式子么?

Sh:不。

T:那么,六加六不等于六加六!

Da:事实上它等于,两个是相同的。

T:相同的!

Ka:它是成立的。我能证明它,因为那就是算它加起来是多少。六加六等于十二,你可以说六加六等于六加六,因为它们都等于同一个和。

T:(教师写在黑板上写下) $6 + 6 = 6 + 6$。

Ka:并且等于同一个数。

Sh:我不同意。

T:告诉我为什么,Sh。

Sh:因为等号并不是指你再把六加六做一遍,你一定是把数字加起来,写出答案。

---

① Adaliras'Aenz-ludlow. Classroom Interpreting Games With an Illustration [J]. *Educational Studies in Mathematics* ,2006(61):183—218.

这才是等号的意义。

T：好，你是说等号意味着必须在另一边有答案么？那么，六加六不等于六加六。

Sh：对。

Ka：不，是等于的，因为两边都等于同一个和。

T：我可以写 $6+6=6+6$ 么？

Ka：是的。

Mi：是的。

Sh：不，六加六等于十二。

T：Sh，六加六是十二（盖住等式的左边）。这个六加六是多少（盖住等式的右边）？

Sh：十二。

T：（教师写在黑板上写下）$6+6=6+6$，你要告诉我十二不等于十二么？
$\underset{12}{}\quad\underset{12}{}$

Sh：是……不……我得不出它……那是相等的……但是你是怎样做六加六的？六加六等于六加六？你不能这样做，因为六加六等于十二。如果你写六加六代替十二，那你只是重复六加六。

T：什么数能使等式 $246+14=\cdots+246$ 成立呢？

Ka：你可以把答案写在这儿（Ka 把 260 写在原等式的空白处）$246+14=260+246$。现在等号两边将不相等，因为二百四十六加上十四和二百六十加上二百四十六和不相同。但是如果呢用 14 代替 260，和就相等了。

T：两百四十六加上十四等于二百六十加上二百四十六是一个成立的数式么？

Ss：不，那不成立。

T：那我们怎样才能使它（Ka 写在黑板上的等式）成立呢？（教师抹去了 Ka 写在空位上的 260）。

Sh：再写上二百四十六或十四当中的一个。

T：为什么？

Sh：六加六等于六加六，两百四十六加十四等于两百四十六加二百四十六。

Ka：但是如果把 246 放在空位，就变成 $246+14=246+246$。如果把这两个加在一起（她指着等式右边的数），那将是四百九十二。

Sh：你不要加它们。

T：你要加，这是加法，左边是两百六十；我们知道的。Ka 说右边是四百九十二，这是一个成立的数式么？

$$246+14=\underset{260}{246}+\underset{492}{246}$$

Ke：我可以说明一下么？

T：可以。

Ke：（走到黑板前，擦去空位上的 246）。你所做的是加到二百六十使得这边（指向等式的右边）加起来也是二百六十。那么，你所做的只是把 14 写在后面。

（Ke 把 14 写在空位上）。$246+14=14+246$。

T：你是要告诉我们二百四十六加上十四和十四加上二百四十六是一样的么？

Ke：是的。

T：（教师看到 Me 举手了）我们看看 Me 要说什么。

Me：我这样想的，两百四十六加上十四等于十四加上两百四十六，所以我说的和 Ke 一样，空位上是十四。

T：你为什么想它是十四呢？你是第三个这样说的人，三人说是十四，两人说是二百六十。

Me：其他人认为是二百六十。嗯……我不是想要反对，但我确定反对。

T：为什么？你为什么反对。

Me：我认为你们是这样想的，当你们把这两个加起来（Me 指向等号左边的数），得到的是二百六十；所以你们认为应把二百六十放在这儿（指着等号右边的数），这样二百六十加上两百四十六将会是二百六十。我认为你们当中有些人是这样想的，但是我想空位上应该是十四。

Sh：我可以说说么？

T：嗯，可以。

Sh：（Sh 走向黑板）是这样的，二百四十六加上十四是二百六十，如果我们现在把二百六十写在这儿（Sh 指着空位），那么我们必须把二百六十和二百四十五加起来，那将得到五百零六。就像这样 $246+14=260+246$。

　　　　　　　　　260　　　　　506

T：你认为这个式子成立么？你会把二百六十写在空位上么？

Sh：我不同意，（Sh 擦去 260，换成 14）这有点像等号在下面，你把它放在这儿，有点像只是分解了这个式子 $246+14=14+246=260$。

T：好，她有个有趣的想法，因为她想看到她认为的答案。

Sh：对，我喜欢看到答案。

Sh：我们为什么会为答案困惑？

T：这是你们常在数学课本中见到的，对不对？

Ka：是的。

T：你们几乎总是能看到它，你们必须在这边（左边）和那边（右边）做点什么，只有一个位置要填一个数。

Sh：他们为什么要这样设计呢？……这好奇怪的，因为他们使得你那样想，然后你……就被困住了。

T：很好，Sh。因为它进入小孩的大脑，是你们的困惑，总是停留在那儿，但是现在我们知道用我们学过的数能做很多这样的题目。

S：哦，远不止书上那些！

T：对，在书本之外。事实上自从你们开始上学以来曾看到的很多东西都来自书本之外。

Sh：那是错的。

Ss：那没错。

T：它没错，但只是一种方法。

Sh：对，有许多方法去做，你可以用一千种方法去做。

T：对，今天就是一次努力。

关键术语

数学问题解决；课堂对话

讨论与探究

1. 为什么问题解决在数学课堂教学设计中尤为重要？

2. 试用本章所学习的问题解决模型分析评价一堂课（课堂实录或网络课堂视频）在教学设计和课堂对话上是否规范合理，并和同学讨论。

本章概要

  教育的发展带动了技术，同时，技术的发展也影响了教育。信息技术的快速发展和普及为传统课堂带来了革新的契机，也对数学课程与教学改革影响重大。20世纪末发展起来的计算机辅助教学从技术手段上改变了传统课堂教学的黑板—粉笔模式，技术设备为教学带来便利的同时，也带来了应用上的挑战。如何在课程与教学实施中发展新世纪所需的信息素养，成为信息技术与学科课程教学整合的一个任务。数学作为一门基础学科，既为技术发展提供基石，为技术发展提供源源不断的人才，也受益于技术发展所提供的便利途径。本章将围绕信息技术与数学课程与教学整合这一议题，从整合的意义、方式方法和当前困境介绍信息技术与数学课程与教学整合的大背景，从建构主义出发阐释整合的理论基础和方法依据，通过教育软件的例举为信息技术与数学课堂教学整合途径提供了参考。

通过本章的学习你能够:

● 认识信息技术与数学课程与教学整合的意义和原则,了解当前在二者整合上所面临的主要问题

● 理解建构主义在信息技术与数学课程与教学整合的理论依据

● 熟悉数学教学中常用的教育软件,并了解技术应用在数学教学中的优势和功能

本章内容结构

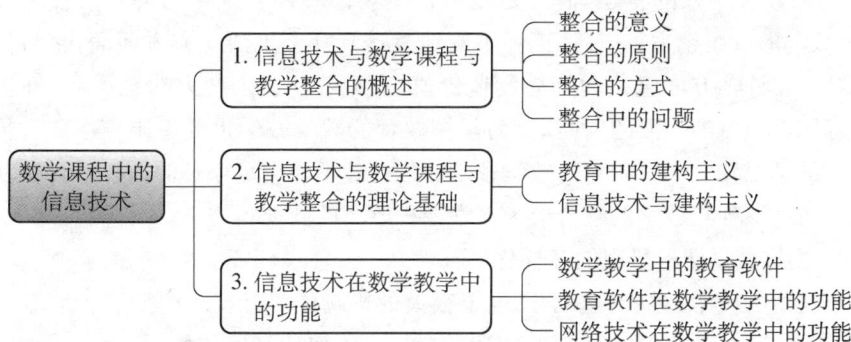

```
                          ┌── 1. 信息技术与数学课程与 ──┬── 整合的意义
                          │      教学整合的概述          ├── 整合的原则
                          │                              ├── 整合的方式
                          │                              └── 整合中的问题
┌──────────┐             │
│ 数学课程中的 │────────────┼── 2. 信息技术与数学课程与 ──┬── 教育中的建构主义
│  信息技术   │             │      教学整合的理论基础      └── 信息技术与建构主义
└──────────┘             │
                          │                              ┌── 数学教学中的教育软件
                          └── 3. 信息技术在数学教学中 ──┼── 教育软件在数学教学中的功能
                                 的功能                   └── 网络技术在数学教学中的功能
```

第一节　信息技术与数学课程与教学整合的概述

　　提到数学家,我们马上想到的是一个不修边幅的教授,手里拿着粉笔,在黑板上不停地写写画画,不问世事地沉浸于奇妙的数学公式和图形中;相应的,数学教学也给人一种印象,那就是教师只需要简单的黑板和粉笔,带着一本教案,甚至不带任何东西,就可以为学生上好一节深奥的数学课。既使现在提倡师生交流互动,进行数学探究,但是依然有许多人认为:数学课,不需要太多的教学设备,最多不过一些三角板、直尺之类的画图工具。然而,随着时代的发展,科技突飞猛进,计算机更新换代,网络伸展到我们生活的每一个角落,各种各样可视化的、数字的、虚拟的信息,让我们目不暇接。我们进入一个信息化的时代,信息化已经深深渗透到社会和科技的每一个领域,而以多媒体和网络技术为核心的信息技术也成为拓展人类能力的创造性工具①。"信息技术的发展,使人们的学习和交流打破了过去的时空界限,为人类能力的提高和作用的发挥提供了新的空间。知识不断被更新,科技不断突破,经济不断发展,对劳动者素质的要求越来越高②。"

---

① 李克东. 数字化学习——信息技术与课程整合的核心[J]. 电化教育研究,2001(8):46—49.
② 江泽民. 亚太经合组织人力资源能力建设高峰会议上的讲话[EB/OL]. http://www.xinhuanet.com/. 2001.
5..15.

一、整合的意义

数学课程与教学,在信息技术高速发展的环境中,也必然面临着前所未有的改变。上个世纪末期,计算机辅助教学的发展改变了传统教学那种简单的黑板—粉笔的数学教学形式。事实上,这种发展并不仅仅是由于信息技术的发展,相反,数学的发展促进了信息技术的进步,众所周知,被称为"计算机之父"的冯·诺依曼是一名著名的数学家。到了 21 世纪,也就是今天,信息技术已经充斥着我们所知道的任何领域,这对于数学教学既是一个机遇,也是一个挑战。所谓的信息技术是指对信息进行采集、传输、存储、加工、交流、应用的手段和方法的体系,这对于数学教学不仅仅是简单的辅助作用,还给数学理解,数学教学方式,数学学习和课程编制等都带来变化。数学,不仅是研究空间形式和数量关系的科学,而且是刻画自然规律和社会规律的科学语言和有效工具,……数学的应用越来越广泛,正在不断地渗透到社会生活的方方面面,它与计算机技术的结合在许多方面直接为社会创造价值,推动着社会生产力的发展①。在人们对数学的理解认识更加全面的同时,作为学校教育的数学教学也变得丰富多彩。传统的纸笔形式的学习和黑板—粉笔的数学教学必然已经不能满足今日的需要,因此,注重信息技术和数学课程与教学的整合成为数学课程改革的新视角之一。

(一) 促进数学课程呈现的多样化

信息技术的应用,对数学教学产生了很大的影响。信息技术改变了传统教学在信息收集、资源获取、计算、视觉显示等方面的方式:比如计算器的使用,大大减少了复杂运算的过程,为课堂教学节省了时间;网络技术丰富了教学资源,提高了资源的运用效率,缩短了收集时间;再如,图形软件可将抽象的图形可视化,降低了理解难度,有利于学生的入门学习。在教学形式上,传统的课堂教学是一对多,一个教师对多个学生,教师有可能不能及时了解学生的学习情况,通过信息技术建立交流平台,可以实现教师随时观察到每一个学生学习情况。2001 年,教育部颁布的《基础教育课程改革纲要(试行)》提出:大力推进信息技术在教学过程中的普遍应用,促进信息技术与学科课程的整合,逐步实现教学内容的呈现方式、学生的学习方式、教师的教学方法和师生互动方式的变革,充分发挥信息技术的优势,为学生的学习和发展提供丰富多彩的教育环境和有力的学习工具。同时,我国的数学课程标准认为:信息技术的发展对数学教育的价值、目标、内容以及教学方式产生了很大的影响。数学课程的设计与实施应根据实际情况合理地运用现代信息技术,要注意信息技术与课程内容的有机结合。要充分考虑计算器、计算机对数学学习内容和方式的影响以及所具有的优势,大力开发并向学生提供丰富的学习资源,把现代信息技术作为学生学习数学和解决问题的强有力工具,致力于改变学生的学习方式,使学生乐意并有更多的精力投入到现实的、探索性的数学活动中去。高中数学课程应提倡利用信息技术来呈现以往教学中难以呈现的课程内容,尽可能使用科学型计算器、各种数学教育技术平台,加强数学教学与信息技术的整合,鼓励学生运用计算机、计算器等进行探索和发现。不仅我国数学教学重视信息技术,美国的NCTM认为数学教育的原则包括:公平原则,课程原则,教学原则,学习原则,评估原则

---

① 中华人民共和国教育部.普通高中数学课程标准[M].北京:人民教育出版社,2003:1.

和科技原则。此处的科技和我们提出的信息技术类似。科技原则在数学教育中起着重要的作用,它不仅影响所教的数学内容,而且能提高学生的学习,现代技术还有助于卓有成效的数学教学[①]。

数学教学运用信息技术的基本原则是要有利于学生认识数学的本质。随着信息技术的普及和发展,我国学校教育的信息化也在不断提高,信息技术装备在改善,多媒体、校园网、互联网上网终端等正在成为学校的基本设施。与此同时,相应的数学教育软件也不断被开发出来,并且装备到学校,这无疑为数学教学中运用信息技术提供了很好的技术支持,而关于数学教学中信息技术应用的研究和实践也在不断开展,并取得了一定的成果。

(二)促进新型教学环境的设计

信息技术,广义来说,就是对信息进行采集、传输、存储、加工、交流、应用的手段和方法的体系,是完成信息获取、传递、加工、再生和使用等功能的技术。狭义理解主要是:信息技术就是计算机技术,或者是计算机和网络技术的组合,也有人认为就是计算机、网络技术和控制技术的结合体。事实上,现代教育信息技术主要是指计算机多媒体技术和网络技术。从信息技术的广义定义来看,信息化的教学有着几个不同的发展阶段:从20世纪60年代到80年代中期,这是计算机辅助教学(CAI)阶段,随着计算机的发明,在美国首先出现了计算机辅助教学系统,随后计算机在快速运算、作图、动画和模拟仿真等方面辅助教师解决教学中的问题。这些计算机辅助系统,包括一些软件和课件,多是以演示为主;20世纪80年代中期到90年代中期,不仅计算机辅助教学得到发展,计算机辅助学习也出现了,强调如何应用计算机辅助学生学习,例如可以在设计好的软件中经历模拟课堂,学生可以自己在家学习,因此,这是计算机辅助学习(CAL)阶段;从20世纪90年代末期到现在,计算机技术飞速发展,多媒体技术和网络技术成为信息技术的主要方式,此时信息技术在教学中不仅仅是辅助教学,而且强调在先进的教育思想、理论指导下,在教学过程中把信息技术、信息资源、信息方法、人力资源和课程内容有机结合,共同完成课程教学任务,这就是信息技术和课程整合(IITC)阶段。现代信息技术与课程整合,不是把信息技术仅仅作为辅助教或辅助学的工具,而是强调要利用信息技术来营造一种新型的教学环境,该环境应能支持实现情境创设、启发思考、信息获取、资源共享、多重交互、自主探究、协作学习等多方面要求的教学方式与学习方式——也就是实现一种既能发挥教师主导作用又能充分体现学生主体地位的以"自主、探究、合作"为特征的教与学方式[②]。

现在信息技术在数学教学的应用主要是将信息技术整合入数学教学中,也就是在数学教学中,把信息技术、资源、方法等和数学教育思想、教学理念、数学内容、教学策略、学习活动等有机地融为一体,从而完成数学教学目标,提高学生各种数学能力。

数学的发展为信息技术与数学教学整合提供了契机。数学是一门古老而又充满活

---

① 全美数学教师理事会著,蔡金法等译.美国学校数学教育的原则和标准[M].北京:人民教育出版社,2004: 26—28.
② 何克抗.信息技术与课程深层次整合的理论与方法[J].中小学信息技术教育,2005(2):10.

力的文化。从古代人类以结绳计数开始，到现代计算机人工智能，都是受到数学的影响和力量。数学从古代埃及尼罗河的几何学开始诞生，代表作是欧几里德的《几何原本》，经过漫长的中世纪，在文艺复兴时期，出现了开普勒、笛卡尔、费马等天才数学家。法国的笛卡尔首创解析几何，17世纪，伟大的物理学家同时也是数学家的牛顿和莱布尼兹创立了微积分，解析几何和微积分使常量数学转入到变量数学，数学得到飞速发展，出现了各种数学分支：级数论、微分方程论、实变函数论、复变函数论，微分几何，概率论等；一个个伟大的数学家诞生了，高斯、黎曼、克莱因、希尔伯特等，数学中建立了三大理论：实数理论、集合论和数理逻辑。数学进入现代阶段，在计算机科学、应用数学和纯粹数学三方面取得大突破，数学的研究对象更为广泛，几何学研究几何空间，如罗巴切夫斯基空间、射影空间、黎曼空间、拓扑空间；代数研究代数结构，集合论对数学研究产生深刻影响。数学研究对象可以说是现实世界的空间形式和数量关系以及在此基础上发展起来的结构和模型。

2000年8月，在日本东京举行的国际数学教育大会（International Congress on Mathematical Education，简称 ICME）上，主席藤田宏教授提到数学发展的历史上有四个高峰[①]：

（1）以《几何原本》为代表的古希腊的公理化数学（公元前700—300）；

（2）以牛顿发明微积分为代表的无穷小算法数学（17—18世纪）；

（3）以希尔伯特为代表的现代公理化数学（19—20世纪中叶）；

（4）以现代计算机技术为代表的信息时代数学（20世纪中叶—今天）。

数学的发展促进了技术的进步，数学和科学技术的发展目标一致，都是为了简单、清晰、方便、可操作、容易操作等。现代数学是计算机技术的核心，数学通过对复杂现象的抽象建模处理，借助计算机对数据进行处理和可视化，这对于人们更好、更快、更安全、更便利地处理事情很有帮助。数学以不同形态广泛应用于现实世界的各个领域，例如医院用的 CT 扫描技术，车辆、飞机的模拟、设计和控制技术，金融证券价值的估算，气象的预测技术，电气自动化和生物工程等技术，其核心技术都和数学有关，计算机把数学应用到生活实际中的方方面面。信息技术以计算机和网络为主体，对信息进行采集、存储、传输、加工、交流、应用等，数学的发展，可以在信息处理、加工、传输等方面提高理论的支持。自从早期人类使用计算机语言的 0 和 1 的二进制来表达信息，数学就发挥了重要的作用，这是人类在数学基础上的一次史无先例的巨大科学成就，著名的数学家冯·诺伊曼因此而被称为"计算机之父"。信息技术还有一个意义，那就是有关信息获取与处理的各种知识、方法和技能，也就是一种智能形态的技术，这和数学也是密不可分的，实际上，这些技术就是数学化的过程，就是将实际的物质信号转化为数字代码，计算机语言，然后进行传输、处理和加工。数学的发展使得图形计算器、数学软件的功能增长，用于计算、解方程、绘图像、解微积分方程、因式分解、数据统计、数值计算、符号演算、机器证明、图形演示以及进行思维实验都能以更加简洁快捷的方式进行，而且使得计算机的验证功能、编程功能、联网功能更加强大。由于数字化经济、数字信息处

① 张奠宙等.数学教育概论[M].北京:高等教育出版社,2004:67.

理以及大量的探索性数据分析、观察、实验、模拟与计算技术密不可分,因而数学就同时具有科学和技术的双重身份,这也就从某一侧面反映了数学的实质性内涵①。

信息技术的发展和应用过程,都和数学的思想和方法密不可分,这对于数学教学和信息技术的整合无疑是一个良好的契机。数学教学就是要使学生掌握数学的基础知识、基本技能、基本思想,使学生表达清晰、思考有条理,使学生具有实事求是的态度、锲而不舍的精神,使学生学会用数学的思考方式解决问题、认识世界②。信息技术融入了重要的数学思想方法,有效地整合信息技术对于学生正确地理解数学,掌握数学知识和技能,提高数学能力都将有很好的帮助;相应的,正确地理解数学也有助于对信息技术的使用,现代数学的重要思想已被鼓励要逐步融入到数学教学中,充分理解现代数学思想,可以更好地理解信息技术原理,从而可以更好地将信息技术和数学内容整合,进行合理的数学教学。

(三) 有助于数学课程目标的实现

数学课程的改革需要数学教学与信息技术整合。数学新课程重点强调了信息技术在数学教学的运用,注重信息技术和数学内容的整合,鼓励学生运用信息技术进行数学探究活动。《普通高中数学课程标准(实验)》(简称《课标》)对信息技术的运用有这样的解读③:

1. 信息技术与数学课程内容的有机整合

一个突出的例子是在高中必修课程中设置了算法的内容。算法是计算机科学的理论核心。赋值语句、条件语句、循环语句等计算机语言,实际上是数学语言的"机器化",它们是信息技术"课程"和"数学课程"的共同部分,在实际教学中加强两门课程之间的合作,将是十分重要的。除了算法专题以外,《课标》还要求在相关内容中渗透算法思想,运用算法解决问题(如运用二分法求方程的近似根)。又如,过去的数学课程,由于笔算速度的限制,往往人为地制造数据,以致远离真实情景和原始数据。借助计算机、计算器等工具,学生可以进行数值计算,特别是能够求解与实际问题的数据有关的数学问题,这有利于学生更好地体会数学的应用价值。

2. 增强数学的可视化,提高数学课堂教学效率

《课标》提倡运用信息技术呈现以往教学中难以呈现的课程内容。数学的理解,需要直观的观察,视觉的感知。特别是几何图形的性质,复杂的计算过程,函数的动态变化过程,几何证明的直观背景等,若能运用信息技术来直观呈现,使其可视化,将会有助于学生的理解。近几年来,数学课堂上已经在使用一些数学教育课件,在数学的可视化方面积累了丰富的经验,这为形成"典型课件",通过资源共享发挥课件的作用,以提高课堂教学效果奠定了基础。另一方面,数学学科研究的对象多半是抽象的思想材料。一般地说,数学虽然需要直观地观察,以具体的模型作为理解的基础,但是数学更多地要依靠抽象思维,概念最终需要抽象地概括,数学规律要求进行形式化的表达,证明必

① 张定强. 数学技术、信息技术与数学课程整合[J]. 电化教育研究,2003(3):57—60.
② 中华人民共和国教育部. 普通高中数学课程标准[M]. 北京:人民教育出版社,2003:1.
③ 严士健等. 普通高中数学课程标准解读[M]. 南京:江苏教育出版社,2004:74—79.

须符合抽象的逻辑推理。这些，往往不是"视觉化"所能奏效的。因此，在提倡使用信息技术进行教学时，也不要过分迷信技术，以为用了信息技术就一定会提高效率。诚然，有时视觉化的形象可以帮助理解，但有时则未必，甚至适得其反。一些"黑板搬家"式的技术运用，实际上是形式主义的技术应用，效果并不好；也应避免一些利用技术代替学生能够从事的实践活动，代替学生进行思考和想象的做法。

3. 运用信息技术改变学生的学习方式

《课标》要求尽可能使用科学型计算器、各种数学教育技术平台进行探索和发现，这将使以"纸和笔"为工具的数学学习方式发生改变。学生可以用计算器进行计算，通过软件操作观察规律，预测数学结论，进行合情推理，信息技术为所有学生提供探索数学问题、多角度理解数学思想的机会。学生可以在网络上收集资料，扩充视野；学生之间、师生之间可以通过网络进行交流，甚至在网络上进行考试，增加了数学交流的渠道。

4. 信息技术对于提高学生收集信息和获取资料能力的作用

这一点在数学教育中也是很重要的，当我们要解决一个问题的时候，应该了解其他人对这个问题的思考，应该学会"站到巨人的肩膀上"，这些本领对学习数学是重要的。在强调使用信息技术的同时，特别需要注意的是，我国地区发展的不平衡，使用信息技术应当根据实际条件因地制宜地开展。在一些条件不具备的地方，也应该对信息技术的作用做一些普及性的介绍。

5. 信息技术为数学发展和数学教学提供了平台

数学的发展促进了信息技术的进步，同时，信息技术的使用也为数学的进一步发展和应用提供了良好的平台。信息技术可以帮助人们解决一些非常复杂的问题，比如使用计算机我们可以在更短的时间内计算出复杂、高次的非线性方程，也能够利用计算机揭示数学现象，给数学的发展以强大的推动力。计算机不仅能够为人类解决复杂的问题，而且能够重现知识的构造，形象地对数学进行表述，动态地呈现问题解决、推理的过程。另一方面，网络技术也扩展了人们的视野，人与人的联系交流密切了，资源达到最大程度的共享，这也为数学的研究提供了很好的支持。信息技术为数学的发展注入了活力，使数学更加可视化、快捷化、人文化。受到计算机的影响，数学也在加速发展着学科自身的内容、结构和方法，并促进人们改变对数学的理解。数学在计算机的帮助下，展现出更多、更丰富的几何内容，描绘出一些分形模型、动态的复杂曲线等；计算机可以迅速地收集处理大量的数据，做出判断；在数学实验中，如火箭发射、飞机汽车桥梁设计、军事演习等都可以借助于信息技术。

计算机还可以进行数学证明，例如我国数学家吴文俊教授进行了机器证明的研究；1976年两位美国数学家利用计算机证明四色问题。在信息技术条件下，许多新的数学思想与方法不断突破，数学结构与内容不断丰富，一些新兴学科——近代数学技术、运筹优化、工程自控、信息论、数理统计、计算机科学、模糊识别等也应运而生。计算机与数学的结合，使得数学开拓了研究领域，成为数学探索的新平台。由于使用信息技术开拓了数学研究的新途径，算法化的思想得到了充分的体现，信息技术也为数学教学呈现了很好的平台，智能化的技术（或软件）整合了尽可能多的数学知识、思想、方法，现代数学中的一些重要的思想可以成为学生学习的内容，如信息安全与密码、对称与群、球面上的几何、优选法与实验设计、统筹法与图论、风险与决策以及混沌、分形等内容开始进入中学数学课堂,对复杂的数学运算可以快速解决,不宜直接观察的几何关系及作图过程可以得到直观显示,数学模型思想发展到了前所未有的水平。构造方程,就可以在计算机环境下做出手工很难绘制的图形,给出算法,圆周率就可以计算到相当高的精度,这样就使数学教学更加灵活多样、高效快捷。

二、整合的原则

信息技术与数学教学整合的基本原则是有利于学生认识数学的本质。在这个基本原则下,二者的整合需要遵循下面几个原则:

1. "整合"要促进学生的数学知识构建和认知结构的完善

数学学习是一种建构活动,包括数学抽象、数学理解和问题解决,这是学生进行知识建构的活动;同时,从数学学习的过程、目标、功能等来看,数学学习又是一种建立和完善个体数学认知结构的过程[①]。因此,信息技术和数学教学的整合应促进学生知识建构和认知结构的完善。促进学生知识建构要有这样的考虑:对学习者的已有结构的敏感和关注;纠正学习者的错误和错误概念的诊断性教学;对元认知和学习者自律策略的关注;对数学概念进行多元表征;充分认识学习者目标的重要性以及学习者与教师在目标上的差异;充分认识社会情境的重要性,如民间的、街头的数学和学校数学之间的区别[②]。完善学生的数学认知结构,数学教学要促进学生对陈述性知识的精深和组织;促进学生的图式形成;促进学生的产生式系统建构。

2. "整合"要注重信息技术与教师教学优势互补

尽管我们强调信息技术在数学教学中非常重要,但是任何先进技术都不能取代教师教学的作用。在数学教学中,教师是促进学生知识构建和学生完善认知结构的主体。学生是教学中的主体,教师在教学中要倾听学生的意见,从学生角度思考他们对数学的理解和问题解决,教师要鼓励学生反思问题的解答策略;同时,教师要能够对学生的问题给予解释,对学生对知识的掌握和认知过程做出评价。相对于信息技术来说,这是教师的优势,而信息技术在图形的表示、内容的可视化、动态演示以及计算、推理的快速等方面,又是教师不能企及的,所以对于各方优势,合理的整合尤为必要。理想的教学应该是把教师与信息技术的优势同时充分发挥出来,为此就需要教师进行全新的教学设计,哪些课适合于信息技术,怎样用,用多少时间,课内与课外怎样结合等。另一方面,不能忽视信息技术的作用,信息技术不是简单地表述数学知识,利用它可以揭示数学知识形成的来龙去脉,而且表述的方式很灵活,可以用文字、图形、动画、图表等多种方式多窗口呈现,使用印刷技术呈现的信息是线性的,而超文本技术就能够以网络状树形结构的方式立体的呈现信息,这些特别适合于表达数学。信息技术还能提供可交互的实验环境,学生可以利用它"做数学"。

① 喻平.数学教育心理学[M].桂林:广西教育出版社,2004:165.
② 莱斯利·P·斯特弗.杰里·盖尔主编.高文,徐斌艳等译.教育中的建构主义[M].上海:华东师范大学出版社,2002:371—372.

3. "整合"不能忽视信息技术与数学传统教学的结合

信息技术的使用不是否定传统教学,传统教学中对轨迹的形成过程、测量及精确性、动态演示等方面存在很大的限制,信息技术有着强大的对数据和图形的处理能力,其交互能力对数学教学也有很大的帮助。但是传统的数学教学方式对于学生的学习有着积极的意义,教师进行问题解决的过程,从教学的语言和在黑板上的演示,这是信息技术无法取代的,教师在讲解问题中,引导学生进行数学地思维,同时关注着学生的思维情况,及时做出调整,完成有效的数学教学,而信息技术虽然可以以清晰明快多变的形式展示数学知识,但是缺乏和学生"真诚"的交流,很难达到互动效果;同时,数学教学中不仅是知识建构和认知结构完善,师生之间还有更为高级的情感交流,这也是数学教学的重要方面。

4. "整合"要有利于学生参与数学教学

学生是数学知识构建和数学认知结构完善的主体,因此,数学教学中的任何数学活动都要从学生积极参与的角度考虑。信息技术改变了以往数学课堂的单调性,以各种各样的形式展示知识,学生在多种形式下的数学教学环境中,可以更好地发挥主动性,积极参与到数学教学。

三、整合的方式

从目前的研究来看,信息技术与数学教学整合的方式主要有:信息技术与数学内容整合,信息技术与数学学习模式整合,信息技术与教学方式整合,信息技术与课程资源整合。其表现形式多种多样,有多媒体技术、计算机辅助软件、网络技术(包括互动网站、资源库等)等。

信息技术与数学内容整合,主要从两个方面进行:利用信息技术优化数学知识结构,以及调整数学课程内容的体系结构。信息技术在知识的呈现和分析知识结构方面都有着独特的优势,通过多媒体技术,可以设计知识逐步、动态地出现,相关的知识也可以链接进来,随时隐藏和出现;利用网络技术,设计合适的网页,以超文本[①]的形式展示知识,解释不同知识点之间的结构、联系等。在没有信息技术的情况下,教师只能在黑板上画出"四边形和各种特殊四边形之间的关系"(如图9-1)。

从这幅图可以清楚地看到任意四边形向特殊四边形的化归过程和化归条件。然而,这些都是静态的,虽然可以将问题解释清晰,但对于学生构建知识结构未必有帮助。但是通过多媒体设计超文本,通过动画辅助可以逐步展示四边形之间的这些关系,甚至可以加上相应的图形和文字解释,例如,从四边形到平行四边形的过程,我们可以用超文本的形式展示(如图9-2)。

[①] 超文本,就是其中的某些字、符号或短语起着"热链路"(Hotlink)的作用,在显示出来时其字体或颜色变化或者标有下横线、以区别于一般的正文。当鼠标器的光标移到某个热链路上,并且按了一下鼠标键之后,鼠标器光标便沿着这条链路跳到该文件所指向的位置或文件。传统文本是以线性方式组织的,而超文本是以非线性方式组织的。这里的"非线性"是指文本中遇到的一些相关内容通过链接组织在一起,用户可以很方便地浏览这些相关内容。这种文本的组织方式与人们的思维方式和工作方式比较接近。

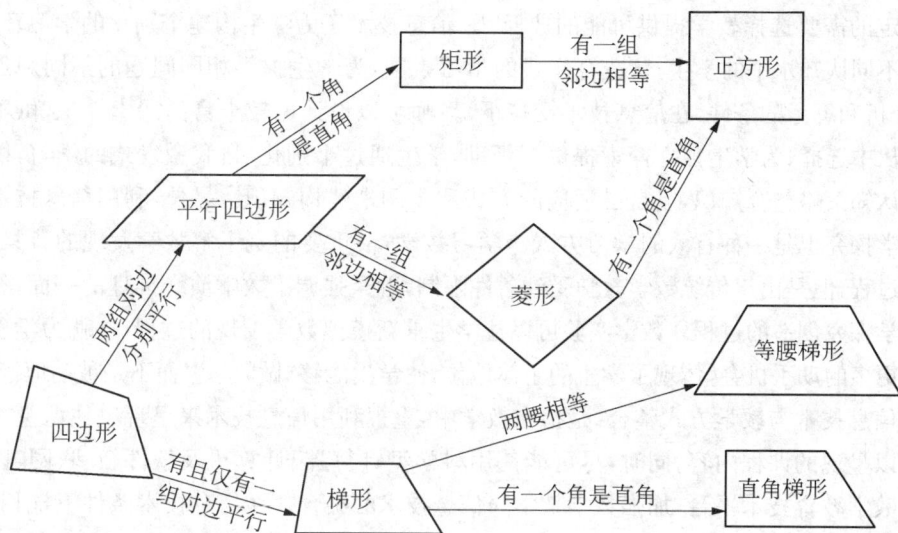

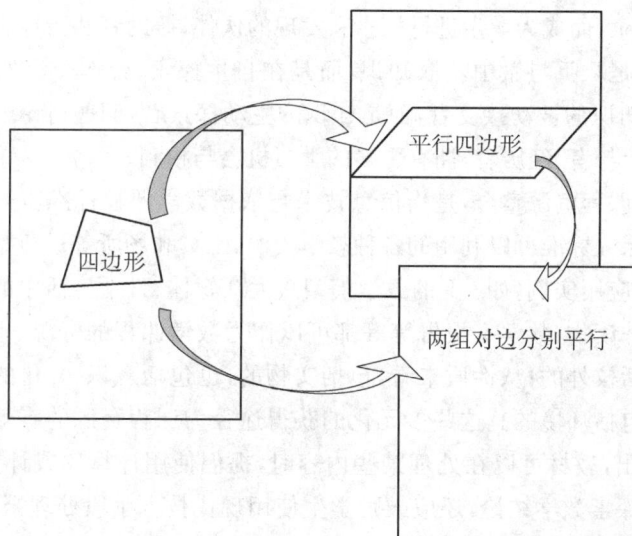

　　利用信息技术调整数学课程内容的体系结构是指在现有的信息技术条件下，精简或加强某些数学内容，对于能够使用信息技术直接解决的问题，学生只要了解其数学原理、算法规律等，而不需要反复的演练，例如，解答某些线性方程组，了解其解法，掌握基本的运算法则，而不要进行复杂的验算；相反，对于一些数学定理，我们可以通过信息技术进行模拟，通过实验猜测命题，进而再进行合理地证明，这无疑加强了该内容的学习，同时提高了学生数学探究的能力，这就改变了传统的教学方式，培养了学生的数学素养。

　　信息技术与数学学习模式整合，是指教师恰当地使用信息技术，改善学生的学习方式，引导学生借助信息技术学习有关数学内容，探索、研究一些有意义、有价值的数学问题。美国学校《数学教育的原则和标准》在"科技原则"中指出，现代科技应提高学生的数学学习:能够帮助学习数学,能促使学生从事和掌握抽象的数学观念;为教师根据学生特定的需要选择教学提供可能的选择①。信息技术还为学生构建个别化的学习环境,满足不同认知水平的学生,营造合作式的学习氛围,为学生提供相同问题的不同观点比较、分析和思考的条件,在信息技术支持下,教师可以设计比较丰富的课堂知识,供不同学生从中选择,为学生独立探索提供了帮助,学生通过个别化、自我激发式的学习,以不同的认知策略整合知识,以自己适应的方式和步调来建构知识。另外,利用信息技术开展数学探究也是一种有效的学习方式。学习数学,最重要的是了解数学发现的背景,创造的过程,但是由于传统数学教学受到条件限制,着重强调了数学演绎推理的一面,忽视了数学探究创造的过程。数学实验可以让学生重新模拟数学发现的过程,这就为学生提供了更多的动手机会,体现了学生的主体地位,使学生能够"做数学",而不是被动地接受。

信息技术与教学方式整合,是指在教学中,重视利用信息技术来呈现以往课堂教学中难以呈现的课程内容;同时,尽可能使用科学型计算器、计算机及软件、互联网,以及各种数学教育技术平台,加强数学教学与信息技术的结合。在信息技术条件下,引起数学教育工作者更多关注的就是对教学观的反思与课堂结构变化。信息技术环境下所发生的根本的变化是教师作用与角色、学生学习环境的变化,教师不再是知识的提供者、权威和智慧的源泉,而成为学生进行探索和发现的伙伴、援助者和指导者、促进者、引导者。学生不仅仅是从听与做中获取知识,而是在自主探索、合作交流的情境中进行学习;学生不再是知识的被动接受者,而是知识的主动探索者,问题讨论的启动者和调整者,问题解决的参与者、经历者,拥有更多的学习机会与权利。

信息技术与课程资源整合,是指信息技术与依据数学课程标准所开发的各种教学材料,以及数学课程标准可以利用的各种教学资源、工具和场所等进行整合。课程资源还包括数学模型应用实例(如 CT 的数学模型)、大众媒体、日常生活中的数量意识和数学语言、数学课外读物、数学家报告等等都可以作为数学课程的资源。从空间来看,包括校内的,也包括校外的;从性质来看,包括实物的,也包括意识、文化的;从属性来看,包括人力的,也包括环境的。这些多元化的获得途径为课程资源的有效实施提供了保证②。《课标》指出,教材可以在处理某些内容时,提倡使用计算器或计算机,帮助学生理解数学概念、探索数学结论,还应鼓励学生使用现代技术手段处理繁杂的计算、解决实际问题,以取得更多的时间和精力去探索和发现数学规律,培养创新精神和实践能力。另一方面,现代信息技术不仅在改进学生的学习方式上可以发挥巨大的潜力,而且可以渗透到数学的课程内容中来,教材应注意这些资源的整合。例如,可以把算法融入有关的数学课程内容中;也可以引导学生通过网络搜集资料,研究数学的文化,体会数学的人文价值。

四、整合中的问题

从目前的数学教学情况来看,虽然信息技术与数学教学整合取得了一定的成绩,人

---

① 全美数学教师理事会著,蔡金法等译.美国学校数学教育的原则和标准[M].北京:人民教育出版社,2004:26.
② 刘丽颖,张太军.数学课程资源的开发与利用[J].重庆师范大学学报(自然科学版),2005(6):84.

们从简单的计算机辅助教学,开始探索以多媒体技术和网络技术为主的信息技术和教学整合问题,但是,数学教学和信息技术的整合并不是十分的顺利,在这个过程中,存在着各种各样的问题,有些问题还是至关重要的。

现在有很多的学校在信息技术硬件上已经达到一定的要求,尤其是沿海发达地区,人们也普遍认可要加强数学教学中的信息技术运用,然而调查显示,即使有了信息技术设备,使用信息技术的情况却并不乐观。原因有以下几个方面:

教材中出现的信息技术在实际教学中没有配备,学生使用教学软件能力较低,应试教学深深影响着教师,他们担心经常使用信息技术,会影响学生的运算能力、推理论证能力等,而这些是考试必备的能力。信息技术和数学教学的整合,需要循序渐进,成熟的整合还有待于进一步的研究。

再者是数学教师应用信息技术的能力问题。数学教师的信息素养能力的提高需要进一步的培训,只有教师有了一定的信息素养,才能主动切实地将信息技术和数学教学整合。事实上,许多的教师在信息技术的应用上确实有待提高,除了会使用简单的微软Office 软件之外,熟悉数学教学专业的软件,例如几何画板、Z＋Z 智能教育平台、Mathlab 等,这样的教师并不多,这无疑影响了信息技术与数学教学的整合。

另外,信息技术和数学教学整合要适应学生的认知水平。有些教学内容对学生要求过高,例如,高中数学必修课中的算法内容,要求学生能够上机调试程序,这对于大部分中学生来说要求过高,因为他们在《信息技术》课程中只是学习了简单的文字处理系统,如 Word, Excel, PowerPoint 等,但是程序设计的学习需要较长时间,学生需要花费较大精力才能学会,这在高中阶段显然不合适。

第二节　信息技术与数学课程与教学整合的理论基础

信息技术与数学教学只有在科学理论指导下实现有效的整合,真正发挥信息技术的作用,才能使数学教学在信息技术的环境下取得成功。何克抗在"信息技术与课程深层整合"理论与方法方面给出了 5 点建议:①要运用先进的教育理论(特别是建构主义理论)为指导;②要紧紧围绕"新型教学结构"的创建来进行整合(所谓的新型教学结构是指改变"以教师为中心"的教学结构,创建新型的、既能发挥教师主导作用又能充分体现学生主体地位的"主导——主体相结合"教学结构);③要注意运用"学教并重"的教学设计理论来进行信息技术与课程整合的教学设计;④要重视各学科的教学资源建设,这是实现课程整合的必要前提;⑤要注意结合各门学科的特点建构易于实现学科课程整合的新型教学模式①。这几点是从一般课程的角度给出的,既包括理论基础又含有方法指导。

数学教学与信息技术的整合,既要从一般教育理论进行科学的认识,又要结合数学教育的基本理论进行思考。教育心理学中的建构主义、认知主义、人本主义和行为主义在信息技术与数学教学整合过程中都起了理论指导作用,不过是有主有次;弗赖登塔尔的现实的数学、数学化和再创造的教育理论,波利亚的解题理论、建构主义的数学教育

---

① 何克抗.信息技术与课程深层次整合的理论与方法[J].中小学信息技术教育,2005(3):17—18.

理论和我国的"双基"数学教学理论都是数学教学的理论基础,信息技术和数学教学整合也不可脱离这些重要的数学教育理论。在现代信息技术与数学教学整合的过程中,建构主义理论仍是核心的指导思想,因此,本节我们主要从建构主义理论的角度来论述。

一、教育中的建构主义

建构主义又译为结构主义,其渊源可以追溯到皮亚杰和维果茨基的理论,他们的研究被认为是建构主义的开端。皮亚杰从哲学认识论和生物学展开对儿童心理发展的研究,他认为,儿童在与周围环境相互作用的过程中,逐步建构起关于外部世界的知识,从而使自身认知结构得到发展,他提出以平衡解释学习的机制,如同平衡在生物演化中所起的作用一样,平衡也是促进认知变化的机制。这包括两个基本的调节过程:同化和顺应。同化是指外部环境中的有关信息吸收进来并结合到儿童已有的认知结构;顺应则是指儿童通过调节自己的内部结构以适应特定环境刺激的过程,包括反思、整合以达到对自我与客体的双重建构。儿童的认知结构就是通过同化与顺应过程逐步建构起来,并在"平衡——不平衡——新的平衡"的循环中得到不断的丰富、提高和发展。这就是皮亚杰关于建构主义的基本观点。在皮亚杰的上述理论的基础上,科尔伯格在认知结构的性质与认知结构的发展条件等方面作了进一步的研究;斯腾伯格和卡茨等人则强调了个体的主动性在建构认知结构过程中的关键作用,并对认知过程中如何发挥个体的主动性作了认真的探索;维果茨基偏重于从社会学层面揭示人的心理学发展,他创立的"文化历史发展理论"则强调认知过程中学习者所处社会文化历史背景的作用,在此基础上以维果茨基为首的维列鲁学派深入地研究了"活动"和"社会交往"在人的高级心理机能发展中的重要作用。这些研究使建构主义理论得到进一步的丰富和完善,为实际应用于教学过程创造了条件。教育中的建构主义可以表述为:知识是发展的,是内在建构的,是以社会和文化方式为中介的。学习者在认知、解释、理解世界的过程中建构自己的知识,学习者在人际互动中通过社会的协商进行知识的社会建构[①]。现代的建构主义观念认为:认识并非主体对于客体实在的简单的、被动的反映,而是一个主动的建构过程,也就是说,所有的知识都是建构出来的;在建构的过程中主体已有的认知结构发挥了特别重要的作用,后者处于不断的发展之中[②]。

在建构主义的观点下,数学知识不是对现实的纯粹客观的反映,任何一种传载的符号系统都不是绝对真实的表征;数学知识不可能以实体的形式存在于个体之外,真正的理解只能是由学习者自身基于自己的经验背景而建构起来的,取决于特定情况下的学习活动过程。数学学习有这样的特征:学习是学生主动构建知识的过程;学习是主动地建构意义;学习意义的活动是学生以自己原有的知识经验为基础,对新信息重新认识和编码,建构自己的理解。

建构主义的数学教学过程是师生互动的活动,学生是课堂学习的主体;教师应把学习者原有的知识经验作为新知识的生长点,引导学生从原来的知识经验中,生发出新的

① 喻平.数学教育心理学[M].桂林:广西教育出版社,2004:38.
② 郑毓信,梁贯成.认知科学建构主义与数学教育[M].上海:上海教育出版社,1998:152.

知识经验。但是这并不是要消减教师的作用,相反是对教师提出了要求。康弗雷(Confrey)指出:"一个建构主义的教育者要学习的基本技能是以一种对学习特征、起源、过程和应用的真正兴趣,去接近一种陌生的、未预料的反应。另外要能够把一种情景看作是他人感知到的情景,要承认,他人稳固的构造在他自己的框架中具有完整性和敏感性。"他认为建构主义观下的教师应从事的活动为:(1)支持学生的自主性和义务。(2)支持学生的反省过程,这里可以从三个层面鼓励学生反省:①反思问题的解释,②反思自己的认知策略,③为自己的策略进行辩解。(3)设计案例:教师努力领会学生的数学,设计一种反映学生的数学和教师的数学的案例。(4)教师以案例为基础为学生起草可能的学习方案,并且与学生商讨是否可行,有时可以直接让学生自行起草设计。(5)回顾已经走过的学习步骤。(6)坚持基本的目标,尽管极端建构主义的教师非常关注学生,但是他也应该恪守自己的教学目的,同时努力不要削弱学生的主动性①。在这种观点下,西蒙开发了一种数学教学循环模式②(如图 9-3)。这个模式描述了教师的思维、决定和行动之间的相互作用。决定和行动的前提条件构成了教师知识的五个成分:(1)教师的数学;(2)关于数学活动和表征方式的知识;(3)关于学生数学的假设;(4)数学学习和教学的一般理论;(5)关于特殊内容学习的知识。

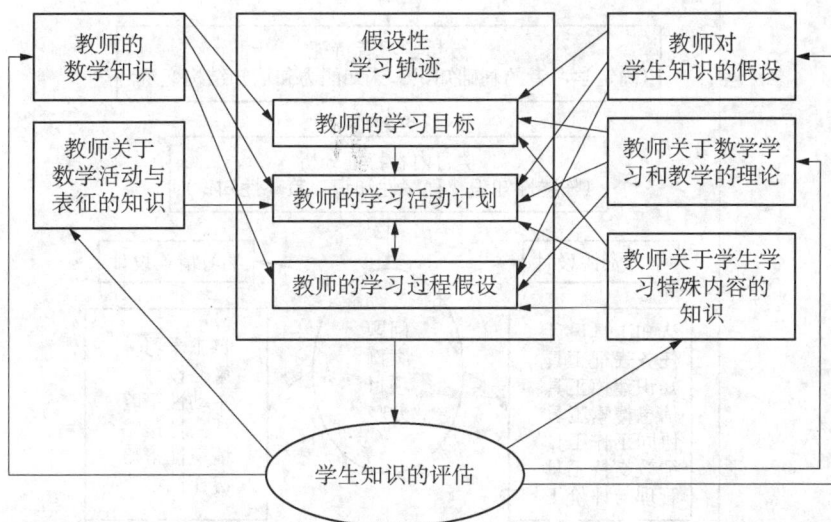

图 9-3

西蒙的数学教学循环模式

　　在建构主义指导下的数学教学模式应以学生为中心,在整个教学过程中由教师起组织者、指导者、帮助者和促进者的作用,利用情境、协作、会话等学习环境要素充分发挥学生的主动性、积极性和首创精神,最终达到使学生有效地实现对当前所学知识的意义建构的目的。在这种模式中,学生是知识意义的主动建构者;教师是教学过程的组织者、指导者、意义建构的帮助者、促进者;教材所提供的知识不再是教师传授的内容,而

① 徐斌艳.极端建构主义意义下的数学教育[J].外国教育资料,2000(3):63—64.
② Simon, M. A. Reconstructing Mathematics Pedagogy from a Constructivist Perspective [J]. *Journal for Research in Mathematics Education*, 1995:114-145.

是学生主动建构意义的对象；媒体也不再是帮助教师传授知识的手段、方法，而是用来创设情境、进行协作学习和会话交流，即作为学生主动学习、协作式探索的认知工具。显然，在这种场合，教师、学生、教材和媒体等四要素与传统教学相比，各自有完全不同的作用，彼此之间有完全不同的关系。但是这些作用与关系也是非常清楚、非常明确的，因而成为教学活动进程的另外一种稳定结构形式，即建构主义学习环境下的教学模式[①]。在该理论指导下，有的学者设计了基于建构主义的教学模式（如图9-4）。它以问题（或项目、案例、分歧）为核心，建立学习"定向点"，然后围绕这个"定向点"，通过设计"学习情景"、"学习资源"、"学习策略"、"认知工具"、"管理和帮助"而展开，他们共同服务于由教学目标、学习者、学习内容而决定的学习任务（问题、案例、项目、分歧）这一核心。结束部分的教学评价也是设计过程的重要环节，它是修改的基础，也是教学设计成果趋向完善的调控环节[②]。

图 9-4

基于建构主义的教学模式

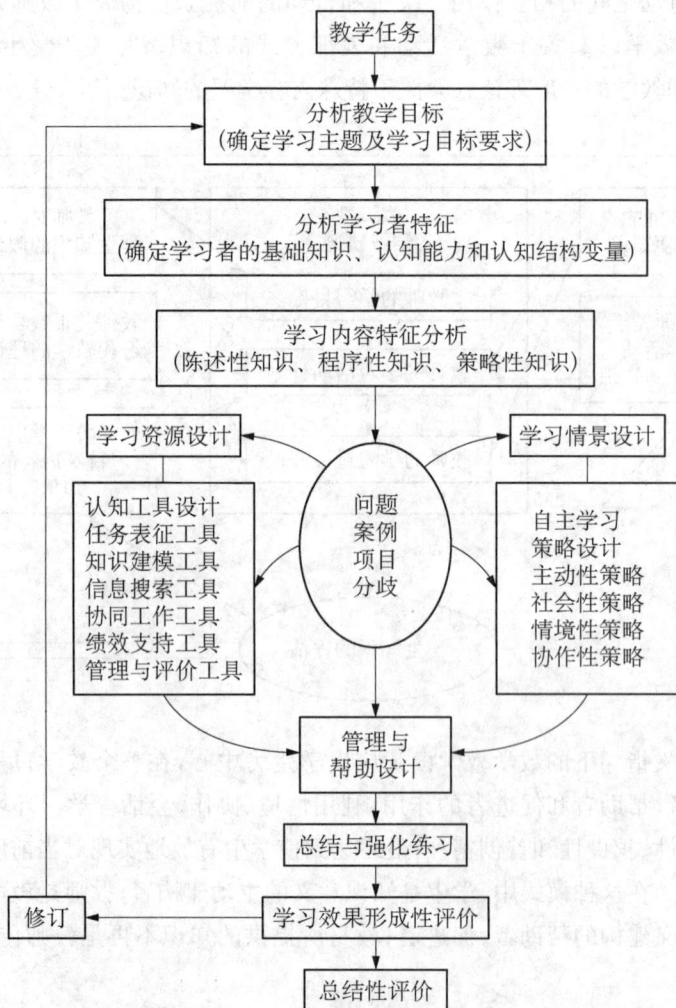

① 何克抗.建构主义——革新传统教学的理论基础[J].电化教育研究,1997(3):3—9.
② 余胜泉等.基于建构主义的教学设计模式[J].电化教育研究,2000(12):8.

　　在上述的建构主义的教学模式下,何克抗总结出当前开发出的教学方法有下面几种[1]:

　　1. 支架式教学(scaffolding instruction)

　　支架式教学为学习者建构对知识的理解提供了一种概念框架(conceptual framework)。这种框架中的概念是为发展学习者对问题的进一步理解所需要的,为此,事先要把复杂的学习任务加以分解,以便于把学习者的理解逐步引向深入。这种教学思想是来源于苏联著名心理学家维果茨基的"最近发展区"理论。维果茨基认为,在儿童智力活动中,对于所要解决的问题和原有能力之间可能存在差异,通过教学,儿童在教师帮助下可以消除这种差异,这个差异就是"最邻近发展区"。建构主义者从维果茨基的思想出发,借用建筑行业中使用的"脚手架"(scaffolding)概念,其实质是利用概念框架作为学习过程中的脚手架。这种框架中的概念是为发展学生对问题的进一步理解所要的,也就是说,该框架应按照学生智力的"最近发展区"来建立,因而可通过这种脚手架的支撑作用不停顿地把学生的智力从一个水平提升到另一个新的更高水平,真正做到使教学走在发展的前面。

　　支架式教学由以下几个环节组成:

　　(1) 搭脚手架——围绕当前学习主题,按"最邻近发展区"的要求建立概念框架。

　　(2) 进入情境——将学生引入一定的问题情境(概念框架中的某个节点)。

　　(3) 独立探索——让学生独立探索。

　　(4) 协作学习——进行小组协商、讨论。

　　(5) 效果评价——对学习效果的评价包括学生个人的自我评价和学习小组对个人的学习评价,评价内容包括:①自主学习能力;②对小组协作学习所作的贡献;③是否完成对所学知识的意义建构。

　　2. 抛锚式教学(anchored instruction)

　　这种教学要求建立在有感染力的真实事件或真实问题的基础上。确定这类真实事件或问题被形象地比喻为"抛锚",因为一旦这类事件或问题被确定了,整个教学内容和教学进程也就被确定了(就像轮船被锚固定一样)。建构主义认为,学习者要想完成对所学知识的意义建构,即达到对该知识所反映事物的性质、规律以及该事物与其它事物之间联系的深刻理解,最好的办法是让学习者到现实世界的真实环境中去感受、去体验(即通过获取直接经验来学习),而不是仅仅聆听别人(例如教师)关于这种经验的介绍和讲解。由于抛锚式教学要以真实事例或问题为基础(作为"锚"),所以有时也被称为"实例式教学"或"基于问题的教学"。

　　抛锚式教学由这样几个环节组成:

　　(1) 创设情境——使学习能在和现实情况基本一致或相类似的情境中发生。

　　(2) 确定问题——在上述情境下,选择出与当前学习主题密切相关的真实性事件或问题作为学习的中心内容(让学生面临一个需要立即去解决的现实问题)。选出的事件或问题就是"锚",这一环节的作用就是"抛锚"。

——————————
① 何克抗.建构主义——革新传统教学的理论基础[J].电化教育研究,1997(3):3—9.

（3）自主学习——不是由教师直接告诉学生应当如何去解决面临的问题，而是由教师向学生提供解决该问题的有关线索（例如需要搜集哪一类资料、从何处获取有关的信息资料以及现实中专家解决类似问题的探索过程等），并要特别注意发展学生的"自主学习"能力。自主学习能力包括：①确定学习内容表的能力（学习内容表是指，为完成与给定问题有关的学习任务所需要的知识点清单）；②获取有关信息与资料的能力（知道从何处获取以及如何去获取所需的信息与资料）；③利用、评价有关信息与资料的能力。

（4）协作学习——讨论、交流，通过不同观点的交锋，补充、修正、加深每个学生对当前问题的理解。

（5）效果评价——由于抛锚式教学要求学生解决面临的现实问题，学习过程就是解决问题的过程，即由该过程可以直接反映出学生的学习效果。因此对这种教学效果的评价往往不需要进行独立于教学过程的专门测验，只需在学习过程中随时观察并记录学生的表现即可。

3. 随机进入教学（random access instruction）

由于事物的复杂性和问题的多面性，要做到对事物内在性质和事物之间相互联系的全面了解和掌握，即真正达到对所学知识的全面而深刻的意义建构是很困难的。往往从不同的角度考虑可以得出不同的理解。为克服这方面的弊病，在教学中就要注意对同一教学内容，要在不同的时间、不同的情境下、为不同的教学目的、用不同的方式加以呈现。换句话说，学习者可以随意通过不同途径、不同方式进入同样教学内容的学习，从而获得对同一事物或同一问题的多方面的认识与理解，这就是所谓"随机进入教学"。显然，学习者通过多次"进入"同一教学内容将能达到对该知识内容比较全面而深入的掌握。这种多次进入，绝不是像传统教学那样，只是为巩固一般的知识、技能而实施的简单重复。这里的每次进入都有不同的学习目的，都有不同的问题侧重点。因此多次进入的结果，绝不仅仅是对同一知识内容的简单重复和巩固，而是使学习者获得对事物全貌的理解与认识上的飞跃。

随机进入教学主要包括以下几个环节：

（1）呈现基本情境——向学生呈现与当前学习主题的基本内容相关的情境。

（2）随机进入学习——取决于学生"随机进入"学习所选择的内容，而呈现与当前学习主题的不同侧面特性相关联的情境。在此过程中教师应注意发展学生的自主学习能力，使学生逐步学会自己学习。

（3）思维发展训练——由于随机进入学习的内容通常比较复杂，所研究的问题往往涉及许多方面，因此在这类学习中，教师还应特别注意发展学生的思维能力。其方法是：①教师与学生之间的交互应在"元认知级"进行（即教师向学生提出的问题，应有利于促进学生认知能力的发展而非纯知识性提问）；②要注意建立学生的思维模型，即要了解学生思维的特点（例如教师可通过这样一些问题来建立学生的思维模型："你的意思是指？""你怎么知道这是正确的？""这是为什么？"等等）；③注意培养学生的发散性思维（这可通过提出这样一些问题来达到："还有没有其它的含义？""请对 A 与 B 之间作出比较？""请评价某种观点"等等）。

（4）小组协作学习——围绕呈现不同侧面的情境所获得的认识展开小组讨论。在讨论中，每个学生的观点在和其他学生以及教师一起建立的社会协商环境中受到考察、评论，同时每个学生也对别人的观点、看法进行思考并做出反映。

（5）学习效果评价：包括自我评价与小组评价，评价内容与支架式教学中相同。

由以上介绍可见，建构主义的教学方法尽管有多种不同的形式，但是又有其共性，即它们的教学环节中都包含有情境创设、协作学习（在协作、讨论过程中当然还包含有"对话"），并在此基础上由学习者自身最终完成对所学知识的意义建构。这是由建构主义的学习环境所决定的。

二、信息技术与建构主义

信息技术可以创设实际情境，通过网络技术，师生可以建立交流的平台，多媒体技术在图像、声音和动态演示等方面有着特有的优势，这些对于建构主义学习环境包含的4个要素"情境"、"协商"、"对话"和"意义建构"起到很好的支持作用。建构主义的这几个要素通过信息技术在教学中充分体现。

首先，利用信息技术可以创设与实际情境相似的教学环境，学生在这样的环境中，能够激发记忆中相关的知识和技能，从而进行有效地学习。建构主义理论强调真实情境，把创设情境看作是"意义建构"的必要前提，并作为教学设计的最重要内容之一。

其次，多媒体技术在语音和图像技术上有着独特的优势，可以促进师生、生生进行合理地"对话"，而网络技术在资源共享，信息平台，协商合作等方面可以提供很好的帮助，这是学生协作学习必不可少的形式；"协商"并不是一种产生明确一致意见的过程，更多地是学习者和教师之间交互活动的过程，逐渐引导学生接受某一特定的任务、活动或问题，从中学习数学专业知识。这种交互活动与活动主体的责任感密切相关，与他们的认知活动密切相关，另外交互活动还受班级文化的影响，要考虑社会的需要，要注重与校外的世界进行交往互动。这种"协商"式的交互活动应该来自教师与学习者的共同需要，并且在活动中给学习者足够的主动权。没有这种主动权，学习者很难进行有意义的知识建构，也无法保证教师的意图得到满足[①]。在建构主义的教学模式中，"协商"和"对话"是学生合作交流的主要形式，而信息技术可以充分地体现这些形式。

再者，信息技术能提供界面友好、形象直观的交互式学习环境，有利于学生的主动探索、主动发现；能提供图文声并茂的多重感官综合刺激，有利于学生更多更好地获取关于客观事物规律与内在联系的知识；还能按超文本方式组织与管理各种教学信息和学科知识，有利于发展联想思维和建立新旧概念之间的联系，因此对学生认知结构的形成与发展，即对学生关于当前所学知识的意义建构是非常有利的，也是其它媒体或其他教学环境无法比拟的。建构主义理论的基本观点就是"意义建构是学习的目的"，教师和其他教学辅助都是为了帮助和促进学生的意义建构。

---

① 徐斌艳.数学教育展望[M].上海:华东师范大学出版社,2001:288.

因此,我们可以看出,信息技术正是建构主义在教学中实施的有力的表现形式,教学正是通过信息技术突出关键点,促进学生知识建构。

第三节 信息技术在数学教学中的功能

一般而言,在数学教育中使用较多的信息技术是多媒体技术和网络技术。数学教学不同于其他的学科,它不需要过多光彩夺目的东西展示给学生,不适宜的彩色图画或者动画反而对数学教学有消极的影响。数学教学即便使用多媒体技术,也依然是从数学的特点进行教学设计,而不是从声音、图像和视频来考虑,即使这些元素在教学中也不可忽略。多媒体技术对数学教学的支持,更多的是数学教育软件,例如几何画板、Mathlab、Z+Z智能教育平台等,通过使用这些软件,整合数学教学内容,设计出适合课堂教学的课件。除此以外,一般的办公软件、多媒体设计软件和网络制作软件等,也是数学教学的有力帮手。此外,网络技术还为数学教学提供了资料查询、构建教育平台等帮助。

只有合理地使用各种软件,发挥多媒体技术和网络技术的功能,才能更好地将数学教学与信息技术整合,取得良好的教学效果。

一、数学教学中的教育软件

现代信息技术迅速发展,计算机的运算速度越来越快,网络更加健全,资源更加丰富;与此同时,更多的教育软件被开发出来,并逐步进入数学教育领域。在数学教育中,常使用的软件有这样几类:一类是办公软件,例如 Office 软件包和 WPS 软件包;一类是网页或者多媒体制作软件,例如 Flash, Authorware, Photoshop 等;还有最常用也是专门为数学教学服务的软件,例如上文提到的几何画板,Mathlab,Z+Z智能教育平台,还有 Mathematica,TI 图形计算器,POV - Ray, SPSS 等等。下面我们简单介绍几种数学教育软件。

1. Z+Z 智能教育平台

"Z+Z"智能教育平台(以下简称"Z+Z")是我国数学家张景中院士主持开发的数学教学平台。智能教育平台,是在某一知识领域内的一定层次上,能够满足人们引用知识,运用知识,传播知识,学习知识和发展知识需要的计算机系统,即能够使这些活动尽可能机械化的计算机系统。而"Z+Z"指"知识+智慧"。该平台不仅是丰富的资源库,还具有强大的智能性①。

"Z+Z"具有以下几个特点。(1)智能黑板。教师讲课时,既可以根据课堂反映即兴写字画图,以及计算、推导、实际测量、解方程等,还可以让所画图形变成动画,有条不紊地进行预先准备的自动化等多媒体材料。作为演示平台时,还可以把一些补充内容缩小放在一边,需要的时候将该窗口放大,这样可以节省空间,使用起来也非常方便。它能使复杂的计算、推导过程变得非常简单,在短时间内传递给学生更多的信息。(2)贴

---

① 张景中主编.超级画板范例教程[M].北京:科学出版社,2004:92—97.

身秘书。该平台的另外一个显著特点是能够把操作所进行的每一步骤都记录下来,供师生回顾所学知识,并且可以快捷的返回到任何一个步骤。如图 9-5 所示,在作图工作区中做出了一个点,一条直线和一个圆,左边的工作区自动记录了所做的 11 个步骤,用户可以返回到任何一个步骤进行修改。(3)资源库。"Z+Z"智能教育平台是一个巨大的智能的资源库,教学资源库与新课程配套,包含上百个课件,供老师上课时选用。这将极大地节约老师重复开发课件的时间,使得他们可以集中精力于教学设计①。

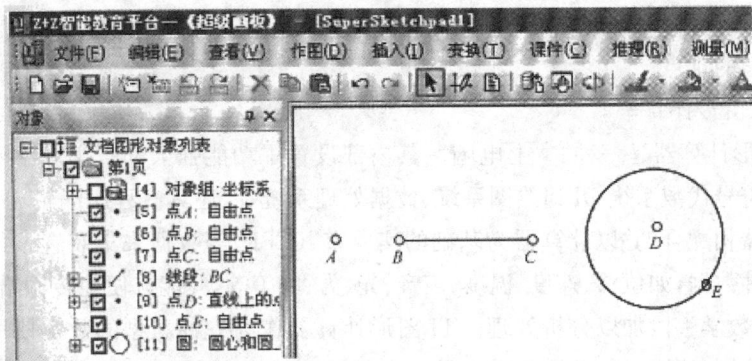

图 9-5

"Z+Z"智能
教育平台
界面

2. LOGO 语言

　　LOGO 语言创始于 1968 年,是美国国家科学基金会所资助的一项专案研究,在麻省理工学院(MIT)的人工智能研究室完成。LOGO 源自希腊文,原意即为思想,是由一名叫佩伯特的心理学家在从事儿童学习的研究中,发现一些与他的想法相反的教学方法,并在一个假日中出外散步时,偶然间看到一个像海龟的机械装置触发灵感,于是利用他广博的知识及聪明的才智而最终完成了 LOGO 语言的设计。绘图是 LOGO 语言中最主要的功能,佩伯特博士就是希望能通过绘图的方式来培养学生学习电脑的兴趣和正确的学习观念。LOGO 语言之所以是儿童学习计算机编程最好的一种语言,就因为它是针对儿童而制作的编程语言,能使儿童在认知与技能上得到较大的发展,这也是 LOGO 语言的特点。LOGO 语言具有较强的针对性,因为对于儿童来说,"画画"比"文字处理"更具有活力,充分发挥自己的想象进行创作,而文字处理却比较枯燥,不适合儿童。LOGO 则主要用于"图画"制作,并且采用了"海龟绘图"的方式,适合儿童的特点,能充分引起他们的兴趣和学习该门语言的积极性,达到寓教于乐的目的。在 LOGO 语言中,它的作图方式与现在所用的作图软件不一样,主要区别就在于 LOGO 语言的基本作图的方法可以不采用坐标方式,而是通过向前、后退、向左转、向右转、返回等儿童易于理解的语言和命令,这非常适合儿童的知识水平,使这些还不知坐标为何物的儿童更容易上手。在用 LOGO 语言作图时,需要学习者对一些常见的几何特性进行理解,了解常用的距离、角度和度数的概念。

① 张景中.我们为什么要做"Z+Z"[N].中国教育报,2014-1-13(8).

3. 几何画板

《几何画板》软件是由美国 Key Curriculum Press 公司制作并出版的几何软件,它的全名是《几何画板——21 世纪的动态几何》,由人民教育出版社汉化。《几何画板》是一个适用于几何(平面几何、解析几何、射影几何等)教学的软件平台。它为老师和学生提供了一个探索几何图形内在关系的环境。它以点、线、圆为基本元素,通过对这些基本元素的变换、构造、测算、计算、动画、跟踪轨迹等,它能显示或构造出其它较为复杂的图形。它的特色首先能把较为抽象的几何图形形象化,但是它最大的特色是"动态性",即:可以用鼠标拖动图形上的元素(点、线、圆),而事先给定的所有几何关系(即图形的基本性质)都保持不变,这样更有利于在图形的变化中把握不变,深入几何的精髓,突破了传统教学的难点。

4. TI 图形计算器

TI 图形计算器是一种"掌上电脑",其内部设置了功能强大的数学教学专用软件,如计算机符号代数系统、几何绘图系统、数据处理系统等,还具有程序编辑功能。与 TI 图形计算器相配合的"以计算器为基础的实验室"(CBL)等数据采集装置,可用来收集与处理各种数据,如位移、速度、温度、声音、光、力、电等等,并能方便地传输给图形计算器,进而用数学手段加以分析处理。TI 图形计算器作为一种新型的数学使用工具,可以直观地绘制各种图形,并进行动态演示和轨迹跟踪。TI 图形计算器是教学、学习和做数学的强有力的工具。它为数学思想提供可视化的图像,使组织和分析数据容易实现。它们可以支持学生在数学各个领域的研究,更重要的是,图形计算器的便携性、灵活性也为融入数学教学提供了可能。

用于数学教学的软件还有很多,在此我们不再一一介绍。

二、教育软件在数学教学中的功能

1. 动态演示,促进理解

数学是研究空间形式和数量关系的科学,是刻画自然规律和社会规律的科学语言和有效工具。空间形式需要能够将空间的事物抽象为数学的模型,然后进行数学的逻辑推理,研究其性质和规律;同样,数量关系也是复杂多变的关系,而不是一成不变的,或者恰巧是一些容易计算的数字。因此,学习数学要有一种"运动"的思想,尽管数学中的结论可能是稳定的。然而,在传统的教学中,由于受到条件的限制,数学教学的内容往往设置成"死的",所谓的"死"就是缺乏变化;而信息技术为运动的数学提供了便利。

在几何中,传统的教学一般是通过徒手作图,有的教师在教学中能够一边演示作图的过程,一边讲解,这或多或少可以增进学生的理解;然而,很多时候,几何图形都是一成不变的,这对于学生理解概念,探索规律,有一定的困难。通过多媒体技术中的软件,可以使固定的图形运动起来。对于一些用语言很难描述和理解的概念,通过软件设计动画,可以帮助学生理解,并研究图形的性质和规律。

以三垂线定理为例,在平面内的一条直线,如果它和这个平面的一条斜线的射影垂直,那么它也和这条斜线垂直。我们可以通过几何画板,做成动态的演示,从多角度观察,帮助学生理解(如图 9-6)。根据设计的课件,调节控制面板,可以看到动态的过程,使学生全面的认识问题,理解定理(如图 9-7)。

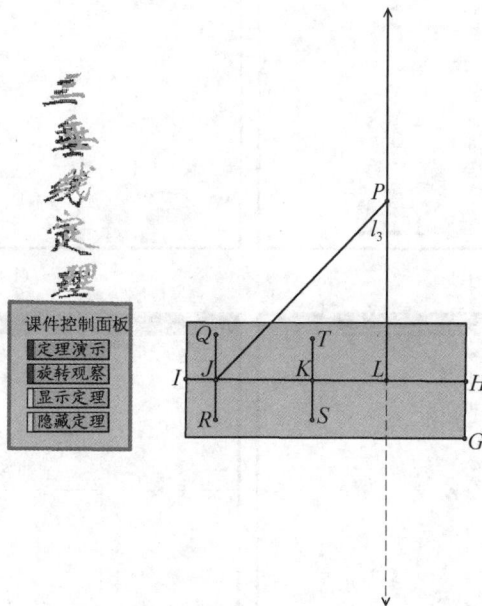

图 9-6

三垂线定理
演示

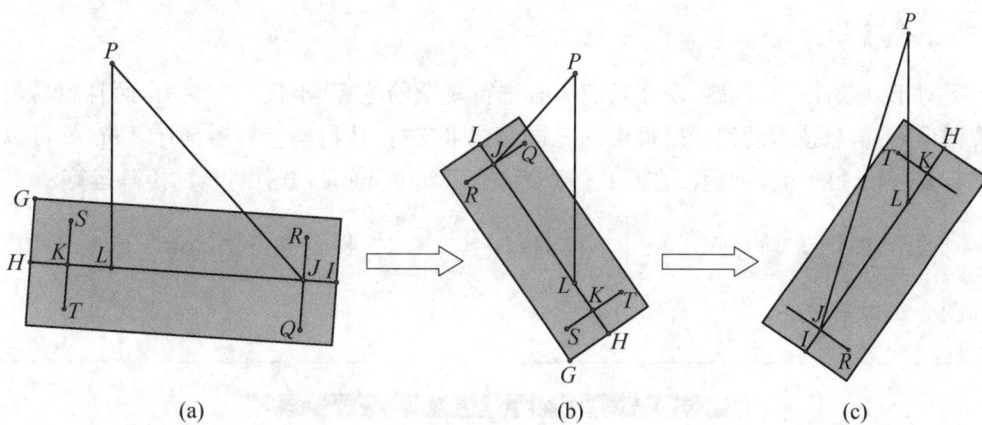

(a)　　　　　　(b)　　　　　　(c)

图 9-7

软件的动画
演示功能
示例

　　许多软件都有动画功能,例如 Flash,Authorware,Powerpoint,对于某些教学内容适当进行动画演示,可以提高效率,帮助学生理解数学。

　　例如,使用 Flash 画出 $y = \sin\left(x + \dfrac{\pi}{3}\right)$ 的图像,其过程如下图 9-8:

图 9-8

用 Flash 绘制
$y = \sin\left(x + \dfrac{\pi}{3}\right)$
图像效果

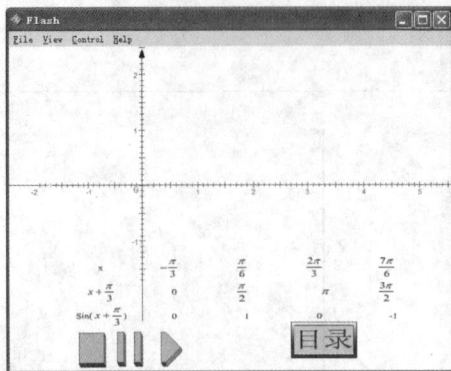

(a)

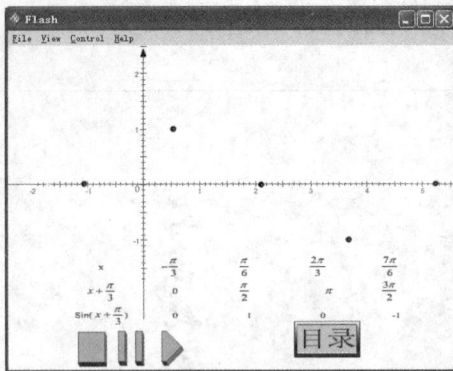

(b)

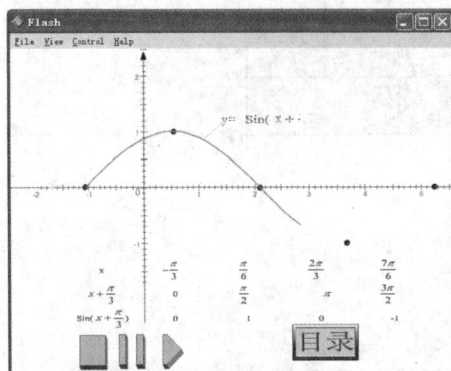

(c)

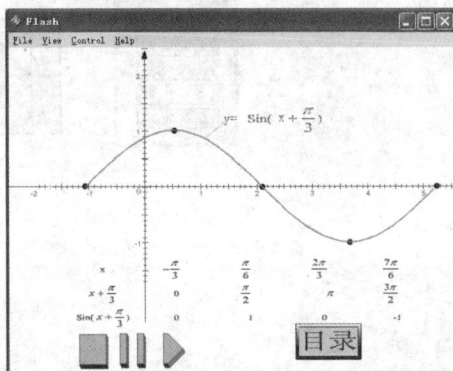

(d)

2. 简化运算,处理数据

对于复杂计算的问题,现在我们不必进行复杂的笔算(不仅耗时耗力,而且容易出现错误)。信息技术的发展所提供的先进的技术支持,从科学计算器到计算机,都可以进行复杂烦琐的运算问题。在此我们介绍一下 Mathematica 软件进行的矩阵运算。

假设有两个二阶矩阵:$a = \begin{bmatrix} 1 & 2 \\ 3 & 4 \end{bmatrix}$ 和 $b = \begin{bmatrix} 3 & 4 \\ 9 & 8 \end{bmatrix}$,求 $a \cdot b$? 利用 Mathematica 计算如图 9-9:

图 9-9

二阶矩阵
计算

```
Untitled-2 *

In[1]:= a = {{1, 2}, {3, 4}}
Out[1]= {{1, 2}, {3, 4}}

In[2]:= MatrixForm[a]
Out[2]//MatrixForm=
( 1  2 )
( 3  4 )

In[3]:= b = {{3, 4}, {9, 8}}
Out[3]= {{3, 4}, {9, 8}}

In[4]:= MatrixForm[b]
Out[4]//MatrixForm=
( 3  4 )
( 9  8 )

In[5]:= a.b // MatrixForm
Out[5]//MatrixForm=
( 21  20 )
( 45  44 )
```

信息技术在处理数据方面也有很大的优势。数学教学中,概率统计、数学建模、数学研究性学习中都可能面临大量的数据,进行处理,不仅是计算,有时候求平均数、中位数,计算方差等。现在许多统计软件都可以解决这些问题。例如,SPSS, SAS,这两个软件功能强大,不仅在数学中使用,在医学、经济等领域也有广泛的应用。事实上,在中学数学教学中,Office 家族的 Excel 在处理数据方面也不逊色,足以解决中学中的许多数据处理问题。图 9-10 是用 Excel 统计的某个篮球运动员得分情况,并使用指数函数进行了数据模拟,在此不详细展开。

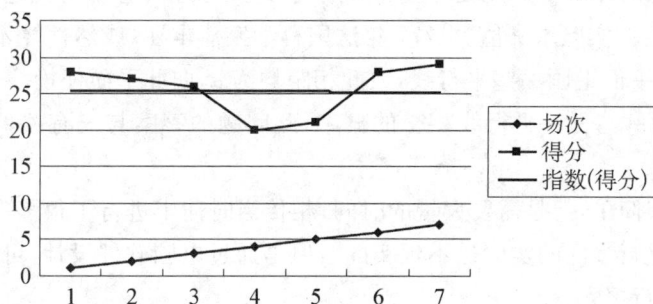

图 9-10

得分情况的
Excel 统计图

3. 智能推理,自动证明

自从计算机发明以来,人们总是不断地研究怎样利用计算机来为我们服务;而人工智能方面经历近几十年的发展,取得颇多的成绩,自动推理正是其中的一部分。前文提到的 Z+Z 超级画板,具备人工智能推理、自动证明的功能,主要应用了自动推理和知识工程研究领域的最先进的成果,不仅可以提供详细的解题推理过程,而且在工作区的推理库中还能以信息树的形式提供相关的知识点。

我们引用张景中院士的一个五点共圆的例子:如图 9-11,画一个不规则的 5 角星,

图 9-11

五点共圆
案例

5个角就是5个三角形。作这5个三角形的5个外接圆,相邻的两圆有一个新产生的交点,要证明这5个点(K、L、M、N、P)在同一个圆上[①]。

4. 数学实验,探究问题

弗赖登塔尔的数学教育理论有一个重要方面就是"再创造"。实际上就是"做数学"的过程,强调学生学习是一个经验、理解和反思的过程,其核心就是数学过程的再现。然而,教科书中的数学都是人们经过加工和提炼的精华,其中的过程和经验都被"筛"去;弗赖登塔尔认为在教学中应"将数学作为一种活动来进行解释和分析"[②],经过教师精心设计,创设问题情景,通过学生自己动手进行实验研究、合作商讨、探索问题的结果等。在信息技术的环境下,可以进行这样的数学实验,引导学生探究问题。

例. 蒲丰投针实验求 π 值。1777 年法国科学家蒲丰在《或然性算术实验》中提出了一个问题:在平面上画一些平行线,彼此相距均为 a,向此平面任投一长度为 $L(L < a)$ 的针,试求此针与任一平行线相交的概率;此问题的答案与 π 有关,可用它来计算 π 值。

这个问题很简单,但是需要大量的时间,相传当时蒲丰进行了很多次试验,在课堂上像蒲丰一样进行多次的实验是不现实的。但是通过电脑软件设计,可以进行模拟实验,引导学生进行探索。

下图 9-12 是使用超级画板设计的蒲丰投针实验。

图 9-12	
几何画板设计的蒲丰投针实验	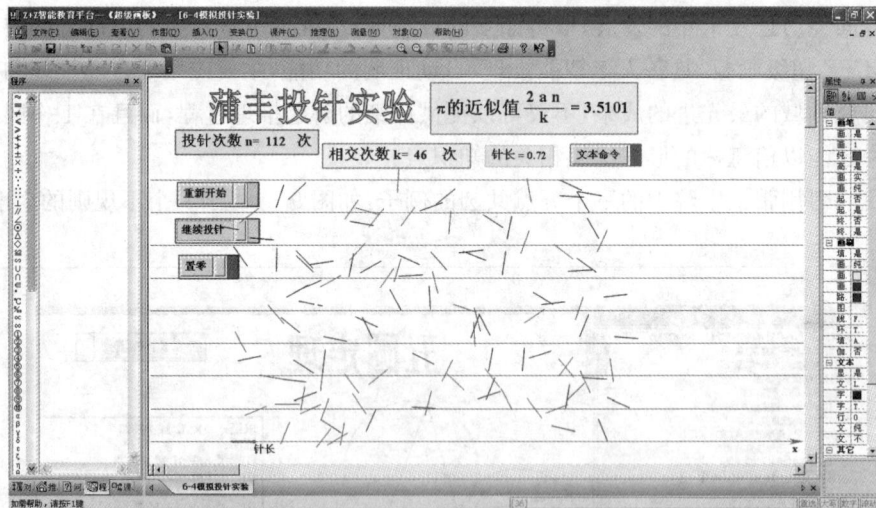

三、网络技术在数学教学中的功能

网络技术日益发达,现代生活逐步不能脱离网络。作为信息技术的一个重要方面,网络技术对数学教学也产生了很大的影响,在此网络技术主要有两个功能:建立数学教学资源库和开展网络数学教学。

　　教学资源库的作用日益重要,这是教师备课,学生学习的重要保障。现在几乎每个大城市的中小学学校都有自己的校园网,并与国际互联网相连接。在校园网资源库,教师可以将自己的资料储存,和其他教师共享。网络还为教师提供了与学生交流的平台,通过建立数学教育论坛或者博客,学生可以在论坛留言,和教师商讨问题,这对于那些害怕出错,怕批评的学生来说,这是和教师进行交流的较好的方式。

　　网络教学技术现在也日益成熟。在网络环境中,建立互动数学教学模式,教师与学生之间能够很方便地进行交互式的信息交流;教师利用教师机进行数学教学、模拟讲座、示范表演、作业评价等,学生利用学生机进行学习,并可以向教师随时提出问题。现在,许多高校建立了网络学院,其教学模式大多是网络教学模式。图 9-13 这个是某院校的网络课程建设的例子。

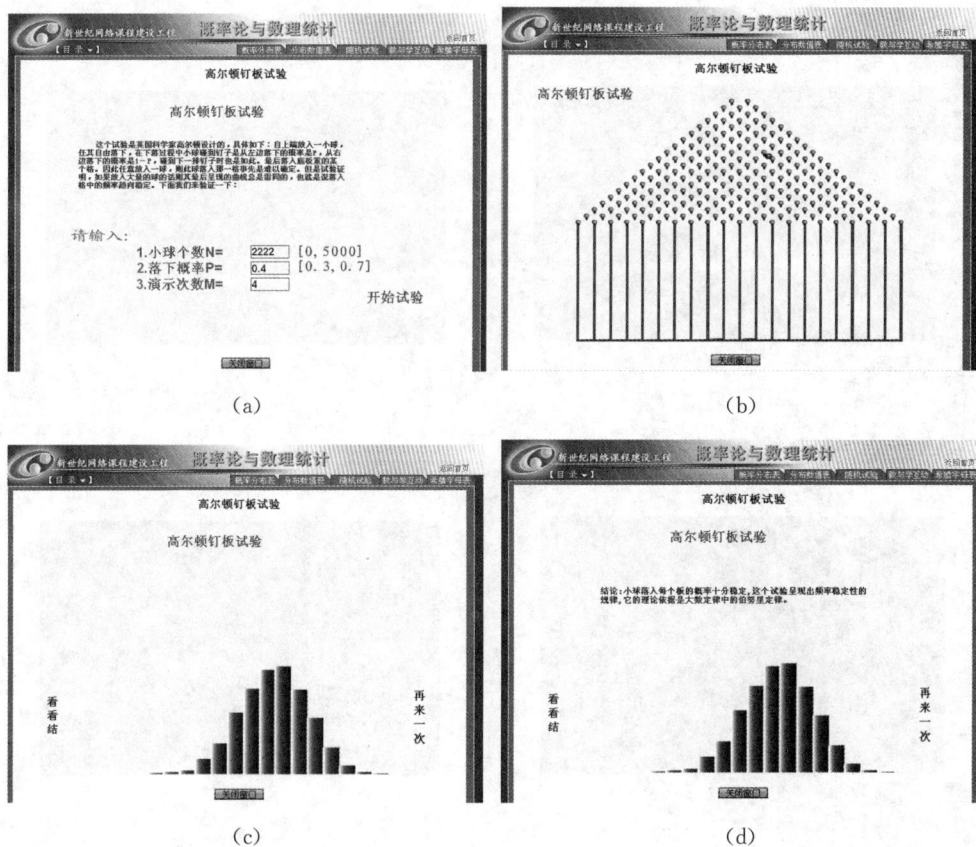

图 9-13

网络课程建设示例

(a)   (b)

(c)   (d)

关键术语
数学课程中的信息技术;学科课程整合

讨论与探究
1. 信息技术与数学课程教学进行整合的意义有哪些?

2. 你认为信息技术与数学内容的整合所面临的难点在哪？需要注意哪些原则？

3. 信息技术与数学教学如何整合才能体现建构主义的思想？

4. 请选择一款数学教学软件来学习，设计一堂基于该软件的数学课。

本章概要

《义务教育阶段数学课程标准(2011 年版)》在强调数学"双基"的基础上,首次明确提出将数学基本思想的获得和数学基本活动经验的积累亦纳入课程目标,突显了对数学学习的过程性、生成性、动态性的重视。本章一方面分析提出"数学基本活动经验"的现实背景与国际背景,系统介绍数学基本活动经验的内涵、类别、教育功能及其课程教学价值。另一方面构建面向数学基本活动经验的数学教学模式,提出模式设计的相关要素。在此基础上,本章将通过若干经过教学实践检验的国内外教学案例,呈现如何组织教与学的活动,促进学生积累丰富的数学基本活动经验,逐步实现数学课程改革的新目标。

通过本章的学习你能够：

● 认识数学基本活动经验提出的现实意义，了解国际学生评估项目对我国提出数学基本活动经验的启示

● 了解数学基本活动经验的内涵、类别，并结合自己的教学实践理解基本活动经验的教育功能与课程教学价值

● 认识并掌握面向数学基本活动经验的教学设计要素和实施流程，考察具体教学案例，深切领会数学基本活动经验的思想以及课程教学价值

本章内容结构

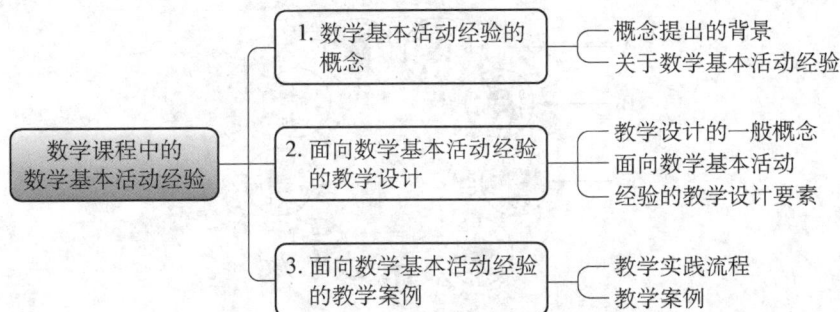

```
                        ┌ 1. 数学基本活动经验的 ┐── 概念提出的背景
                        │    概念            └── 关于数学基本活动经验
                        │
  数学课程中的          │   2. 面向数学基本活动经验 ── 教学设计的一般概念
  数学基本活动经验  ────┤      的教学设计          ── 面向数学基本活动
                        │                          └ 经验的教学设计要素
                        │
                        └   3. 面向数学基本活动经验 ── 教学实践流程
                               的教学案例          └── 教学案例
```

第一节　数学基本活动经验的概念

2000 年以来的数学课程改革给学校教育带来新的气象，学校在注重学生数学基础知识和基本技能学习、促进学生发展的同时，不断探索新的契机带给学生更多数学思想、精神的浸润，为学生创设多样化的可以积累数学活动经验的学习环境，学校在静静地发生着变化。在对课程改革实践进行深度总结和反思的基础上，《义务教育数学课程标准(2011 年版)》(以下简称《课程标准(2011 年版)》)终于颁布，它对义务教育阶段数学课程目标进行调整和完善，强调要重视基础知识和基本技能的获得，也将数学基本思想的获得和数学基本活动经验的积累纳入课程目标。《课程标准(2011 年版)》提出，通过义务教育阶段的数学学习，学生能"获得适应社会生活和进一步发展必需的数学的基础知识、基本技能、基本思想、基本活动经验"。[1]

本节将结合我国数学教育现状分析提出"数学基本活动经验"的背景及意义，结合国际经济合作组织(OECD)主持的"国际学生评估项目"(PISA)思想，分析我国关注"数学基本活动经验"的意义。

---

[1] 中华人民共和国教育部. 义务教育数学课程标准(2011 年版)[M]. 北京:北京师范大学出版社,2012:8.

一、概念提出的背景

(一) 现实背景

我们总以为已经掌握了扎实的数学基础知识和数学技能,但是当数学与我们熟悉的情景相遇时,我们发现这些数学知识和技能无法发挥作用,这会令我们非常尴尬。请看下面三个情景。

【情景 1】你会看水表吗?

一般来说,每个家庭都装有水表,我们时常碰到一些不会读水表的人,难道是因为水表背后有着深奥的知识和原理吗? 让我们剖析一下其中一款水表表盘(图 10-1)。

图 10-1

水表表盘

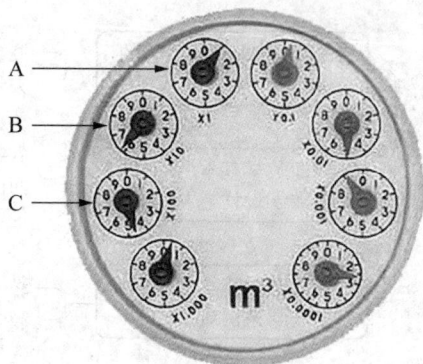

抄表员会告诉你,目前用水量 461,因为 C 号表盘显示 4,B 号显示 6,A 号显示 1。其实可以用这样一种表达式:

$$4 \times 100 + 6 \times 10 + 1 \times 1$$

得到:$4 \times 100 + 6 \times 10 + 1 \times 1 = 461$。

这是小学二年级学生训练的算术题。为什么当人们(一般为成年人)面对现实中的水表时,考虑不到这一已经学过的小学数学知识?

究其原因,说明人们无法在需要的时刻激活最基础的知识,使之进入工作记忆。学生学习的知识是"惰性的"。也就是说,当人们获得某一知识,并不能保证在相应的问题情境中能够有效地加以利用。[①]

【情境 2】请学生做下面的题目:

把一块木板锯成两段。第一段的长度是整块的三分之二,但比第二段短四英尺。问这块本板在锯开前的长度是多少?

大多数学生给出答案—12 英尺。他们给出的算法是:

设这块板在锯开前的长度为 x,

---

① 刘育明. 有关思维和问题解决技能的培养与训练的研究简介[J]. 心理学科,1991,(1):42—44.

根据题意得方程：$\frac{2}{3}x + 4 = \frac{1}{3}x$。

解方程得：$\frac{1}{3}x = -4$，$x = -12$。

答：这块板在锯开前的长度为－12 英尺。

从这个错误可见，学生只是简单地套用解题方法，没有主动分析问题的意识，因此没有发现题干中出现的矛盾条件。木板的长度为负数，这显然是个"笑话"，但这个"笑话"是学生应用正确的算法得到的，学生根本没有去思考这个应用题的合理性，只是按照教师传授的算法认真地进行着计算。教师应该感到失望，大多数学生面对一个编写错误的应用题，没有指出错误的意识和能力，却能理直气壮地给出答案！这显然也是学生过分盲从教师、盲从试卷所致。如果这种怪异的教育现象一直持续下去，今后从校门走出的学生将是手指灵巧（不断训练解题），头脑萎缩（不会辨别合理性）的群体，这显然与国家在 20 世纪 90 年代提出的素质教育要求不吻合。

【情景 3】请学生做这个题目：

一个电视播音员出示了如下图表并且指出："这幅图展示了从 1998 年到 1999 年抢劫者人数的剧增情况"。

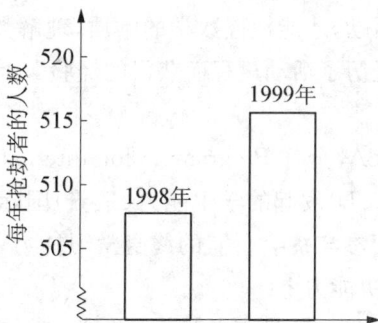

你认为这个播音员所说的话有足够的依据吗？解释你给出的回答。

部分学生认为播音员所说的话有道理，因为从图中可见，1999 年的条形图比 1998 年的条形图高出很多，由此判断 1999 年的抢劫事件比 1998 年的抢劫事件增加很多。在此，学生只是记忆了条形统计图的表面现象，即比较条形图的高低，而没有理解构成统计图诸要素之间的联系。

（二）改革背景

20 世纪 90 年代中期，国家教育部曾经组织研究小组，对全国 9 个省市城镇和农村的 16 000 名学生、2 000 名校长、教师就 1993 年以来的九年义务教育课程实施状况进行了问卷和访谈，[①]现实结果与预期希望相差甚远。这次调查结果显示，被调查的校长和教师普遍认为在学校中实施得最好的课程目标是"基础知识和基本技能的传授"，而作为课程目标的其他方面，如"学生创造性的培养"、"学生情感态度的关心"或者"学生个性发展的关注"等教师们没有时间顾及。在这样的教育环境下，学生虽然能够获得丰厚

---

① 刘兼，黄翔，张丹编著. 数学课程设计[M]. 北京：高等教育出版社，2003：52—58.

的知识基础,但是体验不到这些丰厚知识的意义和价值;学生虽然全日制地在学校中学习,但是很少能感受到学习带来的快乐;学生虽然需要通过思考来解决各学科问题,但是往往只能按照教师规定的方向去思考,很少有机会敞开自己的思考空间。因此 2 000 年以来的课程改革主要关注的是"学生的发展",如何让学生作为"整体的人"来发展,如何联系学生现实生存环境来关注学生,如何从关注学生的个性差异(主要是认知上的)来促进他们的发展,或者如何营造适宜的外部环境,例如营造合理的学校文化帮助学生自主成长。2001 年颁布中华人民共和国教育部制定的《全日制义务教育数学课程标准(实验稿)》,提出要实现"人人学有价值的数学,人人都能获得必需的数学;不同的人在数学上有不同的发展。"①2011 年颁布的《义务教育阶段数学课程标准》明确提出,在重视基础知识和基本技能的同时,需要强调学生数学思想方法的获得,以及数学基本活动经验的积累。②

我国义务教育数学课程标准修订组组长史宁中阐述了增加"数学基本活动经验积累"为数学课程目标的意义,他提出,"希望孩子们在学习数学的过程中,除了掌握必要的知识和技能之外,还能感悟数学的基本思想,积累数学思维活动和实践活动的经验。"③目前,如何认识"数学基本活动经验"成为人们的研究热点。张奠宙指出,"数学其实不完全是从现实生活情景中直接产生的。人们基于日常生活经验,还必须通过一些感性或理性的特有数学活动,才能把握数学的本质,理解数学的意义"。④"基本活动经验是指学生亲自或间接经历了活动过程而获得的经验"。⑤

(三) 国际背景

国际学生评价项目(PISA,全称 Programme for International Student Assessment)是经济合作与发展组织(OECD)发起的学生能力(素养)国际比较研究,测评 15 岁的学生在多大程度上掌握了全面参与社会所需的终身学习能力。测评聚焦在阅读素养、数学素养、科学素养和问题解决能力上。

以数学素养为例,PISA 界定数学素养是个体作为一个有创新精神、关心他人及反思性公民所应具有的数学能力,具体体现为:能判断和理解数学在现实世界中的作用;能运用数学做出有理有据的判断;能在个体当前和未来生活需要时使用和渗透数学。⑥

PISA 提出了数学素养的评价维度:一方面对学生数学技能、数学知识和数学思想进行测评,因为这是学生赖以在数学和其他方面获得发展的基础;另一方面测评与数学学习、理解、应用相关的一些基本能力,包括数学思维能力、对事物作出逻辑推理和数学判断的能力、通过建立数学模型解决问题的能力、创新能力等。另外,PISA 十分重视测评学生的数学综合素养,包括能否认识和理解数学在社会生活中的作用;是否体会数学

① 中华人民共和国教育部.全日制义务教育数学课程标准(实验稿)[M].北京:北京师范大学出版社,2001:1.
② 中华人民共和国教育部.义务教育数学课程标准(2011 年版)[M].北京:北京师范大学出版社,2011:8.
③ 史宁中.注重"过程"中的教育——《义务教育数学课程标准》修订的若干思考[J].人民教育,2012(7):33.
④ 张奠宙,赵小平.需要研究什么是"基本数学活动经验"[J].数学教学,2007(5):34.
⑤ 史宁中,柳海民.素质教育的根本目的与实施路径[J].教育研究,2007(8):13.
⑥ Organization for Economic Co-operation and Development. (2003). The PISA 2003 assessment frameworks — mathematics, reading, science and problem solving knowledge skills [M]. Paris: The Author: 48.

的价值,透过数学去关心他人、关心集体,与他人合作;通过数学学习,是否树立认真、积极地对待学习和生活的态度,是否养成合理、审慎、辩证地思考问题的习惯等。①

我们一起来分析如下两个来自 PISA 测试的样题:

【样例1】某国 1980 年国防预算支出为 3 000 万美元,而同年国家预算总开支为 5 亿美元。下一年国防预算支出为 3 500 万美元,而同年国家预算总开支为 6.05 亿美元。在两个预算之间还隐含着通货膨胀率 10%。

(1) 如果你被和平协会邀请作一个报告,你如何说明在这段期间国防预算在减少?

(2) 如果你被国防研究所邀请作一个报告,你如何说明在这段期间国防预算在增加?

【样例2】印度尼西亚位于马来西亚和澳大利亚之间,其人口总数以及分布在各岛的人口数如表 10-1 所示,请设计一个图表,显示印度尼西亚人口分布的不平衡性。

印度尼西亚的地区	表面积(km²)	占总面积的百分数	1980 年的人口(百万)	占总人口的百分数
爪哇	132 187	6.95	91 281	61.87
苏门答腊	473 606	24.86	27 981	18.99
加里曼丹	539 460	28.32	6 721	4.56
苏拉威西	189 216	9.93	10 377	7.04
巴厘	5 561	0.30	2 470	1.68
伊利安	421 981	22.16	1 145	5.02
总数	1 905 569	100.00	147 384	100.00

表 10-1

印度尼西亚各岛的人口数

这些样例在测试学生是否能应用掌握的数学知识、技能以及数学思想方法去面向现实生活、应对未来的挑战。这类题往往带有浓郁的生活气息,大部分的问题都有实际生活的背景。为了解决这类问题,需要较高的数学素养,要求学生能够发现、选择和利用问题中的数学信息。

我国义务教育阶段数学课程标准修订的若干思考,与国际性项目的理念不谋而合。

二、关于数学基本活动经验

(一) 数学基本活动经验的内涵

中外著名教育家对于教育中活动与经验的重视,为我们认识数学基本活动经验带来很大启发。美国实用主义教育家杜威著名的教育信条之一强调,"儿童的社会生活是他的一切训练或生长的集中或相互联系的基础"。② 因为对儿童社会生活的重视,杜威

---

① 张景斌,彭刚. PISA 对我国数学教育评价改革的启示[J]. 数学通报,2004(8):1—3.
② 杜威. 我的教育信条,转引自赵祥麟,王承绪编译. 杜威教育论著选[M]. 上海:华东师范大学出版社,1981:89.

主张，"学校科目相互联系的中心，不是科学，不是文学，不是历史，不是地理，而是儿童本身的社会活动"。① 杜威的"从经验中学习"成为实践这些教育信条的核心策略。他提出，"教学应从学生经验和活动出发，使学生在游戏和工作中，采用与儿童和青年在校外从事的活动类似的活动形式"。② 陶行知作为我国生活教育派的代表性人物，立足我国国情及教育现状，于1922年就提出"生活即教育"、"社会即学校"和"教学做合一"三个方面的内容。他强调："拿全部生活去做教育的对象，然后教育的力量才能伟大，方不至于偏狭。"③陶行知也提出具体的实践主张，强调通过实践、经历、挫折等获得经验，提高自身社会生活能力。他特别重视人的主观能动学习，强调教育的实践目的应该要让人保持旺盛的求知欲，积极主动地将生活中有趣的体验化成学习经验，用以充实自己。④ 教育家们论述了教育与活动和经验的关系，并践行着这些教育理念。

　　作为学校最主要科目之一的数学承载着育人的重要任务。育人不仅要让学生掌握丰富并恰当的数学知识与方法、拥有灵活的数学解题技能与技巧，更要让学生领会数学思想、感受数学（家）精神，体验数学对于人类生活、社会发展的种种影响。鉴于我国数学教育重视数学基础知识和数学基本技能的训练，《课程标准（2011年版）》明确提出通过数学学习，还要求学生获得数学的基本活动经验，它是指学生亲自或间接经历了数学活动过程而获得的经验。⑤ 这些经验既有学生针对有关数学活动而获得的那些直接经验，也有学生经过不同程度的对活动的自我反省而提炼出来的个体知识。数学活动则包括了与数学内容、日常生活、社会、文化、科技、政治等活动相关的动手活动或者动脑活动。

（二）数学基本活动经验的类别

　　数学基本活动可以分为多种形式，包括操作型的动手活动、思维型的动脑活动，或者复杂问题解决型的数学活动。由于数学基本活动形式的多样，导致所获得经验的丰富多彩，最主要的数学基本活动经验可以包括数学的动手操作经验、思维活动经验、从数学角度解决各类问题的经验、数学建模活动的经验。

1. 基本的数学操作经验

　　基本的数学操作经验是指，学生在数学活动过程中，通过实际的动手操作，获得第一手的对数学知识、方法或者思想的直接感受、体验和经验。在这类学习活动中，学生通过实际的外显操作获得来自感官、知觉的经验。这些操作活动与数学内容密不可分，以几何操作为例，为学生设计如下学习活动：

　　【活动1】打乱由四块积木或者图画构成的平面画面，请学生还原，并利用平移和旋转记录还原步骤，尝试寻找步骤最少的还原方案。⑥

① 杜威.我的教育信条，转引自赵详麟，王承绪编译.杜威教育论著选[M].上海：华东师范大学出版社，1981：129.
② 杜威.民主主义与教育.转引自赵详麟，王承绪编译.杜威教育论著选[M].上海：华东师范大学，1981：202.
③ 华中师范学院教育科学研究所.陶行知全集：第四卷[M].长沙：湖南教育出版社，1985：328.
④ 李小丽.陶行知和杜威教育思想比较及其启示[J].河南师范大学学校（哲学社会科学版），2012（5）：250—253.
⑤ 史宁中.注重"过程"中的教育——《义务教育数学课程标准》修订的若干思考[J].人民教育，2012（7）：33.
⑥ 孔凡哲，张胜利.基本活动经验的类别与作用[J].教育理论与实践，2009（6）：42—45.

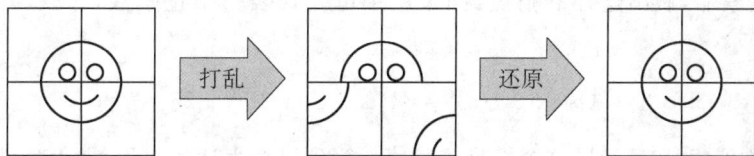

通过实际操作,进一步理解平移、旋转,不仅能增加问题的趣味性,还可以让学生感悟几何运动也是可以记录的,体验选取最佳方案的过程,获得有关图形运动、变换的基本活动经验。

又如,通过折纸活动的经验,加深对"圆"概念理解。

【活动2】将一张较软的纸对折,再对折,而后,不断对折。从第三次对折开始,每次对折的折痕都经过第一次、第二次折痕的交点,直到对折不能进行为止。将折出的扇形的多余部分撕掉,要将折叠的每层纸都撕掉,而且撕口线尽可能平整。将剩余的部分打开铺平,就得到一个近似圆形的纸片。

另外,数学游戏活动也是让学生积累数学操作经验的有效活动形式。数学游戏可以发挥四方面的教育功能:基本知识的掌握、技能技巧的有效训练,新鲜事物的发现,[①]能力的考验。例如"赢取15"游戏,要求游戏者将中间结果产生的和相加,还要运用结合律。如能策略地、灵活地运用结合律,获胜的可能性就很大。

【活动3】将写有数字的卡片翻开放在桌上。两个人轮流抽一张,放在自己眼前。谁先能用数字卡片得到15,谁就赢。游戏中不必要用上所有抽到的卡片。如:

第一组 **4** 6 **3** **8** 获胜!

第二组 9 5 2

在游戏中,学生抽取数字卡片,观察并运用数学结合律练习加法运算。在这游戏中,第一个抽取数字卡片的人可以优先组织获取策略,因此游戏中两个人轮流开始游戏。我们也可以改变目的数,例如得到24等。这类操作型的数学游戏经验旨在训练学生基本数学知识和方法。

2. 基本的数学思维活动经验

思维活动体现了数学的学科属性。在数学课程中,主要的数学思维活动经验包括数学归纳、类比推理的经验、演绎推理的经验、数据分析与统计推断的经验等。

（1）归纳、类比推理的经验

归纳推理,是指由个别事实概括出一般结论的推理,也就是由部分到整体、由特殊到一般的推理。例如学生发现了如下运算规律:

$$15 \times 15 = 1 \times 2 \times 100 + 25 = 225$$
$$25 \times 25 = 2 \times 3 \times 100 + 25 = 625$$
$$35 \times 35 = 3 \times 4 \times 100 + 25 = 1\,225$$

---

① 徐斌艳.德国小学数学课程中学习游戏的分析[J].外国教育资料,1999(6):28—32.

认真观察后,做出这样的猜测:如果用字母 a 代表一个正整数,那么,有这样的规律吗?

$$(a \times 10 + 5)^2 = a(a+1) \times 100 + 25$$

在此,让学生亲身经历这个由具体数值计算到符号表达的过程,即由特殊到一般的推理过程,由此逐渐积累相应的代数归纳经验。[①] 只有通过丰富的数学基本活动,经过不断积淀和升华,才有可能让学生形成有关数学的直观能力。通过特殊情况归纳发现规律,而后再通过一般性的推理,验证自己的发现,进而感悟数学的严谨性,增强数学学习的兴趣。

类比推理是根据两个对象或者系统之间在某个方面的相似或相同推出它们在其他方面可能或相同的一种推理过程。[②] 类比推理是由特殊到特殊的推理方法,具有假设、猜想成分,包括比较、联想等心理因素,有助于去发现数学规律。

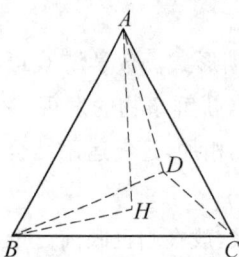

例如,平面三角形与空间四面体存在诸多的相似形。在四面体学习过程中,鼓励学生将其与平面三角形进行类比,通过比较、推测,去发现四面体的相应概念、性质。如三角形是平面上最简单的封闭图形,四面体则是空间中最简单的封闭图形;三角形可看作平面上一条线段为一点与这条线段各点的连线构成的图形,四面体可看作空间中一个三角形外一点与这个三角形各点的连线构成的图形;三角形的三条内角平分线交于一点,且该点是三角形内切圆的圆心,四面体的六个二角面的平分面交于一点,且该点是四面体的内切球的球心。

正是在这种几何类比推理过程中,学生逐步积累由特殊到特殊的推理经验,训练自己的观察能力,从不同事物身上发现它们的共同或相似之处;同时训练自己的联想思维,从一种方式、方法联想到与其作用类似的其他方式、方法。当然,学生也应该认识到,类比推理根据是不充分的,它无法保证已知相同的属性和推出的属性之间有必然的联系。因此学生经历的是一种合情推理,这类推理经验包括从具体的事实经验出发,通过观察、实验、类比、联想、归纳、猜想等得到结论。这样的推理不能作为数学证明,但合情推理不是凭空想象,也是有一定逻辑性的,它被广泛应用于科学、生产和社会研究之中,是科学发现、发明创造,揭示真理和生产经营决策的有力武器。

(2)演绎推理的经验

"严格证明是数学的标志,是一般文化中数学贡献的主要部分,学生若从未对数学证明有过印象,那他就错过了一段基本的智力经历。"[③]著名数学教育家波利亚以这种激励的话语表明积累数学严格证明经验的重要性。严格证明的主要形式之一是数学的演绎推理,它指从一般原理推出个别结论的推理。其主要特点是,在推理形式合乎逻辑

---

① 孔凡哲,张胜利.基本活动经验的类别与作用[J].教育理论与实践,2009(6):42—45.
② 邵光华.作为教育任务的数学思想与方法[M].上海:上海教育出版社,2009:267.
③ 乔治·波利亚著,刘景麟,曹之江,邹清莲译.数学的发现[M].北京:科学出版社,2006:191.

的条件下,运用演绎推理从真实的前提一定能推出真实的结论。[①] 如由"对顶角都相等"推出"不相等的两个角不是对顶角",这是演绎推理的直接推理形式,就是把一个性质命题等价变形为另一种说法。

与之相对应有演绎推理的间接推理形式,主要包括三段论推理、关系推理、联言推理、假言推理、选言推理等。

数学中有各种关系,对称关系、传递关系、全等关系、平行关系等,涉及到关系判断的推理称为关系推理。关系推理,就是前提中至少有一个关系判断,并且根据关系的逻辑性质进行推演的推理。如"由实数 a, b, c 满足 $a>b$, $b>c$,推出 $a>c$",这是典型的关系推理,因为前提中有两个关系判断(大小关系),结论中也有一个关系判断(大小关系)。这种前提和结论都是关系判断的推理,是纯关系推理。如果前提中第一个前提是关系判断,第二个前提是性质判断,结论是关系判断的推理,就是所谓的混合关系推理。如"偶数的平方能被 4 整除,6 是偶数,所以 6 的平方能被 4 整除"。在众多领域以及日常生活中,人们广泛地运用各种各样的关系推理,尤其在几何学中,关系推理被更为广泛地应用。

在很多领域,一种事物往往有着多种属性,或者多种事物存在着同一种属性,或者多种事物的多种情况并存,对此类情况的判断称为联言判断。联言推理就是前提或结论为联言判断的推理。例如"已知△ABC 是等腰直角三角形,可推出△ABC 是等腰三角形,也是直角三角形","△ABC 是等腰三角形,也是直角三角形,所以△ABC 是等腰直角三角形",这两个推理都属于联言推理。

数学中经常要用到演绎推理进行推理和论证,美国学者 M·克莱因认为演绎推理是人类所做出的最伟大的发现,古希腊人把早期的经验数学发展为演绎数学后,演绎数学从简明的公理出发,可推导无可辩驳的结论,这吸引无数的思想家,把数学这种推理方法运用到其他领域。因此学生演绎推理经验的积累可以与诸多数学历史上的发现联系起来。

(3) 数据分析与统计推断的经验

我国数学课程的重要目标之一,让学生经历猜测、收集、描述和分析处理数据的全过程,能够在新的问题情境中,特别是在具有现实背景的问题情景中,进行数据分析,进而做出统计推断。其中关键是,学生如何利用"好"的方法,获取"好"的数据,例如,要知道学生的身高,先验知识是"年龄之间差别很大",因此可以根据年龄段学生数的多少按比例抽取样本(分层抽样);要知道学生喜欢的歌手,因为这些学生年龄之间差别可能不大,就可以采取随机抽样。

学生积累数据分析、统计推断经验,最有效方法,就是让他们真正投入到产生和发展数据分析观念的活动之中,使学生在收集、整理和描述数据的活动中,探索如何以简单而直观的形式最大限度地描述数据,理解加权平均数、极差、方差、频数分布等内容,并据此作出合理判断等。而活动的设计应该基于学生眼中的统计问题,如中学生手机使用状况如何,学生对科目的喜好情况,中学生恋爱对学生学习的影响,对快速公交线路满意度如何? 当问题来自于学生需求时,学习的投入程度相应会提高。

---

① 邵光华.作为教育任务的数学思想与方法[M].上海:上海教育出版社,2009:239.

3. 从数学角度解决各类问题的经验

这类经验可以是探索直接源于生活、社会的活动而获得的经验,也可以是探索间接来源于生活、社会的活动中获得的经验,其活动核心在于从数学角度去发现问题、提出问题、分析和解决问题,或者在分析和解决问题时发现数学。有大量直接的生活、社会活动需要依托数学而开展,例如个人购置房屋需要考虑如何重组家庭资产、如何选择住房贷款,新房到手后启动装修,这时需要考虑购置怎样的装修材料、如何选择装修队等,这里都涉及资金的合理化使用。学生如果能够参与到这样的真实活动中,将积累起丰富的数学经验。

【活动】废旧物资回收处理问题。

随着国民经济的发展、人民生活水平的提高,垃圾问题成为环保中的一个重大问题,据有关资料,1995 年我国的工业废弃垃圾达 740 000 000 吨,占地 562.4 平方公里,若环保部门每回收或处理 1 吨废弃旧物资,则相当于处理和减少 4 吨工业废弃垃圾,并可节约开采各种矿石 20 吨。设环保部门 1996 年回收 10 万吨废旧物资,计划以后每年递增 20% 的回收量。试问:

(1) 2001 年能回收废旧物资多少吨?

(2) 从 1996 至 2001 年可节约开采矿石多少吨?

(3) 从 1996 至 2001 年可节约多少平方公里的土地?

学生在本例中所需要的数学知识是数列的相关知识。目的在于,通过问题的解决,培养学生信息的收集、分析和处理的能力,使自己在解决问题,处理数据中增强应用数学知识的意识和能力,同时可以用数据的触目惊心来增强我们的环保意识,共同维护我们赖以生存的环境。

又如,需要估计在高速公路上行驶的汽车的平均速度。它可以有多种方案,如借助自己脉搏的跳动次数。当汽车行驶到两个里程标志之间时,测量出自己的脉搏在其间跳动的次数,将其换算成时间,就可测算出汽车行驶的平均速度。具体计算如下:

【活动】平时自己的脉搏每分钟跳动 63 次,而在第 352 千米与 353 千米之间行驶时,脉搏跳动了 32 次。也就是说,在大约 30 秒的时间内汽车行驶了 1 千米,从而车速大约是 2 千米/分,即 120 千米/时。

另外,从数学角度要解决的各类问题可以是思维类问题,人们不借助任何直观材料而仅仅在头脑中进行归纳、类比、证明,通过这类思维活动也将获得相应的经验。在这类思维活动中需要善于思考,举一反三,触类旁通,运用类比推理,由此锻炼学生独立分析和解决问题能力。

4. 数学建模活动的经验

数学建模旨在把现实世界中的实际问题加以提炼,抽象为数学模型,求出模型的解,验证模型的合理性,并用该数学模型所提供的解答来解释现实问题。学生经历完整的数学建模过程,将深切感受数学对现实世界中问题解决的重大意义。培养学生建模能力,也是这次高中数学课程改革的重点。依据上述数学建模的内涵,我们比较认可布鲁姆的建模流程框架(如图 10 - 2),这个框架描述了如下 7 个步骤:

(1) 理解现实问题情境;

(2) 简化或结构化现实情景,形成现实模型;

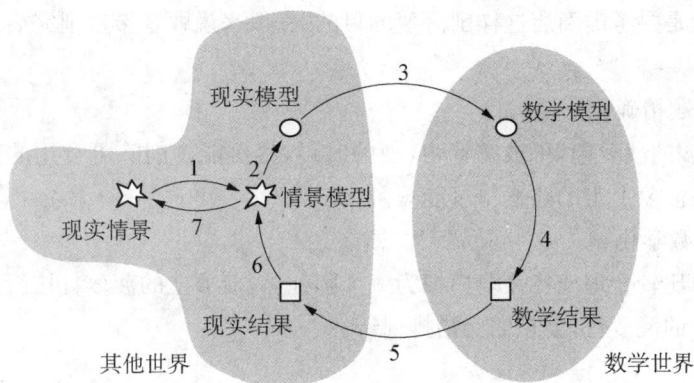

图 10 - 2

数学建模
流程框架
（笔者参照
布鲁姆模型
改编）①

（3）将被结构化的现实模型翻译为数学问题，形成数学模型；

（4）用数学方法解决所提出的数学问题，获得数学解答；

（5）根据具体的现实情景解读并检验数学解答，获得现实结果；

（6）检验现实结果的有效性；

（7）反馈给现实情景。　　　①

学生在数学建模过程中将先后经历这几个不同的步骤，每经历一个步骤，对学生来说，就是一个认知障碍的突破，问题解决经验的积累。学生在过程中行进得越远，离目标或者问题解决就越近。我们结合具体的情境问题（削菠萝），进一步分析数学建模过程。

【活动】菠萝与数学。

我们以"菠萝中的数学"为例，进一步分析数学建模过程。

菠萝中的数学：每年四月是菠萝上市的季节。我们购买菠萝后，都有专人帮助削菠萝皮，这是一个艺术性的刨削过程，削完后，菠萝上留下的是一条条螺线。

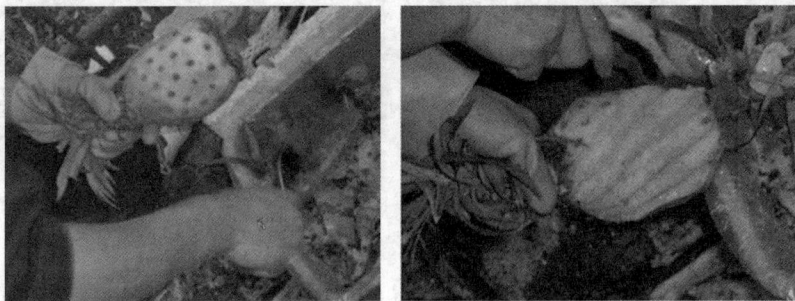

图 10 - 3

削菠萝情境

人们为什么这样削菠萝？这样削仅仅是便于去除菠萝籽？还是为了避免损失过多的菠萝肉？请你从数学角度论证你的观点。

为了解答这个现实问题，我们可以分如下几步进行：

① Blum，W. *Modellierungsaufgaben im Mathematikunterricht* [M]. In：Humenberger et al (Hrsg.)，Festschrift für HWH, Hildesheim：Franzbecker, 2007：69.

（1）理解问题情境

这里关键是要考虑商店这样削菠萝的目的，一般来说顾客希望削完后，得到尽可能多的菠萝肉。

（2）将问题精确化并结构化

"尽可能多的菠萝肉"可被解释为，削的时候，尽可能少削除可食用的菠萝肉，也就是说使削刀在菠萝上走的路程尽可能短。

（3）问题数学化

这里可以比较合理地将菠萝模拟为一个圆柱体，菠萝上的菠萝籽按行排列，每一行上有相同数量的菠萝籽，但它们交错排列着。

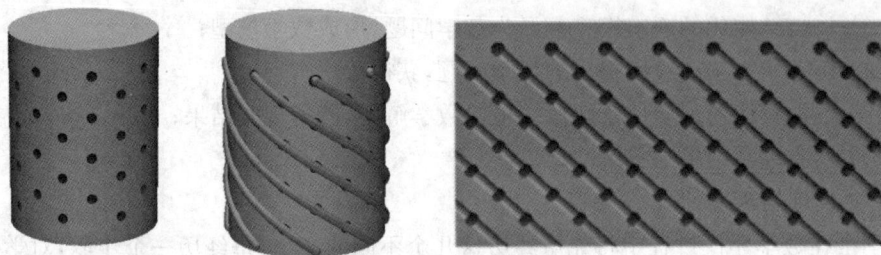

图 10-4

菠萝被削后的模型及展开图1

进一步观察可见，菠萝上被削出的螺线有这样的结构，即上一行的菠萝籽与下一行的相邻的菠萝籽连接起来。如果我们将菠萝"打开平铺在桌面上"，就得到一个长方形，这些螺线变为直线，这些是特殊的"直线"，与横向直线和纵向直线比较，它们以最短的距离将所有点连接起来。我们可以用数学方法证明这个推论。

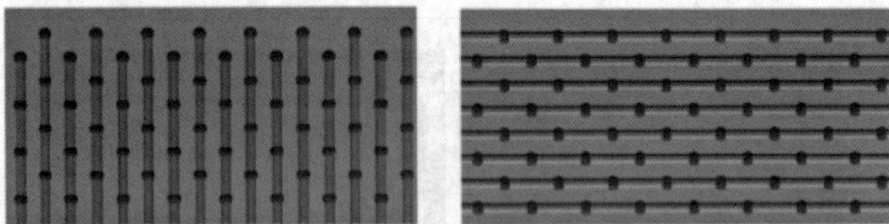

图 10-5

菠萝被削后的模型及展开图2

（4）数学解题过程

假设横线上点与点的距离以及纵线上点与点的距离都为 s，得出对角线上点与点之间的距离是 $\frac{\sqrt{2}}{2}s$，这样对角线长度之和与横线长度之和或者纵线长度之和相比，短了近 30%。

假设一行上有 n 个菠萝籽，一列上有 k 个菠萝籽。如上所连接的对角线，它是从第一行一直通到最后一行。按列看：有 $2n$ 列并且每列上 k 个菠萝籽，这样得出对角线上一共连接了 $2kn$ 个菠萝籽。按行看，有 $2k$ 行并且每行上有 n 个菠萝籽，同样得出对角

线上共有 $2kn$ 个菠萝籽。按螺线看：有 n 根螺线，每根上有 $2k$ 个菠萝籽，那么总长度就是：

$$\frac{\sqrt{2}}{2}s \times 2kn = \sqrt{2}\,skn$$

（5）说明并检验结果

用螺线的方法削菠萝是最有效的方法，而且也是最快的。但重要的是，可以多保留30％的菠萝肉。商家采用了最佳的方法，不仅节省时间，而且让购买者获得最多的菠萝肉。

中学阶段实施数学建模旨在让学生体会数学与自然及人类社会的密切联系，体会数学的应用价值，培养数学的应用意识增进对数学的理解和应用数学的信心，学会运用数学的思维方式去观察、分析现实社会，去解决日常生活中的实际问题。

（三）基本活动经验的作用和功能

1. 促进和强化知识的理解和掌握

经验的获得时常可以促进、强化有关知识的理解和掌握。例如"利用一张纸折出平行、垂直的一组线"的折纸活动，可以深化对于平行、垂直概念的理解和认识。具有折纸经验的学生对于垂直、平角与直角之间的关系理解，往往是深刻、准确的。经验又是活动的派生物，对于那些技能性的学习内容而言，技能性的操作活动本身就可以积淀一些经验，而这些经验往往与相应的技能密不可分。例如"利用一根绳子、一个粉笔头和一个图钉，在黑板上画出一个圆"的活动，可以深化对于圆的画图技能的理解和把握。在积累"画圆"经验的过程中，最为核心的内容就是"要保持粉笔头与图钉之间的距离不变"，这是画图技能的核心。

2. 强化动机、情感、态度、价值观

基本活动经验之中含有体验性成分，这对个体从事相关的活动具有重要的诱导和指向作用。当个体对于发现新知所形成的经验和体验已经凝聚成稳定的情绪特征（兴趣，爱好等）时，对进一步开展类似的活动具有导向作用。因而，让学生经历科学研究的基本过程，"重走科学家走过的发现之路"，这种经验的积累对于培养学生的创新素养至关重要；对于学生良好人格的塑造（严谨，务实等）也有着不可替代的作用。

3. 基本活动经验的课程教学价值

基本活动经验的提出有其课程教学的价值，包括获得必要的数学活动经验和与数学有关的生活经验，是进行科学建构、实现学生在数学学科上全面发展的基本前提；是实现过程与方法目标的基本载体；是"实践综合应用"领域的基本目标之一；是情感态度价值观实现的必要前提；有助于全面提高学生的思维水平。

第二节　面向数学基本活动经验的教学设计

一、教学设计的一般概念

教学设计是把学习与教学的原理转换成教学材料、活动、信息资源和评价的方案的系统化和反思性的过程。这一过程包括一系列相对固定的步骤(或环节),它们形成了教学系统设计(ISD)的一般程序:分析(analysis)、设计(design)、开发(develop)、实施(implement)、评价(evaluate)。[①]

分析旨在评定学习者需求,确定学习环境中的问题、分析学习任务,确定教学目标。设计则要写出教学目标的操作性定义(即以可操作的词汇叙写教学目标),将学习分成不同类型、确定具体的学习活动以及具体的媒体等。开发则是为学生及教师准备所用的各种形式的教材,开发教学策略,为学习者能达到预期表现作出安排。实施强调在不同场景中落实教学方案。评价包括形成性评价、总结性评价,以及根据具体信息反思与修正设计方案,评价贯穿上述每一环节。

二、面向数学基本活动经验的教学设计要素

(一)基本内涵

数学基本活动经验被强调是学生亲自或间接经历了数学活动过程而获得的经验,也是学生经过不同程度的自我反省而提炼出来的个体知识。因此面向数学基本活动经验的教学设计可以综合几门学科的知识点,或直接将现实世界的一个真实任务作为一个学习活动,让学生在完成活动的过程中更深入地理解学科的核心概念与原理,以培养他们对这些知识融会贯通的能力;它同时有助于指导学生对富有吸引力的问题进行探究从而取得真实的产品,也就是它要定位于学生面临的挑战性环境;强调学生的学习自主性;促进学生的反思与批判性评价;立足于产品(作品)的制作。

(二)设计要素

在设计面向数学基本活动经验的教学活动时,要考虑如下5个要素:明确学习内容;形成合适的驱动性活动主题;提出具体学习任务及产品建议;设计相关评价工具;嵌入相关情境(图10-6)。在充分考虑这5个要素的前提下,形成完整的设计方案。

图 10-6

面向数学基本活动经验的教学设计要素

---

① 徐斌艳.学习文化与教学设计[M].北京:教育科学出版社,2012:68.

1. 明确学习内容

教学设计往往围绕具体学习内容而展开。因此在设计学习活动时,需要明确围绕哪些内容而展开,学生相关的学习状况如何。在此需要思考以下这些问题:

(1) 围绕这些学习内容的主要活动参与者哪些? 他们是哪个年级? 人数有多少?

(2) 他们已经具备了哪些知识和技能?

(3) 学生通过学习活动,能学习、应用到哪些概念?

(4) 课程目标对这个年级的学生是如何要求的?

(5) 这个活动能帮助他们掌握什么样的技能?

(6) 这个活动对他们达到课程目标的要求有什么帮助吗?

例如,当我们选择"正比例函数和反比例函数"这一学习单元时,根据上海市中小学数学课程标准所要求的"展示函数概念的形成过程以及函数图像的画法、待定系数法的运用,重视函数有关性质获得的过程,体会数形结合的思想方法。"[①],我们所设计的活动也应该参考这些要求。

2. 提炼出合适的驱动性主题

学习活动要围绕着驱动性主题开展活动。因此,收集、整理资源的目的是为了从中挑选合适的驱动性主题。提炼驱动性主题时可以参考的资源很多:教师或活动设计者的个人经验,学生的兴趣,个人兴趣爱好,报纸和电视,科普读物,教材和其他课程材料及万维网,文化习俗等。

例如,针对学习主题"正比例函数"可以挑选如下驱动性主题(图10-7):

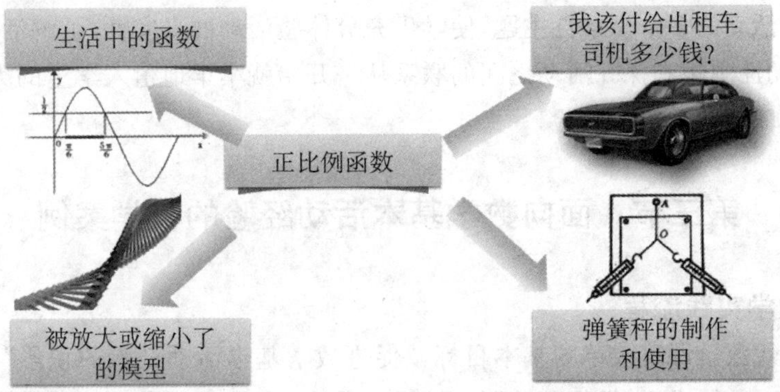

图 10-7

围绕"正比例函数"的驱动性主题

此外,也可以在设计学习活动过程中,让各个小组的学生提出自己的问题,与教师交流合作,接受教师的指导,使学生提出的问题成为"好的驱动性主题"。甚至,师生进一步合作,设计、丰富、完善相应的学习任务和探究活动,提出产品形式和规范。

3. 细化驱动性主题,并提出学习任务和产品建议

驱动性主题还应该被细化、被准确表述,从而满足"好的驱动性主题"的特征:情境

---

① 上海市中小学(幼儿园)课程改革委员会.上海市中小学数学课程标准(试行)[M].上海:上海教育出版社,2004:124.

化的、可行的、有价值的、安全而且环保的。提出的子主题(问题)和学习任务,应该是对学生有吸引力、有挑战的问题;要考虑学生的智力发展水平,是否能找到资源来支持自己的探究。子主题(问题)、学习任务的说明可以细致周到,但应避免形成"结构良好"的应用型问题、综合型问题。

比如我们可以将"斐波那契数列与植物"细化为如下几个活动建议:

(1) 观察叶子的生长规律,它与斐波那契数列有什么联系吗?

(2) 观察身边的花朵,说说它们与斐波那契数列的关系。

(3) 观察植物的果实,从中找出斐波那契数。

4. 设计评价

学习活动的开发与学生需要和社会需要都有联系。一旦确定了它的内容、任务和产品,教师就要组织学生实现活动,让学生在活动中积累相应的数学经验。随后的问题就是对学生的经验的积累做一个价值判断,了解学生在活动过程中的进步情况。在活动中,学生必须将知识和技能整合,从而开展合作探究活动、创作产品并将产品呈现给其他同学。因此,评价中就可以包含类似的整合。这种整合的评价可以划分为三个维度:对产品(学生作品)是否达到活动目标的判断(累积性评价);学生高级问题解决策略、合作交流技能的运用情况(表现性评价);学生的情感态度的发展变化(情感——态度调查)。

5. 设计情境

教师在开发学习活动时,除了要挑选并细化合适的驱动性主题、指定真实的产品形式、设计有效的评价之外,教师还应该找到合适的线索,把各个设计要素相互关联起来,使它们互相呼应,互相补充。教师需要将整个学习活动过程情境化,即设计某个情境,来引入数学活动的多个驱动性主题,使学生充分体验活动的真实性,了解活动的现实意义,以便驱动性主题和探究活动之间的联系从一开始就牢牢地植入学生的大脑中,使学生获得"真实的"问题解决体验。

第三节　面向数学基本活动经验的教学案例

一、教学实践流程

作为现代数学课程改革的基本目标,"促进数学基本活动经验的积累"需要化为教学实践行动。一般来说,教师要按照上述设计理念,为学生创设丰富的数学活动情境;让学生"动脑、用心、动手"从事数学学习。教师在面向数学基本活动经验设计具体教学时,基本按照如下流程:(1)教师围绕相关的数学概念或目标提出学生可操作、可探索的活动建议,注意分析教学目标、学生已有的数学经验等。(2)学生分组根据各自的兴趣和能力选择学习活动,或者提出自己想探索的活动,学生需要明晰具体的学习活动,以体现要落实的具体学习目标。(3)师生共同商谈从事学习活动可能涉及的数学知识,同时学生与教师商定可能的活动方式以及预期提交的学习活动成果,如有必要还可以与学生签订学习合同。(4)学生分组进行学习活动,教师提供学习支架,让学生有足够的空间进行数学操作、数学思维活动,经历数学问题的提出、分析、解决等过程。(5)学生展示多元的学习成果,包括所用到的各种数学知识或技能,让他们认识到数学活动可以源于日常生活,但是高于日常生活。

二、教学案例

(一) 寻找生活中的一次函数①

1. 实施过程

教师围绕"一次函数"及其相关数学概念,在分析教学目标、学生已有的数学经验的基础上,提出若干活动建议,例如杆秤或者弹簧秤原理体现哪些函数问题? 出租车计价器是如何计算的? 水、电以及煤气费是如何计算的? 商场打折隐含着哪些函数问题? 在这类问题驱动下,学生分组根据各自的兴趣和能力选择学习活动,或者提出自己想探索的活动。教师要引导学生明晰具体的学习活动,保证开展的数学活动能体现要落实的具体教学目标。在这过程中,师生共同商谈从事学习活动可能涉及的数学知识,如一次函数,正比例函数,反比例函数,分段函数,常值函数,对应关系等。同时教师与学生商定可能的活动方式以及预期提交的学习活动成果,例如学生一方面要发现杆秤、弹簧秤、计价器、商场打折等日常情景中的函数关系,另一方面根据函数知识制作出实物或者解决实际问题,同时用函数知识精确地说明这些实物的作用原理或解决问题的途径。教师可以提供学习支架,让学生有足够的空间进行数学操作、数学思维活动,经历数学问题的提出、分析、解决等过程。

2. 主要学习成果

学生在这学习活动中经历了收集数据、寻找资料、查阅参考文献、观察或测量实物、发现数学模型、绘制图表、进行书面或口头报告等过程。学生在课堂上展示了围绕一次函数而开展的各种学习成果,下面列举三个例子:

(1) 第一组探索杆秤与函数。通过观察现实中的杆秤,学生们发现当物体质量增加时,从杆秤上读出的刻度值也随之增大。他们凭借自己所学的物理知识,发现了蕴含在杆秤中的一次函数关系。如图 10-8 所示:

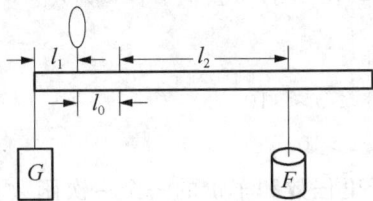

图 10-8

杆秤模型图

学生们将杆秤分为两种情况:

当杆秤上刻度 0 位置不是提纽位置时,有 $Gl_1 = F(l_0 + l_2)$,其中 F 表示秤砣的重

---

① 徐斌艳,江流.积累"基本数学经验"的教学案例设计与实施——以"寻找生活中的一次函数"为例[J].数学教学,2009(8):8—11.

量,G 表示所称物体的重量。在这个式子里,物体的重量 G 和刻度 l_2 是变量,并且 l_2 是随着 G 变化而变化的。我们可以设 G 为 x,l_2 为 y,则有 $y=kx+c$,其中 $k=\dfrac{l_1}{F}$,$c=-l_0$。

当杆秤的 0 刻度是提纽位置时,此时 $l_0=0$,即 $c=0$,则有 $y=kx$。这里还应该考虑到 x 的值是非负数,同时 x 的值不能使得 y 值大于杆秤的最大刻度值。这里为理解函数的定义域和值域提供现实情景。

学生们最终还根据杠杆原理以及一次函数知识,制作出两把杆秤,即提钮在刻度 0 的位置和提钮不在刻度 0 的位置。另外学生们说明了市场上短斤少两现象背后所隐藏的知识,例如有的不法商贩在秤砣上做手脚,将它换成较轻的秤砣,即 F 变小,使得 k 变大,从而使得 y 变大。同样一个物体在做了手脚的杆秤上秤的重量显然比在正常杆秤称出的重量大。

(2) 第二组探索出租车计价器与函数。他们提出的问题是"我该付给司机多少钱"。在现实生活中,学生出行时会乘坐出租车。在看到出租车司机给的发票时,学生们总会时不时冒出这样的念头"到底出租车司机是如何计费的"。学生们观察多张出租车发票后,根据了解到的票价信息,发现一般情况,即:

白天一般情况下车价和里程数存在如下关系:

车价=起步价(里程数≤3);

车价=起步价+(里程数-起步里程数)×每公里单价(3<里程数<10);

车价=起步价+(远程里程标准-起步里程数)×每公里单价+(里程数-远程里程标准)×远程每公里单价(里程数≥10)。

在上海白天小型出租车的起步价 14 元,起步里程是 3 公里,超起步里程单价每公里 2.4 元。载客运距超过 10 公里(不含 10 公里),超过部分按超起步里程单价加价 50%。

因此我们令车价为 y 元,里程数为 x 公里,则得到车价和里程数的一个分段函数:

$$y=\begin{cases}14,\ 0\leqslant x\leqslant 3\\14+2.4(x-3),\ 3<x<10\\14+2.4(10-3)+2.4(1+50\%)(x-10),\ x\geqslant 10\end{cases}$$

即 $y=\begin{cases}14,\ 0\leqslant x\leqslant 3\\2.4x+6.8,\ 3<x<10\\3.6x-5.2,\ x\geqslant 10\end{cases}$

而这其实就是一个关于里程数和车价的一个一次函数。学生还提到了,当司机碰到红灯或者堵车时计价情况满足另外一个函数,司机晚上出车时情况又不同。但是学生们没能找到具体的函数关系式。

(3) 第三组则从商场促销现象出发探索函数。学生们发现在商场经常可以见到打折的牌子。在这各种以打折名义进行的促销活动中,如何选择最实惠的商品是大多数人的困惑。这组学生给出了两个商场促销的实例:商场 A 打出满 199 送 100 的口号,而商场 B 打出 6 折的口号。如果想买一件价格在 200 到 300 左右的衣服,应该去哪家商场购买？学生们列出了相应的函数关系式：

设衣服价格为 x 元，参加促销活动后的花费为 y 元，则：

商场 A：$y = x - 100$，$(200 < x < 300)$。

商场 B：$y = 0.6x$，$(200 < x < 300)$。

那么当 $x - 100 < 0.6x$ 即 $x < 250$ 时，选择去 A 商场买衣服，反之，当 $x > 250$ 时，去 B 商场。当衣服价格为 250 时，两个商场都可以。

学生们认识到，函数知识有助于人们理性消费。他们又给出例子：现在想去买一件衣服，只要价格在 300 元以内都可以接受。为了使花费最少，应该去哪家购买？

学生们给出如下函数：

商场 A：$y = \begin{cases} x, & 0 \leqslant x < 199 \\ x - 100, & 199 \leqslant x < 300 \end{cases}$

商场 B：$y = 0.6x$，$(0 \leqslant x < 300)$

显然当衣服价格在 199 元以下的时候，选择去商场 B 购买。当衣服价格大于等于 199 元小于 300 元时，又回到了上面那个问题。

3. 一些思考

尽管我们还没有对学生进行访谈，但是观察学生的学习过程，可以发现，在这次数学活动中，学生们体会到数学学习并不仅仅是操练习题，而且是学会从数学视角分析现实问题，揭示并理解现实问题。例如，学生在探索杆秤原理以及制作杆秤过程中，揭露了不法商贩的欺诈手段；在分析各种表的计费原理中，理解了国家出台的复杂的计费方法为了敦促人们节约能源；在分析"促销"现象时，学生们深刻地感受到理性消费的意义。

学生在这数学活动中也暴露出他们对于一次函数概念的理解尚未巩固，例如他们尽管在使用一次函数或者正比例函数等概念名词，但是他们并没有注意到这些概念的一些本质，如一次项前面的系数、函数的定义域或者值域等学生没有关注到，另外函数图像的绘制技能也比较薄弱。

（二）制作多面体艺术品

1. 实施过程

围绕初中"多面体认识"的相关内容，希望学生通过亲自动手制作各种各样的多面体，感受数学几何知识的形成过程，提高几何知识的应用能力，提升一定的空间想象力；进而提高探索几何问题的信心与兴趣。通过最终形成的学习成果，直接认识数学几何作品的艺术性，体验数学的美学价值。

在实施过程中，教师提出如下驱动性问题：教师节来临，学生们经常会问自己，如何向老师表达节日的问候？如何用自己的实际行动感谢老师的辛勤培育？自己亲手制作的数学作品（主要是多姿多彩的几何体）无疑是献给教师的最佳节日礼物。通过制作多面体作品，扩展学生的数学视野，让学生体验数学的美，同时提供机会给学生动手实践，促进学生对多面体的探索和深入的思考，在探索和思考中加深对原有知识的理解。在这活动中涉及到相应的数学知识、技能与思想方法，如下表 10-2 所示。

表 10-2	活动内容	所涉及的数学知识与技能、数学思想方法
多面体所涉及的知识点列表	正多边形的认识	正多边形的内角，边长
	正多面体的认识	正四面体、正六面体、正八面体、正十二面体、正二十面体 五种正多面体存在性分析 分类讨论
	制作正多面体	正多面体的展开图
	观察正多面体	欧拉定理 对偶多面体
	制作组合多面体	等腰三角形、直角三角形的性质 角度的计算等

2. 主要学习成果

在"动手实践"中理解相关的几何概念。制作精美的多面体艺术作品（图 10-9），需要学生有一定的几何基础知识，如"能拼成正多面体的正多边形有哪几种"、"各种多面体的顶点数、面数、棱数有什么关系？"还需要一系列平面或立体几何图形的分析辨别能力，如"只用正六边形，或者正七边形，或者正八边形能不能拼成正多面体？"另外需要一定的信息技术的应用能力，如"如何使用几何画板，画出多面体的展开图？"最后需要动手制作能力、色彩搭配能力等。这是一个较为多元的、复杂的学习环境，当学生因为缺少或遗忘一般的几何基础知识而无法开展制作活动时，老师需要进行适当的知识传授；当一些学生不熟悉相应的数学软件时，学生之间或者师生之间可以相互指导帮助；当学生选择的多面体作品较为复杂时，需要学生之间进行分工合作；当学生对多面体色彩无所适从时，师生之间又可以相互建议。为在有限的时间内完成各种作品的制作，需要学生之间合作协商。

图 10-9

多面体艺术作品 1

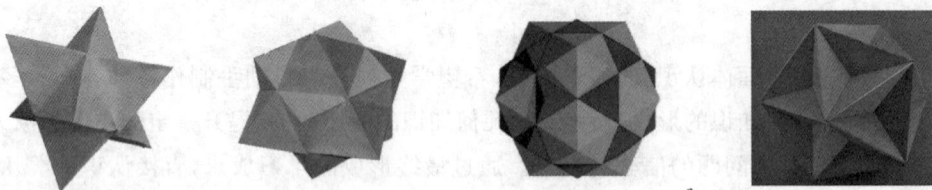

在从事探究过程中，以技术为支撑，完成一些复杂性任务。"以自己的学习成果作为献给教师的节日礼物"，在这种愿望驱动下，学生们主观上乐于挑战自己，往往选择复杂的多面体作为制作对象，例如各种由互为对偶的多面体组合成的新多面体。制作这些多面体需要学生有一定的空间想象力，首先需要绘出几何体的平面展开图。这里就需要借助一定的几何软件（如几何画板等），辅助学生实现自己的主观挑战。

展示数学作品，献出珍贵礼物。教师的信任与协助，学生之间的分工与合作，学生充分发挥自己的知识基础、想象能力、动手能力,创造出一系列精美作品,体验到学习的乐趣,向教师献上一份珍贵的节日礼物(图 10 - 10)。

图 10 - 10

多面体艺
术作品 2

3. 一些思考

在这以某一驱动性问题展开的学习活动中,教师能向学生提供充分的从事数学活动的机会,帮助他们在自主探索和合作交流的过程中真正理解和掌握基本的数学知识与技能、思想和方法,并获得广泛的数学活动经验,同时让学生亲身获得学习的成就感,为后续学习打下扎实基础。

(三) 自制升空的正多面体热气球①

1. 设计与实施过程

这个主题的选择一方面由德国研究者推荐,另一方面也是结合高中立体几何学习的需要。立体几何学习的目标主要是,培养学生的空间观念,提高学生的空间想象力。如果仅仅局限于教材上的几何体图像,不足以让学生感受几何体的空间性质。我们选择制作正多面体热气球这个主题项目,让学生在动手计算、作图、裁剪、拼接等活动中,感受正多面体的空间几何性质,累积空间几何的相关知识、技能和经验,图 10 - 11 呈现了制作正多面体热气球比较明确需要的知识。

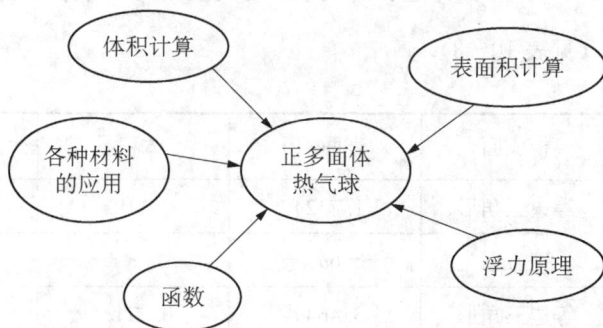

图 10 - 11

制作正多面
体热气球
所需的知识
网络图

---

① 由上海市复兴高级中学教师赵莹婷与部分高二学生完成。

学生面对如下驱动性问题:热气球在什么条件会升起来?当多面体形状确定、制作多面体的材料确定、热气源确定时,如何计算出符合条件的多面体热气球的棱长?

在这个任务的驱动下,学生分小组梳理活动的步骤,制定出如下活动计划:

(1)为充分利用纸张,选择并论证制作热气球的正多面体。

(2)运用物理原理,列出实验所需物理量,并进行数据测量。

(3)估算出能使热气球升空的最小边长,设计出最简易,最节约的每个面的平面图,进行裁剪,并将各个面进行粘合,形成正十二面体。

(4)用电吹风进行充气加热直至热气球膨胀完全,且温度达到预计值,进行放飞。

2.活动过程与成果

(1)抓住课题关键、了解其原理并进行初步分析

学生在探究中认识到,放飞热气球,顾名思义,就是利用浮力,使其升空。于是他们得出一个最基本的不等式:

$$G_内 + G_纸 < F_浮$$

也即热气球内部热空气重力($G_内$)与纸张(包括胶水)重力($G_纸$)之和应该小于它所受到的浮力($F_浮$),这样热气球才有可能升空。把公式推导成以下形式:

$$\rho_内 \, gv + \rho_纸 \, sg < \rho_外 \, gv$$

其中$\rho_内$、$\rho_外$分别为热气球内、外部空气的密度,v为热气球体积,$\rho_纸$为所用纸张的面积密度,s为热气球表面积。

(2)确定正多面体的形状

学生通过计算比较各个正多面体的数据。需要制作的热气球形状规定为正多面体,而正多面体一共可分为正四面体,立方体,正八面体,正十二面体,正二十面体五种。根据公式,当$\rho_内$,$\rho_外$,$\rho_纸$,相等的情况下(因为它们皆为客观因素)得出:

$$\frac{v}{s} > \frac{\rho_纸}{(\rho_外 - \rho_内)}$$

因此只需得到$\frac{v}{s}$与正多面体边长的关系即可比较相同外界条件下每种正多面体所需要的最小边长。(见表10-3)

表10-3　正十二面体边长

名称	构成面	表面积 s	体积 v	体积/表面积 v/s
正四面体	等边三角形	$1.732a^2$	$0.118a^3$	$0.0681a$
正六面体	正方形	$6a^2$	a^3	$0.1667a$
正八面体	等边三角形	$3.464a^2$	$0.471a^3$	$0.1360a$
正十二面体	正五边形	$20.65a^2$	$7.663a^3$	$0.3711a$
正二十面体	等边三角形	$8.660a^2$	$2.182a^3$	$0.2520a$

不难发现在 $\dfrac{\rho_{纸}}{(\rho_{外}-\rho_{内})}$ 是定值的情况下,正十二面体所需要的边长是最小的,因此在节约原材料等多方因素的考虑下,学生们决定做正十二面体热气球。

(3) 进行数据测量,得出能使热气球升空的最小边长

学生们进一步探究、实验、推论和计算,不仅自主设计相关的物理实验,而且进行较为繁杂的计算。由理论公式可知 $\rho_{纸}$,$\rho_{内}$,$\rho_{外}$ 都是待测数据。而在现实实验可知 $\rho_{内}$,$\rho_{外}$ 并非很容易进行测量。根据一系列实验数据,可以把公式 $\dfrac{\rho_{纸}}{(\rho_{外}-\rho_{内})}$ 表示为:

$$0.371\,1a > \dfrac{\rho_{纸}}{\left[\dfrac{(M_{瓶}+M_{冷空气})-(M_{瓶}+M_{热空气})}{v}\right]} \qquad (*)$$

其中 a 为正十二面体热气球边长。

它所表示的含义是:将一实验瓶中分别充入热空气与冷空气,加上瓶子本身质量后的测量值分别记为 $(M_{瓶}+M_{热空气})$,$(M_{瓶}+M_{冷空气})$。将它们相减也就是瓶中冷热空气的质量差,再除以瓶子容积,便得到 $(\rho_{外}-\rho_{内})$。因此真正所需要测量的物理量为 $\rho_{纸}$,$(M_{瓶}+M_{冷空气})$,$(M_{瓶}+M_{热空气})$。

进行分析和推断后,学生设计并实施了三个物理测量实验。

【实验】$\rho_{纸}$ 的测量

由于实验用纸是由 10 种颜色组成,每种 12 张,因此,将它们以同一颜色为单位分成 10 组,利用电子天平称其质量,每组测量 3 次。学生数据测量的结果用图 10 - 12 表示:

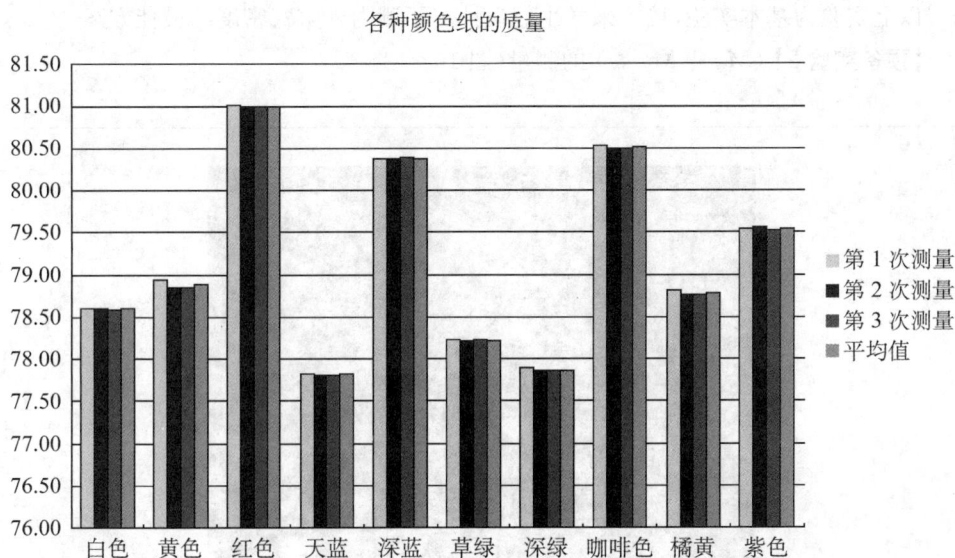

各种颜色纸的质量

图 10 - 12

彩色纸的
质量

由于制作的是彩色热气球,而上图得出的数据分别为各种不同颜色纸张的面积密度,所以要换算成纸张的平均面积密度,因此

$$\sum m_{纸} = 78.60 + 78.88 + 81.00 + 77.81 + 80.38 + 78.22 + 77.87$$
$$+ 80.51 + 78.78 + 79.54 = 791.59 \text{ g}$$

$$\overline{m}_{每张纸} = 791.59/120 \approx 6.60 \text{ g}$$

$$\widetilde{\rho}_s = 6.60/(50 \times 70) = 0.001\,885\,7 \text{ kg/cm}^2 \approx 18.857 \text{ g/m}^2$$

得出纸张的平均面积密度约为 18.857 g/m²。

【实验】$(M_{瓶} + M_{冷空气})$，$(M_{瓶} + M_{热空气})$ 的测量

学生们对实验方法进行思考后，设计并开展了一下实验：

【预备实验 1】用排水法测瓶子的容积

准备一瓶子，加满水后，测其中水的体积即为瓶子的容积。由于实验现场仅有 100 ml 的量筒，学生将实验瓶中的水分七次倒入其中，算其总和。而在倒水的过程中损失以及黏附在杯壁上的水分经过计算约为 2 ml。实验数据记录如下（表 10-4）。

表 10-4		第一次倒水体积	第二次倒水体积	第三次倒水体积	第四次倒水体积	第五次倒水体积	第六次倒水体积	总体积
排水法测瓶子的容积数据	实验次数一	89	94	87	95	96	80	541
	实验次数二	93	93	94	95	96	68	539
	实验次数三	96	96	96	93	96	63	540

经过测量，得到瓶子体积为 540 ml，加上实验过程中所损失的水分，可得此瓶子的体积为 $V = 542$ ml。

以上实验为基本实验，接下来学生们设计出了测内外空气密度的最佳方案。

【预备实验 2】$(M_{瓶} + M_{冷空气})$ 的测量（图 10-13）

图 10-13

预备实验 2

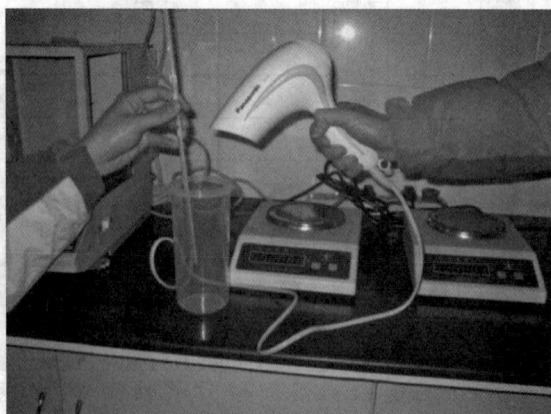

用电吹风将实验瓶内部温度加热至 45 度（用温度计测试），将加热后的实验瓶放至

电子天平,将温度计伸入其中,由于热气球内部温度不可能达到 45 度(估计升空时热气球内部温度为 35—40 度),学生让瓶内部空气自然冷却,这样当至 40 度时,瓶子与内部空气的质量和是最准确的,得出数据,然后分别记下 40,35,30,25 度时的质量($M_瓶 + M_{冷空气}$),反复测量三次。实验数据记录如下(表 10 - 5,10 - 6,10 - 7)。

T/摄氏度	$M_瓶 + M_{热空气}$(克)
40	57. 430
35	57. 442
30	57. 455
25	57. 463

表 10 - 5

实验次数 4

T/摄氏度	$M_瓶 + M_{热空气}$(克)
40	57. 431
35	57. 442
30	57. 453
25	57. 459

表 10 - 6

实验次数 5

T/摄氏度	$M_瓶 + M_{热空气}$(克)
40	57. 430
35	57. 442
30	57. 455
25	57. 460

表 10 - 7

实验次数 6

由上述三表得到平均值如下表(表 10 - 8):

T/摄氏度	$M_瓶 + M_{热空气}$(克)
40	57. 430
35	57. 442
30	57. 454
25	57. 461

表 10 - 8

【预备实验 3】（$M_瓶 + M_{热空气}$）的测量（图 10 - 14）

图 10 - 14

预备实验 3

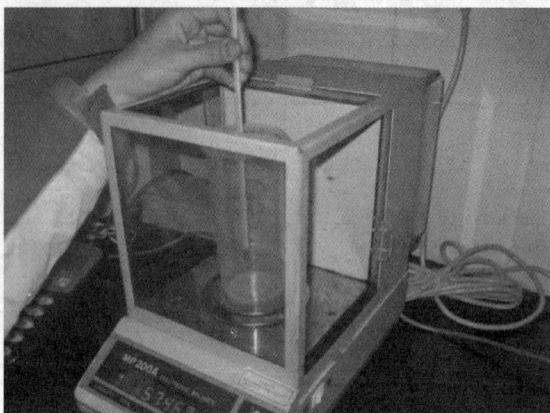

同样的道理，只不过将实验瓶放入冰箱内，将温度计伸入其中，使内部空气温度降至 -5 度，然后使其升温，记录 $M_瓶 + M_{冷空气}$ 的质量。

预计放飞气球时的室外温度在 5 度左右，因此学生测量的是 5 度时的数据，记录如下（表 10 - 9，10 - 10，10 - 11）。

表 10 - 9	T/摄氏度	$M_瓶 + M_{冷空气}$（克）
实验次数 7	5	57.492

表 10 - 10	T/摄氏度	$M_瓶 + M_{冷空气}$（克）
实验次数 8	5	57.490

表 10 - 11	T/摄氏度	$M_瓶 + M_{冷空气}$（克）
实验次数 9	5	57.492

所以得到的平均值为 57.491，那么 5 度时（$M_瓶 + M_{热空气}$）= 57.492 g。至此理论公式已经全部可以把实验数据代入。

（4）进行每个面设计以及纸张的拼合，利用电吹风进行充气，使热气球升空。

由于在整个实验过程中，学生先后做了三个不同大小、材质的热气球，（其中前两个为实验品）利用不同的电吹风，不同的方式对其进行加热，每个面设计以及纸张的拼合，充气结果也各不相同。

下面分别介绍三个不同规格热气球的制作过程。

【制作】热气球（1）

学生非常珍惜德国进口的彩色纸张,为确保彩色纸制作的热气球升空,学生首先选用学校提供的纸张进行预制作。学生初次估计热气球内部温度至少可以达到 35 度,而外部温度为 5 度,将相应实验数据带入(＊),得到 a 最小值为 56.20 cm,但此边长的计算中并未包括胶水的质量,因此保险起见,学生决定做边长为 0.7 米的正十二面体热气球。

学生拿到的纸张每张的大小为 156 cm×110 cm,而规定的纸样为 50 cm×70 cm,他们将每张纸一裁为二,成为 78 cm×55 cm。因为作为实验品,所以此大小基本符合样张。所要制作的热气球每个面的颜色各不相同,只能将 12 个不同颜色的面粘在一块,组成正十二面体。考虑到材料的节约性,裁剪时的方便,合理程度,学生画出了边长为 70 cm 正五边形的平面图(图 10 - 15)(单位:cm)。[1]

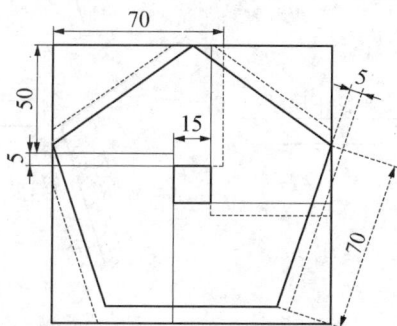

边长为 70 cm
正五边形的
平面图

其中中央缺掉的正方形本空缺,可用剩余材料中截取。五边形平面拼接图如图 10 - 16 设计,在制作完 12 个面后,进行粘和,组成正十二面体。

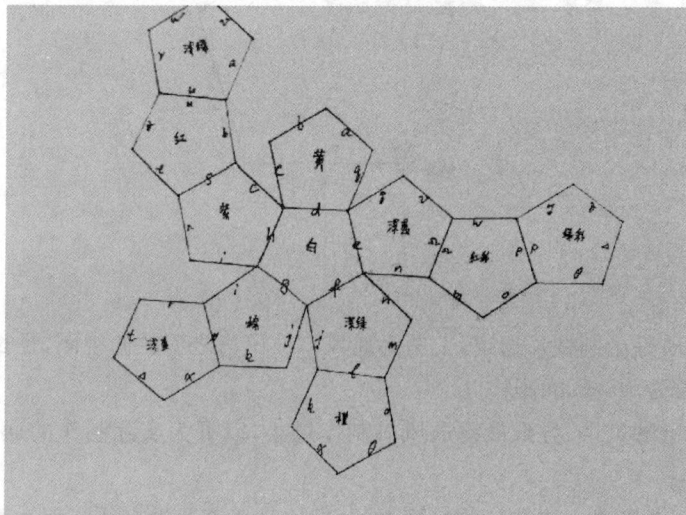

图 10 - 16

五边形
平面拼接图 1

---

[1] 后文中的图纸皆由学生施骏设计。

　　将每个面每条边进行编号,拼合热气球时相邻的边用相同的编号,以便在粘合面与面时能准确地一一对应。而粘制的过程是按照模板进行。开始以白色为中心面,将相邻的五个面粘好。再那五个面的相邻边粘好,使其初步有立体感,接下去一步步地按照编号将每个面粘合,模版如下:

　　以下是相邻两边的粘贴(图 10 - 17):

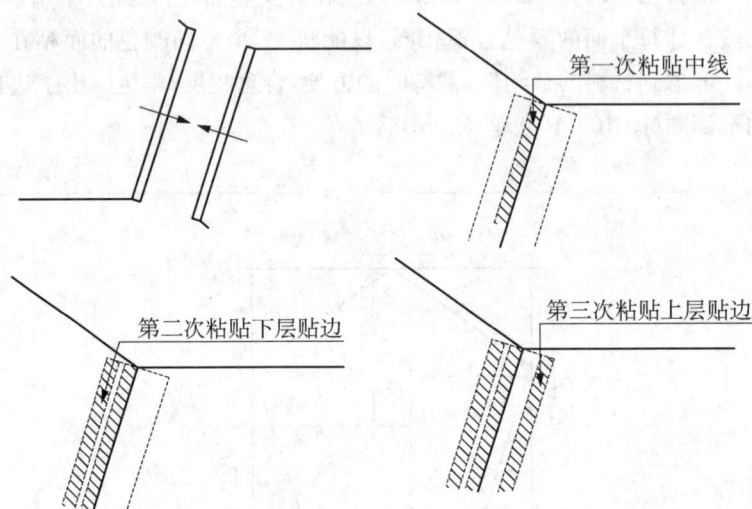

图 10 - 17

相邻两边
粘贴方法 1

　　最终留下一条边不需粘合,需制作吹风口,如图(图 10 - 18)(单位:cm)。

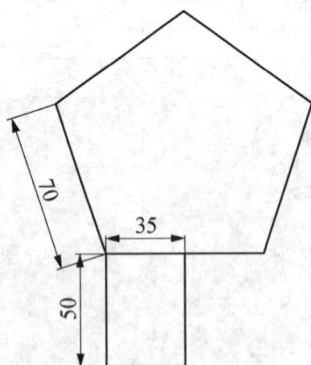

图 10 - 18

吹风口
预留图

　　通风口实质是个圆柱形通道,上图为通风口被压扁之后的俯视图,是长 50 cm,横截面为圆,其周长为 70 cm 的圆柱。

　　由于操作上的失误,导致最终通风口制作过小,以下为实际制作的通风口(图 10 - 19)(单位:cm):

　　可以看出,直接通入热空气的口缩小了,导致空气流通没有原先那么流畅。

图 10 - 19

实际制作的
通风口

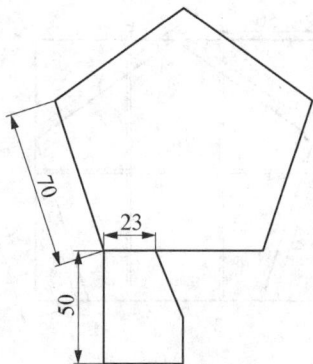

查漏洞实验：为了防止在制作过程中造成的失误，我们决定在还未封口的热气球内部放一光源，在室外没有任何光线的情况下，当哪一方向有光线射出时，可知那里有小洞，可以尽快补掉。

最终第一个热气球完成了，第二天是试飞。

由于规定要拿电吹风进行加热，因此学生们准备了五把不同规格的电吹风，但由于吹风口过小（这是事先没有预料到的），只能将一只电吹风塞进热气球内，另一只在口上吹风。

直至热气球已经全部充满后，仍不见任何起色，经过反复试验，没有任何反应，至此，第一个热气球是失败的。学生们找查了原因，并得出以下结论和问题：

① 数据测量没有问题，不会造成很大影响。

② 纸头重合面太多，导致质量太大。

③ 纸头边长太小，导致浮力不够大。

④ 电吹风风力不够，需用功率更大的。

⑤ 对热气球加热方式不够合理。

⑥ 通风口太小，只能勉强容下 2 只吹风机。

以上原因中，最主要的问题是③，④与⑥，针对这两个问题，学生们找到了解决方案，做个边长更大的样品，并且准备个功率更大的电吹风，在通风口的设计上也更趋于合理。

【制作】热气球（2）

第二个热气球的制作考虑到所受到的浮力过小是主要原因，所以最主要的改进点是将边长拓宽，由于第一次实验后得出电吹风温度仅仅达到 25—30 度左右，根据所测得数据表，得出密度差，加上胶水的质量，经过估计，新的边长为 0.9 米。

由于原先裁剪好的纸张规格为 78 cm×55 cm，而正式纸的规格为 70 cm×50 cm，为了使本样品以及制作方式更贴近于正式样品，所以学生们又将 78 cm×55 cm 的规格裁剪为了 70 cm×50 cm。

接下去是五边形平面拼接图了，由于正五边形的边长足足大了 20 cm，不能用先前的方法，因此，学生们设计了如下的五边形平面拼接图（图 10 - 20）（单位：cm）：

图 10-20

五边形
平面拼接图 2

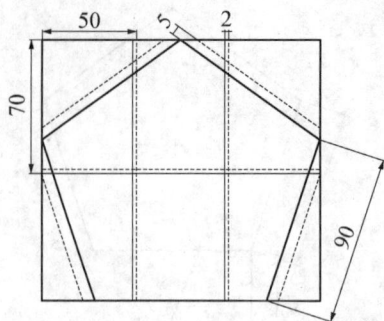

面与面粘制的过程还是按照模版编号,拼接起来会很有序。

接下来是进行相邻边的粘贴,在此前的总结中已经提到粘贴时纸张重合面太多导致热气球质量太大,影响它的升空。因此决定将先前相邻边粘贴时两边皆有贴边改为仅有一边进行粘合,这样很好地减轻了热气球的质量。示意图如下:(图 10-21)

图 10-21

相邻两边
粘贴方法 2

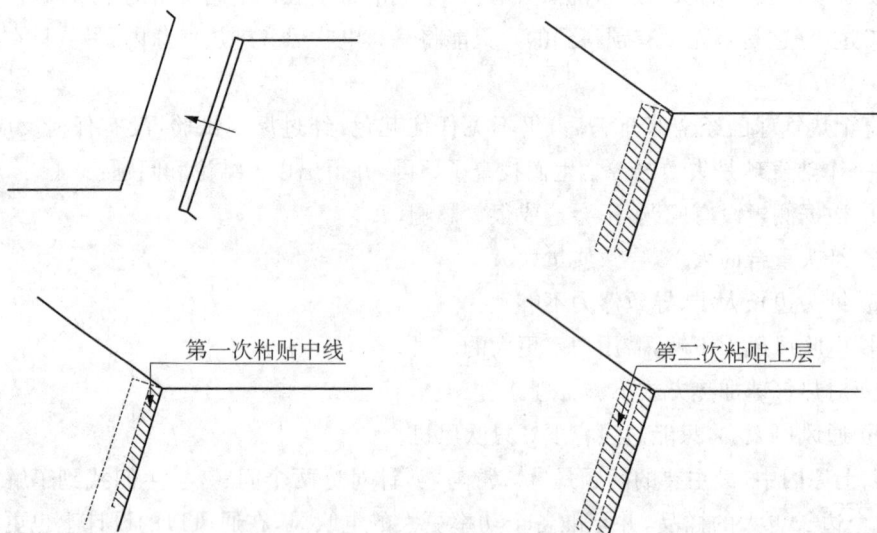

第一次粘贴中线　　　　　　　第二次粘贴上层

然后进行查漏洞实验,方法同前。

最后是通风口的设计了,吸取了上次试飞失败的教训,通风口的制作过程中的重大失误也是其中的因素,但本身设计并没有问题。因此学生们仍旧按照上次的通风口进行制作(图 10-18)(单位:cm)。

制作完毕后第二天开始试飞,因为阴雨天的缘故,实验在室内进行。

本次学生们对电吹风的使用进行了改进,具体方法如下:

首先明确电吹风的作用有两个,充气和加热,要适当地发挥它们的功能。

① 用两个功率较高电吹风 1,2 对平瘪的热气球进行充气,使热气球达到半高。

② 将另一个功率最高的电吹风 3 直接塞如热气球内部,同时撤出前面的一个电吹

风1,另外,将剩余的电吹风2也塞入气球内部,此时,两个电吹风的作用都是加热内部空气。

③ 3—5分钟后,当里面温度与预计温度相差无几时,将一相比较功率相对较小的电吹风2拉出,这是它的作用又变为了充气,同时再加一电吹风1,进行充气。功率最高的电吹风3始终加热。

④ 等热气球快膨胀完全时将两充气的电吹风1,2机暂时先撤下,为了使功率最高电吹风3先退下,接着重新放入电吹风1、2使劲充气,当热气球充满时,另一人用准备好的绳子把口扎紧。

热气球终于升空了,慢慢地碰到顶后落了下来(图10-22)。在此样品成功后,学生们对正式品的制作有了信心。

图 10-22

样品热气球
升空中

【制作】热气球(3)

学生们仅仅拥有10种颜色的纸张,而有12个面要制作,所以决定将其中两个面制作成花色。由于纸头数量足够,决定制作五边形边长为1.05 m的正12面体热气球。此次五边形平面拼接图又发生了改变:(图10-23)

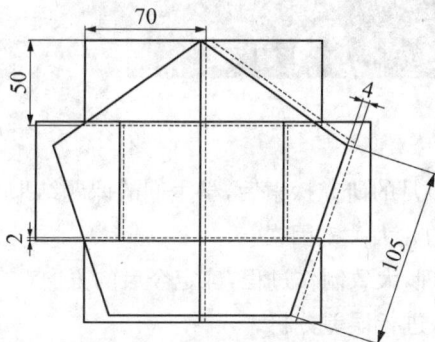

图 10-23

五边形
平面拼接图3

仍按模版编号拼接,粘贴,相邻边的粘贴示意图同热气球(2)。

然后进行查漏洞实验,方法同前。

最后是通风口的设计了,在对热气球(2)充气过程中,发现通风口仍旧偏小,因此拓宽其大小,示意图如下图 10 - 24(单位:cm):

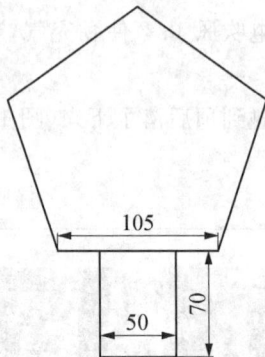

和先前两个通风口不同的时,此次我们将通风口放置在边的正中央,这样充气时,热气球会显更加平稳。

通风口为长 70 cm,横截面为圆,其周长为 100 cm 的圆柱形管道。

最后一天,按照先前的充气方法,学生们如愿放飞成功(图 10 - 25)。

3. 学生们的思考

在经历了长达一个多月的研究探索后,学生们的课题结果可以用"圆满"来形容,他们总结出能够获得成功的几大关键因素:

① 准确分析实验原理,大致制作过程,确定今后的方向。

② 实验的准确操作,进行误差分析。

③ 对热气球每个面的拼接图设计,原则是浪费纸张越少越好。

④ 通风口的设计,制作出正好适合电吹风进出,深浅适中的通风口。前一次实验失败后的经验总结。

⑤ 组员们能够团结一心,有共同目标,集思广益,在制作过程中共同分担任务,发挥各自所长,持之以恒,永不放弃,这点也是最重要的。

(四) 来自德国的案例:对称与全等[①]

1. 设计与实施过程

(1) 准备阶段

作为数学概念的对称与全等,与其他学科领域有着密切关系,以对称作为活动主题,就是希望学生能从多个领域找寻、发现并论证对称。因此在准备阶段需要与其他学科教师沟通,协商能够共同参与这类活动。本案例中,设计该项目的德国数学老师了解到,艺术课上刚好在讨论对称这个话题,历史老师也能够参与,因为刚好在讨论教堂的建筑风格问题,当然在生物课上也涉及到许多生物上的对称,拉丁语老师也愿意参与该课题。有了同事的合作参与,就可以保证学生有机会从各个不同的学科去了解"对称与全等"(图 10 - 26)。

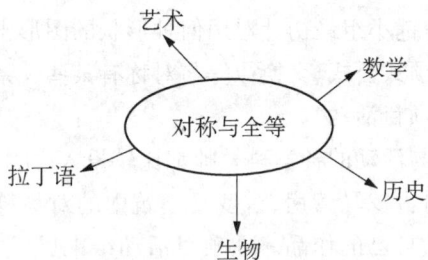

图 10 - 26

和对称与全等主题相关的学科

具体而言,当学生在各个不同学科领域感受、探究"对称与全等"时,将涉及如下数学概念图(图 10 - 27)。

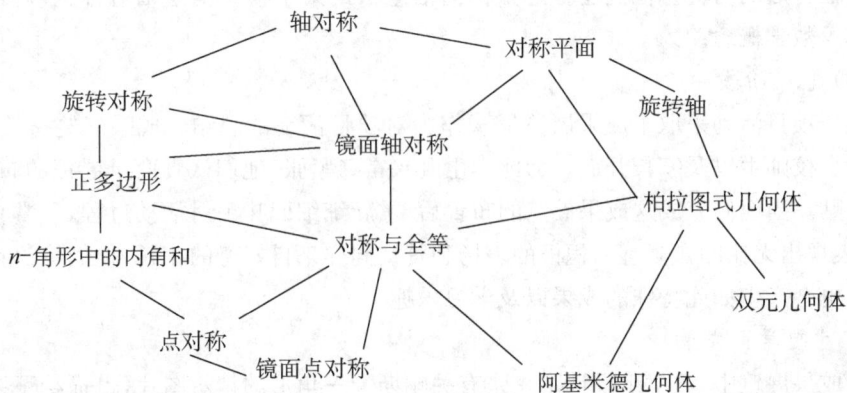

图 10 - 27

对称与全等的概念网络图

---

① 徐斌艳编著.数学课程改革与教学指导[M].上海:华东师范大学出版社,2009:106—109.

基于上述分析,教师为学生提供如下活动建议,以便学生在一定的组织框架下开展探究、体验、创作活动:

——密铺地面小组(利用对称或者全等图形进行密铺)

——几何体小组(搭建轴对称或者旋转对称的几何体;同时需要搭建出对称轴)

——环境、艺术与历史中的对称(花,汽车方向盘,教堂窗户,文字,庙宇)

——数学中的特殊对称(二项式公式,二次项,帕斯卡三角形,Z,Q,交换律)

（2）实施阶段

这一项目活动主要在常规课时中进行,这里包括数学、艺术与拉丁语课。项目活动一共持续 9 天。

第一天:明确项目活动目标

针对上述几个活动建议,教师用例子解释活动的目的,以便让学生明确各个小组可能有的任务。学生选择希望参与的小组,然后开始收集各种可能的材料。学生也明确该项目完成后需要举办一次展览。

第二天:形成项目活动计划

这一天几何体小组一头扎进四面体、六面体、十二面体的创作中,但马上意识到,要剪出全等的三角形、正方形以及正五角形并不是那么容易的。环境小组开始收集照片,以便形成自己的图片。密铺小组最初针对用何种形状的图形密铺地面意见不统一。数学小组一开始就惊讶,二项式公式、交换律等与对称有某些关系。

第三至第九天:实施项目活动

在这实施过程中,参与活动的各学科教师都比较投入,尤其是拉丁语老师及时在拉丁语课上与学生一起探讨古罗马营房、古罗马建筑中的对称等。艺术课上主要是学生自己根据轴对称规则设计自己的作品。在项目活动结束后,学生在艺术课上再一次分析各自作品中的对称以及所遵循的规则。而数学课上主要让密铺地面小组与几何体小组按照自己的设想进行创建。在这过程中学生似乎感觉不到那是数学课,因为他们暂时不需要证明、作图等。但是学生创建出了形状各异的几何体,铺设出一块块中间不留空隙、也不重叠地的铺满的平面。数学组将帕斯卡三角形与二项式公式结合起来,认识到隐藏在背后的对称。他们还考虑如何简洁地借助某个模型描绘轴对称、点对称与旋转对称等数学概念。

（3）总结阶段

这个项目活动采取了成果展览形式作为对项目活动的总结。成果展览持续多日,并且向全校师生以及家长开放。为此学生既兴奋又紧张,他们认真商量展板的布置、成果的张贴。当他们完成这成果展览的布置后,重新细细回味项目活动过程,欣赏自己的成果,表现出无比的自豪感。积极的表扬和赞赏同样来自好奇的家长,他们惊讶在常规教学中也会产生如此特殊的成果以及学习乐趣。

2. 主要学习成果

在成果展览中,数学组设计了一张有关帕斯卡三角形的精彩图片,也描绘了乘法与加法交换律。此外该小组还分别开发了确切地描绘轴对称、点对称以及旋转对称的模型。他们很有独创地用一枚小镜子来实现轴对称,自制小仪器来体现点对称与旋转对称。一种仪器可以让一个八面体旋转半圈后暂时停顿,然后再转半圈等等。然后又借助一个驱动装置,调整这个仪器的不同旋转角度。因此它还可以描绘旋转对称。

密铺地面小组制作了各种非常有趣的中间不留空隙、也不重叠地铺满的平面图形,部分图形由全等的多边形构成(图 10-28)。一个学生甚至尝试证明为什么用任意四边形都能密铺为一块平面。当然在描述证明过程时,其语言表述并不一定十分精确,但从所作的任意四边形图形可以分析出该学生的思路。

图 10-28

密铺小组成果

几何体小组完成了一张关于柏拉图几何体对称轴的统计表格(表 10-12)。在系统列举数据时学生发现了有意义的结果。

几何体	对称轴类型	对称轴类型	对称轴类型
四面体	3×2(顶点)	4×3(顶点)	
六面体	6×2(顶点)	4×3(顶点)	3×4(顶点)
八面体	6×2(顶点)	4×3(顶点)	3×4(顶点)
十二面体	15×2(顶点)	10×3(顶点)	6×5(顶点)
二十面体	15×2(顶点)	10×3(顶点)	6×5(顶点)

表 10-12

柏拉图
几何体对称轴
统计表

学生认识到,六面体和八面体刚好有相同数量的 2 顶点、3 顶点与 4 顶点构成的对称轴,这种相同性同样存在于十二面体与二十面体之间。对学生来说,这引起他们足够的好奇,即两个完全不同的几何体拥有相同数量的同类对称轴。这里不要急于用群理论来回答他们的疑问,解释有关六面体群与八面体群的同构问题。否则数学教学中的项目就会失去其意义。让学生先体验获得这一结果的成就感(图 10-29)。

环境小组用点对称或轴对称图像制作了各种可能的贺卡(图 10-30)。尤其受欢迎的是埃舍尔与蒙德里安的作品。这些图像经常看上去是对称的,但仔细观察就会发现其差异。这些问题又在拉丁语课上深入分析。

图 10－29

几何体小组
成果

图 10－30

环境小组
成果

3. 来自教师与学生的反思

数学活动结束,学生回到数学课堂教学中,梳理与巩固各种对称规则,其中每个规则都是学生在活动中形成的。经过一节课的讨论,学生也为自己在动手为主的活动中还学到如此丰富的数学知识而惊叹。另外每个小组完成作品后还需要撰写项目报告,记录各自的经验、批评与反思。经历了充满乐趣的项目活动后,学生还是比较乐意接受这一任务。

学校领导也非常支持该项目的开展,特别资助学生们去共进午餐,讨论新的项目主题。学生真正感受到数学学习的生动性。在项目进行过程中,很少涉及到全等概念,学生几乎将经历全部放在对称概念上。

(五) 来自美国的案例:日常饮食中的数学①

1. 设计与实施过程

(1) 准备阶段

现代社会人们的生活节奏不断加快,从饮食文化角度看,人们越来越依赖快餐、休

---

① 徐斌艳编著.数学课程改革与教学指导[M].上海:华东师范大学出版社,2009:109—111.

闲食品或甜食,而没有意识到食用健康食品的重要性。为缓解这种现象,美国科学发展协会在起草科学素养国家标准过程中,专门强调健康与日常饮食的重要性,要求学生学会阅读食品上的标签,从健康角度选择食品。这也促使学生通过基于问题的活动探讨健康问题,探讨健康与数学的关联。美国某学校教师为7年级学生设计关于"健康饮食与数学"的项目,重点是建立学生经验、兴趣和社会文化背景之间的联系。设计时使用的更多是磁体模块,因为围绕这个主题主要涉及的数学概念包括:比率,分数,统计,图像等。

（2）实施阶段

教师为了激发学生从日常饮食探究数学的激情,首先组织学生介绍自己爱好的食品,并将介绍方案展示在教室四周,同时教师播放介绍食品中的脂肪、热量、微量元素等内容的录像,通过主动以及被动的参与,学生热烈讨论食物金字塔模式。

然后学生分组活动,每个组选择自己爱好的食物,根据设计要求,也就是利用所要求的数学工具,得出分析结果。如一个学生介绍他经常吃的汉堡包,一个3盎司的汉堡包含21克脂肪,也即每盎司的汉堡包就有7克脂肪。学生利用图像计数器找出食物中由脂肪产生的热量、蛋白质、碳水化合物等成分的关系,通过图像的直观展示,学生认识到食物中热量与食物重量之间关系的线性发展。借助这种表征,学生就能预测自己所吃食物中脂肪的含量。

2. 主要学习成果

在这个活动中非常注重学生利用自己熟悉的表征方式表示食物的各种成分的关系。例如,有些学生获得关于自己吃的热狗的脂肪含量与热量关系,他们或者用函数符号表示:$y = 9x$,或者用表格表示,或者用函数图像表示。

学生从自己喜欢的食物入手,以自己熟悉的表征方式表示了食物与所含成分的关系,从而直观了解某食物的成分含量,便于调整自己的食物结构。随着这方面体验的增加,学生主动探索、分析学生早餐的营养成分。他们以批判的眼光审视早餐成分的合理性问题。他们深刻体会到如何使用数学工具理解早餐所含的营养成分,并用图像（图10-31）表示食物中脂肪与胆固醇的含量关系,学生据此认识到,"吃的脂肪越多,获得的胆固醇就越多"。

图 10-31

食物中脂肪
与胆固醇的
含量关系

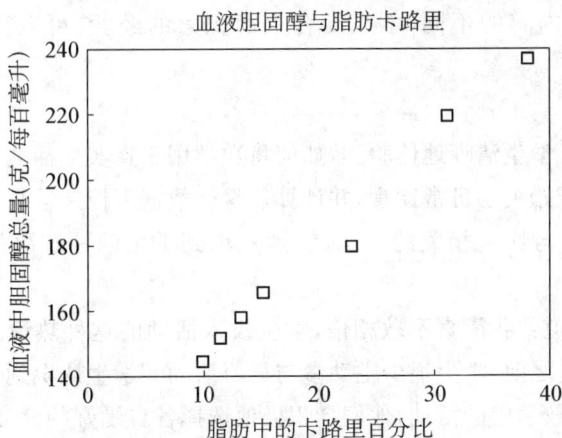

血液胆固醇与脂肪卡路里

紧接着学生投入到调研早餐套餐的活动中,以标准早餐为例:一盒牛奶以及两片面包,学生探究如何计算脂肪、碳水化合物、蛋白质中的热量。

计算方法总结如下(表 10-13):

表 10-13	脂肪 1克=9卡路里	碳水化合物 1克=4卡路里	蛋白质 1克=4卡路里
脂肪、碳水化合物、蛋白质中热量计算	脂肪中的卡路里 = _____克脂肪 $\times \dfrac{9\,卡路里}{1\,克脂肪}$	碳水化合物中的卡路里 = _____克碳水化合物 $\times$ $\dfrac{4\,卡路里}{1\,克碳水化合物}$	蛋白质中的卡路里 = _____克蛋白质 $\times \dfrac{4\,卡路里}{1\,克蛋白质}$
	脂肪、碳水化合物与蛋白质中卡路里总量 脂肪的卡路里 + 碳水化合物的卡路里 + 蛋白质的卡路里 = 卡路里总量(K) $(F+C+P=K)$		
	卡路里的百分比 $\dfrac{脂肪卡路里}{卡路里总量} = \dfrac{n}{100}$,这里 n = 脂肪卡路里的百分比 $\dfrac{碳水化合物卡路里}{卡路里总量} = \dfrac{n}{100}$,这里 n = 碳水化合物卡路里的百分比 $\dfrac{蛋白质卡路里}{卡路里总量} = \dfrac{n}{100}$,这里 n = 蛋白质卡路里的百分比		

根据这个图表学生可以计算食物成分,如假设 1 克脂肪=9 个卡路里,学生可以计算吃早餐后所获得的卡路里,如公式为:

$$脂肪卡路里 = 几克脂肪 \times \frac{9\,卡路里}{1\,克}$$

一般来说卡路里来自三种不同成分,如果知道两种成分分别带来的卡路里的百分比,第三种成分带来的卡路里的百分比就是:100%-(0%+95%) = 5%。学生获得了这个计算模式后,就能自己预测用早餐后获得的卡路里。

通过上述几个活动,学生越来越投入到日常饮食与数学活动中,主动评价学生午餐的营养。根据午餐内容的不同,学生结合上面积累的经验,可以算出每套午餐的卡路里。

3. 一些反思

通过这种案例,学生清晰地体验到,如何将数学用于真实生活之中。在这种问题驱动的学习中,学生开始关心日常饮食,并计算热量等数据来控制饮食。在活动中学生主动完成一个又一个与饮食相关的问题,教师意识到学生问题解决的热情与兴趣越来越高。

老师事后评价道:"我简直不敢相信,学生投入活动的这种热情。他们希望能经常参与这类活动,在这之前,学生很少主动参与学习活动。"学生认识到这种讨论食物的活动不同于以前课堂教学中的活动,他们会积极地选择各自爱好的食品。在探索过程中,学生发现多吃水果和蔬菜的价值。

当然我们不应该夸大情境的作用,情境应该能适当地反映数学概念,有助于这些概念的理解。情境也应该是有意义的,同时蕴涵适当数学问题,日常饮食的情境有助于学生在计算脂肪热量、蛋白质热量以及碳水化合物热量时,理解百分比概念,并能锻炼学生用不同的策略来解决数学问题。

关键术语

数学基本活动经验,数学教学案例

讨论与探索

1. 数学课程改革中提出数学基本活动经验有哪些意义? 请收集数学教学实践中碰到的困惑问题,并加以分类。

2. 结合数学教学内容,分别设计1—2个数学活动,说明它们有助于数学操作经验的积累,或有助于数学思维活动经验积累,或有助于数学问题解决经验的积累。

3. 对照上述案例,思考你是否曾经实施过类似的数学课堂教学活动;并选择一个案例说明你是如何设计教学目标(或学习目标)的,学生是如何开展数学学习活动的。

图书在版编目(CIP)数据

中学数学课程研究/徐斌艳等著. —上海:华东师范大
学出版社,2015.8
ISBN 978 - 7 - 5675 - 4070 - 5

Ⅰ.①中… Ⅱ.①徐… Ⅲ.①中学数学课-教学研
究 Ⅳ.①G633.602

中国版本图书馆 CIP 数据核字(2015)第 205137 号

基于标准的教师教育新教材
中学数学课程研究

著　　者　徐斌艳　斯海霞等
责任编辑　吴海红
特约审读　罗秀苹
责任校对　戚艳侠
装帧设计　卢晓红

出版发行　华东师范大学出版社
社　　址　上海市中山北路 3663 号　邮编 200062
网　　址　www.ecnupress.com.cn
电　　话　021 - 60821666　行政传真 021 - 62572105
客服电话　021 - 62865537　门市(邮购)电话 021 - 62869887
地　　址　上海市中山北路 3663 号华东师范大学校内先锋路口
网　　店　http://hdsdcbs.tmall.com

印 刷 者　常熟市文化印刷有限公司
开　　本　787×1092　16 开
印　　张　23
字　　数　497 千字
版　　次　2016 年 4 月第 1 版
印　　次　2016 年 4 月第 1 次
书　　号　ISBN 978 - 7 - 5675 - 4070 - 5/G·8625
定　　价　49.00 元

出 版 人　王 焰

(如发现本版图书有印订质量问题,请寄回本社客服中心调换或电话 021 - 62865537 联系)

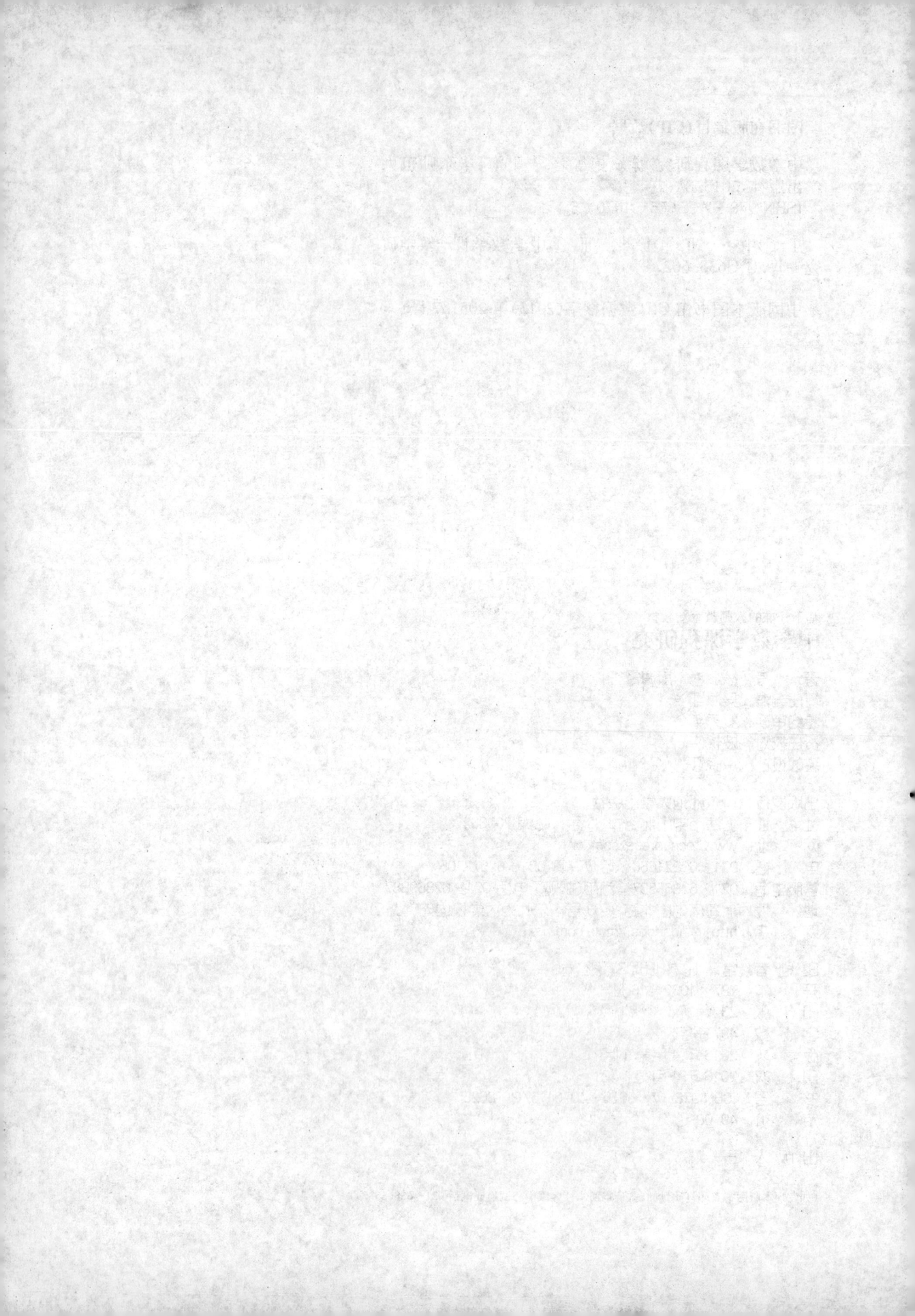